Manfred Pohlen, Prof. Dr. med., Direktor der Klinik und Poliklinik für Psychotherapie der Philipps-Universität Marburg, Facharzt für Psychiatrie und Neurologie, Psychoanalytiker/Lehranalytiker. Vielfältige klinische Arbeiten, empirische Forschung zur Psychoanalyse (v. a. Evaluationsstudien, u. a. Gruppenanalyse, Vandenhoeck & Ruprecht 1972), Grundlagenforschung zur Psychoanalyse (u. a. «Versuch über Wahrnehmung und Phantasie», Syndikat 1980), wissenschafts- und kulturtheoretische Arbeiten, v. a. methoden- und erkenntniskritische Arbeiten zur Psychoanalyse; Hauptveröffentlichung mit M. Bautz-Holzherr zur fundamentalen Dekonstruktion der psychoanalytischen Praxistheorie: «Eine andere Aufklärung – das Freudsche Subjekt in der Analyse» (Suhrkamp 1991).

Margarethe Bautz-Holzherr, Dr. rer. biol. hum., Diplom-Psychologin, Psychoanalytikerin und Verhaltenstherapeutin, stellvertretende Leiterin der Klinik und Poliklinik für Psychotherapie der Philipps-Universität Marburg. Publikationen zur empirischen Forschung in der klinischen Psychoanalyse (v. a. Evaluationsstudien zur Gruppentherapie, zum klinischen Feld, zur Objektivierung des Indikations- und Therapieprozesses) und zur Wissenschaftstheorie der Psychoanalyse; methodische Arbeiten zur klinischen Psychologie; Entwicklung psychotherapeutischer Dokumentationsverfahren und Therapiemanuale; Hauptveröffentlichung mit M. Pohlen: «Eine andere Aufklärung – das Freudsche Subjekt in der Analyse» (Suhrkamp 1991). – Studien zum geschlechtsspezifischen Aggressionsverhalten.

Manfred Pohlen / Margarethe Bautz-Holzherr

Psychoanalyse –
das Ende einer Deutungsmacht

rowohlts enzyklopädie

rowohlts enzyklopädie
Herausgegeben von Burghard König

Originalausgabe
Veröffentlicht im Rowohlt Taschenbuch Verlag GmbH,
Reinbek bei Hamburg, März 1995
Copyright © 1995 by Rowohlt Taschenbuch Verlag GmbH,
Reinbek bei Hamburg
Umschlaggestaltung Jens Kreitmeyer
Satz Aldus und Frutiger (Linotronic 500)
Gesamtherstellung Clausen & Bosse, Leck
Printed in Germany
2290-ISBN 3 499 55554 9

Inhalt

Vorwort

Das vorliegende Buch ist geprägt von der Erfahrung des einen (M. P.) mit der südwestdeutschen, philosophisch ausgerichteten Psychiatrie und Psychologie und seiner permanenten Auseinandersetzung mit der psychoanalytischen Konvention, und der anderen (M. B.-H.) mit der angelsächsischen Wissenschaftstradition der Psychologie und der klinischen Auseinandersetzung von Parametern zwischen Psychoanalyse und Verhaltenswissenschaften. Dieser Diskurs ist nicht zuletzt eine Konsequenz unserer gemeinsamen wissenschaftlichen Tätigkeit in der Max-Planck-Gesellschaft (München), der Forschungsstelle für Psychopathologie und Psychotherapie, an der wir über viele Jahre in der empirischen Psychotherapieforschung (Pohlen 1972, Pohlen/Bautz 1970, 1972, 1973, 1974, 1978) tätig waren. Die Arbeit an der Forschungsstelle bei Paul Matussek fand in einem geistigen Klima statt, das für unser Denken eine Herausforderung war.

Die selbstverständliche Atmosphäre, alles bezweifeln zu können, das Freisein von schulischen Denkverboten, auch in seiner provozierenden Anarchie, war der denkbar größte Gegensatz zur üblichen, sterilen akademischen Konvention und zum provinziellen Geist der herrschenden Psychoanalyse. Auch wenn diese Zeit bereits der Vergangenheit angehört, so ist der dort praktizierte Widerspruchsgeist als Ingredienz wissenschaftlichen Denkens heute äußerst aktuell angesichts einer Psychoanalyse, die es im Zuge ihrer Entwicklung zur gesellschaftlichen Machtstellung mehr denn je vermeidet, die notwendige Infragestellung ihres Systems auf sich zu nehmen, auch um den Preis eines radikalen Paradigmawechsels. Die Forschungsstelle war ein Ort, an dem die purgatorische Funktion einer kritischen Negativität, die produktives Denken erst ermöglicht, ihren Platz hatte.

Die kritische Durchdringung der Erkenntnisprinzipien und Verfahrensweisen von Psychoanalyse, die sich in diesem Buch niederschlägt, ist nicht nur als Konsequenz aus der vorhergehenden Arbeit über «Eine andere Aufklärung» (Pohlen und Bautz-Holzherr 1991) der Psychoanalyse zu begreifen, sondern vielmehr aus dem klinischen Tätigsein, das unsere Reflexion der theoretischen wie klinisch-praktischen Bewährung der Psychoanalyse ständig in Gang gehalten und geschärft hat.

Es ist an der Zeit und unserer Forschergeneration auferlegt, die Dekonstruktion psychotherapeutischer Ideologien zu besorgen, ihre Systeme erkenntniskritisch zu analysieren, auch wenn die Notwendigkeit dieser Arbeit aus einem wissenschaftsfernen, ideologischen Ressentiment von den Repräsentanten der Therapieschulen immer noch nicht begriffen wird: die Zukunft der Psychotherapie liegt jenseits der Therapieschulen in einer noch zu begründenden wissenschaftlichen Therapeutik. Das Erkenntnisinteresse muß darauf gerichtet sein, eine psychotherapeutische Kommunikations- und Einflußtheorie zu entwickeln, um auf diesem Basistheorem zu einer system- und strukturgerechten Konzeptualisierung der klinischen Praxis zu gelangen. Unsere Arbeit soll dazu beitragen.

Gedankt sei an dieser Stelle Herrn Prof. Dr. Rudolf Heinz (Düsseldorf), der durch seine kritischen Anmerkungen zum Manuskript und durch seine Vorarbeiten, gerade was die Metaphysik der Psychoanalyse angeht, uns mehr Anregungen gegeben hat, als wir durch Zitate sichtbar machen können; allein der persönliche Diskurs in der zwischen uns nicht abreißenden Diskussion über erkenntnis- und wissenschaftstheoretische Probleme und nicht zuletzt die gemeinsame Überzeugung von der notwendigen Dekonstruktion der Psychoanalyse als Aufklärungswissenschaft haben eine anhaltende Verbindung im Denken geschaffen.

Marburg, im Herbst 1994   *Manfred Pohlen*
                                         Margarethe Bautz-Holzherr

1. Einführung

There is no darkness
but ignorance

Shakespeare

Wenn der erkennende Blick des Analytikers sich auf die Psychoanalyse selbst wendet und der Glaube aufhört, Grundlage des psychoanalytischen Wissens zu sein, dann wird er selber zum Gegenstand des Erkennens. Der Einblick in die künstliche Welt psychoanalytischer Konvention, die Frage nach der Legitimität von Konstrukten, sprengt die überkommenen Gewißheiten auf und macht frei für eine negierende Bewegung der Kritik. Hat das forschende Fragen die von der Psychoanalyse deklarierten Prinzipien erst einmal erkannt, dann fügen sich durch Einsicht in die Verbindung der Dinge alle Einzelheiten von selbst, und das inhärent Mögliche tut sich auf: warum ist es so, wie es ist; warum könnte es nicht vielmehr anders sein? Die Analytik des psychoanalytischen Wissens schließt die Frage ein, was dieses Wissen ermöglicht hat, und die Genealogie des Wissensbestandes verlangt das Aufspüren der Bedingungen, die Freud den analytischen Diskurs einrichten ließen. Daraus folgt die Frage, ob die Voraussetzungen und Bedingungen heute noch stimmen oder jemals gestimmt haben und welches Wissen mit welchem Wahrheitsgehalt aufgrund der in Frage zu stellenden Prinzipien produziert wurde. Die hermeneutische Psychoanalyse hat die Wahrheit im Begehren des Subjekts (Lacan) erkannt, in der Konstituierung des Begehrensmenschen, mit dem impliziten Versprechen auf Entdeckung des ursprünglichen Selbst als letzten Ort der Aufklärung über die wahre Natur des Subjekts; und diese Konstituierung des Begehrensmenschen hat sich als Erzübel der Psychoanalyse erwiesen, da sie an die Stelle der notwendigen Sorge um die bewußte Selbstgestaltung des Menschen eine mystagogische, das Bewußtsein des Subjekts enteignende Selbstkultivierung gesetzt hat. Die Genealogie des Begehrens folgt einem Konzept, das die Ursprünge im Fernstliegenden sucht und das Nächstliegende nur als Desiderat dieses Fernsten begreift, so daß durch die Analytik des Begehrens sich ein ‹retrospektives Jenseits› für das Subjekt eröffnet, das sich der Absage des Ursprungs des Gegenwärtigen verdankt.

Das Unternehmen Psychoanalyse hat nach einem Jahrhundert die Seele zu Ende analysiert, das Licht der Öffentlichkeit ist durch die aufklärerische Arbeit der Psychoanalyse in den letzten Winkel der Seele gedrungen und hat das Seelische völlig in den Griff ihrer Interpretationsmaschinerie genommen. Es gibt keine Seele mehr; denn die Innerlichkeit ist dem Subjekt entzogen und zur totalen Veräußerlichung eines pathetischen Diskurses von Tiefenexegetik geworden. Und Psychoanalyse nährt diesen kulturellen Glauben an eine mysteriöse Tiefe, der allen Erscheinungen eine verborgene Bedeutung unterstellt, die es mit Hilfe der psychoanalytischen Prozeduren gesellschaftlich wie subjektiv aufzuklären gilt, so daß am Ende dieses Prozesses statt der christlichen die psychoanalytischen Beichtstätten das Geständnis des verborgenen Begehrens offenbaren.

Es geht hier nicht um den wissenschaftlichen Nachweis, daß einzelne Bestandteile der psychoanalytischen Theorie zu verwerfen wären: daß also die anaklitische Theorie falsch und das Konzept der infantilen Sexualität und das Triebabfuhrmodell nicht mehr haltbar sind; die Psychoanalyse ein nicht mehr vertretbares adultomorphes Konzept hat und ihr Strukturmodell eines primären Antagonismus zwischen Ich und Es, Triebbeherrschung und triebhafter Hemmungslosigkeit nach dem jetzigen Forschungsstand obsolet geworden ist; daß die Objektbeziehungstheorie, die Grundlagen des Objektinteresses, die empathische Beobachtungstheorie und die psychoanalytische Situation als angeblich einzigartige Informationsquelle keine Gültigkeit mehr beanspruchen können (s. Eagle 1988); daß nicht zuletzt nach dem vorliegenden Erkenntnisstand die Konstruktion des Unbewußten grundsätzlich in Zweifel gezogen werden muß. Und ob schließlich das Kernstück der psychoanalytischen Theorie, die Verdrängungslehre, aufrechtzuerhalten ist, was sehr fraglich scheint angesichts des Erinnerungsproblems, wird sich erweisen, wenn eine ausgearbeitete Bewußtseinstheorie vorliegt.

In diesem Diskurs sollen die konstitutiven Bedingungen geklärt werden, durch die das analytische Wissen erzeugt wird und aufgrund dessen sich ihre Konstrukte bilden. Es geht also nicht um eine aufzuklärende Dunkelheit, sondern um die Aufklärung des von der Psychoanalyse produzierten Unwissens über ihre eigenen Konstituenten; keine Verabschiedung des Programms der Aufklärung, vielmehr eine andere Aufklärung der Psychoanalyse über sie selbst und das, was sie im Vollzug ihrer Aufklärung gerade dem modernen Subjekt verdunkelt hat: das Denken des ‹Anderen›, ohne Angst, anders sein zu können, das Denken eines ‹Anderen Lebens› (Nietzsche, Adorno, Foucault), jenseits der von der Psychoanalyse ausgeübten Sozialpraktiken zur Einübung von Normativität. Psychoanalyse steht als Ideologie der Moderne neben der von Marx und den philosophischen Systemen, die der Selbstaufklärung des Menschen dienen wollten, paradoxerweise unter dem Zeichen der Enteignung des Bewußtseins. Denn im Vollzug der Aufklärung hat sich ein Bildungsideal eingerichtet, nach dem die Bewußtseinsentwicklung im «Nachdenken über» (Deleuze 1993) ihren Gang nimmt. Im Zitieren des Gedachten wird der eigene Sinn des Denkens unterdrückt, weil das Subjekt nicht mehr in seinem Namen zu sprechen wagt, sondern seine Rede im ‹Zitat› der von der Konsensgesellschaft bestallten Autoritäten zu legitimieren hat. Ein solches System der «Akkulturation» und «Antischöpfung» ist nach Deleuze effektiver und schlimmer als Zensur, denn diese produziert wegen ihrer äußeren, angreifbaren Unterdrückung noch Aufbegehren. So hat das zitierende Denken das «Selbstdenken» (Deleuze ebd.) erstickt, das jetzt beim Zerfall der großen geschlossenen Systeme universeller Interpretation aus der Verdrängung zurückkehrt und als anderes, schöpferisches Denken seine Daseinsberechtigung wiederfindet; oder sind die großen Ideologien zerfallen, weil ihnen das Subjekt zu seiner Selbstbewahrung den Glauben entzogen hat und sich vom Widerstand des «Selbstdenkens» als «Denken in offenen Systemen» wieder in Anspruch nehmen läßt? Das Programm der Aufklärung vollzieht sich heute in der Dekonstruktion der geschlossenen Interpretationssysteme und in der Wiederaneignung des Bewußtseins als «Selbstdenken».

In einem früheren Diskurs (Pohlen und Bautz-Holzherr 1991) haben wir den mythischen Entwurf Freuds, seine Schöpfungsgeschichte als Naturgeschichte des Subjekts aufgeklärt, Ödipus als Metaphysik der Psychoanalyse durchleuchtet und vor allem die okkulten Phänomene der als Übertragung wirkenden Suggestion sichtbar gemacht. Die Befragung des analytischen Systems mit den ihr eigenen Erkenntnismitteln richtete sich vor allem auf ihre Kommunikationstheorie und Praxisorganisation sowie auf die autoritären Strukturen ihrer Bewegung. Dabei wurde der Ambiguität der Vernunft Rechnung getragen und mit Adorno der rationalistische Optimismus der Moderne, von der auch der analytische eingenommen ist, als Unterwerfung des Subjekts unter die instrumentelle Vernunft, als Durchrationalisierung seiner Seele erhellt. Jener Diskurs war ein Versuch, Freuds Mythologie begreifbar zu machen, seine mosaische Funktion als Stifter einer psychologischen Selbsterlösungslehre und die Stellung der Psychoanalyse im Diskurs der Moderne aufzuklären. Das Freudsche Denken, das einem dichtenden Geist entsprungen ist, erhob sein persönlich notwendiges Wahrnehmungs- und Erkenntnisprinzip zu einem universellen Geltungsanspruch. Freuds Anschauungen lassen sich danach nur artistisch, das heißt dichterisch rechtfertigen. Nach Freud stellt sich nicht die Frage, ob Psychoanalyse eine Wissenschaft ist, sondern ob sie ein Recht hat, eine zu sein – wie es Heidegger über die Theologie bemerkte. Wenn nun Psychoanalyse keine Wissenschaft im konventionellen Sinn ist, wie wir in jenem Diskurs gezeigt haben, dann ist zu untersuchen, welches Recht sie hat, überhaupt eine zu sein: kann eine Glaubenslehre den Anspruch stellen, eine Wissenschaft zu sein, und muß sich denn eine Glaubenslehre wissenschaftlich legitimieren, oder kann eine Glaubenslehre nicht einfach eine Glaubenslehre bleiben? Daraus folgt die weitere Frage nach der Legitimierung des Gebrauchs der Freudschen Lehre durch seine Nachfolger und ihrem szientistischen Mißverständnis, den Glauben wissenschaftlich beglaubigen zu wollen. Die Freudsche Psychoanalyse dient heute in der westlichen Kultur wie eine Lebenslehre anstelle der abgestorbenen religiösen Systeme; freilich wird aber der nachfolgende Diskurs erweisen, daß die analytische Lehre für den Menschen unserer Kultur die notwendige Prospektion einer Lebens- und Wissenslehre nicht erfüllen kann.

Der vorliegende Diskurs verfolgt die Absicht, die Wurzeln der Psychoanalyse freizulegen, ihre Erkenntnisprinzipien und ihre Wahrnehmungsorganisation, wie sie sich in der Konstruktion der analytischen Übertragungssituation niederschlagen. Die Konstruktionsprinzipien der Psychoanalyse sind seit der Zeit ihrer Einführung durch Freud unreflektiert übernommen und ihre Konstrukte auch nie in Frage gestellt worden. Und so konnten die psychoanalytischen Annahmen zu Glaubensartikeln werden, weil die Freudschen Konstruktionen von Analytikern wie Tatsachen behandelt wurden und sich nie jemals bewähren mußten. Die erkenntnistheoretischen Grundlagen und die Methoden der Freudschen Entdeckungen sind von Analytikern bis heute nicht in Zweifel gezogen worden, weil ihre heuristischen Befunde in der allgemeinen Psychotherapie eine solche Anerkennung erlangt haben, daß mittlerweile die Plausibilität und Evidenz ihrer Theorien außer Frage steht: jeder glaubt heute, um die ‹Tatsachen› des Unbewußten, der Übertragung, des Ödipus, der infantilen Sexualität und anderem zu wissen. Zweifel kamen auch deshalb nicht auf, weil sich Psychoanalyse inzwischen gesellschaftlich als Aufklärungsinstanz mit einem von der Gesellschaft unterhaltenen Apparat zur Befriedigung von Aufklärungsbedürfnissen einrichten konnte. Diese Etablierung hatte ihre entsprechende Rückwirkung in den etablierten Analytikern, die sich deshalb um die notwendige Selbstbefragung ihres Systems nicht zu bemühen brauchten. Die gesellschaftliche Zustimmung zur Psychoanalyse und die allgemeine Anerkennung der Notwendigkeit ihrer Aufklärungsarbeit schienen unbestritten; vor allem, weil sie beim Wiederaufbau einer demokratischen Lebenswelt nach 1945 die Erwartungen auf sich zog, durch die Aufklärung unbewußter Motivationen den entscheidenden Beitrag zur Vergangenheitsbewältigung leisten zu können. Aus diesem Umstand ist auch zu begreifen, daß die Psychoanalyse eine imperial wirkende Expansion in der Veräußerlichung von gesellschaftlicher Machtrepräsentation vollzogen hat, einen ungeheuer medienwirksamen Aufklärungsjournalismus betreiben konnte und sich jeweils in progressistischer Manier Modebewegungen bediente, um Macht und Einfluß zu stärken. Das Lacansche Schlagwort von der aus Amerika heimgekehrten Psychoanalyse, das deren utilitaristisch-pragmatische Vernutzung geißeln wollte, lenkt davon ab, daß die Psychoanalyse, vor allem in Deutschland, den bequemen Weg in die Affirmation selber eingeschlagen hat – im Gegensatz zur Entwicklung in anderen europäischen Ländern, in denen sie nie zu einem solch propagandistisch-ideologischen Instrument geworden ist.

Die unmittelbare Machtbefriedigung war für die Psychoanalyse um so verführerischer, als sie ihre affirmativen Bestrebungen als Aufklärungspolitik betreiben konnte; in Wahrheit verdeckte jedoch der imperiale Gestus ihre völlige Zerstreuung und Ablenkung von der notwendigen Selbstbefragung. Die Vernutzung der Psychoanalyse für das gesellschaftliche Prestige ihrer Protagonisten und der partizipatorische Genuß der schweigenden Mehrheit der Analytiker an dieser Vorspiegelung von Macht durch medienwirksame Inszenierungen und einen progressiv erscheinenden Literaturbetrieb führte zu eben jener Veräußerlichung von Theorie und Praxis der Psychoanalyse, welche die Arbeit an ihrem Wissenskorpus überflüssig zu machen schien. Der rücksichtslose Gebrauch der Deutungsmacht der Psychoanalyse auf allen Feldern der Gesellschaft ersetzte durch die Sprachmagie aufklärerischer Parolen, welche die Psychoanalyse als emanzipatorische Disziplin ausweisen sollte, die psychoanalytische Beforschung der subjektiven wie objektiven Tatsachen ihres Feldes. Diese erfolgreiche Veräußerlichung in einem nicht zuletzt wissenschaftlich verbrämten Journalismus hat der Psychoanalyse die Konzentration auf die ihr gestellten Aufgaben genommen, ihre konstitutiven Prinzipien zu ergründen und die Gültigkeit des so inflationär gebrauchten Deutungsschlüssels zu klären. Die Zerstreuung ins Äußerliche ist sicher keine günstige Bedingung für wissenschaftliche Arbeit, und der politische Erfolg ist gerade nicht besonders motivierend, die Anstrengungen des Denkens auf sich zu nehmen und die eigenen Voraussetzungen in Frage zu stellen; wo doch in der gesellschaftlichen Wirklichkeit für die Psychoanalyse alles außer Frage zu stehen schien. Das mangelnde Interesse der Auseinandersetzung des eigenen Systems durch die Verschiebung der Legitimationsansprüche auf das Feld politischer und gesellschaftlicher Macht ist Ursache der Vernachlässigung des wissenschaftlichen Fundaments und setzt Psychoanalyse nun einer Legitimationskrise aus.

Wissenschaft lebt aber vom tiefgehenden Zweifel des Forschers gegenüber seinen eigenen Grundlagen, und die wissenschaftlichen Systeme haben immer nur so lange Bestand, bis neue Erkenntnisse und Fakten das bis dahin geltende System ablösen. Die Einführung neuer Sehweisen ist mit dem Umsturz der alten notwendigerweise verbunden. Und dieser Prozeß kann nur in Gang kommen durch das Bewußtwerden von ‹Anomalien› im alten System, das neue Tatsachen und Theorien nicht zur Kenntnis zu nehmen braucht, solange es erfolgreich ist. Neuerungen unterliegen aber in jedem ‹normalen› Wissenschaftsbetrieb zunächst der Unterdrückung, weil sie deren Grundpositionen erschüttern und damit gemeinsame, die Wissenschaftler verbindende Überzeugungen über die bis dahin geltenden Paradigmen in Frage stellen. Deshalb treffen in jeder Disziplin Umarbeitungen, Neubewertungen, die Einführung neuer Fakten und Theorien, der bekannte Paradigmawechsel (Kuhn 1973), auf heftige Abwehr, weil durch den Angriff auf die gemeinsame Überzeugung der Vertreter eines Fachs der Zusammenhalt der Wissenschaftler im Glauben an ihr System bedroht ist. Psychoanalyse ist auch deshalb zu einem scheinbar unerschütterlichen System geworden, weil in ihr die gemeinsamen, die Analytiker verbindenden Überzeugungen von ihren theoretischen Konstrukten des Wahrnehmens und Erkennens und der sich daraus ergebenden Praxis seit ihrem Bestehen bis heute grundsätzlich nicht in Frage gestellt worden sind. Die Schwerfälligkeit und Unlebendigkeit des analytischen Systems ist daraus zu begreifen, daß es geistig nie in Bewegung gehalten worden ist durch tiefgehende Zweifel an seinen eigenen Erkenntnisgrundlagen und jeder Zweifel von außen den Zusammenhalt in den gemeinsamen Überzeugungen so verstärkte, daß eine Erschütterung des Systems bisher vermieden werden konnte.

Es scheint uns aber an der Zeit zu sein, die Erkenntnisprinzipien der Psychoanalyse mit den ihr eigenen Erkenntnismitteln aufzuklären; und dies ist ein selbstverständliches wie auch längst überfälliges Unternehmen. Wir sind uns dabei des Widerstandes bewußt, auf den wir stoßen werden, wenn wir ein System, das allein schon durch seine rigide Verschulung bisher jede abweichende Meinung zur Dissidenz gemacht hat, einer wissenschaftskritischen Prüfung aussetzen. Wir können auch nicht verhindern, Beifall von der falschen Seite zu bekommen; andererseits hat die psychoanalytische Bewegung es bis heute nicht verstanden, eine systemimmanente Kritik zu befördern, die eine Revolution ihres Systems hätte bewirken können. Es ist ein auffälliger Zug an der offiziellen Selbstdarstellung der Psychoanalyse, daß eine erkenntniskritische Diskussion über die Voraussetzungen und Bedingungen ihrer Theorie und ihrer Verfahren praktisch nicht stattfindet, weil der autoritäre Charakter der analytischen Vereinigungen die Entwicklung eines wissenschaftlichen Selbstverständnisses offener Diskussion nicht zugelassen hat. Die inquisitorische Frage: ist das noch Psychoanalyse? dient der Entledigung jeder lästigen Frage und jedes unbequemen Fragestellers und stellt das Fragen selber unter den Verdacht des Verrats am Geist der Psychoanalyse. Psychoanalyse gehört nämlich zu einer wissenschaftlichen Weltanschauung, die ihre Theoriediskussion immer auf dem Feld der religiösen Auseinandersetzung als Glaubenskampf ausgetragen hat, so daß sie die notwendig verändernden Eingriffe in ihr System durch Dissoziation abwenden konnte. Der Geist lebendiger Auseinandersetzung in einer Wissenschaft ist ihr damit ausgetrieben, so daß sie durch eine lange autoritäre Tradition vor geistiger Unruhe bewahrt blieb.

Der Wissenskorpus der Psychoanalyse hat sich inzwischen in vielfältigen Lehrbuchdarstellungen niedergeschlagen, so daß von daher noch einmal eine fixierende Wirkung auf den Kanon ihres Wissens ausging; vor allem, weil auch die vorliegenden Lehrbücher die Grundlagen der Psychoanalyse unbefragt, die Prinzipien ihrer Verfahrensweise unangetastet lassen und sich gedankenlos mit der Repetition des Vorhandenen begnügen. Dieser Stillstand in der Auseinandersetzung um Theorie und Praxis hat sie in eine Selbstgenügsamkeit eingeschlossen, die noch verstärkt wird durch die jetzt erfolgte Etablierung im Versorgungssystem der gesetzlichen Krankenkassen. Es muß sich nun für die Psychoanalyse erweisen, wenn sie ihrem System eine Zukunft geben will, welcher Wahrheit sie sich stellen kann über ihre erkenntnistheoretischen Grundlagen und wissenschaftlichen Methoden, ihren Wissenskorpus, ihre Stellung in der wissenschaftlichen Welt, die Struktur ihrer Vereinigung und ihren gesellschaftlichen Status. Die Antwort auf die Zumutung der Selbstanwendung und der darin verwickelten Wahrheitsfrage wird in der notwendigen Revision des analytischen Systems erfolgen müssen, und es wird der Psychoanalyse dann nicht mehr möglich sein, die wissenschaftliche Revision ihres Systems zu einer Frage des Revisionismus zu machen, der jeden Zweifel ausschließt und über den Ausschluß der Zweifler die verfügten Wahrheiten zu halten sucht; wie es in der Tendenz totalitärer Ideologien und Bewegungen liegt.

Die Analytik der Macht bestimmt den vorliegenden Diskurs, weil nicht nur genetisch geklärt werden soll, wie die Psychoanalyse seit Freud zu ihrem Regiment der therapeutischen Kommunikation gekommen ist, sondern auch, wie die Methoden beschaffen sind, mittels deren sie über den Patienten regiert und welche Realität durch das analytische Verfahren produziert wird. Mit dem Freudschen Diskurs setzt nämlich ein Zugriff auf die Innerlichkeit des Menschen ein, der sich bestimmter Praktiken bedient, um das analytische Wissen vom Seelischen zu erzeugen. Die für die Psychoanalyse eigentümliche Machtstruktur liegt in der Übertragungssituation, die Freud als Feld seiner therapeutischen Kommunikation eingerichtet hat. Und das Wissen der Psychoanalyse entspringt dieser Praktik der Übertragung, aus der all jene Einsichten stammen, die seither als analytische Erkenntnisse überliefert sind.

Unser Diskurs geht davon aus, daß die therapeutische Kommunikation eine Machtbeziehung ist, deren Aufklärung von der Psychoanalyse umgangen wurde, weil sie als Aufklärungsinstanz von Unterdrückungsverhältnissen über jeden Verdacht erhaben schien, ihr Wissen Praktiken von Macht- und Abhängigkeitsverhältnissen verdanken zu können. Deshalb ist es von essentieller Bedeutung, die Machtbeziehung der therapeutischen Kommunikation zu untersuchen und die Bedingungen zu klären, unter denen sich die psychoanalytische Tätigkeit als Machtausübung vollzieht und zu einem historistischen Konzept des Subjekts führt, das sich der Absage an die Gegenwart verdankt. Und diese Suche nach der verlorenen Geschichte offenbart die Optik Freuds, der Psychoanalyse, sich in einer endlosen Bewegung nach rückwärts des Ursprungs zu versichern, sozusagen das verlorengegangene Wesen des Menschen wiederzufinden durch die Herstellung eines ‹retrospektiven Jenseits›. Der psychoanalytische Diskurs ist ein Diskurs der Macht im Zugriff auf die Rekonstruktion der ganzen Lebensentwicklung des Subjekts, die einem Phantasma von permanenter Selbstentwicklung folgt. Der Analytiker zeigt sich als Seelenführer zu den Wahrheiten des Ursprungs, nicht zu den Wahrheiten der Tatsachen: er ist der Machthaber einer retrospektiven Metaphysik, welche die unbewußt-transzendentalen Bedürfnisse des modernen Subjekts historistisch zu befriedigen sucht. Das Ursprungsdenken der Psychoanalyse zeichnet dem Subjekt einen Weg nach rückwärts in der Vorspiegelung des Wiederfindens eines Originals, dessen Wiedererkennen als Akt der Selbstbemächtigung ausgegeben und als Grund für die in Aussicht gestellte Selbstentwicklung genommen wird. Diese fiktionale Prozedur birgt einen deterministischen Fatalismus, das Ich so an seine Vergangenheit zu fesseln, daß es als Opfer nur noch Folge des Gewesenen ist. Die gewöhnliche analytische Praxis ist im Vollzug dieses Determinismus in die naive Fatalität einer Inkulpations- und Exkulpationsideologie[1] ausgelaufen, die das Subjekt einem Kausalismus unterstellt, der es in dieser irreversiblen Verkettung von ‹Ursache› und ‹Wirkung› zum schuldlosen und damit entmündigten Objekt eines irrationalen Geschehens macht.

In diesem Kontext ist bemerkenswert, daß die Idee der Freiheit, Inbegriff der Errungenschaften der Aufklärung, in der Psychoanalyse keinen Platz hat. Nimmt man nämlich die Parolen von Selbstverwirklichung und Selbstbefreiung für bare Münze, dann sieht man nicht, daß Selbstverwirklichung nichts anderes ist als das Einüben von Durchsetzung je eigener Interessen und Bedürfnisse, ohne Rücksicht auf die Interessen anderer und der Allgemeinheit. Die darin liegende Privatisierung zeigt

---

1 Die Inkulpations- und Exkulpationsideologie der Psychoanalyse ist zum festen Bestandteil der Laienätiologie geworden: Ärzte wie Patienten bedienen sich heute allgemein ätiologischer Ideologien über das ‹Wesen› der vorliegenden psychischen Störung, indem jedes sich anbietende, relevant erscheinende biographische Moment nach einem psychogenetischen Klischee zum Grund der Krankheitsfolge erklärt wird und von der Aufklärung der ‹Ursachen› in der frühen Kindheit die Befreiung vom Übel, die Heilung, erwartet wird. Und der Heilprozeß stellt sich als Verfolgung eines früheren Unrechts dar, dessen ständiger Wiederholung im Gegenwärtigen der Analytiker detektivisch auf der Spur bleibt.

die gesellschaftliche Entfremdung des Subjekts in der Moderne und seine Entmündigung als politisches Subjekt. In dieser Ich-Kultivierung liegt eine Isolierung vom anderen, die gerade nicht das entstehen läßt, was unabdingbar mit der subjektiven und objektiven Interessenabgleichung in einer Gemeinschaft verbunden ist: das Wachsen und Reifen des Menschen an der Überwindung seiner Selbstbezogenheit.

Unser Diskurs ist auf die Aufklärung der Erkenntnisprinzipien gerichtet und kann daher keine Ethik der Kommunikation schreiben. Die positive Bestimmung einer Ethik der Kommunikation stellt sich in unserem Diskurs nur in ihrer Negation dar: exemplarisch in der Verweigerung von Gegenseitigkeit als Gewaltphänomen, in der grundsätzlichen Absage der Gegenwart als Ursprung von Bedeutung und der Verneinung der Aktualität des Konflikts, in der Verweisung des Geschehens ins Vergangene, in der Auslöschung des prospektiven Moments der Lebensperspektive durch die Methode der Retrospektive und der Verhängung von fiktionalen Prozeduren, die allemal als Simulacra der Selbstbefreiung die Macht- und Herrschaftsfunktion des Analytikers verschleiern. Eine Ethik der Kommunikation ist die unabweisbare Folge eines Diskurses der Selbstaufklärung der Psychoanalyse. Der zur Zeit herrschende Lärm eines Moralismus über Verführung und sexuellen Mißbrauch in der Psychotherapie scheint uns nur eine Verschiebung und Ablenkung aufs Handgreifliche einer ausbeuterischen Beziehung zu sein, deren allgemeine Gewaltstruktur dabei überhaupt nicht in den Blick genommen werden muß. Und die eigentlichen Gewaltverhältnisse, wie sie sich als immanentes Prinzip der therapeutischen Beziehung darstellen, sind Gegenstand unseres Diskurses und werden in einer Analytik der Macht erhellt. Es gilt, Abschied zu nehmen von der Psychoanalyse als unbefleckter Aufklärungsinstanz und sie aus den selbstgeschaffenen paradiesischen Gefilden einer Unschuld der Macht zu vertreiben; unter allen Abschieden ist aber der vom Stande der Unschuld der schmerzlichste.

Die Analytik der Macht ist deshalb so zwingend, weil in der psychotherapeutischen Kommunikation die Anweisungen vermittelt werden, wie die Welt für den Patienten zu sehen ist. Der Therapeut verfügt also durch seine Sicht, zu welcher Sehweise der Patient gelangen kann. Und in seinen Anweisungen (Deutungen) sind alle erkenntnistheoretischen und methodischen Probleme der Analyse verwickelt. Die Aufklärung über die Wahrnehmungs- und Erkenntnisweisen des Analytikers, wie sie sich in der Erzeugung der analytischen Situation darstellen, soll seine

Verfügungsmacht offenbaren. In der Auflösung der essentiellen Konstrukte der Psychoanalyse liegt die «purgatorische Funktion» (Steiner 1990, S. 162) einer dekonstruktiven Arbeit. Die Analytik der Machtbeziehung bringt eine Demontage der seit Freud herrschenden analytischen Konvention mit sich und ist von unmittelbarer praktischer Konsequenz; denn die Dekonstruktion der analytischen Wahrnehmungs- und Erkenntnisprinzipien im vorliegenden Diskurs führt zu einer fundamentalen Auflösung der in den analytischen Konstruktionen liegenden Täuschungen und Fiktionen: der Fiktionalismus des analytischen Prozesses erweist sich als Ausgeburt der vom Therapeuten verordneten fiktionalen Prozeduren. Und diese wiederum sind Ausdruck seines Machtbegehrens, seines Verfügungsanspruchs auf Zuschreibung der gesamten Entwicklungs- und Lebensbedeutung eines Menschen.

In der Selbstanwendung der Psychoanalyse muß sie sich am selbstgewählten, eigenen Anspruch der Aufklärung der unbewußten Handlungsmotive messen lassen, und dabei soll sich erweisen, daß sich Psychoanalyse, was bisher in idealisierender Weise verkannt wurde, nicht zu ihren besseren Möglichkeiten befreien läßt; denn diese kann es nach unserem Diskurs nicht mehr geben, weil die Demontage ihrer Wahrnehmungs- und Erkenntnisprinzipien zugleich eine Auflösung der analytischen Situation bedingt, die von der Praktik der Nicht-Gegenseitigkeit lebt.

Der Diskurs über die Deutungsmacht der Psychoanalyse, wie er sich in den einzelnen Aspekten dieser Arbeit darstellt, befaßt sich zunächst mit der Dekonstruktion ihres universellen und imperialen Deutungsanspruchs, demontiert ihre Legitimation als Aufklärungswissenschaft und zeigt, daß das universelle Deutungsbegehren einer Logik der Beliebigkeit folgt. Psychoanalyse, deren ideologiekritischer Ansatz bis heute als unreflektiert gelten konnte, weil sie glauben machte, Rationalisierungen, das heißt falsche Motive des Handelns aufzuklären, wird in unserem Diskurs der ihr eigenen Methode einer Ideologiekritik ausgesetzt. Dabei zeigt sich, daß die Aufklärung der Grundlagen des analytischen Prozesses, der persönlichen Voraussetzungen und Bedingungen des Analytikers und der Machtmechanismen des analytischen Apparats die Psychoanalyse als eine besondere Ideologie erweist: Psychoanalyse hat den leeren Platz der religiösen Systeme usurpiert und ist ein Rationalisierungsinstrument geworden für irrationale Sehnsüchte nach authentischem Leben und wahrem Selbst, nach ursprünglicher Natürlichkeit. In ihren therapeutischen Organisationsformen präsentiert sie wissen-

schaftlich verkleidete Selbst-Beschaffungsdienste, um durch die Schein-
befriedigung jener irrationalen Sehnsüchte das potentiell aufrührerische
Subjekt für die Herrschenden der Gesellschaft ruhigzustellen. Eine totalitär wirkende Therapeutisierung der Gesellschaft ist die Folge. Gerade
die Vorspiegelung individueller Geschichte, die Ausstattung mit standardisierten Geschichten für jedermann, zeigt die ideologische Funktion
der Psychoanalyse als besonders verführerisch, weil sie dem Subjekt die
Sehnsucht nach dem Besonderen durch ihre Versprechungen auf Origi-
nalität wachhält; tatsächlich aber in ihren Therapieformen Pseudoindivi-
dualität von der Stange vermittelt. Der ideologiekritische Ansatz der
Psychoanalyse, Rationalisierungen aufzuklären, hat paradoxerweise zu
einer analytischen Ideologie der Selbstreflexion geführt, welche die Regression des Subjekts in die Selbstkultivierung verdeckt, dessen imaginäre Potenzen in der puren Selbstbespiegelung ausgelebt werden. Das
Subjekt ist durch diese Selbstreflexion sich selbst genug in der vermeintlichen Selbstveränderung. Der Rückzug von der handelnden Auseinandersetzung der Welt und die Einschließung in die intimistische
Subjektivität ersetzt die fehlende politische Handlungsmacht durch eine
imaginäre Selbstbemächtigung, die dem Subjekt innere Befreiung vorspiegelt, wo es einen Machtkampf um die Bewahrung seines Freiheits-
spielraums in der verwalteten Gesellschaft führen müßte. Dieser Verschiebung der Bühne des Handelns, der Ersetzung des äußeren Handelns
durch eine innere Bewegung, entspricht der mystifizierende Umgang mit
dem Freiheitsbegriff in der Psychoanalyse, die vom Ideal ‹herrschafts-
freier Kommunikation› zehrt, einer ideologischen Konstruktion, die nur
der Verdeckung der Macht- und Gewaltverhältnisse in der therapeutischen Beziehung dient. Tatsächlich erzeugen aber die Machtstellung
des Analytikers, die Autorität seiner Deutungsmacht und die von ihm
verfügte Konstruktion der therapeutischen Situation und der therapeutischen Beziehung ungreifbar und unlösbar erscheinende Machtverhältnisse, weil eine aufklärerische Instanz, die erklärtermaßen der Aufdeckung von Unterdrückungsverhältnissen dient, selber doch keine
Gewalt- und Unterdrückungsverhältnisse herstellen kann.

So handelt der Diskurs von der Definitionsmacht des Analytikers, vom
Imperialismus des universellen Deutungsanspruchs, vom Unbewußten
der Psychoanalyse als einer Wissenschaft der Metaphysik, erörtert den
Machtumbruch in der Moderne durch den neuartigen psychologischen
Zugriff auf die Innerlichkeit des Menschen, untersucht die Macht des

diagnostischen Blicks und zeigt an jenem, von Sartre kommentierten Vorfall des «Mannes mit dem Tonband» die Gewalt der Nicht-Gegenseitigkeit in der Psychoanalyse und führt all jene Mystifikationen der analytischen Praxistheorie vor Augen, durch welche die Macht- und Herrschaftsposition des Analytikers neutralisiert werden soll. Im Mittelpunkt des Diskurses steht die Herausarbeitung der konstitutiven Bedingungen des psychoanalytischen Prozesses, der Konstruktionsprinzipien der «falschen Verknüpfung» und der «Nachträglichkeit»: das Erkennen und die Durchleuchtung dieser Prinzipien gab uns den Ort, von wo aus die Verkettung der psychoanalytischen Phänomene sichtbar wurde, und nachdem diese Prinzipien einmal erkannt waren, fügte sich alles von selber, wurde die Verbindung aller Konstituentien für die psychoanalytischen Konstruktionen evident. Die bisher blind gehandhabten Organisationsprinzipien des analytischen Prozesses werden als die Paradigmen der Psychoanalyse offengelegt. Und die Analytik dieser Konstrukte erhellt die tradierten Sehweisen, welche die analytische Konvention auszeichnen, und führt den Subjektivismus der Psychoanalyse vor Augen, deren Fundament sich solchen Konstruktionsprinzipien verdankt.

Das Prinzip der «falschen Verknüpfung» erweist sich als Freuds Machtverfügung über die Anordnung der analytischen Situation, mit der all jenes verbunden ist, das mit dem Namen Psychoanalyse belegt werden kann. In diesem Konstrukt hat Freud die Übertragungssituation als Verschiebung von sich auf die primären Objekte des Patienten geschaffen, so daß er durch dieses Machtwort aus der Not seiner Triebverwicklung mit dem Patienten befreit war. Am Konstrukt der «falschen Verknüpfung» zeigt sich die Erzeugung der analytischen Situation und ihre Fortführung in der Tradition der analytischen Übertragungslehre. Hier werden all jene Macht- und Herrschaftsimplikationen deutlich, die von Freud und der Psychoanalyse hinter einer naturwüchsigen Vorstellung von Übertragung versteckt sind. Die in der «falschen Verknüpfung» liegende Dissoziation der kommunikativen Beziehung erweist sich als konstitutive Bedingung der Machtbeziehung, und dieser Dissoziationsmechanismus durchherrscht den ganzen Korpus der psychoanalytischen Lehre, vor allem in der Erzeugung von Dissidenz, die jene ausschließt, die sich dem Machtanspruch Freuds und des Apparats nicht unterwerfen wollten, weil sie dem Gesetz ihres eigenen Denkens folgen mußten.

Die Übertragungspsychologie der Psychoanalyse ist eine Konstruktion Freuds, da die Übertragung des Patienten eine Reaktion auf die von

Freud, von den Analytikern erzeugte therapeutische Beziehung darstellt; und die Erfindung der Gegenübertragung ist deren komplementäre Fortsetzung als Reaktion des Therapeuten auf die von ihm ausgelösten Reaktionen des Patienten. Die Konstruktion der Übertragung ist das Ergebnis eines rhetorischen Prozesses, in dem die als Übertragung wirkende Suggestion des Therapeuten das herrschende Moment darstellt. Psychoanalyse ist demnach als Theorie der Einflußnahme der Rhetorik zuzuordnen und muß nach deren Kategorien befragt und entwickelt werden. Das rhetorische Moment der Psychoanalyse liegt im suggestiven Prozeß des Einflußnehmens, dessen Wirkmechanismen bisher nicht nachgegangen wurde, so daß diese okkulten Grundlagen autoritärer Macht der Psychoanalyse unaufgeklärt blieben. Daraus entstand jener rationalisierende Umgang mit den Voraussetzungen und Mechanismen des analytischen Prozesses, der bis heute die Macht- und Herrschaftsimplikationen der therapeutischen Beziehung verschleiert hat. Und die Bewußtmachung des suggestiven Grundes der Psychoanalyse legt jenen Fiktionalismus frei, der die Psychoanalyse daran gehindert hat, ihre theoretischen Vorannahmen zur Wahrnehmung und Deutung als Fiktionen zu entlarven und ihre Pseudoverwissenschaftlichung als Scheinobjektivierung aufzuklären. Der Fiktionalismus einer Als-ob-Beziehung der Übertragung ist auch bezeichnend für die Beobachtungstheorie der Psychoanalyse, wie wenn die Beobachtung des Beobachters den Antagonismus der Subjekt-Objekt-Spaltung aufheben könnte.

Eine positive Bestimmung der psychotherapeutischen Wissenschaft, nicht der Psychoanalyse, muß nach den Kategorien einer rhetorischen Disziplin erfolgen, und dabei klärt sich, nach welchen Gesetzen die Einflußnahme sich ereignet; nicht zuletzt ist die Glaubwürdigkeit eines jeden Therapeuten davon abhängig, wie sich die Einflußnahme als Prozeß der Überzeugung vollzieht. Die nirgendwo diskutierte Glaubwürdigkeit des Therapeuten ist Voraussetzung der Prozeßgestaltung, und aus diesem Zusammenhang ergeben sich die Kriterien der Überzeugungsmacht des Therapeuten, die Indikatoren des Wirksamwerdens seiner Überzeugungsfähigkeit. Der Erkenntnisfortschritt und die Verhaltensänderung des Patienten sind nur als Reaktion auf die empirisch sich vollziehende Glaubwürdigkeit des Therapeuten zu begreifen.

Das Dilemma der Psychoanalyse wird, was das Kernstück ihrer Lehre, die Theorie der infantilen Sexualität und der Verdrängung, angeht, exemplarisch an Freuds letztem klinischem Fall, dem «Wolfsmann»: er wollte bei dessen Analyse die Glaubwürdigkeit seiner Sexualtheorie durch den empirischen Nachweis der infantilen Sexualität und durch die Verifizierung tatsächlicher Ereignisse und frühkindlicher Beobachtungen gegen Jung und dessen Auffassung vom «Rückphantasieren» unter Beweis stellen. Freud mußte sowohl seine Theorie der infantilen Sexualität wie auch seine Verdrängungslehre am «Wolfsmann» falsifizieren: Erinnerungen sind nachträgliche Umarbeitungen und, wie die Deutungen des Analytikers, Konstruktionen als Übertragungsphänomene der analytischen Beziehung; das heißt, Erinnerung ist als bloß funktionales Phänomen der aktuellen psychoanalytischen Situation anzusehen. Das psychoanalytische Verfahren erweist sich hier als Prozeß der Legendenbildung, und die Fallgeschichte ist, was ihren Wahrheitsgehalt angeht, eine Novelle, die wie alle Erzählungen nach ästhetischen Kategorien zu beurteilen ist. Die dichterischen Erfindungen gesellen die fiktionalen Prozeduren der Psychoanalyse zur ‹Artistenmetaphysik› Nietzsches: Verifizierung und Falsifizierung sind logisch wie pragmatisch im Bezirk des Dichterischen nicht möglich. Trotzdem werden die Erzählungen der Psychoanalyse weiter als Theorien ausgegeben; da sie sich als theoretische Aussagen maskieren, bleiben sie unwiderlegbar und machen sich wissenschaftlich unangreifbar. Poppers Verdikt gegen die Psychoanalyse, daß sie keine Theorie ist und keine theoretischen Aussagen machen kann, da ihre Sätze nicht widerlegbar sind, trifft den Kern dieser rhetorischen Gattung. Denn die wissenschaftliche Anerkennung des Popperschen Verdikts durch die Psychoanalyse würde eine Revision der gesamten psychoanalytischen Theorie notwendig machen. Freilich fehlen zu diesem Vorhaben die gesellschaftlichen Voraussetzungen: solange auf die Psychoanalyse die Fiktion einer wissenschaftlich begründeten Aufklärung des Subjekts von der Gesellschaft übertragen wird und diese für ihre Ideologie der permanenten Selbstentwicklung des Menschen daraus ihren Nutzen ziehen kann, bleiben die gesellschaftliche Machtstellung der Psychoanalyse wie ihre Privilegien unangetastet.

Unser Diskurs einer immanenten Kritik der psychoanalytischen Prozeduren will in seiner negierenden Bewegung der Selbstaufklärung der Psychoanalyse keine Alternativ-Psychoanalyse anbieten, sozusagen die Positivität zur kritischen Negativität; denn die Annoncen eines Besseren wären nur eine Ablenkung von der Tatsache, daß die Psychoanalyse, wie sie ist, nicht zu ihren besseren Möglichkeiten zu befreien ist. Entwürfe zu einer positiven Pragmatik, die in unserem Diskurs auch enthalten sind, wollen die notwendigen Ausblicke eröffnen, jenseits der Psychoanalyse zu einer empirisch begründbaren Therapeutik zu gelangen. Allerdings bleibt die Bedeutung des von Freud eingeführten neuen Horizonts eines psychodynamisch-strukturalen Denkens für die systemische Grundlegung einer klinischen Theorie unbestritten; aber diese Bewertung gehört in eine Auseinandersetzung klinischer Theoriebildung und Praxisorganisation andernorts.

Das Aufbrechen der psychoanalytischen Konvention war eine Arbeit, die uns in ihrem Fortgang selbst verändert, unsere tradierten Denk- und Sehweisen umgestaltet hat: in der Prozedur des Schreibens hat sich das Denken über die Psychoanalyse selbst zu ihrem Ende gebracht.

2. Die Definitionsmacht

der Psychoanalyse: die imperative
Funktion des Analytikers

2.1 Die Schlüsselgewalt des Analytikers, der Imperialismus der Psychoanalyse

Obwohl die imperialistischen Phänomene der Psychoanalyse evident sein müßten, werden sie immer noch für Produkte wissenschaftlicher Erkenntnis gehalten, weil es die Psychoanalyse bis heute verstanden hat, sich mit der Aura einer aufklärerischen Disziplin zu umgeben. Daher scheint es uns notwendig, die Phänomene imperialistischer Schlüsselgewalt explizit zu machen, bevor wir die Fragwürdigkeit des universellen Deutungsanspruchs vorführen.

Freud scheint vordergründig die geltende ärztliche Definitionsmacht verworfen zu haben, indem das Arzt-Patient-Verhältnis im Wechselspiel zwischen «freier Assoziation» und «gleichschwebender Aufmerksamkeit» dem Patienten die Möglichkeit gab, den Diskurs mit dem Arzt selber zu bestimmen. Dieser vermeintliche Verzicht Freuds auf soziale Macht im Sinne von ärztlicher Definitionsmacht an der Behandlungssituation ist als «radikale Umkehrung des Arzt-Patient-Verhältnisses» (Lorenzer 1984, S. 114) deklariert worden. Freilich wäre diese Diagnose an der Oberfläche sozialpsychologischer Rollendefinition zutreffend, wenn man davon absieht, daß Freud mit der Preisgabe gewöhnlichen Machtstrebens einem ganz anderen Machtbegehren gefolgt ist. Indem Freud den Anspruch auf die gewöhnliche ärztliche Definitionsmacht und ihre Prestigerollen aufgab, konnte er gerade einem ganz anderen Anspruch folgen, der in all seinen Äußerungen zur Selbstdarstellung zum Vorschein kommt: eine Definitionsmacht von universeller Geltung für die menschlichen Triebkräfte zu entwerfen. Mit der Einrichtung der Psychoanalyse schuf er sich einen unkontrollierbaren, fundamentalen

Machtbereich, der ihm das Mittel an die Hand gab, die herrschenden Verhältnisse zu unterminieren: *Flectere si nequeo superos, acheronta movebo* (Freud GW II/III) – Wenn ich die Oberen nicht beugen kann, werde ich die Unterwelt bewegen. Mit dem Schlüssel der Entzifferung des Unbewußten hatte sich Freud eine umfassende Definitionsmacht aller Lebenserscheinungen angeeignet, die sich vor dem von ihm geschaffenen Gerichtshof des Unbewußten als authentischem Ort zu rechtfertigen hatten. Der Analytiker hat sich seit Freud zum Richter der Authentizität aller Regungen des Seelischen gemacht.

Die Rollendefinition der Arzt-Patient-Beziehung in der propagierten Umkehrung folgt einem soziologischen Interaktionsmuster, durch das nicht in den Blick kommt, wie die ‹andere Bühne› des Sprechens in der Psychoanalyse jenseits des konventionellen Arzt-Patient-Schemas eingerichtet wird und aufgrund welcher Bedingungen sich auf dieser Bühne die Themen inszenieren, die vom Patienten für die Bearbeitung durch den Analytiker ausgewählt scheinen. Es wird aber noch zu zeigen sein, daß die Definitionsmacht des Analytikers in der Macht seiner Benennungen (Deutungen) liegt, die durch ihre Benennung der Situation einen Namen gibt und den Benennenden als den Mächtigen ausweist, der über die Verfügung des Namens die Situation beherrscht, indem er die Bedeutungen zuschreibt.

Die Rede vom konventionellen Machtverzicht des Analytikers und der damit verbundenen Entdeckung und Erforschung des Unbewußten ist eine Verkehrung der propagierten Situation, weil an der inkriminierten Subjekt-Objekt-Spaltung in der Arzt-Patient-Konvention sich nicht nur nichts geändert hat, sondern die Macht-Ohnmacht-Relation in der Analyse viel umfassender und ungreifbarer geworden ist. In diesem Zusammenhang will einem der Anspruch von der Einführung des Subjekts in die Medizin als Klischee erscheinen, dessen Aufklärung all jene Ingredienzien der Macht zum Vorschein brächte, von der die Psychoanalyse in Bann geschlagen ist.

Die Definitionsmacht des Analytikers liegt subjektiv wie gesellschaftlich gesehen in seiner Schlüsselgewalt über das Unbewußte, und diese Machtausübung ist im Gegensatz zur traditionellen gesellschaftlichen Autoritätsausübung, der gegenüber sich die Analytiker in einem «obligat unglücklichen Verhältnis» (Parin 1983, S. 17) definieren, zu einer alles durchdringenden Funktionalität (Castel 1976) geworden: Psychoanalyse hat für die Moderne das Erbe der Aufklärung angetreten, für den letzten, noch verbliebenen dunklen Bezirk des subjektiv wie gesellschaftlich Unbewußten die Aufklärung zu besorgen. Da der Ort des Unbewußten einer der Authentizität und des Ursprungs sein soll, sozusagen die Wahrheit des Wunsches und des Begehrens dort ihre Heimstätte haben soll, ist die analytische Methode, die der Aufdeckung des Unbewußten dient, an sich schon subversive Tätigkeit. Die Subversion der Psychoanalyse scheint sich hinter verschlossenen Türen abzuspielen, daher kann sie sich in ihrer offiziellen Repräsentation bequem die Illusion einer umstürzlerischen Wissenschaft bewahren, während in Wirklichkeit der totalitäre Charakter der psychoanalytischen Bewegung nicht zu übersehen ist.

Der Begriff der Subversion hat im Selbstverständnis der Psychoanalyse eine lange Tradition und begründet sich immer durch die Arbeit am Unbewußten als Ort des Originals, des nicht entstellten und nicht entfremdeten Lebens; und von daher gilt die Arbeit am Unbewußten immer schon als revolutionär, wird die Tätigkeit des Analytikers als aufständische Arbeit angesehen, die sich in der Polarität zwischen dem infantilunverdorbenen Leben und dem durch die gesellschaftlichen Mechanismen verderbten Leben vollziehen soll. In diesem Sinn ist Psychoanalyse per definitionem revolutionär (Chasseguet-Smirgel 1974): das Revolutionäre an ihr soll darin liegen, daß alles im Lichte des Unbewußten untersucht wird, so daß man von daher nur die authentische Position des Unbewußten zu vertreten braucht, «um schon den Konformismus zu überschreiten und die repressiven institutionellen Strukturen zum Zusammenbruch zu bringen» (Castel 1976, S. 24).

Psychoanalyse, die beansprucht, Verdrängungen aufzuheben, die den Zugang zum Bezirk der unterdrückten Wunschproduktion versperren, reklamiert damit für sich ein Element radikaler Kritik, da sie als Sachwalterin der authentischen Wunschposition sich zutiefst subversiv gegenüber allen Institutionen der sozialen Ordnung deklarieren kann. Daraus nährt sich das Vorurteil, daß eine privilegierte Beziehung zwischen Psychoanalyse und Subversion besteht, weil die Anwälte des Unbewußten den Anspruch auf Wahrheit des Wunsches und Begehrens legitimieren wollen mit ihrer Schlüsselgewalt über das Unbewußte, vor dessen Gerichtshof alle subjektiven wie objektiven Phänomene des Lebens sich einer Echtheitsprüfung unterziehen müssen. Und in diesem Glaubenskampf um Entlarvung und Demaskierung des Unechten schafft der Besitz des Schlüssels zur Entzifferung des Unbewußten das

Monopol der Definitionsmacht über das Wahre und Falsche und wird der Analytiker zum Vermittler unverfälschten Lebens.

Die Ausweitung der analytischen Definitionsmacht auf alle Erscheinungen des individuellen, sozialen und kulturellen Lebens zeigt den imperialistischen Anspruch dieser Deutungsmacht, die scheinbar universell geworden ist, omnipotent und omnipräsent: so brachte es die Schlüsselgewalt des Analytikers über das Unbewußte mit sich, daß er sich zum (Sprach-)«Lehrer und Gesetzgeber» vom «freien Selbstsein» (Loch 1974, S. 431 und Loch 1965 a, S. 58) berufen fühlen konnte und daß das Unbewußte, da es keiner direkten Beobachtung zugänglich ist, sich gefallen lassen mußte, die verschiedensten Bedeutungszuschreibungen auf sich zu nehmen – je nach Schulcode. Und so konnte es geschehen, daß das Unbewußte in seiner Unfaßbarkeit, Allgegenwart und Allmächtigkeit die Bedeutung eines Numinosen erhielt: Gott ist also das Unbewußte geworden, nicht in der Lacanschen Version, daß Gott unbewußt geworden wäre; die Transzendenz ist selbstreferentiell purer Immanenz verfallen, und der Gott zeigt sich nach Nietzsche in der Trivialität einer obskuren Authentizität – das Unbewußte als autopoietischer Gott.

Der Ausgang einer kulturellen Erschöpfung zeigt den Menschen immer auf dem Weg der Heimkehr zum Ursprung und der Rückkehr zu den Quellen in der fiktiven Bemühung zur Wiederherstellung der ursprünglichen schöpferischen Kraft. Die Versicherung des Authentischen und Kreativen wird in der tiefen Innerlichkeit des Unbewußten gesucht auf der Flucht vor der alles umfassenden bürokratischen Rationalisierung, die sich einem alles beherrschenden Sicherheits- und Selbsterhaltungsinteresse verdankt. Die Psychoanalyse steht hier im Brennpunkt des Interesses eines allgemeinen, irrationalen Auftrags, diese Lebensverneinung und -erstarrung durch die Mobilisierung der ersehnten lebensbejahenden Kräfte der Tiefe rückgängig zu machen: sie tritt das Erbe der religiösen Erlösungssehnsucht, hier nur auf das Diesseits gewandt, als psychologische Selbsterlösung an und zehrt aus diesem religiösen Begehren nach Selbstverwirklichung und Selbstbefreiung – die trügerischen Vokabeln einer progressistischen Analyse. Diese Flucht in die Innerlichkeit, ein seit der Romantik vorgezeichneter Weg in die intimistische Subjektivität der inneren Natur, ist ein tradierter Prozeß der Abwendung von der Arbeit an den Äußerlichkeiten des Sozio-Ökonomischen, der gesellschaftlich-politischen Machtverhältnisse, unterhält eine Ohnmachtsbewegung der Rückwendung, die der Psychoanalyse eine gesellschaftliche Macht zukommen läßt als Agentur vom authentischen Leben. Die propagierte Berufsethik der Analytiker als Hüter des wahren Selbst zeigt die Wahlverwandtschaft (Max Weber 1920) zu den Formen des religiösen Glaubens, zeigt den Analytiker auf dem Platz eines Echtheitspropheten, der Paß und Siegel des reinen Selbst, sozusagen die Gesundheit an sich verwaltet: der «mythische Trug des reinen Selbst» ist die Anrufung eines «bestandlosen Gespenstes», das in der «bodenlosen Leere» der Innerlichkeit haust (Adorno 1973, S. 203). Die Echtheit ist zum Fetisch für das Verlangen nach dem abwesenden Original geworden, und jedermann ist heute, unter anderem mit Hilfe der psychosozialen Dienste, unter dem Zwang, sich das richtige Selbst zu beschaffen. In der Gesellschaft der Moderne steht dem seiner Individualität enteigneten Subjekt eine Unzahl von Selbst-Beschaffungsdiensten zur Verfügung: als Wissenschaft verkleidete Schönheits-/Fitnessindustrien, Werbe-/Marketingagenturen zur Selbstpflege, Fürsorgeapparate und Erziehungs- und/oder Ausbildungsinstitute zur Selbst-Bildung und so fort, die dem Menschen Selbst-Imaginationen (Selbst-Images) andienen, um die Bedürfnisse nach Selbst-Beschaffung zu befriedigen.

Die Philosophie der Echtheit hat mit dem Scheincharakter des realen Selbst zu tun, das Selbst als «Einmaliges», nicht zu «Vervielfältigendes», «eigentlich Echtes» (Adorno ebd., S. 201f) gegenüber der realen Welt des Artifiziellen, einer Welt der *simulacra*, die eine Welt endloser Vervielfältigung ist. Unter dieser Sicht ist auch die psychoanalytische Arbeit an der Selbstbemächtigung des Subjekts eine Kopieranstalt geworden, ein Ort der Epiphanie des wahrhaftigen Menschen. Und die Täuschung des Subjekts in der Analyse besteht doch darin, daß dort seine Sehnsucht nach Selbst-Erfahrung gestillt werden soll, wo in Wirklichkeit das Subjekt bei seiner Jagd nach dem Echten einem Trugbild von Selbst und Identität aufsitzt, das die Wahrheit des Echten zur Lüge verkehrt. Denn Psychoanalyse dient gewöhnlich nur noch der serienmäßigen psychologischen Selbstinterpretation, hält für jedermann eine standardisierte Geschichte[2] zur Verfügung und verdeckt gerade in dieser Allgemeinheit,

---

2 Die Analyse und Auswertung der uns vorliegenden Fallgeschichten für den Abschluß der analytischen Ausbildung und der damit verbundenen Zulassung zur analytischen Tätigkeit bei einer der psychoanalytischen Fachgesellschaften (DPV) kann diese endlose Vervielfältigung standardisierter Geschichten, die sich als Ergebnis einer analytischen Aufarbeitung ausgeben, eindrucksvoll bestätigen.

daß niemand etwas Besonderes ist. Diese Vorspiegelung individueller Geschichte, das serielle ‹Original› für jedermann, kann dem einzelnen immer noch Echtheit durch die Verschiedenheit des Dekors vortäuschen. An die Stelle des Besonderen ist Pseudo-Individualität getreten; die Versprechungen auf Echtheit überführen sich als Individualität von der Stange.

Die Definitionsmacht der Psychoanalyse hat imperialistisch ausufernd alle Bezirke des subjektiven Lebens und der objektiven Welt des Gesellschaftlichen durchdrungen und ständig neue Vorhänge zu neuen Bühnen der Interpretation geöffnet. Der Deutungsmanie psychoanalytischer Biographik und Ethnographie konnte fast nichts entgehen: von Goethe bis Karl May, von Nietzsche bis Schopenhauer, von den archaischen Kulturen bis zu Phänomenen der Hochkulturen, den religiösen und gesellschaftlichen Bewegungen, den politischen und gesellschaftlichen Institutionen, den mental-hygienischen und medizinischen Einrichtungen, der Städteplanung und nicht zuletzt politischen Akteuren und so fort. Es kann auch kein Trost sein, daß die psychiatrische Pathographie in ähnlicher Beliebigkeit die Pathologie der subjektiven und gesellschaftlichen Phänomene zu entlarven suchte; freilich hat sie uns, weil inzwischen in der Psychiatrie solche Unternehmungen als obsolet diskriminiert sind, manches an wissenschaftlich verkleidetem Enthüllungsjournalismus erspart.

Nach dem ersten Eroberungsfeldzug der Europäer zur Besetzung und Ausbeutung fremder Territorien und anderer Kulturen nun, im Schlepptau der ersten, die zweite Invasion und Besetzung durch die Ethnologen, die mit kolonialem Blick das Fremde europäisch ansehen und dadurch zerstören, wie es Lévi-Strauss in den «Traurigen Tropen» (1978) beklagt. Zu einer Zeit, wo die wissenschaftliche Ethnologie im Selbstzweifel darniederliegt, sich von ihrer sogenannten Feldforschung dekonstruktiv distanziert hat, und seit der posthumen Veröffentlichung von Malinowskis Tagebuch (Malinowski 1985) das absolute Mißverhältnis zwischen dem Anspruch auf objektive Berichterstattung und der subjektiv erlebten Wirklichkeit des Feldforschers jedermann bekannt ist, werden von der psychoanalytischen Ethnologie immer noch unbekümmert um den wissenschaftlichen Erkenntnisstand weiterhin Anekdoten aus fremden Kulturen wie objektive Berichte aus wissenschaftlicher Arbeit dargeboten. Diese modischen Ethnolegenden liegen im Trend des zeitgenössischen Ethnokults, das fremd ‹Andere› sich einzuverleiben und durch diese Einschließung, die dem Fremden das ‹Andere› nimmt, sich die faszinierende Illusion der Teilhabe zu verschaffen und dabei ein Gefühl experimentierenden Lebens zu kultivieren. Die koloniale Erblast der Ethnologie kommt Analytikern, die sich doch der Expedition in das fremd ‹Andere›, in das innere Ausland des eigenen Fremden verschrieben haben, merkwürdigerweise nicht in den Sinn.

Wenn Psychoanalyse Wissenschaftsferne zu unterstellen ist, dann gilt dies offensichtlich für ihre ethnologischen Bemühungen: nachdem die Kartographen der Analyse auch den letzten Winkel der Seele vermessen haben, setzen sie ihr ethnozentrisches Denken in der Projektion auf fremde Kulturen fort. Dem nostalgischen Blick entgeht, daß der entlegenste Pueblo durch ein weltumspannendes Kommunikationsnetz längst erschlossen ist, das keinen Raum mehr läßt für unberührte Ethnien und ‹natürliche› Lebenswelten. Kulturelle Enklaven, wenn sie nicht erfunden wurden, sind schon seit langem verschwunden. Der Ruf nach Expeditionen in ‹dunkle Kontinente› der Welt oder der Seele soll den Aufbruch zu neuen Grenzen signalisieren, die es im grenzenlosen Raum universeller Kommunikation nicht mehr gibt. Wenn für den Ethnologen nichts mehr zu beobachten und zu erforschen ist, bleibt ihm seit Devereux's (1967) konsequenter Wendung der Beobachtung des Beobachters nur noch die Selbstbeobachtung; und diese ist in der Psychoanalyse so weit fortgeschritten, daß die unablässig betriebene Selbstbeschäftigung jeden möglichen Gegenstand der Beobachtung überflüssig zu machen scheint.

Im kleinen Unterschied zu den Reiseschriftstellern, die der europäischen Invasion nachfolgten und durch ihre Reiseromane die Okkupation verklärten, können heute Analytiker mit dem Alibi der Aufklärung ‹dunkler Kontinente› ihre ‹Bildungsromane› psychoanalytisch verbrämen. Allerdings führt Ethnoanalyse, eine späte Nachhut des Kolonialismus, eine neue Dimension ein im totalitären Begehren einer universalistischen Deutungsmacht, die beansprucht, Menschen anderer Kulturen mit dem europäischen Entzifferungsschlüssel erfassen zu können. Dieser Ethnozentrismus, der ein «weißer Rassismus» (Baudrillard) ist, speist sich aus dem naiven Glauben an die Identität der Menschheit und unterliegt einem radikalen Irrtum in bezug auf den Schlüssel; denn «nur dort, wo der historisch geschaffene und fortbestehende Schlüssel» einer Ethnie und ihrer kulturellen Produktionen «unmittelbar und vollständig vom wahrnehmenden Individuum beherrscht wird und im Weiteren mit dem Schlüssel verschmilzt, der ... das Hervorbringen des wahrgenommenen Verhaltens oder Werkes einst ermöglicht hat» (Bourdieu 1979, S. 152), sind die Voraussetzungen für eine Interpretation gegeben. Das heißt: der Verstehensprozeß erfolgt homolog nach dem Schlüssel-Schloß-Prinzip, und diese Entsprechung hat ethnisch und kulturell identische Subjekte zur Voraussetzung; alles andere kann nur zu fiktionalem Verstehen und zu illusionärem Verkennen führen als Folge dessen, daß die Phänomene des anderen der Willkür des eigenen Schlüssels unterworfen werden.

Jene andere Bühne, mit der es Psychoanalyse zu tun hat, hat sich in eine endlose Folge von Bühnen verwandelt. Auf der individuellen Ebene durch die Grenzüberschreitung zwischen dem Normalen und Pathologischen: was bei Freud gerade als Überwindung des bürgerlichen Krankheitsbegriffs eine Errungenschaft darstellte, ist im Licht der jetzt erreichten Entwicklung einer allgemeinen Pathologisierung des Normalen als Entgrenzung des Pathologischen zu sehen; indem alles Pathologische nur eine Zuspitzung des Normalen ist und das Normale wiederum ein entstellter Abkömmling des Unbewußten, stehen alle Lebenserscheinungen unter dem Verdacht des Anormalen, das ist die Entstellung des Eigentlichen. Diese Grenzüberschreitung unterhält einen uferlosen Diskurs im Dienste der Aufdeckung des Eigentlichen. Psychoanalyse ist eine Psychologie der Eigentlichkeit geworden, hat sich längst zu einem Stück Hygiene (Adorno 1973, S. 69) gemacht in Verfolgung der zeitgemäßen Sanierung alles Krankhaft-Anderen. Und durch diese Normalisierungsarbeit unter dem Diktat des Eigentlich-Gesunden einer fiktionalen Ordnung des Unbewußten hat sie dem Subjekt die Flucht in die Krankheit abgeschnitten, letzter Modus eines anderen Lebens in einer durchrationalisierten Welt.

Der Imperialismus der Interpretationsmacht wird auch dadurch unterhalten, daß es keine Grenzen des Analysierbaren gibt; denn das Nicht-Analysierte ist das aus Widerstand Nicht-Analysierbare. Aus dieser Logik des Unwiderlegbaren speist sich das System alles usurpierender Interpretation: «So frißt die Rede vom Unbewußten einfach alles auf» (Castel 1976, S. 13). Auf der Ebene des gesellschaftlichen Lebens entwickelte sich die Definitionsmacht der Psychoanalyse zu einer totalitären Interpretationsmaschine[3] in der Übertragung der Couch-Situation auf

---

3 So gibt es bereits eine pränatale, postnatale, eine Säuglings-, Kinder-, Jugendpsychoanalyse, eine Analyse der Adoleszenz, eine Analyse der Paar- und Familienorganisation, eine Gerontopsychoanalyse, eine psychoanalytische Soziologie, Politologie, Anthropologie und Ethnologie, eine linguistische und literaturwissenschaftliche

alle Bezirke des politischen und gesellschaftlichen Lebens, auf Institutionen, Sozialsysteme, Ethnien, Kulturen und nahezu alle Wissenschaftszweige, typischerweise mit Ausnahme der physiologischen und biologischen Grundlagen des Psychischen, deren sich die Psychoanalyse ganz entledigt hat.

Der Imperialismus psychoanalytischer Definitionsmacht entspringt der Logik des Unbewußten, die eine Logik des Wunsches und des Begehrens ist: das Wünschen, das Verlangen, wie Freud schon erfahren mußte, ist unstillbar, kennt in seiner Maßlosigkeit und in der Unermeßlichkeit seiner Begierde keine Grenzen; die Grenzüberschreitung, die Übertretung (Bataille 1974) ist das treibende Moment der Begierde. In dieser Logik des Begehrens operieren die Analytiker als Anwälte des Unbewußten und folgen, gesellschaftlich bestallt, dem Auftrag, die Phänomene des Lebens nach der Ordnung des psychoanalytischen Systems zu deuten. Der Übergriff in der uferlosen Ausweitung des Deutungsanspruchs auf alle sozialen und kulturellen Felder erweist das universelle Ausmaß des Deutungsbegehrens, alles der analytischen Interpretation zu unterstellen, obwohl Psychoanalyse aufgrund ihrer hermeneutischen Methode keine Aussage über den Prozeß der Intersubjektivität hinaus machen kann; vielmehr sind gerade die Bedingungen dieser Intersubjektivität, wie wir zeigen werden, in Frage zu stellen und auf ihren Aussagewert hin zu prüfen. Die Verkennung der Gültigkeit der eigenen Methode, die fraglose Überschreitung jeder wissenschaftlich zu rechtfertigenden Ausweitung einer Methode und die Verleugnung von Grenzen ihrer Anwendbarkeit sind Bedingungen des universellen Anspruchs psychoanalytischer Deutungspraxis: der totalitäre Erklärungsanspruch und die darin verwickelte Verfügungsgewalt sind immer schon unhintergehbar gemacht durch den legitimierenden Rückgriff auf das Unbewußte.

In welchem Ausmaß der Emanzipationsjargon der Psychoanalyse auch dem Alltagsleben den Stempel aufgedrückt hat, zeigt sich im selbstverständlichen Gebrauch allgemeiner psychoanalytischer Termini in der

---

Psychoanalyse, eine Geopsychoanalyse, Ökopsychoanalyse, Psychoanalyse der Gewaltlosigkeits- und Friedensbewegung, Psychoanalyse der Sozialarbeit, die in karitativer Maskierung eine besonders korrumpierende Macht über den Menschen ausübt (s. Pohlen 1987) und so fort: diese Auflistung wäre noch beliebig fortzusetzen und soll auch nur den Machtanspruch karikieren, dem Psychoanalytiker, Diener des Unbewußten, der sie sind, im Geheiß des Unbewußten nachkommen.

umgangssprachlichen Kommunikation wie im politischen Leben, zeigt sich auch in der Durchtränkung der Medienkultur, in der die psychoanalytische Sprache zur obligaten Ausdrucksweise bei juristischen, pädagogischen oder sozialen Konflikten geworden ist. Die Vokabeln vom Aufarbeiten und Durcharbeiten, vom Verdrängen und vom Widerstand durchsetzen die Kommunikation und sollen sie dadurch als aufgeklärt oder der Aufklärung dienlich erweisen, und der Rekurs aufs Unbewußte wird jeweils dann angetreten, wenn es gilt, einen Mangel an Begründung und das Versagen im Handeln zu mystifizieren. Dieser «Psychoanalysmus» (Castel 1976), der Gebrauch psychoanalytischer Begrifflichkeit für alles und jedes ist keine falsche Vereinnahmung durch die Öffentlichkeit, auch keine mißbräuchliche Verwendung psychoanalytischer Termini; denn Psychoanalyse hat längst alle Felder des Sprechens besetzt, und ihre endlose Kopie in der Sprachregelung der Medienkultur demonstriert ihre Bedeutung als herrschende Ideologie. Der fetischhafte Umgang mit der psychoanalytischen Terminologie in der Alltagskommunikation dient der Vortäuschung von Einsicht und Erkenntnis, erspart den notwendigen intellektuellen Aufwand um die Auseinandersetzung tatsächlicher Problemlösungen durch den einfachen Gebrauch psychoanalytischer Klischees.

Kennzeichnend für den gesellschaftlichen Zustand und die Verordnungen ihrer Sprachgemeinschaft ist die Ritualisierung der zentralen psychoanalytischen Begriffe vom Erinnern und Vergessen. Der Kampf um die Erinnerung als Ausweis der Vergangenheitsbewältigung ist zum Schibboleth geworden, an dem sich eine Gesinnung zu legitimieren hat, so daß deren Präsentation an die Stelle innerer Arbeit getreten ist und Klischees von Erinnerungsarbeit das öffentliche Bewußtsein mit ritualisierten Beschwörungsformeln besetzt halten. Die tatsächliche Vergangenheitsbewältigung in der notwendigen Problemlösung der überkommenen Frage um Macht und Gewalt, Destruktion des Menschlichen durch Gewaltherrschaft sind dem Vergessen anheimgegeben, weil paradoxerweise das formelhafte Schuldbekenntnis im Blick auf die Vergangenheit die Gegenwart aus der Verantwortung der Gewaltverstrickung ausblendet. Die Projektion in die vergangene Schuld macht die gegenwärtige Verschuldung gegenüber Herrschafts- und Gewaltverhältnissen vergessen, und so führt der Kampf um die Erinnerung zu einem völligen Versagen im Gegenwärtigen. Der Kampf um die Erinnerung ist zu einem auferlegten Zwang geworden, der mehr von den Machtansprüchen der

Protagonisten, den Machthabern der Bewußtseinsindustrie, verrät als von ihrer eigenen Arbeit an der Erinnerung, die sie zu den Wurzeln einer kollektiven Verstrickung führen müßte, von denen keiner ausgenommen ist.

2.2 Das Unbewußte der Psychoanalyse: eine Wissenschaft der Metaphysik

Die Ontologisierung des Psychischen scheint die Kehrseite der durch die Psychoanalyse bewirkten Durchrationalisierung des romantischen ‹Seelengrundes› zu sein. Die Entdeckung des Unbewußten, die von der analytischen Bewegung als entscheidende Tat Freuds reklamiert wird, hat allerdings eine lange Vorgeschichte, die bis auf die Antike (Plotin) zurückreicht, und das Unbewußte ist schon vor Freud in der Philosophie konzeptuell definitiv ausgearbeitet worden. Wenn auch in den rationalistischen Theorien des deutschen Idealismus (Hegel, Fichte) die dem reflektierenden Bewußtsein unzugänglichen Seiten der Subjekttätigkeit vernachlässigt werden, so ist das Phänomen des Unbewußten immer dort in der Philosophie thematisiert, wo nach den Bedingungen gefragt wird, aufgrund deren dem empirischen Bewußtsein das Unbewußte als die unzugängliche Seite seiner Tätigkeit erscheint. Schellings Lehre von der Natur enthält eine Philosophie des Unbewußten, und sein Versuch, den Gegenstand «unbewußte Aktivität» als Subjekttätigkeit durch Selbstreflexion theoretisch zu erfassen, hat in der Schule der idealistischen romantischen Naturphilosophie, vor allem in der Philosophie des Unbewußten von Eduard von Hartmann seine Fortsetzung gefunden (Brandes, in: Sandkühler 1990, S. 657 f).

In Anbetracht der großen Tradition einer Philosophie des Unbewußten ist es um so bemerkenswerter, daß von der psychoanalytischen Bewegung der Ursprung der Psychoanalyse markiert wird mit der vermeintlich epochalen Entdeckung des Unbewußten durch Freud. Freuds Auftreten in der Geschichte repräsentiert jedoch eine Verschiebung der egologischen Bewertung, eine Zentrierung auf das Unbewußte in der Selbstverständigung des Subjekts. Die Konzentration auf die Tiefendimension und die vertikale Erschließung des Menschen zeichnen in der Moderne eine andere und neue Bestimmung des Selbstgefühls ein, die mit dem Diskurs einer rücksichtslosen Selbstoffenbarung durch Rousseau in die Welt gekommen ist. Die Subjekttätigkeit wird mit dem Auftreten Freuds systematisch unterschieden in eine bewußte und eine unbewußte, mit der Vorrangigkeit des Unbewußten. Und es ist ideologiegeschichtlich noch auszuloten, warum für das Subjekt zur Zeit Freuds die seiner bewußten Kontrolle entzogene Tätigkeit solche Bedeutung erlangen konnte, das Interesse so darauf gerichtet wurde, wie sich Bewußtwerdung über unbewußte seelische Schichten vollzieht. Dieser Prozeß ist von Schopenhauer und Nietzsche, auch von dem zu Unrecht vergessenen Herbart grundlegend untersucht worden, und die bekannte These, daß menschliches Streben und Handeln nicht in der freien Willensentscheidung vom Bewußtsein gesteuert wird, sondern von nicht verfügbaren Mächten und Naturgesetzen, wendet sich mit dem Auftreten Freuds in eine strikte Determinationslehre, die einen damals schon überholten naturwissenschaftlichen Determinismus auf das seelische Geschehen überträgt.

Der Anspruch auf Urheberschaft der Entdeckung des Unbewußten scheint nicht nur der Monopolsicherung zu dienen; vielmehr liegt darin auch eine Ablenkung von der durch die Psychoanalyse repräsentierten Zentrierung auf das Unbewußte, deren Aufklärung den Stellenwert der Psychoanalyse für die Gesellschaft erhellen würde. Was muß nämlich in der Gesellschaft der Moderne passiert sein, daß das Subjekt seine Selbstbemächtigung im Vergangenen sucht, einer retrograden Transzendierung verfällt, nachdem es selber den Entzug seines Gottes besorgt hat und sich nun anagogisch dem Mysterium der inneren Natur ergibt, wo es sich die äußere Natur in einem radikal-destruierenden Zugriff zur Verfügung gestellt hat? Psychoanalyse, dies Entzauberungsprodukt der Entzauberung der Welt (Bourdieu 1979, S. 197), richtet hinterrücks einen neuen Mythos von Natur ein: die Entzauberung der äußeren Natur wird durch die Verzauberung der inneren Natur ersetzt, die sich aufklärerisch als Selbstreflexion ausgibt, in Wahrheit aber eine privatistische Mythisierung darstellt. Die philosophische und wissenschaftliche Bemühung des Subjekts um die Erfahrung von Welt ist in der Moderne ausgelaufen in einen Kult billiger Selbsterfahrung, welche die Frage nach dem Woher, dem Wohin und Wozu des Menschen reduziert auf die Trivialität eines individualgenetisch-subjektivistischen Standpunkts.

Das Spiel der dem Bewußtsein entzogenen seelischen Kräfte wird bei Kant noch als ein ‹Spiel dunkler Vorstellungen› bezeichnet, deren wir uns unmittelbar nicht bewußt sind und die nur deshalb erkennbar sind, weil sie uns mittelbar doch bewußt sein können. Aber: «Alle Vorstellungen haben eine notwendige Beziehung auf ein mögliches empirisches Bewußtsein; denn hätten sie dies nicht, und wäre es ganz unmöglich, sich ihrer bewußt zu werden: so würde das so viel sagen, sie existierten gar nicht». Und: «diese Vorstellung mag nun klar (empirisches Bewußtsein) oder dunkel sein, daran liegt hier nichts, ja nicht einmal an der Wirklichkeit derselben»: das Bewußtsein, das die durchgängige Einheit (Identität jeweils ‹meines› Selbst in Ansehung aller Vorstellungen) möglicherweise begleiten kann, garantiert die gesuchte «Einheit alles Mannigfaltigen» in der Erkenntnis (Brandes und Kant, zit. n. Brandes 1990, S. 649).

Das dem empirischen Bewußtsein Entzogene fand zwar das Interesse Kants wie auch anderer Philosophen, aber der Entzug von Wahrnehmung wurde, symbolisch gesprochen, auf der Ebene des ‹Spiels dunkler Vorstellungen› belassen, die als mittelbar wahrnehmbar dem empirischen Bewußtsein immer schon in Aussicht gestellt waren. Erst mit dem Beginn der Moderne dramatisiert sich dieses Wahrnehmungsproblem zur Notwendigkeit einer Verfügungsgewalt über ‹dunkle Vorstellungen›, zeigt sich das empirische Bewußtsein irritiert von der Vorstellung des Entzugs von Kontrolle über jenes ‹Dunkel› und gedrängt, es in den Griff zu bekommen: die Begreifbarkeit, die sich im Begehren darstellt, alles systematisch in den Griff zu bekommen, ist die das moderne Denken auszeichnende Metapher des «Angriffs» (Heidegger). Die Freudsche Aufklärung des Unbewußten ist das psychologische Unternehmen, dem Ich als Kontrollorgan jenes ‹Dunkel› zur Verfügung zu stellen, und es wird noch zu zeigen sein, daß die psychoanalytische Aufklärung des Unbewußten eine Durchrationalisierung dieser Welt ‹dunkler Vorstellungen› darstellt. Freuds Herkunft von der Naturwissenschaft, vor allem von der Psychophysik Fechners und der romantischen Naturphilosophie, die ihn dazu bewegte, nach der Lektüre eines Goethe zugeschriebenen romantischen Fragments über die Natur als Urmutter Medizin zu studieren, hat ihn gewiß auch bekannt gemacht mit den Vorstellungen von Carus, der den Begriff des Unbewußten in die moderne Psychologie einführte. Seiner Periodenlehre eines Kreislaufs steter Rückverwandlung von Bewußtem in Unbewußtes und Umverwandlung von Unbewußtem in Bewußtes lag eine genetische Methode zugrunde, von den Phänomenen zu den Urphänomenen und zurück zu gehen, und sie zeigt die Wahlverwandtschaft mit Goethes Denken; aber auch Freuds definitive Deskription des Unbewußten ist von Goethes Anschauung des Urphänomens eingenommen. Beide Aspekte, jener der Psychophysik Fechners und dieser einer romantischen Periodenlehre, sind bestimmend für die Fassung des Freudschen Unbewußten und haben einerseits zu einer Intellektualisierung jener ‹dunklen Vorstellungen› geführt, andererseits zu einer Mystifizierung im naturphilosophischen Sinn.

Freuds Konzeption des Unbewußten ist von seiner Verdrängungslehre bestimmt, daß diese eben der «Grundpfeiler (ist), auf dem das Gebäude der Psychoanalyse ruht» (Freud GW X, S. 54). Der Verdrängungstheorie korrespondiert notwendig das Erinnerungskonstrukt Freuds; denn die Herstellung des Zusammenhangs zwischen verdrängter Erinnerung und neurotischem Symptom war zunächst das Ziel der psychoanalytischen Entdeckungsarbeit, und der Gebrauch dieser erkannten Verknüpfung wurde als Bedingung zur Aufhebung der Verdrängung angesehen. Freilich mußte Freud bald die Erfahrung machen, daß «Kindererlebnisse nicht mehr als solche zu haben sind, sondern durch ‹Übertragungen› in der Analyse ersetzt werden» (Freud GW II/III, S. 190), daß er also seine Deutungen wie die Erinnerungen des Patienten als Konstruktionen der Übertragungssituation nehmen mußte, die das gleiche leisten sollten wie tatsächliche Erinnerungen. Auf diesem Hintergrund, den wir im Fortgang unserer Arbeit vertiefen werden, rückten dann die verdrängten Phantasien des Patienten als pathogener Faktor in den Mittelpunkt des Interesses. Zugleich ergaben sich daraus all jene erkenntnistheoretischen Probleme der Psychoanalyse, da die Konstruktionen des Analytikers die bestätigenden Erinnerungen des Patienten nicht hervorrufen können (vgl. Grünbaum 1988, S. 51 f); das heißt, von der Konstruktion der analytischen Situation über die Konstruktionen (Deutungen) des Analytikers bis zu den Konstruktionen von Erinnerungen des Patienten bewegt sich der analytische Prozeß jenseits rekonstruierbarer Tatsachen.

Wir wollen hier beiseite lassen, daß Freuds Konstruktionen im Sinne eines radikalen Konstruktivismus gelesen werden könnten; wir sind nämlich der Meinung, daß das Fragen nach dem Wahrheitsgehalt der analytischen Erkenntnisse durch einen modischen Verweis nicht zu erledigen ist. Das Konstrukt des Unbewußten ist unabdingbar verbunden mit der Bewußtseinstheorie, mit den Beobachtungs- und Erkenntnisprinzipien der bewußten Subjekttätigkeit. Und eine Erinnerungsanalyse erfordert eine vorgängige Analyse der Wahrnehmung, so daß das Konstrukt des Unbewußten wissenschaftlich erst anzugehen ist, wenn eine vorgängige Analytik der ‹Bewußtheit› geleistet worden ist. Denn wenn man nicht weiß, was Bewußtsein ist, verfehlt man prinzipiell den Ansatz einer Wissenschaft vom Unbewußten (s. Fink 1962, S. 474). Das heißt nicht naiv positivistisch, Unbewußtes wäre verdunkeltes Bewußtsein und auf dieses reduzierbar; vielmehr meint dies, daß eine Bewußtseinstheorie auszuarbeiten wäre, die das Unbewußte nicht als bloße Vorstufe des empirischen Bewußtseins diskriminiert und zugleich ein Erkenntnisprinzip an die Hand gibt, um das der Wahrnehmung Entzogene, Noch-nicht-Erfahrbare und Nicht-mehr-Erfahrbare zu erfassen. Vorarbeiten dazu findet man in der Philosophie bei Bloch und Sartre; aber der Entwurf einer psychologischen Bewußtseinstheorie steht als Arbeitsanspruch an die analytische Psychotherapie und empirische Psychologie noch aus, um das Vermittlungsproblem zwischen jenen ‹dunklen Vorstellungen› und dem empirischen Bewußtsein zu lösen. Eine solche Vermittlung müßte in der noch auszuarbeitenden Bewußtseinstheorie geleistet werden, die nach unserer Auffassung identisch ist mit dem Entwurf einer Wahrnehmungstheorie. Und diese hätte unbedingt zu berücksichtigen, daß die Sphäre jener ‹dunklen Vorstellungen› nach Wahrnehmungs- und Handlungsschemata arbeitet, die ihre Maßgabe in der Körpererfahrung haben, ihr Maßverhältnis aus dem körperlichen Schema der räumlichen Ordnung des Menschen beziehen, die das Referenzschema (s. auch Bourdieu 1979) für die räumliche Ordnung der Welt vorzugeben scheinen. Das heißt, die Metaphorierung, die Übertragung dieser Wahrnehmungsschemata auf die Erscheinungen der Welt sind universelle Strukturprinzipien der räumlichen Ordnung, indem analog zum menschlichen Körper die Raumordnung der Welt organisiert wird.

Wir werden bei der Erörterung des archaischen oder kollektiven Kerns des Unbewußten darauf zurückkommen, daß wegen der universellen Identität des menschlichen Körpers und der körperlich bestimmten Raumunterscheidung die sogenannten Urphantasien des Subjekts wie anthropologische Konstanten erscheinen, weil die Wahrnehmungs-, Bewegungs- und Handlungsschemata des Subjekts nur aufgrund des identischen menschlichen Körpers universell sind. Und es wird noch zu zeigen sein, daß die sogenannte Symbolsprache des Unbewußten oder des Traums ein metaphorisches Sprechen des Subjekts in der Übertragung seiner binnenweltlichen Raumerfahrung auf den außenweltlichen Raum darstellt, und daß von daher die Diskussion um das symbolvermittelte Sprechen und die Symbolisierungsfunktion der Sprache grundlegend zu revidieren ist. Der Standpunkt des Hörers, und nur diese artifizielle Position nimmt der Analytiker ein, bedingt eine Einweg-Kommunikation, als Hörer die Sprache des anderen abzuhören, in der Auffassung einer allein symbolvermittelten Sprache das Sprechen des anderen zu entschlüsseln und nur diese Dekodierung als seine Funktion in der Kommunikation zu begreifen; wo doch das Sprechen zuallererst Handlungs- und Ausdrucksmittel ist von sprechenden Körpern und die darin liegende Metaphorierung als Aufforderung zum Handeln und Ausdrucksverhalten zu sehen ist. Die Sprachintervention des Analytikers, die sich nur als Dazwischenkommen bei der ‹Anhörung› ergibt, muß folgenlos bleiben, weil Erfahrung immer nur eine am anderen ist, durch Gemeinsamkeit konstituiert wird.

Wir müssen jetzt der Frage nachgehen, wie es zur Wahrnehmung des Unbewußten in der Psychoanalyse gekommen ist und wie sich das analytische Wissen in der Konzeption des Unbewußten bilden konnte. Freuds erstes Konzept vom Unbewußten war im Konstrukt des Verdrängt-Unbewußten gefaßt; das heißt, die verpönten Vorstellungen verfielen aufgrund der Zensur der Verdrängung und waren dadurch bewußtseinsunfähig. In dieser Konzeption des Unbewußten war «das Bewußtsein als Introspektionsinstrument und die Sinnesorgane als Erfassungsmittel der Außenwelt zueinander in Parallele (gesetzt), ebenso die unbewußte Seelentätigkeit bzw. die unbewußten psychischen Vorgänge (als psychische Gegenständlichkeits-Sphäre) und die Außenwelt (als physische Gegenständlichkeit-Sphäre)» (Heinz 1978, S. 129). Das Unbewußte war Freud also identisch mit dem eigentlich Real-Psychischen, dem die Außenwelt als real-Physische entgegengesetzt wurde. Das Unbewußte wurde von ihm gleichgesetzt mit Kants «Ding an sich», und die unbewußten Prozesse standen zur Bewußtseinswahrnehmung wie das «Ding an sich» zur Welt der Erscheinungen. Heinz zufolge glaubte Freud, daß Kants Unterscheidung von «Ding an sich» und Erscheinung nur die physische Außenwelt betreffe; er selbst habe diese Unterscheidung auf die menschliche Seele ausgedehnt durch Einführung der Differenz zwischen unbewußten Prozessen und Bewußtseinswahrnehmungen. Diese Ergänzung beruht aber nach Heinz auf einem grundsätzlichen Mißverständnis der Kantschen Erkenntnislehre: zum einen gehöre das innere Objekt, der Inbegriff der Introspektionsgegebenheiten, bei Kant gänzlich zur Sphäre der Erscheinungen; Freuds ‹Ergänzung› falle demnach selbst noch in den Bereich der Erscheinungen, und diese Ergänzung wäre nicht ein Thema der Erkenntnislehre; zum anderen falle die Auszeichnung des inneren

Objekts, die These, daß «die Korrektur der inneren Wahrnehmung nicht ebensogroße Schwierigkeiten bietet wie die der äußeren» (Freud GW X, S. 270), unter das Verdikt der Kantschen Kritik des sogenannten problematischen (kartesianischen) Idealismus. Die Erkenntnis des inneren Objekts hat dem äußeren gegenüber demnach kein Privileg.

Kants Unterscheidung von «Ding an sich» und Erscheinung ist nach Heinz erkenntnismetaphysische Observanz, nicht aber Freuds Differenzierung zwischen Unbewußtem und Bewußtseinswahrnehmung. Mit seiner Parallelisierung verwische Freud die Grenzen[4] zwischen Erkenntnismetaphysik und wissenschaftlicher Erkenntnis. Die Differenz zwischen Unbewußtem und empirischem Bewußtsein ist ein bloßes Problem der Erscheinungswelt und nicht ein erkenntnismetaphysisches zwischen «Ding an sich» und Erscheinung. Die psychologische Wissenschaft hat es nur mit der Differenz zwischen bewußtseinszugänglichen Erscheinungen und bewußtseinsunzugänglichen zu tun. Freud verfällt hier einer Ontologisierung des Unbewußten, die von Heinz als Ontologisierung erster Instanz bezeichnet wird, das heißt als Ontologisierung des Unbewußten durch den Urheber der Psychoanalyse im Gegensatz zur Ontologisierung zweiter Instanz durch seine Nachfolger. Freuds Identifizierung des Unbewußten mit dem «Ding an sich» erliegt der abendländischen Metaphysik, die seit Platon zwischen dem Phänomenalen und dem Idealen unterscheidet, zwischen dem sichtbaren Reich der zufälligen Erscheinungen und der unsichtbaren Welt der ewigen Ideen. Diese sokratisch-platonische Differenz zwischen sinnlich und übersinnlich, bewußt und unbewußt hält bis heute das psychoanalytische Denken in Bann. Und Freuds letztgültige Fassung des Triebbegriffs in «Jenseits des Lustprinzips» (GW XIII) als Drang zur Wiederherstellung eines früheren Zustandes, diese Mythisierung eines Wiederholungszwangs, folgt dem «platonischen Betrug» (Nietzsche) einer urbildhaften Einheit, wie sie in Platons «Symposion» als ‹Rekonstruktion› des Kugelmenschen, dem Originalvorfall einer ursprünglichen Ganzheit, entwickelt ist.

---

4 Trotz Binswangers und Haeberlins Einwand gegenüber Freuds Ansicht, daß Kants «Ding an sich» identisch sei mit dem Unbewußten, ignorierte Freud deren kompetente Auskunft und hielt weiter daran fest, daß seine Metapsychologie Metaphysik sei und umgekehrt (s. Heinz 1978), so daß die Verwechslung von empirischen Begriffen und Kategorien zu einer Tradition in der Psychoanalyse wurde; wie auch Rapaport in der Verwechslung von Erkenntnismetaphysik und wissenschaftlicher Erkenntnis die Tradition von Begriffsverwirrung in der Psychoanalyse fortsetzt.

Fenichel, der die Metapsychologie mit naturwissenschaftlicher Psychologie gleichsetzt und durch diese Intellektualisierung eine weitere Ontologisierung des Unbewußten betreibt, definiert zuletzt auch noch das Unbewußte als Fiktion im Gefolge des Fiktionalismus Vaihingers als «eine lediglich brauchbare Fiktion der psychoanalytisch-erklärenden Naturwissenschaft vom Seelischen» (Heinz 1978, S. 133). Mit dieser Fassung des Unbewußten als Fiktion, die den Als-ob-Prozeduren der Psychoanalyse nahekommen mag, führt Fenichel bei seiner Bemühung um die Rationalisierung des Unbewußten die Irrationalität ein, macht die Grundlage der Psychoanalyse zu einer bloßen Fiktion. Bei Hartmann wird schließlich das Unbewußte zu einer reinen Denkbestimmung, das Unbewußte wird als «Hinzugedachtes» definiert, mithin als reine Konstruktion zu Erklärungszwecken. Diese idealistische Konstruktion hebt psychoanalytische Empirie grundsätzlich auf, weil nach Hartmann das Unbewußte eo ipso nicht unmittelbar «wahrnehmungsmäßig» verifizierbar ist. Markiert also das Unbewußte eine unbedingte Grenze des Verstehens, und dies ist bei Hartmann prinzipiell gemeint, dann ist die Psychoanalyse buchstäblich gegenstandslos und der Begriff des Unbewußten «irrationalisiert»: «Gegenstand der Psychoanalyse können nicht nicht-verständliche Zusammenhänge sein» (Heinz ebd., S. 117).

Auf diesem Niveau von Ontologisierung erster und zweiter Instanz, von Begriffsvermengungen und -verwechslungen ist die Diskussion um die Begriffsklärung des Unbewußten in der Psychoanalyse bis heute steckengeblieben und hat zu einer indirekten Axiomatisierung des Unbewußten geführt, wie wenn es eines Beweises weder fähig noch bedürftig sei. In den gängigen psychoanalytischen Darstellungen wird so getan, als ob das Unbewußte eine feststehende, nicht mehr aufklärungsbedürftige Tatsache wäre.

Der Tradition der reinen Denkbestimmung folgt auch Lorenzer in seiner Vorstellung von «idealer Sprachgemeinschaft» und «intakten Sprachspielen» (Lorenzer 1970 und 1973), in der intellektualistischen Entrückung der Settingbedingungen, die apriorisch genommen werden, wie auch im apriorischen Umgang (s. Pohlen und Bautz-Holzherr 1991, S. 251 f) mit der Technik des «freien Assoziierens» und der «gleichschwebenden Aufmerksamkeit», so daß die Erfahrungsbedingungen der psychoanalytischen Situation, erkenntniskritisch unhintergehbar und empirisch unangreifbar gemacht, sich idealistisch verflüchtigen. In der Abstraktion von den konkret-materiellen Bedingungen psychoanalyti-

scher Arbeit wird der Diskurs über die Deutungspraxis der Psychoanalyse zu einer abstrakten Rede über die Rekonstruktion einer Sprachzerstörung. Und es wird kein Wort darüber verloren, daß die psychoanalytische Situation als Übertragungssituation der von Freud erfundene Ort
der Konstruktion von Lebensgeschichten ist, daß wiederum die Gegenübertragung eine Reaktion ist auf die Erfindung der Übertragung und
daß beide Prozesse fiktionale Prozeduren darstellen.

Lorenzer wie Habermas repräsentieren ein analytisches Wissen, das
Produkt einer endlosen Reihe von Unterstellungen ist, nicht zuletzt der
Unterstellung eines Subjekts des Unbewußten, dessen «privatsprach-
lich deformierter Text» durch rekonstruktive Arbeit in den konsen-
suellen Text der Sprachgemeinschaft eingepaßt werden soll. Und die dort
vorgeführte psychoanalytische Erforschung scheinbar kausaler Zusammenhänge, die in Wahrheit der irrationale Kausalismus einer Tiefenhermeneutik ist, erfolgt auf dem Hintergrund der entwicklungspsychologi-
schen Theorie der Psychoanalyse, welche die «Erzählfolien» für die
Selbstreflexion des Subjekts abgeben sollen. Das heißt, das Unbewußte
wird außerhalb der symbolischen Kommunikation situiert, und die Analyse soll durch die ‹Rekonstruktion des Originalvorfalls› den archaisch-
desymbolisierten Wunsch, der als unbewußtes Klischee geortet wird,
durch Resymbolisierung zu einer bewußten Repräsentanz im Seelischen
machen. Bei dieser inflationären Rationalisierung sowohl der Verfahren
der Analyse wie auch ihrer Begrifflichkeiten gerät völlig aus dem Blick,
daß das Unbewußte mit dem Verdrängten gleichgesetzt wird, somit ein
total Vergesellschaftetes ist, und daß die besondere Konzeption des
Freudschen Unbewußten zum Verschwinden gebracht wird.

Habermas folgt in einem irrationalen Kausalismus, wie er sich im Terminus von
der «Rekonstruktion der Urszene» und der «Rekonstruktion des Originalvorfalls» (Habermas 1973, S. 283 f) darstellt, Lorenzers Vorstellungen, daß das szenische Verstehen des Analytikers zu einem «unverstümmelten Situationssinn»
vordringen kann und «ins Verstehen des ‹Originalvorfalls› einmündet»; so daß
«das Individuum (auf der Couch; die Verf.) wieder in den Zusammenhang eines
‹objektiven› Bildungsprozesses eingeholt (wird)» (Lorenzer 1973, S. 192). Die
selbstgestellte Frage, ob das szenische Verstehen zu einer Präzisierung der «wirk-
lichen Bedeutungen» führe, die Echtheitsfrage, beantwortet Lorenzer mit dem
Heilsversprechen auf Wiederherstellung der Unversehrtheit (restitutio ad inte-
grum) und überbietet noch die reine Denkbestimmung des Unbewußten als
«Hinzugedachtes» (Hartmann) durch ein Ausgedachtes, das die Intellektualisierung des mythischen Gehalts nicht mehr verdecken kann: «In der ‹Konstruktion

des Originalvorfalles› gewinnt das Verstehen eben den Punkt, an dem sowohl die Bedeutungsverstümmelungen, die wir bei der Neurose finden, wie auch die Abtrennung von ‹Sinn› und ‹Realität› restituiert sind» (Lorenzer ebd.). Der Fiktionalismus Vaihingers wird hier noch rationalisierend überboten, wie wenn die Möglichkeit bestünde, einen unverstümmelten, urtümlichen Text wiederherzustellen und diesen im «Originalvorfall» einzuholen. Der Analytiker operierte danach im Feld eines mythischen Urtextes, der sich allerdings dann als Sphäre reiner Fiktionen erweisen würde, wenn man der Sache des Unbewußten auf den Grund ginge. Die vermeintliche Rationalität, die Lorenzer symptomatisch für den analytischen Aufklärungsanspruch vertritt, entlarvt sich als Irrationalismus der Psychoanalyse, die ihren Grund, das Unbewußte, irrationalisiert durch Intellektualisierung und Ontologisierung. In den endlosen Rationalisierungen des Diskurses über das Unbewußte und der Bewußtmachung des Unbewußten vertritt die Fiktion der «Rekonstruktion des Originalvorfalls» die abwesende Ursache eines entzogenen Ursprünglichen. Der Schluß ist nicht abzuweisen, daß die psychoanalytische Rationalität einen innerweltlichen Erlösungsauftrag verdeckt und die *causa abscondita* des entzogenen Originals den *deus absconditus* des der Moderne entzogenen Gottes darstellt: dem innerweltlichen Erlösungsauftrag entspricht die Reinkarnationslehre der Psychoanalyse, wie Freud sie schon in der Reinkarnation eines mythischen Ödipus im Historischen gefaßt hatte (Pohlen und Bautz-Holzherr 1991, S. 192 f).

Wir können hier nicht erörtern, daß die sogenannten ‹Erzählfolien› der psychoanalytischen Entwicklungslehre wie Tatsachen behandelt werden, obwohl deren Aufklärung doch gerade dem forscherischen Interesse angelegen sein müßte; wir können hier auch nicht weiter verfolgen, weshalb an der Vorstellung einer rekonstruktiven Tätigkeit festgehalten wird, obwohl dies aufgrund empirischer Erfahrung und erkenntnistheoretischer Reflexion obsolet erscheinen müßte. Augenscheinlich ist doch das Bemühen um die Wahrheit des Ursprungs, der Ontologisierung des Psychischen, die irrational den sogenannten ‹Originalvorfall› als Platzhalter einer Leerstelle markiert, statt sich erkenntniskritisch mit dem Ärgernis der ‹Ursprungslosigkeit› und mit der Unmöglichkeit authentischer Erinnerungen auseinanderzusetzen, das Problem des Faktischen anzugehen und sich um die Wahrheit der Tatsachen zu kümmern.

Wenn Lorenzer einerseits das Unbewußte nicht topisch-deskriptiv beschränkt sehen will, es aber andererseits funktional-dynamisch verstanden haben möchte, da sonst das Unbewußte offensichtlich die Grenze des Verstehens markieren würde, der Psychoanalyse buchstäblich ihr empirischer Gegenstand entzogen wäre, verfängt er sich trotzdem in der Falle seiner sogenannten Revision des analytischen Symbolbegriffs, indem das «Subjekt qua Neurotiker außerhalb der Sprachlichkeit» (Lorenzer ebd., S. 104 f) gestellt wird. Das Reden über das Unbewußte verliert sich in der absurden Vorstellung eines Subjekts außerhalb der Sprachlichkeit, der Fassung des Unbewußten als Asservatenkammer von Klischees, die durch die Verdrängung exkommuniziert sind, denen also der Symbolcharakter abgesprochen ist. Im Grunde ist die Vorstellung von Exkommunikation, Desymbolisierung und Resymbolisierung nichts anderes als eine Paraphrasierung der Freudschen Konzeption von den im Unbewußten lagernden Ding- und Sachvorstellungen, die sich Bewußtsein verschaffen über Assoziation an die im Vorbewußten abrufbaren Wortvorstellungen, so daß unbewußte Repräsentanzen zu bewußten werden. Allerdings speist sich diese reine Denkbestimmung des Unbewußten aus der systematischen Verkennung der Qualität des Freudschen Unbewußten und der Verkennung der Repräsentanzenlehre, die dem Unbewußten, vor allem auch in der Spätfassung Freuds, eine besondere qualitative Bestimmung geben in der Definition des eigentlichen Unbewußten.

Abgesehen davon ergibt sich diese rationalistische Fassung der Symbolbegrifflichkeit aus der Verfehlung des metaphorischen Sprachgrundes, von dem der unzugängliche Teil des empirischen Bewußtseins, das sogenannte Unbewußte, nur einen Bereich darstellt. Erst die Auseinandersetzung der Metaphorierung würde einen Zugang zu jenem scheinbar Unzugänglichen ermöglichen, das eben nicht, wie die abstruse Vorstellung Lorenzers will, «hermetisch abgeriegelt» ist, so daß sich seine ganze tiefenhermeneutische Sprachanalytik schlußendlich erübrigt auf ein triviales «Evidenzgefühl» in der Bestimmung des Verstehensprozesses. Im übrigen scheint dieser Tiefenhermeneutik, der sich der Grund des Sprechens «hermetisch verriegelt» (Lorenzer ebd.), die Erfahrung verlorengegangen zu sein, daß der Mensch in der Welt der Sprache zu Hause ist und daß selbst das Sprechen des Einsamsten, Verstiegensten und Verrücktesten teilhat an dem gemeinsamen Haus der menschlichen Sprachwelt. Lorenzer wie Habermas bewegen sich in ihrer reinen Denkbestimmung jenseits der empirischen Erfahrung der sprechenden Menschen und ihrer empirischen Sprachkörper, und das Abstandnehmen vom Körper zeichnet diesen ontologisierenden Diskurs über das Unbewußte, das eben wegen der intellektualistischen Konzeption zu einem Ort des Irrationalen wird.

In der Fassung des Unbewußten als Reservoir von Klischees wird dieses zum Abklatsch des Bewußtseins, zu einem Ort von Defizienz, dem die Verkehrsfähigkeit in der Sprachwelt abgesprochen wird: die exkommunizierten, symbolischen Repräsentanzen des Bewußtseins sollen aus der Kommunikation in Sprache und Handeln durch Verdrängung ausgeschlossen sein (Lorenzer ebd., S. 113). Abgesehen von der jeder klinischen Empirie widersprechenden Fassung des Unbewußten als negativen Abdrucks des Bewußtseins liegt in der Vorstellung des Unbewußten als Sammelsurium von Klischees eine totale Pathologisierung dieser Subjekttätigkeit; denn das sogenannte Unbewußte enthält hochstrukturierte Phantasien (s. Pohlen und Wittmann 1980) und ist zu hochdifferenzierten kognitiven Leistungen[5] fähig, die sich vom Bewußtsein nur unterscheiden durch das Kriterium der mittelbaren oder erschwerten Zugänglichkeit. Das Devianzdenken der klassischen Psychiatrie, deren Tätigkeit für die Gesellschaft in der Devianzauslese bestand, offenbart sich hier als Machtattitüde des psychoanalytischen Sprachpsychiaters, der die «Worthülsen» (Lorenzer 1970) als Überbleibsel des Desymbolisierungsprozesses, das «Privatsprachlich-Deformierte» aus seiner Abweichung zurückholen will zur Norm der unpathologischen Sprachfähigkeit der Subjekte.

Die mißbräuchliche Verwendung des Freudschen Terminus Klischee bei der Vorstellung von unbewußten Repräsentanzen verweist schon darauf, daß Lorenzer die Freudsche Imaginationslehre, bei der die Klischees (s. Freud GW VIII, S. 365) die Bedeutung von infantilen Imagines, Vorbildern (Vater-Imago, Mutter-Imago, Geschwister-Imago) haben, entstellt und auch ignoriert, daß Freud mit diesen Klischees die prägenden Figuren für die Übertragungsprozesse meint, das heißt hochstrukturierte Gebilde symbolischer Repräsentanz. Neben der Verkennung der die menschliche Lebenswelt begründenden imaginativen Sphäre, der metaphorischen Lebenswelt, die auch den Horizont einer erkenntnistheoretischen Dimension vorausgreifender Imagination (Bloch) eröffnet, be-

---

5 Wir verweisen hier auf die empirischen Untersuchungen (Schacter 1987; Richardson-Klavehn und Bjork 1988 u. a.) zur verdeckten Konditionierung, die den Nachweis erbringen, daß das Unbewußte nicht regellos und wahllos arbeitet, weder zeitlos noch alogisch ist, so daß sich seine Ordnung nicht von der des Bewußtseins kategorial unterscheidet, sondern die Differenz nur in der Zugänglichkeit zu liegen scheint.

eindruckt bei Lorenzer, repräsentativ für die gesamte Haltung der ortho-dox-psychoanalytischen Bewegung, das bewußte Absehen von der Freudschen Konzeption des Unbewußten, die in ihrer endgültigen Fassung eine radikale Ontologisierung des Psychischen darstellt.

Die Ontologisierung zweiter Instanz, wie wir sie am Beispiel von Hartmann, Fenichel, Lorenzer und Habermas dargestellt haben, steht für eine inflationäre Rationalisierung, keine Gegenführung gegen das regieführende Subjekt des *cogito*, keine Erfahrung des ‹Anderen› und auch kein ‹Anderes Denken›; und für die Verfahrenstheorie der Psychoanalyse (Therapietheorie und Techniktheorie) zeigt sich keinerlei Erkenntnisgewinn, weder in der Überwindung der sterilen psychoanalytischen Exegetik noch als praktischer Fortschritt in der Veränderung ihrer rigiden Praxis.

Die endgültige Freudsche Konzeption des Unbewußten mit all jenen mythischen Implikationen scheint auch deshalb immer nur auf das Verdrängt-Unbewußte verkürzt dargestellt zu werden, weil man damit glaubt, der wissenschaftlichen Erörterung um den Charakter des Unbewußten entgehen zu können und durch die Vermeidung der Diskussion um die archaische und phylogenetische Erbschaft des Unbewußten auch der grundlegenden Frage nach authentischen Erinnerungen glaubt enthoben zu sein, mithin auch der Frage nach der Gültigkeit der Verdrängungslehre. Solange noch in der Transzendierung nach rückwärts ein immer weiter zurückreichender und immer ferner und tiefer liegender, fiktiver Erinnerungsschatz gehoben werden kann, bleibt die Frage nach der Authentizität von Erinnerungen ausgesetzt; und die wissenschaftliche Auseinandersetzung darüber, ob die Verdrängungslehre falsch sein könnte, braucht nicht geführt zu werden. Als Freud damit konfrontiert war, daß verdrängte Kindheitserlebnisse als solche nicht zu haben waren, entdeckte er die Phantasien als pathogenen Faktor; und als er feststellen mußte, daß die Phantasien in konstanter und unabhängiger Weise wie transsubjektiv konfiguriert schienen, erschloß er aus den individuellen Phantasien die Urphantasien, kam er von der Verdrangung zur Urverdrängung, von der Fixierung zur Urfixierung; vom empirischen Geschehen der ödipalen Konstellation zum mythischen Geschehen des Ödipus: Freud folgte wie Goethe einem «Ursprungsdenken» (s. Pohlen und Bautz-Holzherr 1991, S. 175 f), das ihn von den empirischen Phänomenen zu den Urphänomenen, von der Individualgeschichte zur Urgeschichte, von der empirischen Familie zur Urfamilie führte, so daß im

Rückgang auf den «Originalvorfall», den Ursprung des Geschehens, sich die reale Geschichte für ihn immer schon als eine mythische begab. Freud erliegt auch hier dem Schema der abendländischen Metaphysik, der aristotelischen Ursachenverkettung von der dumpfen Materia zurück zum «unbewegten Beweger» (Demiurgen), der «ersten Ursache», in der metaphysischen Version von Ödipus; aber auch dem religiösen Schema vom heiligen Ereignis der christlichen Urszene, der Inkarnation des Gottes im Menschensohn.

Diese umfassende Ontologisierung im zweiten Schritt neben derjenigen im ersten Schritt, in der Gleichsetzung von Unbewußtem und «Ding an sich», brachte Freud zu der Konzeption, neben dem Verdrängt-Unbewußten das Eigentlich-Unbewußte als «Kern des Unbewußten» zu fassen; und in der archaischen und phylogenetischen Erbschaft dieses Unbewußten die «psychische Urbevölkerung» als die eigentliche des Unbewußten auszumachen und den Transfer zwischen dem eigentlichen und verdrängten Unbewußten als Vermittlung zwischen archetypischen und individuellen Phantasien anzusehen. Hier wird deutlich, daß die Differenz zwischen Jung und Freud nicht in der qualitativen Bestimmung des Unbewußten besteht; denn Jung unterscheidet auch ein persönliches Unbewußtes (Verdrängt-Unbewußtes) von einem kollektiven Unbewußten, in dem unabhängig von den individuellen Erfahrungen die Urerfahrungen der Menschen ihren Niederschlag gefunden haben sollen; und seine Fassung des Kollektiv-Unbewußten ist ähnlich wie bei Freud als Gattungsgedächtnis gefaßt. Das heißt, die Differenz zwischen Freud und Jung in der Konzeption des Unbewußten besteht nur in der konsequenten Durchrationalisierung des Psychischen bei Freud und nicht in einem qualitativen Unterschied. Und die allein Jung zugeschriebene metaphysische Aussage trifft gleichermaßen auf Freud zu, nur daß in der psychoanalytischen Orthodoxie immer nur gegen Jung der Vorwurf der Ontologisierung und Verdinglichung des romantischen Seelengrundes erhoben wurde, statt sich mit dem eigenen Okkultismus einer mythischen Verdrängungslehre auseinanderzusetzen.

Mit der Zentrierung auf das Unbewußte in der Selbstverständigung des Subjekts in der Moderne und der Konzentration auf eine mythische Tiefendimension wird das Gefühl des Absoluten auf die Psychologie übertragen, hält das religiöse Empfinden hinterrücks Einzug in die Psychologie durch die mythische Begrifflichkeit des Unbewußten. In der Vorstellung des «Originalvorfalls» als erster Ursache ist der metaphysische Schwindel einer säkularisierten Erlösungslehre verwickelt, da der «Urheber» der Ereignisse eine Determination verfügt, die in ihrem Fatalismus den alten Providentialismus wiederkehren läßt: den Glauben an den Willen Gottes, in dessen Vorhersehung das menschliche Schicksal vorbestimmt ist. Und in der Aufklärung dieser Macht des Schicksals, die sich psychoanalytisch als Determinationslehre, als Glaube an die durchgängige Bestimmung der seelischen Phänomene einkleidet, wird paradoxerweise die Selbstbefreiung des Subjekts gesucht. Das Ursprungsdenken der Psychoanalyse scheint die wissenschaftliche Fassung des alten Providenzdenkens zu sein: statt der Macht des über allem waltenden Gottes nun die Macht des Simulacrums eines «Originalvorfalls». In dieser Vertauschung liegt kein Erkenntnisfortschritt, es findet nur eine Neubesetzung der alten religiösen Topoi statt. Und der deterministische Fatalismus der Psychoanalyse ist heute in der Alltagspraxis in die billige Fatalität einer Inkulpations- und Exkulpationsideologie übergegangen, einer Trivialisierung des Providenzdenkens: ‹Weil es mir so geschehen und bestimmt ist, muß ich so sein, wie ich bin; und so bin ich schuldlos an dem, wie ich bin und was ich tue.› Dies spiegelt postmodern eine Lebenshaltung in der Gesellschaft wider, der die totalisierende Therapeutisierung zum Mittel einer elendiglichen Selbstentlastung geworden ist. Der Fiktionalismus eines derart kausalistischen Denkens entfernt die Selbstbemündigung und Verantwortung des Subjekts und bedingt statt der deklamierten Selbstbemächtigung seine Entmächtigung; im Sinne des deterministischen Fatalismus unterliegt nämlich die Selbstkonstituierung des Subjekts dem fernen, vorherbestimmenden Willen einer unangreifbaren Schicksalsmacht.

Zum Ursprungsdenken gehört das endlose Assoziieren in der zwanghaften Fixierung auf das Ursprüngliche, ein virtuell-unendlicher Prozeß, da die psychoanalytische Tiefenerschließung kein eigentliches und verifizierbares Ende (Steiner 1990, S. 69) haben kann. Die Unabschließbarkeit des analytischen Prozesses, bei dem in endloser Fortsetzung sich eine Interpretation aus der anderen ergibt, dieser Hermeneutismus fortgesetzter Nachkommentierung, wie ihn Freud wiederum in «Die endliche und die unendliche Analyse» (Freud GW XVI, S. 59 f) kommentiert hat, muß sich in einer vitiösen Zirkularität bewegen, da die propagierte Befreiung des Worts in der Analyse für die Entschlüsselung des Worts aller Wörter einzustehen hat. Der endlose Rückgang auf den nicht erreichbaren Ursprung führt zur Uferlosigkeit des analytischen Redens: die

«Grenzenlosigkeit diskursiver Potentialität», diese «ungezügelte Unendlichkeit» hat «eine Logik der Beliebigkeit und des Nihilismus zur Folge» (Steiner ebd., S. 82). Auf der Szene dieser trivialen Transzendierung führt der Analytiker Regie in der priesterlichen Attitüde eines Rekonstrukteurs mythischer Begebenheiten und macht sich zum Vermittler einer ‹wissenschaftlichen› Metaphysik, wird selber zur Schicksalsmacht für seinen Patienten, dessen Geschichte er erzeugt.

Die Abschaffung des ‹Urhebers› im Vollzug der bürgerlichen Aufklärung führte im psychologischen Diskurs zur Ersetzung des religiösen Originals, der *prima causa*, durch das Trugbild des psychologischen ‹Original-Vorfalls›: aus dem ‹Urheber-Gott› wurde in der Freudschen Schöpfungsgeschichte der Urvater der Urhorde, der mit seinem Gefolge heute die psychische Urbevölkerung als Kern des Unbewußten stellt. Die Mythologie des Unbewußten ist eine Theologie der Abwesenheit, des Entzugs des Originals und wird dadurch zu einer negativen Theologie; und die ‹Urszene› steht für das mythologische Ereignis, das den abwesenden «Originalvorfall» vertritt. Das Biographische ist auf dem Hintergrund dieses mythischen Geschehens eine bloße Zutat (Heinz, persönliche Mitteilung), eine Ablenkung und Ausflucht vom vorwaltenden mythologischen Geschehen: «Gott, der Vater der Bedeutung in Seiner Gestalt als Autor, hat das Spiel verlassen» (Steiner ebd., S. 170), der Urheber des Worts hat sich entzogen, und die Psychoanalyse hat seine Leerstelle usurpiert durch die wissenschaftliche Mythologie einer Schöpfungslehre vom ‹empirischen› Urvater. Die Deutungen der Psychoanalyse zielen letztlich nur auf Fiktionen mythischer Szenen, und das Interesse an der Psychoanalyse entspringt der religiösen Sehnsucht des Subjekts nach der ‹realen Gegenwart› eines Schöpfers. Die Freudsche Metaphysik verspricht als Gegenschöpfung die Aussicht auf die Gegenwart des Ur-Ältesten in der Fiktion einer Rekonstruktion der ‹Urszene›.

Lacans Theologie der Absenz, die sich gründet auf das Freudsche «Fort-Da-Spiel» im «Jenseits des Lustprinzips», diese Lehre von der entzogenen Präsenz, ist freilich der Entzug Freuds, des Originals. Denn das Lacansche Spiegelstadium baut sich auf einer Fußnote auf, die von Lacan nie jemals zitiert worden ist und entgegen Freud, der das spiegelnde «Fort-Da» symbolisch interpretierte, wurde dies von Lacan als imaginär verkannt; und die Mythologie des «Grand (Autre)», in dem der Signifikant den abwesenden Gott darzustellen hat, ist die Nacherzählung des Freudschen Schöpfungsmythos. Allerdings müßte man, wenn man sich mit der Lacanschen Ontologisierung auseinandersetzen wollte, die Heideggersche

Sprachphilosophie erörtern, die de Saussuresche Sprachtheorie, die Entwicklungstheorie Piagets, die Hegelinterpretation Kojèves, die Heidegger-Interpretation Lévinas, das Postulat Rimbauds «Je est un autre» und so fort; und nicht zuletzt seine irrationale Praxis, die in ihren Verkehrsformen und in ihren Interpretationen einer Logik der Beliebigkeit zu folgen schien. Der dynamische Solipsismus Lacans ist Mimikry der imperialistischen Subjektivität Hegels.

In der religiösen Schöpfungsgeschichte ereignet sich der ursprüngliche Akt der Anwesenheit des Gottes; in der Moderne hat sich der Gott der Welt entzogen, und nun inszeniert sich auf der psychologischen Bühne die Fiktion eines ‹Originalvorfalls› als Akt des abwesenden Ursprungs. Und so hat die Konzeption vom eigentlichen Unbewußten einen Ort leerer Transzendierung geschaffen. Die Anwesenheit wie die Abwesenheit des Gottes ist eines Beweises weder fähig noch bedürftig, und so entzieht sich auch das Unbewußte als religiöses Surrogat jeder Beweisführung und ist zum Schibboleth einer psychologischen, innerweltlichen Erlösungslehre geworden: das Mysterium der Immanenz anstelle des Mysteriums der Transzendenz.

Das Unbewußte wäre nun zum Ursprung und das Bewußte sündenfällig zum epiphänomenalen Entsprungenen (Heinz, persönliche Mitteilung) erklärt und dem Analytiker die priesterliche Funktion zugewiesen, die heiligen Bilder des Ursprungs, die Urphantasien, zu hüten. In einem derart psychologisch verkleideten religiösen System hat der Therapeut nicht nur die Macht der Absolution durch psychologisch legitimierte Inkulpation und Exkulpation in Händen, in seiner priesterlichen Gewalt liegt vor allem eine Sinnzuweisung für die Objekte seiner Therapie, für die er als Schöpfer-Darsteller eines ‹Neubeginns› ihrer Geschichte in Erscheinung tritt: der Analytiker vertritt aber nur das Simulacrum einer Schöpfungsgeschichte für das Subjekt, weil diese ‹neue› Geschichte immer nur eine fiktive sein kann.

2.3 Ansatz für eine empirisch begründbare Bewußtseinstheorie

Einen Ausgang aus dem Dilemma zwischen einer banalen Bewußtseinspsychologie und einer Metaphysik des Unbewußten läge in einer empirisch begründbaren Wahrnehmungstheorie, die, eine übliche Verfahrenstheorie überschreitend, erklärende Sätze enthalten würde, nach denen die bewußten und die unbewußten Erscheinungen aus einem Prinzip abzuleiten wären. Denn eine Psychoanalyse, ohne den ‹Kern des Unbewußten› gedacht, wäre eine banale Verdrängungslehre, deren Unbewußtes identisch gesetzt wird mit dem Verdrängt-Unbewußten, und damit wäre die Theorie der Psychoanalyse entleert zur Pragmatik eines klinischen Anwendungskonzepts, dessen Gültigkeit nach den Maßstäben einer wissenschaftsmethodischen Überprüfung (vgl. Grünbaum 1988) einfach zu erledigen ist. Allein schon das Ausbleiben von bestätigenden Erinnerungen für die Deutungen des Analytikers brächte die Verdrängungslehre an ihr Ende. Dennoch wird in der klinischen Psychoanalyse an einem solchen Konzept festgehalten, das noch nicht einmal auf das Niveau einer Verfahrenstheorie gehoben wurde; und es ist keine wissenschaftliche Anstrengung in Sicht, zu einer Theorie zu gelangen, welche die Wahrnehmung bewußter wie unbewußter Erscheinungen, «jene dunklen Vorstellungen» Kants, auf ein Prinzip zurückführen lassen.

Wir gehen von der Annahme aus, daß die Wahrnehmungs- und Handlungsschemata, die Strukturprinzipien, nach denen das Subjekt wahrnimmt, sich bilden nach dem Maßstab der körperlichen Erfahrung, die wiederum einem gesellschaftlichen Bildungsprozeß unterliegt, einer primären Pädagogik: diese Primärerziehung scheint den Raum der Erfahrung auf der Basis des menschlichen Körpers zu strukturieren. Das Referenzschema für die Ordnung der Welt überträgt sich analog dem Maßnehmen des menschlichen Körpers, und die elementaren Strukturen der Körpererfahrung scheinen mit den Strukturierungsprinzipien des objektiven Raums zusammenzufallen (vgl. Bourdieu 1979, S. 193). Diese Buchstäblichkeit der Metaphorik, die Übertragung auf die außenweltliche, objektive Erfahrung des Raums von der subjektiven, binnenweltlichen Körperbeziehung ist ein analogisierendes Verfahren, nach dem sich das «‹System von unabänderlich an unseren Körper gebundenen Achsen, das wir allenthalben mit uns herumtragen› und das den praktischen Raum, Rechts wie Links, Oben und Unten, Vorn und Hinten strukturiert» (Poincaré, in: Bourdieu 1979, S. 142), zur Deckung bringt. Die Vermittlung zwischen einer subjektivistischen und objektivistischen Erkenntnisweise liegt in der dialektischen Beziehung zwischen den durch die empirische Körpermaßgabe begründeten strukturellen Dispositionen und den objektiven Strukturen: es ist ein «doppelte(r) Prozeß der Interiorisierung der Exteriorität und der Exteriorisierung der Interiorität» (Bourdieu 1979, S. 147). Denn das körperliche Dispositiv der Maßgabe, an dem der außenweltliche Raum maßgenommen wird, unterliegt wiederum einer gesellschaftlichen Pädagogik, die immer schon abhängig ist von den geltenden Riten einer Gemeinschaft darüber, was der Körper in dieser Kultur und zu dieser Zeit repräsentieren soll.

Die Organisation der Handlungs- und Wahrnehmungsschemata und deren Anwendung erfolgt, ohne daß die Subjekte sich dieser Bildungsprozesse und der Applikation dieser Schemata bewußt würden; das heißt, die Matrix dieser Schemata ist zwar nicht unmittelbar dem Bewußtsein zugänglich, aber ihre Wirkungsweise und damit auch ihre Entstehung sind in ihrer Anwendung, durch Übertragung der Schemata von einem Bereich, dem menschlichen Körper, auf andere Bereiche der natürlichen Welt, mittelbar dem Bewußtsein zugänglich. Die Einverleibung der objektiven Welt ist nach Bourdieu (1979, S. 170) zugleich Verinnerlichung kollektiver Schemata wie Integration in die Gruppe (Gesellschaft), da das, was verinnerlicht wird, das Produkt der Entäußerung einer ähnlich strukturierten Subjektivität der anderen darstellt. Alle Subjekte unterliegen nämlich, zwar geschlechtsspezifisch, denselben körperlichen Maßstäben als Referenzschema. Und die Kontinuität der Generationen stellt sich demzufolge praktisch über die Dialektik der Entäußerung der Innerlichkeit wie der Verinnerlichung der Äußerlichkeit her, so daß sich ein gemeinsames Band verpflichtender Schemata (Tradition) bildet. Die Matrix der Wahrnehmungs- und Handlungsschemata ist kulturspezifisch different, und daraus erwachsen wiederum die verschiedenen Kulturstile im Bewegen, Wahrnehmen und Denken, auch der kulturspezifisch differente Habitus zwischen den Geschlechtern. Die Verinnerlichung der Äußerlichkeit oder die Entäußerung der Innerlichkeit unterliegt einer strikten Wechselseitigkeit der Verdopplung durch die analog strukturierte Subjektivität des anderen, der seinerseits seinen Körpermaßstab nur gewinnt durch die Brechung seiner Verinnerlichung an der Äußerlichkeit des anderen und umgekehrt. Diese Gegenseitigkeit ist die konstituierende Bedingung für die Erfahrung der Körperlichkeit, des körperlichen Maßstabs, und angesichts dieser Dialektik erscheint uns der Projektionsbegriff der Psychoanalyse eindimensional beschränkt. Die Übertragungsprozesse wirken aufgrund der identischen körperlichen Wahrnehmungsschemata universell, sind jedoch nicht als anthropologische Konstanten zu mystifizieren, weil der Körper als Referenzschema

Maßgabe der Strukturierung ist. Der Körper ist die Basis für die Konfigurierung der Welt, die sich entsprechend den körperbezogenen Wahrnehmungsschemata aufbaut, so daß diese Matrix die empirische Begründung für eine Wahrnehmungstheorie, für die dem Bewußtsein zugänglichen wie nur mittelbar zugänglichen Erscheinungen abgeben kann. Die Forschungspraxis für eine auszuarbeitende Wahrnehmungstheorie muß sich auf die Untersuchung der Bildungsprozesse dieser Wahrnehmungsschemata richten, um das Vermittlungsproblem zwischen dem unmittelbar Wahrzunehmenden und dem nur mittelbar Wahrzunehmenden zu erhellen. Der Bezirk des Unbewußten könnte damit aufgeklärt werden als Hintergrund der die bewußte Wahrnehmung konstituierenden, körperbezogenen Schemata: das Unbewußte wäre empirisch geworden und seiner Metaphysik entkleidet.

Wir können hier nur Verweisungen geben, auch philosophiegeschichtliche und wissenschaftshistorische, für die Entwicklung einer Wahrnehmungstheorie, deren Ausarbeitung für die psychotherapeutische Wissenschaft jetzt geleistet werden müßte, um sie aus ihrer mythologischen Verstrickung und therapeutischen Versklavung der Subjekte herauszuführen und sie auf eine, der empirischen Wirklichkeit des Menschen entsprechende Wechselseitigkeit der Beziehungsform zu bringen.

Die Metaphorierung ist der Grundakt der menschlichen Wahrnehmung, die in ihrer, die Welt körperlich analogisierenden Gestalthaftigkeit zugleich das figurative Denken darstellt. Die «anschauende Urteilskraft» (Goethe), in der das Anschauen selbst ein Denken, das Denken ein Anschauen ist, bildet den Fundus der primordialen Phantasien des Subjekts. Das bildhafte Denken und die Bildersprache sind freilich im Diskurs der Moderne als Primitivform diskriminiert worden, denen die Grammatik abgesprochen wurde, so daß nur der abstrakten, von der empirischen Wirklichkeit abgetrennten Begrifflichkeit Rang und Wert zukam. Die Entwertung des metaphorischen Denkens durch den logischen Positivismus hatte auch zur Folge, daß in der Psychoanalyse diese ‹Grundsprache› nie ernsthaft untersucht worden ist. Es wurde zwar in Ablenkung davon eine Auseinandersetzung mit der Symbolbegrifflichkeit gesucht, die deshalb schon unproduktiv bleiben mußte, weil sie sich durch immer weitere Abstraktion in immer größerem Abstand zu den körperbezogenen Prozessen der Metaphorierung bewegte und damit ihre materielle Basis entfernte.

Metaphorierung ist die «originale Denkform» und die Analogie die exemplarische Form der Metapher, die am Anfang des Denkens steht und nicht der Begriff. Nach dieser sinnlich-materialistischen Anschauung Vicos (1965 und 1981) dachten die Menschen mit ihren Körpern, und sie faßten die Welt als Übertragung ihres Körpers auf. In Analogie zum menschlichen Körper und seiner Paarung imaginiert sich die Anschauung der Welt als Übertragung dieser komplementären Paarung: Uranos und Gaia sind keine Symbole, sondern Übertragungen vom menschlichen Körper auf den Kosmos, in dem oben und unten, Uranos und Gaia, als ewig sich vereinigende Körper erscheinen. Und die Trennung dieses Urpaares, die Kastration von Uranos durch Chronos wiederum ist die Übertragung der wahrgenommenen Differenz der Geschlechter. So erweisen sich die sogenannten Urphantasien, die Urszene der Vergewaltigung der Mutter durch den Vater, die Kastrationsdrohung und auch die Verführung, die der Wahrnehmung des unerklärbar scheinenden Erwachens des Sexuallebens entspricht, als Ausgeburt der Übertragung von Körpererfahrung.

Dieser Übertragungsprozeß entspringt der universellen Imagination des Menschen (Phantasie); sie ist die Entäußerung eines verinnerlichten Bildes, und auf diese Weise hat Vico zufolge jedes Volk seinen Zeus. Vicos Vorstellung, daß alle Metaphern in Analogie zum menschlichen Körper entstanden sind und die körperliche Einbildungskraft Quelle und Ursache aller Metaphorierung ist, korrespondiert mit Freuds Traumsymbolik, die er allerdings als unabhängige und konstante Zeichen transsubjektiv deutete, so daß er durch diese Ontologisierung wie auch Rationalisierung der Träume in den Mechanismen der Traumarbeit die metaphorische Sprache als Grundsprache verkannte. Gleichwohl hat Freud, obwohl er die Bildersprache als Primitivform des Denkens diskriminierte, die seelischen Mechanismen metaphorisch begriffen und im Widerspruch zu seinem rationalisierenden Umgang mit den psychischen Phänomenen an der «Versinnlichung» (Freud GW XII, S. 6) des Begreifens festgehalten und in der Darstellung seiner Arbeit immer auf die Bildersprache zurückgegriffen, in der er durch das Aufdecken von Ähnlichkeiten zur Evidenz gelangte. Die «Symbolisierung der Leiblichkeit» oder die «architektonische Symbolik des Körpers» (Freud GW II/III, S. 351 f) entdeckte Freud zwar in der Traumsprache als metaphorische Rede, beschränkte sie aber zugleich auf feststehende, überindividuelle Zeichen einer Primitivsprache, die der Übersetzung in die Abstraktion einer symbolvermittelten Hochsprache bedarf.

In der Traumsprache, die ein ästhetisches Phänomen[6] darstellt und nur als solches aufzufassen ist, sehen wir die gleiche Metaphorierung am Werk wie im Entwurf der menschlichen Welt: in Analogie zum menschlichen Haupt sind alle Erhebungen und Gipfel gebildet, in der Analogie zum Mund alle Öffnungen, in der Analogie zu den menschlichen Affekten das Dürsten der Natur, das Leiden der Früchte, das Strotzen der Saaten und anderes mehr (vgl. Vico 1965). Wenn die Metaphorierung[7] die Grundlegung jedes Sprechens und Denkens ist, das aus der körperlichen Einbildungskraft (Phantasie) hervorgebracht wird, dann verweisen alle abstrakten Begriffe auf Bedeutungen zurück, die ursprünglich sinnlicher Erfahrung zugehörten und durch Rückübersetzung wieder versinnlicht werden können. Vicos imaginative Kraft entdeckte die Geographie der Welt und die Topographie der Erde als Analogie der körperlichen Geographie und Topographie des Menschen: Flüsse haben Mündungen, das Land besitzt Zungen und Hälse, das Meer hat Busen, Metalle und Mineralien haben Adern, die Erde Eingeweide, die Landschaft hat Talsohlen, Gebirgskämme und Gipfel, Höhlen und Spalten, Hügel und Furchen. Die Analogie zwischen Makrokosmos und dem individuellen Mikrokosmos ist das Ergebnis eines körperbezogenen Übertragungsprozesses, und in der «imago mundi» wiederholt sich die «imago corporis» durch Übertragung.

Die Verräumlichung der Welt strukturiert sich nach den Körperachsen von oben nach unten, hinten nach vorn, rechts nach links, und die vertikale und horizontale Körperorientierung des Menschen überträgt sich auf die Raumkoordinaten; zugleich ist auch die lokomotorische Gestaltung der Bewegung im Raum Ergebnis der Übertragung von zentrifugaler wie zentripetaler Kraftentfaltung, die zu einer geschlechtsspezifischen Orientierung führt und die differente Beziehung zum jeweils anderen Sexualkörper unterhält wie auch zum Gesellschaftskörper und dessen Produktionen. Schließlich geben die körperlichen Maße der diffe-

6 Freuds Traumtheorie, ob es nun die Wunscherfüllung, der Tagesrest oder die Mechanismen von Verschiebung, Verdichtung und Darstellbarkeit sind, müssen aus heutiger Sicht als Formalisierung begriffen und zum Teil als falsch beurteilt werden, wie das Konstrukt der Wunscherfüllung, das nach den Ergebnissen der wissenschaftlichen Traumforschung unhaltbar geworden ist.

7 Angesichts dieser Bedeutung von Metaphorierung wirft ihre Diffamierung als «Heuschreckenplage» (Brocher und Sies 1986) ein Licht auf den Ungeist von psychoanalytischen Repräsentanten.

renten Geschlechtskörper die unterschiedlichen Verhaltensmodalitäten der Subjekte vor, die differenten Befindlichkeiten in ihren geschlechtsspezifischen Lebenswelten. Gerade die Körperöffnungszonen (Mund, After und Genitale) sind Brennpunkte (s. Erikson 1965) der Strukturierung der Raum-Zeit-Schemata: in den Modalitäten von Zeit organisierender Einverleibung und Ausscheidung, in den inkorporierenden und eliminierenden Modi, fügen sich in der wechselseitigen Beziehung zwischen dem Kind und dem Erwachsenen die Prägungsmuster der Übertragung für die Aneignungsweisen der Außenwelt. Und die gesellschaftliche Pädagogik vermittelt wiederum die Wertmaßstäbe, durch deren Verinnerlichung die Wahrnehmungsschemata sich organisieren, je nachdem, was für die betreffende Gemeinschaft körperlich von Wert ist, welche Organe, Organtätigkeiten der Einverleibung oder Ausverleibung im umfassendsten Sinn von privilegierter Bedeutung für eine Kultur, eine Epoche sind.

Der Umbruch von körperbezogenen Bedeutungswelten läßt sich für den Beginn der Moderne an der protestantischen Revolution aufzeigen, in welcher der Teufel als Vertreter des Hinterns eine besondere Bedeutung erhält: Luthers Ringen mit dem «Herrn des Hinterns», mit der satanischen Habgier einer vom Teufel beherrschten Welt, seine Besessenheit vom Ort der Ausscheidung, all jene Kotvisionen (s. Luthers Tischgespräche) müßten nach der psychoanalytischen Entwicklungslehre Ergebnis einer besonderen Sauberkeitserziehung in jener Epoche sein, der Luther und seine Zeitgenossen als Kinder ausgesetzt gewesen wären. Wenn nämlich der Anal-Charakter aus der körperlichen Erziehung zum Sauberwerden entstanden ist, dann ist nach der Logik der orthodoxen Psychoanalyse der anale Charakter Erwachsener vom analen Charakter Erwachsener abgeleitet; denn die wirksame Ursache soll der Reinlichkeitskomplex der Eltern sein. Die Neo-Freudianer ersetzen den Anal-Charakter durch den Begriff des autoritären Charakters, und der autoritäre Charakter wird als autonome geistige Haltung gesehen ohne körperliche Basis. Die materiale körperliche Grundlage des Seelischen wird hier aufgegeben und durch eine Psychologie der autonomen Seele (s. Brown 1962, S. 254f) ersetzt. Psychoanalytiker finden keine Antwort für eine plötzliche Änderung im Charakter der Kultur. Auch die Ausflüchte der Neo-Freudianer, welche die Veränderung der Charakterstruktur durch Veränderung der ökonomischen Verhältnisse zu erklären suchen, besagen nicht mehr, als daß der Kapitalismus den kapitalistischen Geist schaffe, gleichwie der autoritäre Charakter den autoritären, der anale Charakter den analen hervorbringe.

Der auslösende Faktor einer psychologischen Umwälzung des Menschen, wie sie sich in der protestantischen Revolution zeigte, war nicht irgendeine Änderung der Methode in der Sauberkeitserziehung, vielmehr ein Umbruch in der Struktur der kulturellen Projektionssysteme, deren Ursache in der Änderung der Mentalität einer Kultur, einer Epoche zu sehen ist. In Luther offenbart sich eine neue Beziehung zur Welt, die eine Beziehung über den Teufel zur Welt ist: der «Herr des Hinterns» ist nun für den Menschen der Herr der Welt geworden. Und diese umwälzende Teufelserfahrung Luthers, die repräsentativ steht für seine Epoche, brachte eine völlig neue Beziehung zu Gott mit sich als Antwort auf die Erfahrung der Herrschaft des Dämonisch-Teuflischen. Für Luther ist der Fürst der Finsternis der Fürst dieser Welt, die in all ihren Erscheinungen nicht mehr von Gott, sondern vom Teufel regiert wird. Die Verhältnisse haben sich auf den Kopf gestellt: die Unterwelt ist zur Oberwelt geworden, die unteren Regionen haben die Herrschaft über die oberen angetreten.

Der sogenannte anale Durchbruch zur Zeit der protestantischen Reformation, der zu einer Veränderung des Bewußtseins von der Welt geführt hat, ist nicht durch eine bloße Wandlung in der Struktur des Projektionssystems, das heißt der bewußtseinsprägenden Kulturproduktionen zu sehen; vielmehr scheint die Verkehrung von unten nach oben, daß also jetzt die spirituellen Eingebungen für den Menschen durch den Geist von unten (Teufel) erfolgen und nicht mehr durch den Geist von oben (Gott), eine zerreißende Gleichgewichtsstörung im Kräfteverhältnis der oberen zu den unteren Mächten zu sein. Diese Gleichgewichtsstörung steht im kulturhistorischen Kontext der Selbstbemächtigung des Menschen in der Renaissance: der drohende Verlust des christlichen Askesegottes, der als Gegenmacht des Teufels die von diesem repräsentierte sündige Natur bis zur Renaissance noch im Gleichgewicht hielt, scheint für den Christen dieser Zeit die Erwartung der Weltbemächtigung durch den Teufel geweckt zu haben. Reformation wie Gegenreformation sind nicht wie Aktion und Reaktion zu begreifen, sondern scheinen zwei verschiedene Seiten derselben Zeitströmung gegen den Geist der Renaissance darzustellen: gegen die Verschmelzung der christlichen Lehre mit heidnischer Weltauffassung, in der sich der christliche Unsterblichkeitsglaube verlor, die Begriffe von Sünde und Erlösung fast völlig verschwunden waren, in der sich der christliche Himmel in den heidnischen wieder verschoben hatte und die antiken Ideale die christlichen ersetzten. Im Renaissance-Ideal (s. Burckhardt 1976, S. 464 f) des Menschen, in seiner theistischen Weltanschauung, erhebt sich gegen den Geist des Mittelalters die Idee einer vom göttlichen Eros in Liebe geschaffenen Welt, die ein Abbild des im göttlichen Eros präexistierenden Vorbildes ist und deren dauernder Beweger und Fortschöpfer der Mensch bleibt und sein wird. Die Revolte des Renaissance-Menschen zeigt sich in der Diesseitswendung des Blicks, in der Verherrlichung des Augenblicks, in der Entsündigung des Körpers, der Welt und der Natur. Der Körper wird in der Renaissance aus der Jenseitswendung der christlichen Theologie eines auferstandenen Leibes zurückgeholt auf die triumphale Auferstehung des Körpers im Diesseits der menschlichen Welt.

Der drohende Entzug des christlichen Askesegottes durch die Renaissance-Idee der Entsündigung und Verweltlichung der Welt führte durch die reaktionären Kräfte der Reformation wie Gegenreformation als gleichsinnige Bewegungen gegen den Renaissance-Menschen zur Rettung des christlichen Askeseideals, zu einem erneuten Verdrängungsschub des Sinnlichen und zu einer verstärkten Verteufelung des unterdrückten Körpers. Der Verdrängungsaufwand zeigt sich in einer progredienten analen Sublimationsbildung der Nach-Renaissance, der im bürgerlichen Reinlichkeitskomplex zum Exzeß kommt. Die sündige Natur, die sich vor der Renaissance im Bewußtsein des Menschen als sein anderer Teil, als Gegenmacht des christlichen Gottes noch zeigen durfte und dadurch für den Menschen noch erfahrbar war, konnte sich in der Nach-Renaissance nur noch in der analen Reaktionsbildung entäußern: der Körper, das Bewußtsein von ihm, wird in dieser Reaktionsbildung so isoliert von einer ins Körperlose abstrahierten Seele, und der Geist wird von seinem Körper so entfernt, daß das bürgerliche Ich in der letzten Entfremdung des Menschen von seinem ‹tierischen Körper› auftreten kann.

Luthers Obsession durch die anrüchigen Dinge der Ausscheidung zeigt das Bewußtsein der Menschen dieser Zeit übermächtigt von Kotvisionen, während die Zeit nach Luther durch die Aufwärtsentwicklung einer körperlosen Seele beeindruckt, die aus der Verleugnung der unteren und niederen Regionen geboren wurde. Die Moderne entbindet sich in einem Reinlichkeitskomplex, der bis in die Neuzeit zu endlosen Säuberungsprozeduren geführt hat, um die individuelle Reinheit des Körpers, des Geistes, der Seele wie die kollektive Reinheit des Volkskörpers und des Volksgeistes einer Nation und so fort zu wahren, sich durch die Ausräumung jeglichen ‹Unrats› vor ansteckender Berührung und vergiftender Verunreinigung zu schützen. In diesen kulturellen Projektionen der Säuberungsmechanismen zeigt sich die ungeheure Sorge um die Ausscheidungsvorgänge, die zwar in der Körpersphäre einer sorgfältigen Hygiene zur Isolierung von allem Unrat unterzogen werden, sich andererseits sublimiert in der Überschwemmung mit Schmutz und Unflat, in gereinigter Form als Überflutung mit Informationsströmen endloser Wort- und Bildproduktionen offenbaren: «Die Informationsexplosion der Moderne ist ein nicht endender Ausstoß von Abfall, dessen Magie alle in Bann schlägt: es ist die anale Magie, die ‹Allmacht der Gedanken›, alles verfügbar zu haben und sich verfügbar zu machen im Wort» (Pohlen und Bautz-Holzherr 1991, S. 141). Der nicht endende Ausstoß abfallproduzierender Produktion, die Wiederkehr des Verdrängten, zeichnet die privilegierte Bedeutung von Ausscheidung, die Nietzsche als Moment der Moderne ausmachte. Die ‹Sphinktermoral› und das Phantasma der Reinheit sind kennzeichnend für die mit Beginn der Moderne einsetzende Veränderung der körperbezogenen Bedeutungswelt des Subjekts durch die Veränderung der kulturellen Mentalität, die sich in der Präferenz des Ausscheidungsorgans niederschlägt; diese ‹Ausscheidungsmoral› bedingt auch eine Änderung der Wertmaßstäbe für die Organtätigkeit und prägt entsprechende dissimilatorische Wahrnehmungsschemata entgegen den früheren, primär assimilatorischen, die der Einverleibung eine vorrangige Bedeutung beigemessen haben.

Der Körper wird durch die kulturelle Moral einer Hierarchie privilegierter Bedeutungszonen unterworfen, je nachdem, welche Mentalität vorherrschend ist, und so produziert sich in jeder Gesellschaft durch Verinnerlichung ein Körper nach den jeweils herrschenden Wertmaßstäben für die Organtätigkeit; und der so gebildete Körper produziert wiederum durch die verinnerlichten Maßstäbe das Referenzschema für die Ordnung seiner Welt.

Die Bedeutung der Organe für eine Gesellschaft kommunikativen Handelns (Habermas), die sich als ideale Sprachgemeinschaft präsentiert, wird hier augenfällig, obwohl der Körper und seine Organe im Diskurs der Moderne verlorengegangen sind. Die kommunizierenden Körper und ihre sprechenden Lippen, in denen sich die aktuelle Bedeutungswelt darstellt, sind, auch wenn sie im rationalisierenden Diskurs abgeschafft scheinen, als Referenz von prägender Kraft für die Modalität der Wahrnehmungs- und Sprechakte. Der Mund, Einverleibungsorgan par excellence, ist in der Moderne durch die ‹Sphinktermoral› zum vorherrschenden Ausscheidungsorgan geworden, das durch die Monstrosität des Auswurfs jede mögliche Mitteilung im Strom von nichtigen Klischees und bedeutungsleerem Jargon auflöst. Die Masse der Wortproduktionen vernichtet die Differenzierung und Bewertung des Worts, so daß in der inflationären Flut der Bedeutungslosigkeiten die menschliche Rede untergeht.

Der Rückgriff auf die Organtätigkeit und die durch die Organe vermittelte Bedeutungswelt macht die Genese solcher Wahrnehmungs- und Sprachschemata offenkundig. Die Organe des menschlichen Körpers stehen nach unserer Auffassung in der Hierarchie einer Reihe analogisierender Arbeitsweisen; die Bedeutungen der einzelnen Körperzonen haben ein Verhältnis der Äquivalenz zueinander: sie übertragen Bedeutung nach der Ähnlichkeit ihrer Tätigkeit aufeinander. Diese «organische Übereinstimmung» zeigt sich im Psychischen als eine «unbewußte Identität» der Organtätigkeit (s. Freud GW X, S. 409 f). Der Übereinstimmung in der Tätigkeit von Einverleibung und Ausscheidung entspricht durch Übertragung die Organgleichsetzung und Organvertretung der Körperöffnungen von Mund, After und Genitalien. Es ist die Äquivalenz der Körperöffnungszonen zwischen dem Lippenorgan der Mundlippen, der Afterlippen, der Genitallippen und der Übertragung dieser Organbilder zum Oberflächenwesen des Körper-Ich, das je nach der kulturellen Privilegierung bestimmt ist von aufnehmender oder ausscheidender Modalität der Körperorgane und des ihm entsprechenden Verhaltens. Gerade das Organ der Bewußtseinstätigkeit und der Denkarbeit ist ein Werkzeug der Einverleibung oder Ausscheidung im Sinne des synthetisierend-assimilierenden oder isolierend-aussondernden Denkens[8], das sich aus der Übertragung des Magenorgans als Werkzeug der Aneignung gebildet hat, je nach dem von der Gesellschaft präferierten Schema von inkorporierender oder eliminierender Aneignung. In diesem Äquivalenzmodell der Organtätigkeit ist das Lippenorgan aufgrund der Auswärtsverschiebung der Bedeutungswelt von den unteren zu den oberen Regionen infolge der protestantischen Revolution zu einer präferierten Zone geworden: die sprechenden Lippen der kommunizierenden Objekte werden in unserer Sicht nach dem Schema der «unbewußten Identität» der Organtätigkeit je nach den bevorzugten Körperöffnungszonen in «organischer Übereinstimmung» so sprechen, daß sie im Verhältnis der Äquivalenz dem privilegierten Organ entsprechen: die Tätigkeit des Lippenorgans des Mundes korrespondiert in analogisierender Weise mit der Tätigkeit der ‹Afterlippen›, beziehungsweise wird die Tätigkeit des privilegierten Organs durch seine Überbesetzung jeweils die Funktionsweise der anderen Organe determinieren. So ist auch zu begreifen, daß die «Sphinktermoral» des analen Charakters des modernen Menschen seine Mundart darstellt, wenn die Analzone kulturell überbesetzt ist und den anderen Organen übertragen wird, sich gleich dem After zu ‹benehmen›.

---

8 Nietzsche hat als «Arzt der Kultur» und «Lehrer des Lebens» in seinen Schriften eine Bewußtseinstheorie nach dem Referenzschema der körperlichen Einverleibung und Ausverleibung entworfen: am «Leitfaden des Leibes» die Assimilation buchstäblich genommen, Einverleibung und Ausverleibung als Grundbewegung des Lebens begriffen und die Akkumulation als aneignende Vermehrung des Bewußtseins spezifisch für die Phänomene des Lebendigen angesehen. In der Wendung gegen die christliche Entleiblichung und die Konzentration auf das Fernstliegende der abendländischen Transzendenz hat er den Blick wieder gewendet auf das Nächstliegende des Leibes: «Wir müssen wieder gute Nachbarn der nächsten Dinge werden» und in der «Schule des Lebens» diese allernächsten Dinge des Leibes besorgen. Nietzsches Diätetik des Leibes, die an die griechische Diätetik anknüpft, ist ein praktisch ausgearbeitetes Konzept der Bewußtseinsaneignung. Es ist erstaunlich, wie unbekannt diese, auf der materialen Grundlage des Körpers entwickelte Assimilationstheorie geblieben ist und gerade auch von der Psychoanalyse ignoriert wurde.

Dieser Abriß der konstitutiven Bedingungen einer Wahrnehmungstheorie soll erweisen, daß eine auszuarbeitende Bewußtseinstheorie auf dem Körper, auf der Organtätigkeit als Referenzschema für die Ordnung der Welt gründen muß und daß nur auf dieser materialen Grundlage des Körpers eine empirisch begründbare Theorie des Bewußtseins zu entwickeln ist.

Der Konstruktivismus freilich realisiert durch seinen Fiktionalismus den Verlust des Körpers, schafft diesen genauso ab wie der Strukturalismus: an der Biosphäre, den Grundbewegungen des Lebens von Zeugung, Geburt und Tod, von Assimilation und Dissimilation, von Einverleibung und Ausverleibung bricht die Repräsentanzenkette ab; das Als-ob hat an den essentiellen Orten des Lebens seine definitive Grenze. Die Als-ob-Philosophie eines radikalen Konstruktivismus glaubt mit der Abschaffung des Körpers auch den Kreislauf von Leben und Tod transzendieren zu können. Die konstruktivistisch fortgeschrittene Psychoanalyse scheint den Freudschen «biologischen Fels» wegräumen zu müssen, um den Glauben an die ewige Veränderbarkeit und Selbstentwicklung des Menschen aufrechtzuerhalten. In der Abstraktion von der körperlichen Basis schlägt sich ein gnostischer Haß auf den Körper als Grab und Gefängnis der Materie nieder. Der allgemeinen Schlechtigkeit der materiellen Welt, wie sie sich dem gnostischen Blick darbietet, sucht der Gnostiker durch Absonderung und Trennung von allem Irdisch-Körperlichen zu entkommen und seine Wiederauferstehung und Erlösung in Wiederaneignung des wahren Selbst jenseits der Verliese seines Körpers zu finden (s. Pohlen und Bautz-Holzherr 1991, S. 485 f). Dem modernen Subjekt, das sich in der Befreiung von der Abhängigkeit uralter Mächte feiern ließ, auch in der Befreiung von der urältesten Abhängigkeit des Körpers, der menschlichen Erblast, wird paradoxerweise sein Erbe durch die naturwissenschaftliche Forschung zurückgegeben. Denn die biologische Erblast, wie sie sich im erbgenetischen Dispositiv als Hypothek manifestiert, die der einzelne bis zu seinem Tod abzutragen hat, wird in ihrer Bedeutung für das Schicksal und den Lebensgang des Menschen von den biologischen Wissenschaften heute wieder ins rechte Licht gerückt. Darin liegt eine dialektische Antwort auf den bislang herrschenden Hermeneutismus, der das materiale Substrat, den Körper, vergessen machen wollte.

Die reine Denkbestimmung des Unbewußten, wie wir sie als Metaphysik der Psychoanalyse gekennzeichnet haben, ist verendet in der Feststellung der Kulturabhängigkeit des Unbewußten, die in der tiefenhermeneutischen Version (v. a. von Lorenzer) und in Nachfolge von der feministischen Psychoanalyse (z. B. Rohde-Dachser) verfolgt wurde. Die Einengung des Unbewußten als Reservat der aus dem Bewußtsein verdrängten Lebensformen erliegt einer idealistischen Konstruktion, indem das Unbewußte zu einem total Vergesellschafteten gemacht wird. Immerhin läßt das Freudsche Unbewußte in seiner Differenzierung zwischen dem «Kern des Unbewußten», der phylogenetischen Erbschaft, und dem verdrängt Unbewußten als dem unterdrückten Bewußtsein eine andere Lesart zu, welche die Dialektik zwischen Physischem und Psychischem, zwischen dem «biologischen Fels» und dem psychologischen Bildungsprozeß noch offen hält. Das eigentlich Unbewußte als biologisch Konstituiertes wäre also dem verdrängt Unbewußten als psychosozial Konstituiertem gegenüberzustellen, und damit müßte grundlegend von der biologischen Konstituierung alles Psychischen ausgegangen werden. Die Grenze des Bewußtseins, ob in seiner unmittelbar zugänglichen wie in seiner nur mittelbar zugänglichen Dimension, liegt demnach im psychophysischen Grenzbereich. Das Unbewußte kann also nicht in Vergesellschaftung aufgehen: das eigentlich Unbewußte ist als Natur schlechthin zu verstehen, das ist die der Sozialisation entzogene Natur, während das verdrängt Unbewußte Niederschlag der Auseinandersetzung von Natur und Gesellschaft im Subjekt ist – hier steht Trieb gegen Triebrepräsentanz. Im Bereich der Reproduktionsstätte der Triebe im Psychophysischen bricht die Repräsentationskette ab, die Vergesellschaftung endet am biologischen Substrat. Das naive Übersehen der Differenz zwischen Repräsentierendem und Repräsentiertem, das Identischsetzen von symbolvermittelter Triebinszenierung mit dem Trieb schlechthin, die Vermischung des Unterschieds von gesellschaftlich vermitteltem Objekt- und Triebschicksal und der körperlichen Triebaktivität hat dazu geführt, das Subjekt als total Vergesellschaftetes zu bestimmen. Der Diskurs über die Phänomene, der sich immer schon symbolvermittelt, als repräsentierter, vollzieht, ist zu unterscheiden vom Grund der Phänomene, das ist ihr materielles Substrat. Triebnatur ist also unabhängig zu setzen vom Begriff und Begreifen der Reflexionsarbeit über sie. Ihr materielles Sein im Diskurs aufgehen zu lassen, das Triebgeschehen nur interaktionell zu deuten, wie es heute in der psychoanalytischen Interaktionstheorie vertreten wird, folgt einer von der Materie abstrahierenden Konstruktion und ist ein insgeheimer Idealismus der Psychoanalyse (s. Pohlen und Wittmann 1980). Entgegen der psychoanalytischen Konvention fassen wir den Trieb begrifflich gerade als das gesellschaftlich Unveränderbare. Indem in der Natur des Menschen die unveränderbaren Triebkräfte entdeckt werden, rekurriert solche Anschauung auf biologische Konstituentien und setzt sich bewußt dem Vorwurf eines ‹reaktionären Biologismus› aus. Aber gerade durch eine solch biologische Festlegung, menschliche Triebnatur als unerreichbar für Vergesellschaftung anzusehen, wird das Subjekt der totalen Vergesellschaftung entzogen, bewahrt sich menschliche Natur vor absoluter Beherrschbarkeit und Fungibilität: die biologische Erblast des Menschen ist paradoxerweise zum einen die Gewähr seiner Widerständigkeit gegen die gesellschaftlich herrschende Entwicklungs- und Veränderungsideologie in der Moderne; zum anderen sind die Triebproduktion und der Druck auf Repräsentation aufgrund des Überflußsystems der Triebnatur Motor für die Sprünge in der menschlichen Entwicklung.

2.4 Der analytische Zugriff auf die Innerlichkeit

Da die psychoanalytische Deutungsmethode direkten Zugang zur Innerlichkeit des Menschen verschafft, das Subjekt also von innen her dem äußeren Zugriff aussetzt, hat sich eine ganz neue Dimension von Einflußnahme eingerichtet, so daß sich die Machtfrage besonders brisant stellt. Mit dem Auftreten der Psychoanalyse ist nämlich das Subjekt in seiner Souveränität von innen her bedroht, wo es früher durch repressive Strategien nur von außen bedroht werden konnte und sich gegenüber auferlegten Zwängen deshalb widersetzen und behaupten konnte, weil seine innere Freiheit unangetastet blieb.

Wir lesen zwar immer in psychoanalytischen Selbstdarstellungen, klinischen Berichten, theoretischen Abhandlungen und psychoanalytischen Lehrbüchern, daß der Analytiker im Mittelpunkt des Geschehens steht und daß die Interaktion eine vom Einfluß des Analytikers abhängige Größe sei, und hören das Bekenntnis, daß der Analytiker «tiefgreifend einwirken und Einfluß nehmen müsse» (Thomä und Kächele 1986, S. 8); aber nirgendwo wird der Einfluß in Zusammenhang gebracht mit der Macht, an keiner Stelle wird das Verhältnis von Einfluß, Macht, Herrschaft und Gewalt geklärt. Die Isolierung der Machtfrage und des Machtbegriffs vom Begriff des Einflusses zeigt die vorherrschende Tendenz, die Berührung zu vermeiden und die Machtfrage auszuklammern. Und die Negation im Nachsatz jenes zitierten Lehrbuchs, daß die Freiheit des Patienten durch die Einflußnahme des Analytikers nicht eingeengt würde, ist schon eine defensive Legitimierung dafür, daß die Freiheit des Patienten durch die Einflußnahme des Analytikers berührt werden könnte. Diese Absicherung entspricht in ihrer Intention der magischen Beschwörung, daß nicht sein kann, was nicht sein darf. Die Abwesenheit der Freiheitsdiskussion in der Psychoanalyse verweist darauf, daß die Machtfrage nicht in den Zusammenhang der Freiheitsfrage gebracht werden soll. Die Ausklammerung der Freiheitsfrage in der Psychoanalyse entspricht einer uralten Tradition, die sich bei Freud schon zeigt in der Verschiebung auf die Scheinklärung einer deterministischen Betrachtungsweise; und sie ist ihr im Verlauf ihrer Bewegung immer wiedergekehrt, wenn sie unter dem Legitimationsdruck der wissenschaftlichen Bewährung ihre klinischen Begriffe hätte klären müssen: mit dem Verweis auf das Phänomen der Determination des Psychischen wird der Anspruch auf wissenschaftliche Klärung fatalistisch erledigt. In Anleh nung an den naturwissenschaftlichen Determinismus, der von einem durchgängigen Kausalzusammenhang der Vorgänge ausgeht, verfolgte Freud eine Determinationspsychologie, die ihn eingenommen zeigt vom herrschenden Kausaldeterminismus seiner Zeit und zugleich seine wissenschaftliche Orientierung an einem heute überholten Modell von Naturwissenschaft.

In welchem Ausmaß der das europäische Denken beherrschende Diskurs von Freiheit und Notwendigkeit in der psychoanalytischen Bewegung degeneriert ist und sich als Symptom in der Eskamotierung der Machtfrage zeigt, wird darin eindeutig, daß in der durch Psychoanalytiker repräsentierten Friedensbewegung die Beschwörung des Friedens die Freiheitsfrage ausgelöscht hat, so daß der Wert der Freiheit, die Frage nach dem Einsatz für die Freiheit verlorengegangen ist: Freiheit oder Leben, Herrschaft oder Knechtschaft, das Leben zu wagen für das Einzigartige und Besondere, was den Menschen im europäischen Geist erst zum Menschen macht: das Freiheitsverlangen wird der bloßen Ergriffenheit vom Gefühl der Gewaltlosigkeit geopfert (Pohlen und Bautz-Holzherr 1989). Die durch die Psychoanalyse bewirkte allgemeine Psychologisierung der Gesellschaft hat zu einer deklamatorischen Betroffenheitskultur geführt, in der die Befriedigung des Pathos in der Ergriffenheit durch das jeweils Bewegende sich an die Stelle von Denkanstrengung und begrifflicher Arbeit gesetzt hat. Und die Austauschbarkeit der Beweggründe, die das Pathos zu rechtfertigen haben, enthüllt den totalitär-manipulativen Zug. Die Sehnsucht nach der Mächtigkeit des Gefühls entspringt der Verdächtigung jedes Denkens als ideologisch, und der Rückgriff aufs Primäre des Gefühls ersetzt das denunzierte Denken durch das Pathos von Echtheit – Psychoanalyse ist eine Psychologie des Ressentiments geworden.

Es ist erstaunlich, in welcher Weise durch einfache Isolierung die uralte Kontamination von Macht und Einfluß ungeschehen gemacht werden soll, das alte Begriffspaar von Macht und Einflußnahme aufgehoben wird in Verleugnung der gesamten Begriffsgeschichte. Zum Wortfeld von Macht gehören Einfluß, Herrschaft, Gewalt und vor allem Ansehen, weil Einfluß Ansehen bedeutet und Ansehen Einfluß bewirkt. Das Prestige in einer Gemeinschaft ist immer schon gebunden an die Stellung in der Hierarchie der Macht, und die Überlegenheit des Machthabers gründet auf der Zustimmung seiner Macht nicht so sehr durch einfachen Gehorsam ihm gegenüber, vielmehr durch Übereinstimmung derer, die darin übereinstimmen, daß über sie Macht ausgeübt wird. Denn ohne diese Zustimmung könnte Macht nur als physische Gewalt ausgeübt werden. Im Zusammenhang dieser Zustimmung ist für die psychoanalytische Situation von Bedeutung, daß seit alters her die Zustimmung derer, über die Macht ausgeübt wird, bewirkt wird durch die Macht des Überredens und Überzeugens. Und die Wirksamkeit solcher Macht ist ihrerseits wiederum gebunden an den Glauben der sich dem Einfluß Unterwerfenden an die Autorität des Machthabers. Ohne diese Zustimmung in der Anerkennung der einflußnehmenden Autorität reduziert sich die Macht eines Menschen auf pure physische Gewalt. Es ist also danach zu fragen, wie es zu dieser Zustimmung des Unterworfenen und der Übereinstimmung der Unterworfenen in der Anerkennung von Macht und Machthabern kommt. Davon handelt der europäische Diskurs über Macht und Gewalt seit den Griechen, und seither ist geläufig, daß die Überredung, die Macht des Wortes als eine Form der Macht neben der nackten Gewalt (bia) verstanden wurde.

Mit welch intellektueller Sensibilität und auf welcher Bewußtseinshöhe die Griechen das Machtproblem (Ritter 1980, S. 586f) diskutierten, wird an jener Konfrontation der Ratsherren von der Insel Melos mit den sie bedrohenden übermächtigen Athenern exemplarisch: schon in dem einleitenden Gespräch über die Bedingungen der Gesprächssituation wird die von den Athenern vertretene Machtposition zum Ausdruck gebracht, indem die verbale Handlung der Athener aufgrund der ungleichen Machtsituation selbst schon als ein Akt der Macht begriffen wird: «Aber das kriegerische Wesen, womit ihr schon auftretet, nicht erst droht, widerspricht dem. Sehen wir Euch doch hergekommen, selber zu richten in dem zu führenden Gespräch, und also wird das Ende uns vermutlich, wenn wir mit unseren Rechtsgründen obsiegen und darum nicht nachgeben, Krieg bringen, hören wir aber auf Euch, Knechtschaft» (Thukydides nach Ritter 1980, S. 586).

Wenn man sich also vor Augen hält, daß den Griechen selbstverständlich war, die Machtbedingungen der Gesprächssituation zu reflektieren und Sprachhandlungen als Akte der Macht zu begreifen, dann ist es unfaßbar, daß eine Disziplin wie die Psychoanalyse, die vorgibt, die Befreiung des Wortes zu besorgen, glaubt, sich der Machtfrage entziehen zu können. Es wird noch zu zeigen sein, wie sich die Macht des Analytikers in der Konstruktion der psychoanalytischen Situation ausdrückt, wie der Analytiker jene andere Szene, die er selbst bereitet, hegemonial betritt und wie diese Szene schon entworfen ist als Deutung der Gesprächssituation, bevor der Dialog zwischen den Gesprächspartnern durch Deutungen gelenkt wird und gerade aufgrund der ungleichen Situation die Herrschaft des Analytikers über den Patienten festgelegt ist. Die Befreiung des Wortes, die sich ereignen soll in dem einzig legitimen psychoanalytischen Akt der Interpretation, als «Wesensmerkmal der psychoanalytischen Technik» (Thomä und Kächele 1986, S. 12) schlechthin ausgegeben, ist schon das Ergebnis eines Handlungsakts durch die Herstellung der psychoanalytischen Situation, die ihrerseits das Ergebnis eines die Gesprächssituation konstituierenden Vor-Urteils ist durch die festgelegte Auslegung dieser Situation: Übertragung als Wiederholung und Wiederholung als Übertragung im Analogieschlußverfahren vom Vergangenen aufs Gegenwärtige.

Der Umgang mit der Machtfrage in der Psychoanalyse zeigt ganz verschiedene Ausgänge: entweder greifen Analytiker auf ihre Legitimationsmacht als Besitzer der Schlüsselgewalt über das Unbewußte zurück und können von daher ihre Tätigkeit als subversiv ausgeben und sich als Protagonisten des Umsturzes definieren, wobei ungeklärt bleibt, welchem Machtbegehren sie darin folgen; oder die Analytiker ergeben sich einer paradiesischen Vorstellung vom Zustand der Unschuld der analytischen Situation, die, aller Herrschaftsformen ledig, als «herrschaftsfreie Kommunikation» (Loch 1974), «intakte Sprachspiele» (Lorenzer 1970) und so fort deklariert wird. Und nicht zuletzt ist die Neutralisierung der analytischen Situation, das heißt der Neutralismus gegenüber der dort waltenden Herrschaftsstruktur, eine besondere Variante der Durchrationalisierung der Gesprächssituation. Diese Variante, die vorspiegelt, der Aufklärung der analytischen Situation zu dienen, verdunkelt gerade die Wirkmechanismen der Einflußgrößen durch Dekontamination. Der «Beitrag des Analytikers als Leitidee» (Thomä und Kächele 1986) wird scheinbar in den Mittelpunkt des therapeutischen Prozesses gestellt: jedem Phänomen der analytischen Situation wie auch dem Verlauf des Prozesses wird zwar die Einflußnahme des Analytikers zugestanden; mit diesem Zugeständnis wird aber die Interaktion gesäubert von der dieser Einflußnahme zugrundeliegenden Überzeugungsmacht der Deutung, deren unaufgeklärte Genese die beanspruchte wissenschaftliche Aufklärungsarbeit zur Travestie macht. Die Einflußnahme des Analytikers ist in jenem Lehrbuch entgiftet von der Macht, indem es nur noch um das «Einbezogen- und menschliche Betroffensein des Analytikers» im therapeutischen Prozeß geht und der Analytiker, weil er einbezogen ist, interaktionell oder therapeutisch wirksam wird: die Machtfrage ist trügerisch rationalisiert zum professionellen Einbezogensein. Die Dekontamination der Macht ist gesichert, die Gründe der Macht der Einflußnahme sind zum Verschwinden gebracht, und der Anpassungsprozeß an die scientific community scheint durch diese Isolierungsarbeit ungetrübt. Wir werden noch zeigen, daß die Macht der Einflußnahme aus der Suggestion stammt und der Analytiker als Machthaber das Erbe des Eltern- und Priesterkomplexes antritt und daß sich die Frage nach der Macht der Einflußnahme nicht einfach transformieren läßt in ein technologisches Problem. Die Psychoanalyse hat geistliche Macht beerbt, und der Gang unserer Untersuchung ist darauf gerichtet zu zeigen, wie sich dieses Erbe in ihrer Theorie und Praxis darstellt.

Die Deskription der analytischen Interaktion auf der Oberflächenphänomenologie von ‹Einbezogen- und Betroffensein› (Thomä und Kächele 1986) erläßt dem Forscher die wissenschaftlich notwendige Aufgabe, zum Hintergrund der Wirkmechanismen des analytischen Prozesses Stellung zu nehmen. Die Psychoanalyse ist doch mit dem Anspruch einer radikalen Umkehrung des Arzt-Patient-Verhältnisses angetreten, die Subjekt-Objekt-Umkehr durch den Machtverzicht auf die konventionelle ärztliche Definitionsmacht bewirkt zu haben; desto dringender erscheint gerade die Klärung der Einflußfrage, um dahinter zu leuchten, was es mit dem Betroffensein des Analytikers auf sich hat. Hier sind wir aber mit dem Neutralitätsprinzip der Analyse konfrontiert, nach dem der Analytiker in seiner Tätigkeit in moralischen, religiösen, politischen und anderen Aspekten neutral zu sein hat, wie wenn er in der analytischen Situation von seiner Weltanschauung, die er sonst einnimmt, absehen könnte; und wie wenn er übersehen könnte, daß von der außeranalytisch vertretenen Weltanschauung nichts in die analytische Situation einfließen würde. Diese Scheinneutralisierung der Weltanschauung, das ist die Ausgrenzung der Macht der Weltanschauung aus dem analytischen Prozeß, wird zwar von ‹fortschrittlichen› Analytikern mittlerweile nicht mehr als unerläßliche Bedingung für die Funktion des Prozesses gefordert; aber damit entgehen sie nicht dem Dilemma, den Widerspruch zwischen propagierter Subjekt-Objekt-Umkehr und den tatsächlichen Herrschaftsverhältnissen der analytischen Situation zu klären. Wenn der Analytiker also neutral sein soll, das heißt, die Behandlung nicht aufgrund irgendeines Ideals zu lenken, neutral zu sein in bezug auf Übertragungsmanifestationen, ‹nicht in das Spiel des Patienten eindringen›; neutral schließlich gegenüber den Worten des Analysierten, nicht diese oder jene Sequenz der Mitteilungen aufgrund theoretischer Vorurteile zu bevorzugen (Laplanche und Pontalis 1972), dann mystifiziert ein solcher Neutralismus, daß der Analytiker in diesem ‹Spiel› alle Fäden in der Hand hält und sich durch solche Art Neutralismus der Bedeutung und der Bewertung seines Tuns entzieht. Die Neutralität des Analytikers soll nicht die reale Person des Analytikers kennzeichnen, sondern nur seine Funktion: «Derjenige, der Deutungen gibt und die Übertragung geschehen läßt, sollte neutral sein, das heißt als psychosoziale Individualität nicht eingreifen» (Laplanche und Pontalis ebd., S. 332). Auch wenn diese Position als eine Grenzforderung ausgegeben wird, so führt ihre Definition doch auf das unabdingbar geltende Abstinenzprinzip zurück, das mit der analytischen Methode selbst verknüpft ist, in der Deutung das Wesensmerkmal zu sehen, statt die libidinösen Bedürfnisse des Patienten zu befriedigen. Und diese Festlegung des Abstinenzprinzips ist die Folge der Übertragungsanschauung des analytischen Prozesses, nach der sich dieser Prozeß als Wiederholung einer früheren Beziehung in der Übertragung auf die jetzige Situation ereignet und der Analytiker infolgedessen den Wiederholungscharakter zu deuten habe, um die Arbeit des Erinnerns und Durcharbeitens zu leisten: erinnern soll das Agieren der früheren Beziehungen am Therapeuten ersetzen. Abstinenz als Grundsatz und Regel für den Analytiker soll sich darin sichern, dem Patienten die Befriedigung seiner Wünsche zu versagen. So dient die Erfindung des Abstinenzprinzips dem Ausweis der Neutralität des Analytikers; mit anderen Worten, die Neutralisierung des Analytikers dient der Verleugnung seiner den Prozeß steuernden Einmischung – *intervenire* heißt dazwischentreten, sich einmischen und eingreifen.

Die Schöpfung all dieser Begriffe geht letzten Endes darauf zurück, daß das Vorgehen des Analytikers von experimentellem Charakter sein soll, um dem Erkennen seiner imperativen Funktion zu entgehen. Und so läßt sich auch die Deutung der analytischen Prozedur als naturwissenschaftliches Vorgehen so lesen, daß der Analytiker sich darin unfreiwillig als Versuchsleiter darstellt: daß ihr «Materialobjekt», die Übertragung, zugleich «Formalobjekt», das heißt «Untersuchungsgegenstand und Forschungswerkzeug» (Loch 1972, S. 180) sein soll; dieses stelle sich im Material der «freien Assoziationen» her, den Beobachtungsgrundlagen, die als «Protokollaussagen» gewertet würden durch die gleichschwebende

Aufmerksamkeit des Analytikers; dieser vermöge mittels seiner experimentellen Methode, der Deutung, die in den «Protokollaussagen» angenommenen Determinanten unter Beweis zu stellen: der Akt der Deutung soll danach Experiment sein – eine rhetorische Situation erhält so durch die Macht analogisierender Umdeutung wissenschaftlichen Experimentalcharakter. Was sich bei Loch als wissenschaftliche Groteske liest, versteckt sich bei Thomä und Kächele hinter dem Rückzug auf eine historische und methodische Relativierung. Die pseudowissenschaftliche Verstiegenheit der einen Position und der gewöhnliche Pragmatismus der anderen ergänzen sich perfekt im Entzug der Konfrontation mit den Voraussetzungen und Bedingungen der Konstruktion der analytischen Situation, mit der imperativen Funktion des Analytikers. Diese imperative Funktion des Analytikers, die auch kennzeichnend sein kann für die Arzt-Patient-Beziehung, wird im Begriff des Betroffenseins überdeckt, und dadurch kann die Einflußnahme auch nicht konzeptualisiert, als bewußte Strategie eingesetzt und auf ihre Wirkmechanismen hin wissenschaftlich untersucht werden.

Unter der Bedingung, daß der einzig legitime psychoanalytische Akt die Interpretation ist und diese als «Wesensmerkmal» der psychoanalytischen Technik angesehen wird und das Abstinenzprinzip wieder mit der analytischen Methode so verknüpft ist (Laplanche und Pontalis 1972, S. 23), daß nur der Deutung das Signum analytischer Tätigkeit zukommt, steht doch die Deutung als spezifisch analytische Intervention im Mittelpunkt der zu klärenden Machtfrage. Die Macht der Einflußnahme des Analytikers vollzieht sich also über Deuten, und das Deuten ist jeweils eine Einmischung, bei der gerade die ‹psychosoziale Individualität› des Analytikers mit der persönlichkeitsgebundenen Weltanschauung den Rahmen und das Ziel der Intervention vorgibt. Daß überhaupt eine derart offenkundige Tatsache nicht nur nicht diskutiert wird, vielmehr, wenn auch scheinliberal und pseudowissenschaftlich maskiert, die Begriffe von Abstinenz und Neutralität weiterhin allen Ernstes als konstante Bedingung der analytischen Funktion tradiert werden, zeigt eine nur gesellschaftspolitisch zu verstehende Ignoranz, das angewandte wissenschaftliche System und die klinischen Parameter des eigenen Fachs nicht zu bedenken. Die gesellschaftspolitische Stellung der Psychoanalyse als Agentur der Selbstaufklärung setzt sie in eine solche Machtposition, daß sie sich eine Selbstimmunisierung anbequemen kann gegenüber einer ideologiekritischen und wissenschaftskritischen Befragung ihres Systems. Der von ihr vertretene Gerichtshof der Aufklärung ist sozusagen die letzte Instanz und über sie selber nicht aufklärungsbedürftig. Psychoanalyse produziert immer noch einen Aufklärungstext, über den sie selbst das Urteil spricht, und es ist jetzt an der Zeit, die Aufklärung dieser Aufklärungsansprüche in ihrem Machtbegehren, in der Gewalt ihrer symbolischen Handlung und Bedeutung zu demaskieren. Die gesellschaftlich beanspruchte Funktion der Psychoanalyse konnte sie bisher noch in dieser Immunisierung gegen das Denken und in der darin ermöglichten Kritikabweisung sozial scheinbar unangefochten gelten lassen.

Die Machtposition des Analytikers in der Arzt-Patient-Beziehung ist über seine Deutungsmacht hinaus von besonderem Gewicht für die Subjekt-Objekt-Spaltung wegen der Nicht-Reziprozität der Beziehung und wirkt sich so als Machtmonopol gegenüber dem Patienten aus. Die übliche Subjekt-Objekt-Spaltung in der konventionellen Medizin läßt dem Patienten immer noch Spielraum für Gegenseitigkeit, weil die Interventionen des Arztes in der Organmedizin eine eindeutige Trennungslinie zwischen Objektivem und Subjektivem ziehen, für gewöhnlich den inneren Freiheitsraum des Patienten nicht antasten und vor allem den Patienten gegenüber dem ärztlich-medizinischen Eingriff ein im Rollenverständnis schon vorgegebenes Einspruchsrecht einräumen und damit die Interaktion grundsätzlich reversibel gestalten; abgesehen von Zuständen biologisch bedingter Bewußtlosigkeit. In der analytischen Interaktion ist der Prozeß irreversibel, auch wenn dem Patienten fiktional eine Einspruchsmöglichkeit in der Verwerfung oder Zustimmung gegenüber Deutungen eingeräumt wird, letztlich aber solche Korrektur irrelevant bleibt, weil der Analytiker aufgrund seiner theoretischen Auffassung die Phänomene der Interaktion immer schon deterministisch interpretiert. Eine Zustimmung oder Verwerfung kann je nach dem Objektverhältnis in der Situation als Übertragung oder Widerstand gedeutet werden, auch wenn solche Akzidenzien zugebilligt werden wie falsches «Timing» einer Deutung oder falsche Bezogenheit der Deutung und so fort. Der strenge Glaube der Analytiker an die Determinierung des Seelenlebens (Freud GW VIII, S. 38), der dem Zufall einer Interaktion und damit der Spontaneität und Reversibilität keinen Raum läßt, da alle Phänomene im Sukzessionsverlauf der Assoziation schon als determiniert angesehen werden, erweist sich jetzt als jene mythische Macht, die dem Patienten den Glauben an die Vorbestimmung allen Geschehens abverlangt: der alte

Providentialismus kehrt wieder in der Gestalt des Analytikers als Schicksalsmacht. Es ist absurd, von «freier Assoziation» und «gleichschwebender Aufmerksamkeit» zu sprechen, wie wir später im einzelnen noch zeigen werden. Die Determinationslehre der Psychoanalyse, obwohl sie heute an die Stelle einer «linear-monokausalen» eine «zirkulär-multikausale Verknüpfung» (Loch 1972, S. 64) setzen möchte, folgt einem fiktiven Kausalitätsprinzip, nach dem sich eine kausale Verknüpfung zwischen intrapsychischen wie interpersonalen Beziehungen aufweisen lassen soll.

Die Nicht-Reziprozität, die «asymmetrische Distanzkonfiguration» (Hofstätter 1964) der Psychoanalyse, die als Geniestreich Freuds angesehen wurde, war eine notwendige Bedingung seiner Erkenntnisfunktion, hat aber heute zur Vormundschaftsmacht (Castel 1976) des Analytikers geführt: es ist die absolute Ungleichheitsstruktur der analytischen Situation im Ungleichgewicht zwischen dem Analytiker, der immer schon um die Bedeutung all dessen zu wissen glaubt, was immer der Patient auch spricht, und dem Patienten, der, was immer er auch sagen mag, die Bedeutung dessen, was er ‹eigentlich› sagen könnte, vom Analytiker zugeschrieben erhält. Die naive Idealisierung in der Vorstellung einer radikalen Umkehrung des Arzt-Patient-Verhältnisses aufgrund des Machtverzichts auf ärztliche Definitionsmacht scheint dem drängenden Bedürfnis nach Selbstrechtfertigung und Selbstbeglaubigung des analytischen Systems als Gral der Emanzipation zu entspringen. Und deren Legitimation kann nur aufrechterhalten werden, wenn die menschlichen Verhältnisse an diesem Ort der Selbstbefreiung von Macht unbefleckt bleiben. Auch Lacan und die Lacanianer, die sich doch so viel zugute halten auf ihre Emanzipation von der Orthodoxie, beharren auf dieser Konvention der Nicht-Reziprozität.

2.5 Die Macht des diagnostischen Blicks: psychiatrische und psychoanalytische Psychopathologie

Im allgemeinen Vorurteil der Psychoanalyse wird die Übertragung der von ihr entwickelten therapeutischen Anwendungsformen auf andere Felder wie der Psychiatrie als Normalisierungspraxis angesehen, weil die Übernahme von Psychotechniken in der Loslösung vom Hintergrund psychoanalytischen Denkens nur Anpassung besorgen könnte. Psychoanalyse unterstellt anderen mental-hygienischen Disziplinen von vornherein, daß diese das Subjekt normalisieren, während sie selber revolutionär sei, da sie ja den Schlüssel zum Unbewußten hat und daher eo ipso das Aufständische besorgt. Mit diesem Denkansatz kann man die in der Psychiatrie gebrauchten psychotherapeutischen Konzeptionen, die losgelöst vom analytischen Denken der Beziehung zum Unbewußten ermangeln, als Anpassungstechnologien denunzieren. Die beanspruchte Differenz zwischen Psychiatrie und Psychoanalyse scheint, was die Normalisierung oder Emanzipierung des Subjekts angeht, ideologischen Klischees zu folgen, aufgrund deren die Psychoanalyse für sich das Reservat von Selbstbefreiung und Selbstverwirklichung reklamieren kann und der Psychiatrie das Terrain einer mental-hygienischen Ordnungsmacht zuweist. Erst die Analyse des diagnostischen Blicks des Psychiaters kann darüber aufklären, inwieweit der psychiatrische Wahrnehmungsmodus eine andere Qualität der Machtausübung darstellt als der analytische. Dann würde auch der emanzipatorische Hochmut gegenüber der Psychiatrie zu Fall kommen, der so leicht aufrechtzuerhalten ist, weil der Psychiater offensichtlich für jeden wahrnehmbar und greifbar die Schlüsselgewalt über seinen Patienten besitzt. Freilich ist die Schlüsselgewalt des Analytikers auf den ersten Blick nicht auszumachen und bedarf – mit den Erkenntnismitteln der Analyse – der genauen Untersuchung, wie die therapeutische Beziehung zustande kommt und welcher Mittel sich der Analytiker bedient, um diese Beziehung zu strukturieren. Dabei sollte sich klären, daß die vom Analytiker organisierte therapeutische Beziehung nicht weniger eine Macht- und Abhängigkeitsprozedur darstellt als die psychiatrische, nur nicht so augenscheinlich und für jedermann einsehbar.

Die Illusion eines eo ipso emanzipatorischen Prozesses aufgrund der hypostasierten offenen Wahrnehmungsweise des Analytikers, die in der Abgeschlossenheit und Unzugänglichkeit seiner Praxis sich der Beobachtung entzieht im Gegensatz zur offensichtlichen und der Beobachtung zugänglichen Machtstellung des Psychiaters in einer öffentlichen Einrichtung, muß der Ernüchterung weichen angesichts der empirischen Wirklichkeit. Die psychiatrische Konvention vermittelt ein Bezugssystem, das bis dorthin reicht, wo mit Hilfe der theoretischen Annahmen Abweichungen festgestellt und als krankhaft gekennzeichnet werden können. Der Maßstab dieses Bezugssystems wäre also der Normenkodex der jeweiligen Gesellschaft für gesund und krank, für abweichendes oder angepaßtes Verhalten. Damit ist der psychiatrische Wahrnehmungsmodus ein systematischer Kommunikationsabbruch (s. Bierkens 1968). Die Wahrnehmung dieses Psychiaters reichte dann nur so weit, wie er die Merkmalsabweichung festgestellt, den Patienten klassifiziert und diagnostisch etikettiert hätte. Den Zusammenhang von Angst und Wahrnehmung sieht Devereux (1967) darin, daß der Kommunikationsabbruch des diagnostischen Verfahrens Ausdruck der Angst des Diagnostikers ist, die dann auftritt, wenn die Abweichung festgestellt ist. Der Diagnostiker kann sich mit Hilfe der Schlüsselgewalt seiner diagnostischen Feststellung in Übereinstimmung mit dem herrschenden Normenkodex halten. Der diagnostische Ausschluß des Nicht-Konformen, Abweichenden und Ungewöhnlichen gewährleistet ihm die Sicherheit einer gesunden Wahrnehmung: subjektiv gibt ihm die diagnostische Schlüsselgewalt die Sicherheit der inneren Abgrenzung von verrückt und normal, objektiv sichert ihm die Übereinstimmung mit der gesellschaftlichen Normalität die Legitimation dieser Machtausübung. Bei diesem offensichtlich greifbaren Akt von Macht und Gewalt folgt der Psychiater einem gesellschaftlich gegebenen Auftrag, als «Polizist» durch seine Deviantenauslese die den öffentlichen Verkehr störenden und auffälligen Subjekte aus dem Verkehr zu ziehen. Mit seinem Kategoriensystem der pathologischen Normabweichung liefert er die Rechtfertigung für die Maßnahmen der «sozialen Kontrolle» und übt damit eine wichtige Entlastungsfunktion für die Gesellschaft aus, die der Abgrenzungspraxis gegenüber dem Anormalen bedarf, um sich die Stabilität des Normalen zu bewahren.

Eine Ideologiekritik auf diesem Niveau kann sich des Beifalls sicher sein; vor allem von jenen, die sich klammheimlich daran freuen können, daß der Psychiater diesen gesellschaftlichen Auftrag für sie wahrnimmt: sie selber müssen sich mit dem Verrückten überhaupt nicht auseinandersetzen und haben die narzißtische Befriedigung, daß sie ungestört ihre subversive Tätigkeit hinter verschlossenen Türen jenseits öffentlicher Auffälligkeit und Angreifbarkeit betreiben können. Es wäre also verführerisch einfach, die psychiatrische Wahrnehmungsweise so zu definieren, daß sie sich entlang einer normativen Schablone vollzieht, die dem bloßen Feststellen von Sozialdevianten dient. Ein solches System könnte nur aufrechterhalten werden durch einen unbedingt ‹distanzierten Beobachter›, den es so gar nicht geben kann, auch nicht in der Polarisierung zu der von der Analyse eingeführten Position des ‹teilnehmenden Beobachters›. Denn die ideologisch fixierte Gegenüberstellung beider Beobachterpositionen unterschlägt, daß sich Psychiatrie und Psychoanalyse so nicht unterscheiden lassen, nicht nur, was die Art und Weise des psychiatrischen Tätigwerdens in der Vermischung beider Positionen angeht, vielmehr, was den psychoanalytischen Prozeß im Hinblick auf die darin angelegte Strukturierung durch den Analytiker als «distanzierten Beobachter» kennzeichnet. Der Analytiker nimmt nämlich in gleicher Weise entlang einer normativen Schablone wahr, betreibt seine Deviantenauslese auf analytische Weise und rubrifiziert und subsumiert alle möglichen Verhaltensmerkmale seiner Patienten ebenfalls in einem schematisch vorgegebenen, geschlossenen Kategoriensystem – nach dem psychoanalytischen Entwicklungsmodell und der phasentypischen Zuordnung der Symptome. Auch der Analytiker will mit dieser Schablonisierung von Wahrnehmung seine Angst unter Kontrolle halten, aus dem normativen Rahmen herauszufallen und in die emotionale Verwicklung mit dem Patienten zu geraten; auch er muß jede Grenzüberschreitung des von ihm vorgegebenen Bezugssystems vermeiden unter dem Diktat der Aufrechterhaltung des Gefühls unbedingter Sicherheit, unter der Maßgabe, daß er Herr der Situation bleibt.

Die Validität solcher Deskriptionssysteme würde, wenn man sie daraufhin untersuchte, genauso zu Fall gebracht werden wie die Validität nosographischer Einheiten psychiatrischer Deskription, die in ihrer Fragwürdigkeit aufgedeckt und damit in der Gültigkeit ihres Krankheitsbegriffs grundsätzlich in Frage gestellt worden sind – siehe die epidemiologischen Untersuchungen zur Reliabilität und Validität des psychiatrischen Diagnostiksystems wie die New Haven Study (Hollingshead und Redlich 1958), die Midtown-Manhatten und Stirling County Study (Dohrenwend 1965), die Kleinburg-Studie (Strotzka 1969), die Arbeiten von Scheff (1973), Rosenhan (1973), Klug (1977) und anderen. Sie alle haben die traditionelle Diagnostik in der klassischen Deskription der Psychopathologie als äußerst unreliabel erwiesen. Denn das psychiatrische Bezugssystem hat sich nach dem jeweils gesellschaftlich herrschenden Gesundheits- und Krankheitsbegriff gebildet, entspringt einem Bezugssystem von Wahrnehmung, das nach dem internalisierten Kodex von Anomalie die Wahrnehmung so organisiert, daß nach nosologischen Schablonen die festgestellte Devianz spezifischen Entitäten von Krankheit zugeordnet werden kann. Die genannten Untersuchungen zur Fallidentifizierung bzw. zum Diagnostikprozeß im beschriebenen psychiatrischen System haben erwiesen, daß überhaupt keine Übereinstimmung in den Kriterien zur Identifizierung eines psychiatrischen Falls besteht und daß aufgrund dessen der traditionelle Krankheitsbegriff der Psychiatrie aufgegeben werden muß. Die Untersuchungen lassen sich resümieren in der Problematik der psychiatrischen Fallidentifizierung, der Identifizierung des anderen als ‹Fall›, der Feststellung ‹gestörten Verhaltens›, der ‹sozialen Auffälligkeit› des Verhaltens, das sich über den jeweiligen gesellschafts- und klassentypischen Normenkodex für die Bewertung von Anderssein definiert.

Die psychoanalytische Psychopathologie [9] hat eine ähnliche Entwicklung genommen mit dem Unterschied, daß, im Gegensatz zur klassischen psychiatrischen Diagnostik als normengeleitete Deviantenauslese, sich die analytische Phänomenologie, was die Deskription ihrer klassischen Phänomenologie der neurotischen Störungen und insbesondere die Deskription der Interaktionsphänomene von Übertragung und Gegenübertragung angeht, als ein normengeleitetes Verfahren herausstellt, das als Prüfstein der Auslese und als Bezugssystem ein fiktives Normal-Ich gesetzt hat: das Urmeter des durchschnittlich-angepaßten Analytikers, an dem sich real und irreal, neurotisch und unneurotisch, gesund und krank bemessen. Das Auslesesystem der Psychoanalyse ist ein innengeleitetes Normensystem im Gegensatz zum außengeleiteten der traditionellen Psychiatrie. Die Problematik der analytischen Fallidentifizierung ist nicht ungleich der psychiatrischen, und wir sehen in der analytischen Psychopathologie eine ähnliche Tradierung, indem ein Fall am anderen ‹verifiziert› wird, obwohl der Erkenntniswert solch selbstvalidierender Daten sich auf keine ätiologisch gerechtfertigte Grundlage stützen kann. So hat Gedo (1980) beobachten können, daß die Produktion von Selbst-Defekten, die Kohutianer bei ihren Patienten diagnostiziert haben, von

9 Die psychoanalytische Krankheitslehre steht im Kontext des zeitgenössischen Sammelns und Katalogisierens von sexueller Devianz; es ist das Zeitalter der Neurasthenie, ein «nervöses Zeitalter» (Erb), in dem Psychiater wie Hirschfeld und Krafft-Ebing ihre Psychopathologien verfaßten und Freud die sexuelle Begründung dieser «Störungen» lieferte. Psychoanalyse steht also im kulturhistorischen Kontext einer Epoche hysterisierender Sexualität, in der die Aufklärung der Sexualität im Zusammenhang der Neudefinition der Frau als «Geschlechtswesen» für die medizinische Wissenschaft so vordringlich schien. Die gesellschaftlichen Faktoren der Pathologie, die in jeder Epoche die Festlegung von Devianz bestimmen, werden nicht in den Blick genommen, und dadurch ist die Grundlage für eine relativierende Bewertung von Psychopathologie entzogen.

New Yorker Analytikern bei vergleichbaren Fällen als ödipale Konflikte identifiziert wurden. Die Borderline-Symptomatik zum Beispiel, die Kernberg ohne empirische Sicherung identifizierte und propagierte, hat sich in Deutschland in einer psychiatrisierenden Psychoanalyse (z. B. Rohde-Dachser) fortgeschrieben unter Verweis auf seine Autorität, so daß allein durch die Berufung auf seine unbewiesenen Behauptungen [10] dieses Konzept als erwiesene Tatsache gehandelt wird; obwohl eine empirische Prüfung des Borderline-Konzepts sehr wahrscheinlich ergeben würde, daß sich weder eine ätiologisch gesicherte Grundlage nachweisen läßt, noch daß bei Vergleichsuntersuchungen diese Diagnosegruppe von anderen Forschern in gleicher Weise identifiziert würde. Dasselbe gilt für die Diagnostik der heute in der Analyse so beliebten «frühen Störungen», deren klinische Annahmen durch die Forschungsergebnisse der Kinderpsychologie (vgl. Eagle 1988) nicht mehr aufrechtzuerhalten sind. Dennoch wird mit diesem Konzept [11] weiter ernsthaft gearbeitet, wie wenn es dafür gebraucht würde, die Flucht vor den gegenwärtigen Konflikten des Patienten und mit dem Patienten zu legitimieren.

---

10 Die Behauptungen Kernbergs (1976), daß Spaltungsprozesse im dritten oder vierten Lebensmonat beginnen, zwischen dem sechsten und zwölften Monat ein Maximum erreichen sollen und im zweiten Lebensjahr oder zu Anfang des dritten allmählich verschwinden würden, sind wegen ihrer wilden Spekulationen genauso eine intellektuelle Zumutung wie die Behauptungen Rosenfelds (1990), daß Empfindungen eines vier Monate alten Säuglings-Selbst auf den Therapeuten übertragen werden und daß der Patient Erlebnisse der ersten vier Lebensmonate durch Erinnerung im Erwachsenenalter wiederbelebt und später in der therapeutischen Situation wiederholt habe. Die Patienten produzieren durch die Übertragung des Analytikers jenes Material, das dessen Ansichten entspricht, und so scheinen die Patienten immer an die Erkenntnisse zu glauben, die ihnen ihre Analytiker vermitteln und die sie zu jenen Einsichten gelangen lassen, die der theoretischen Orientierung ihres Therapeuten entspricht. Die Einsichten und erinnerte frühe Freignisse in den Fallgeschichten korrespondieren mit ätiologisch-kausalen Feststellungen der Therapeuten über frühe Störungen, die auf empathischem Wege erhoben worden sein sollen (s. auch Eagle 1988).

11 In der Praxis von psychoanalytischen Kliniken werden groteskerweise eigenständige Behandlungsgruppen für Frühgestörte organisiert und auf die sogenannte «frühe Störung» hin konzeptualisiert, nachdem den Patienten vorher diagnostisch klargemacht worden ist, daß sie an einem «frühen Defekt» innerhalb des ersten Lebensjahres leiden und die Behandlung der Kompensation dieses Defekts diene. So kann man gewiß sein, daß die Patienten sich als Selbst-Defekte präsentieren werden, wie wir es aus unserer klinischen Alltagspraxis nur bestätigen können.

Mit dem Konzept der «frühen Störung» ist die therapeutische Situation wegen der zu erwartenden Abhängigkeit dieser Patienten von vornherein in ihrer Machtkonstellation besonders aufgeladen. Und die erwartete Regression wird zu einer therapeutischen Notwendigkeit umgedeutet, wenn zum Beispiel bei den Kleinianern die Arbeit am «Grundphänomen» der verfolgenden und verfolgten Brust zur Voraussetzung einer tiefen Analyse gemacht wird. Nach Art einer sich selbst erfüllenden Prophezeiung wird die Erwartung zur Realität einer tiefen Störung, wenn der Therapeut die Abhängigkeit durch seine regressivierenden Deutungen so weit treibt, daß der Patient tatsächlich die erwünschten Phänomene der «frühen Störung» in Art von oral-depressiven und oral-paranoiden Mechanismen produziert. Und so scheint es sich für Kleinianer zu erweisen, daß in frühen Haß- und Verfolgungsbeziehungen sich der Ursprung[12] der menschlichen Kommunikation darstellt. Freilich hat die absolute Macht des Therapeuten über solch ungeheure Regression auch ihren Preis: beide scheinen sich in solchen Analysen, für die 2000 Stunden als normal gelten, in einem Verrücktmachungsprozeß zu bewegen, über den zwar der Therapeut herrscht, für den er aber mit dem Verlust seiner Realitätserfahrung, mit einer kognitiven Depravation bezahlen muß. Diese kann er sich narzißtisch verklären im Glauben an seine Auserwähltheit, zum Rekonstrukteur von Ich-Katastrophen berufen zu sein.

Ähnlich der ausufernden Beschreibung in der traditionellen psychiatrischen Psychopathologie, die durch endlose Ausdifferenzierung ihrer Deskriptionssysteme eine ins Leere auslaufende Erschöpfung des Systems anzeigt, führt die endlose Variation psychoanalytischer Psychopathologie in der Darstellung stereotyper Fallgeschichten vor Augen, wie sich in endloser Abfolge schulspezifische Normierungen niederschlagen und Psychoanalyse in ein Schriftgelehrtentum ausgelaufen ist. Ein derartiges Expertentum, dessen Autorität darin gründet, durch fortgesetzte Verweise auf andere Autoritäten, deren Behauptungen ebenfalls ungeprüft sind, seine Aussagen zu beglaubigen, hat eine Tradition geschaffen, durch ständige Wiederholung unbewiesener Behauptungen diese als erwiesene Tatsachen auszugeben. Die Macht der Konvention durch solches Schriftgelehrtentum[13] ist ähnlich der Exegesemacht einer Priesterherr-

---

12 Vgl. dagegen die Forschungsergebnisse der Neurobiologie über die «Biogrammatik» des Bindungsverhaltens und der Raumorientierung (Vincent 1990).

13 Eine besondere Form des Schriftgelehrtentums ist die Übersetzertätigkeit von Ana-

schaft und in ihrem Herrschaftsanspruch auf Interpretation des Lebens und der Welt scheinbar so wenig zu erschüttern, weil der psychologische Erlösungsglaube heute den Platz des Religiösen immer noch usurpiert.

Das Festhalten an psychoanalytischen Überzeugungen ist, aus der Sicht des Wissenschaftlers, Ausdruck einer priesterlichen Haltung in der Konservierung des Glaubens, und deshalb wird auch eine empirische Überprüfung der Annahmen erst gar nicht versucht. So führt die Wahrnehmung im Freudschen Verständnis des seelischen Geschehens zu Freudschen Einsichten bei seinem Patienten, die Wahrnehmung im Jungschen Verständnis zu Jungschen Einsichten und so fort. Diese seit langem bekannte klinische Erfahrung wird allgemein von Analytikern nicht zur Kenntnis genommen und blieb für das wissenschaftliche Verständnis wie für die klinische Empirie der Psychoanalyse folgenlos: wann hat je ein Analytiker Freudscher Provenienz die Hypothese geprüft, daß sein Patient keine ödipalen Konflikte hat; wann hat je ein Kohutianer die Hypothese geprüft, daß sein Patient keine narzißtischen Defekte hat; wann hat je ein Jungianer die Hypothese geprüft, daß sein Patient keine Archetypen hat, und so fort (s. Eagle 1988, S. 205f)? Diese Konstrukte von Ödipus, Selbstdefekten oder kollektivem Unbewußten werden von ihren jeweiligen Anhängern selbstverständlich für wahr gehalten und aufgrund dieser Anschauungen als Deutungsfolie benutzt, mit der alle Phänomene des Patienten in den Rahmen solcher Deutungsmuster gepreßt werden. Damit hat der jeweilige Therapeut ein Schema zur Hand, an dem er seine Wahrnehmung ausrichtet und über den Patienten eine Schablone legen kann, durch welche dessen Äußerungen ausgelesen werden. So stellen sich stereotyp schulspezifische Wahrnehmungen und korrespondierend damit ein schulspezifischer Materialfluß durch den Patienten her. In der unausweichlichen Anpassung des Patienten an die jeweilige Deutungsfolie des Therapeuten kommt dessen Normalisierungsmacht zum Vorschein, und die Ohn-

lytikern in der angestrengten Analogisierung fremder Wissenschaftskonzepte mit der Psychoanalyse, so daß durch diese Übersetzungstätigkeit empirisch nicht überprüfte Behauptungen der Neurophilosophie und des Konstruktivismus plötzlich als wissenschaftlich erwiesene Tatsachen von der Psychoanalyse gehandelt werden, die diesen Repräsentanten der Psychoanalyse den Anschein wissenschaftlicher Fortschrittlichkeit verschaffen sollen – siehe u. a. die ‹Übersetzungen› von Brocher und Sies (1986) sowie Loch (1986).

macht des Patienten wegen seiner Abhängigkeit schlägt sich in seiner Normalisierung nach den Vorgaben des Therapeuten nieder. Dieser Machteinfluß des Psychotherapeuten bringt wegen seines Zugriffs auf die Innerlichkeit des Patienten eine ganz andere Dimension von ungreifbarer Einflußnahme ins Spiel, als es der Psychiater mit seinem mehr veräußerlichten Zugriff des diagnostischen Ausschlußverfahrens vermag.

Wie die epidemiologischen Studien zur psychiatrischen Fallidentifizierung das Ende der klassischen psychiatrischen Deskription eingeleitet haben, so würden epidemiologische Studien in der Psychoanalyse die psychoanalytische Phänomenologie an ihr Ende bringen. Das Ergebnis der psychiatrischen Epidemiologie hat sich nämlich dargestellt in der Feststellung der Fallidentifizierung als ‹gestörtes Verhalten› und ‹soziale Auffälligkeit› des Verhaltens, das sich über den gesellschafts- und klassentypischen Normenkodex für die Bewertung von Anderssein in einer Kultur definiert. Das heißt: der Subjektivismus der Psychoanalyse würde durch epidemiologische Forschung genauso überschritten wie der psychiatrische, und die notwendige Referenz auf den kulturellen Normenkodex wäre endgültig hergestellt. Und dieser Subjektivismus der psychoanalytischen Fallidentifizierung wird überhaupt nicht reflektiert, und die Diskussion um die Änderung der Erscheinungsweisen von psychischem Kranksein wird nicht zurückgeführt auf die Änderung des diagnostischen Blicks des Analytikers und dessen Abhängigkeit vom herrschenden gesellschaftlichen Bewußtsein über Anderssein: der psychopathologische Subjektivismus ist nur durch die Referenz auf den gesellschaftlichen Kodex zu überwinden. So herrschen in der Diagnostik im Augenblick die narzißtischen Neurosen, die sogenannten Selbst-Defekte und Entwicklungsstillstände, vor, wie wenn sich objektiv die Erkrankungstypen geändert hätten. Dabei wird übersehen, daß phänotypisch die narzißtischen Themen im diagnostischen Blick des Analytikers so dominant geworden sind, weil zur Zeit der kulturelle Kontext in Bann geschlagen ist von der Ideologie einer permanenten Selbstentwicklung, so daß das Ideal von optimaler Selbstverwirklichung der Maßstab für die Normierung des Selbstgefühls beziehungsweise der Maßstab für die Abweichung von diesem Ideal ist. Die emanzipatorischen Ziele der Geschlechter zum Beispiel, wie sie sich heute als differente Ideale isolierter Entwicklung zwischen den Geschlechtern herausgebildet haben, wären früher als krankhafte Abweichung vom Ideal der Geschlechterkomplementarität angesehen worden; und das Ideal der Komplementarität könnte heute, da es von dem zur Zeit geltenden Normenkodex abweicht, als pathologisch diskriminiert werden.

Die Verweigerung von Gegenseitigkeit kennzeichnet die psychiatrische wie die psychoanalytische Kommunikation – mit dem Unterschied, daß in der sogenannten klassischen Psychiatrie diese Verweigerung gewollt ist, während in der Analyse mit der Aufrechterhaltung der Illusion der radikalen Umkehrung des Subjekt-Objekt-Verhältnisses in der Arzt-Patient-Beziehung die notwendige Erkenntnis dieser radikalen Ungleichheit bequem umgangen werden kann. Erst mit der Anerkennung des therapeutischen Machteinflusses wird der Analytiker über seine eigenen Bedürfnisse aufgeklärt, und dadurch kann endlich auch der Blick auf die Analyse der Bedürfnisse seines Patienten freigemacht werden – eine eigentlich selbstverständliche Angelegenheit, die Erörterung der Bedürfnisse und Interessen des anderen zur Sprache zu bringen; denn in der ganzen psychoanalytischen Literatur geht es stereotyp um die Befreiung der Wünsche und Bedürfnisse des Patienten, aber nirgends wird die analytische Situation zur Diskussion gestellt mit ihren Macht- und Bedürfnisimplikationen, und nirgends wird grundlegend erörtert, ob denn der Patient diese vom Analytiker verfügten Wiederholungen in der Übertragung braucht oder ob er nicht etwas ganz anderes benötigt. Mit der Machtanalyse und der Selbstaufklärungsarbeit des Therapeuten über die von ihm konstruierte therapeutische Beziehung könnte so etwas in Gang kommen wie ein Prozeß von Gegenseitigkeit, was bisher dem Patienten vorenthalten worden ist. Die analytische Konvention der Nicht-Reziprozität blieb auch in allen von der Orthodoxie differenten psychoanalytischen Alternativen unangetastet, und zugleich bedienten sich alle der Mystifikation der Subjekt-Objekt-Umkehr. Einzig Jean-Paul Sartre hat schon in den sechziger Jahren die von der Psychoanalyse beanspruchte Subjekt-Objekt-Umkehr als Mystifikation von Gewalt enttarnt und der einzig veröffentlichten Aufzeichnung einer analytischen Beziehung aus der Sicht eines Patienten einen Kommentar über den tatsächlichen Einbruch des Subjekts in den Behandlungsraum des Analytikers geschrieben.

2.6 Die Gewalt der Nicht-Gegenseitigkeit und der Exorzismus der Psychoanalyse

Der Mann mit dem Tonband [14] – «Eine Tragödie der unmöglichen Wechselbeziehungen» [15]
Stück in einem Akt und zwei Szenen

Der Vorfall: Ein 33jähriger Patient, der mit mehreren Unterbrechungen vom 14. bis zum 28. Lebensjahr eine Analyse machte, brach diese gegen den Willen seines Analytikers ab. Drei Jahre später schlug dieser Patient seinem Analytiker eine Begegnung vor, zu der er sein Tonbandgerät mitbrachte, um die Sitzung aufzuzeichnen.

1. SZENE
(Dezember 1967),
Ort der Handlung ist Brüssel,
im Sprechzimmer des Psychoanalytikers

PERSONEN
Dr. van Nypelseer, Psychoanalytiker
Abrahams, der Mann mit dem Tonband
Das Tonband, Analytiker des Geschehens

ABRAHAMS: Ich will, daß endlich etwas geklärt wird.
Bis jetzt habe ich Ihre Regeln befolgt, nun sollten Sie einmal versuchen... ich weiß übrigens nicht, warum...
DR. VAN NYPELSEER: Wenn Sie jetzt bitte... wir sind uns ganz einig; gut, wir können ja aufhören, aber das wäre sehr schade für Sie.
ABRAHAMS: Haben Sie etwa Angst vor diesem Tonband?
DR. VAN NYPELSEER: Ich wünsche das nicht. Ich mache da nicht mit.
ABRAHAMS: Aber warum denn? Erklären Sie mir das wenigstens. Haben Sie Angst vor diesem Tonbandgerät?
DR. VAN NYPELSEER: Ich muß Ihnen das Wort abschneiden.
ABRAHAMS: Sie müssen mir das Wort abschneiden? Das ist ja interessant. Sie reden schon wieder vom Abschneiden: Eben noch haben Sie vom Abschneiden des Penis gesprochen. Sie sind es also, der jetzt plötzlich etwas abschneiden will.
DR. VAN NYPELSEER: Hören Sie, jetzt ist Schluß mit diesem Tonband!
ABRAHAMS: Womit ist jetzt Schluß?

---

14 Abrahams 1977, S. 13 f
15 Sartre, in: Abrahams 1977, S. 249

DR. VAN NYPELSEER: Entweder bringen Sie es aus dem Zimmer, oder unsere Unterhaltung ist beendet. Wir sind uns doch einig. Ich will Ihnen gern erklären, was ich Ihnen schon vorhin erklären wollte, aber jetzt sage ich nichts mehr, bevor nicht dieses Tonband draußen ist. Es tut mir sehr leid, aber ich mache da nicht mit.

ABRAHAMS: Ich glaube, Sie haben Angst! Ich glaube, Sie haben Angst, und das zu Unrecht, denn was ich vorhabe, ist in Ihrem Interesse. Ich riskiere ziemlich viel, und das tue ich für Sie und für andere Leute; ich will diesen faulen Zauber aufdecken, und ich habe nicht vor, mich davon abbringen zu lassen.

DR. VAN NYPELSEER: Gut, also...

ABRAHAMS: Nein, Sie bleiben hier, Doktor! Sie bleiben hier und rühren Ihr Telefon nicht an. Sie werden schön hier bleiben und bloß nicht versuchen, mir wieder mit der Einweisung in eine Klinik zu kommen.

DR. VAN NYPELSEER: Ich komme Ihnen dann nicht damit, wenn Sie diesen Raum verlassen.

ABRAHAMS: Ich verlasse diesen Raum aber nicht! Ich muß von Ihnen Rechenschaft verlangen, Rechenschaft über wichtige Dinge, und Sie werden sie mir geben. Und ich fordere sie nicht nur in meinem eigenen Namen, sondern auch im Namen von... Los, seien Sie so nett und setzen Sie sich. Wir wollen uns nicht aufregen. Sie werden sehen, es tut nicht weh. Ich will Sie doch nicht verarschen. Na, beruhigen Sie sich schon. Setzen Sie sich. Sie wollen sich nicht setzen? Gut, bleiben wir stehen. Also zur «Kastrationsangst». Mein Vater wollte mir... nicht wahr? Wie war das doch gleich?

DR. VAN NYPELSEER: Hören Sie, im Augenblick sind Sie nicht in der Lage, ein Gespräch zu führen.

ABRAHAMS: Sie sind es, der kein Gespräch führen will. Sie sind also nicht in der Lage dazu.

DR. VAN NYPELSEER: Ich habe Sie gebeten, Ihr Tonbandgerät wegzutun.

ABRAHAMS: Mein Tonbandgerät ist doch kein Schwanz, hören Sie. Es ist ein Zuhörer, der unser Gespräch mit großer Aufmerksamkeit verfolgt.

DR. VAN NYPELSEER: Ich war dabei, Ihnen etwas zu erklären...

ABRAHAMS: Ja, bitte, machen Sie nur weiter!

DR. VAN NYPELSEER: ... und im selben Augenblick haben Sie, anstatt den Versuch zu machen, mich zu verstehen...

ABRAHAMS: Weil Sie etwas unter den Tisch fallen lassen wollten, das außerordentlich wichtig ist, etwas, das Sie mir seit Jahren einzureden versuchen. Und jetzt möchte ich nur, daß Sie nicht wieder ausweichen und sich vor dem Problem Ihrer Verantwortung drücken.

DR. VAN NYPELSEER: Es ist Ihre Verantwortung!

ABRAHAMS: Was?

DR. VAN NYPELSEER: Im Augenblick wollen Sie anscheinend mich für das verantwortlich machen, wofür nur Sie selbst verantwortlich sind.

ABRAHAMS: Ganz und gar nicht. Ich leiste im Moment wissenschaftliche Arbeit.

DR. VAN NYPELSEER: Möglich.

ABRAHAMS: Also, weiter: Sie wissen doch, daß es bei wissenschaftlicher Arbeit besser ist, Tonbandaufnahmen zu machen, damit man freier ist, mehr Spielraum hat. So müssen wir keine Notizen machen und kommen besser voran.

DR. VAN NYPELSEER: Es handelt sich hier nicht um wissenschaftliche Arbeit.

ABRAHAMS: Aber ich dachte, ich sei bei einem Wissenschaftler? Jedenfalls habe ich mich einem Wissenschaftler anvertraut, und nun möchte ich wissen, um welche Wissenschaft es sich eigentlich handelt. Denn ich bin überhaupt nicht mehr sicher, ob diese Wissenschaft nicht Scharlatanerie ist.

DR. VAN NYPELSEER: Ich habe jedenfalls das Recht, nicht zu sprechen, wenn das Tonband läuft.

ABRAHAMS: Natürlich haben Sie das Recht, das müssen Sie betonen. Ich danke Ihnen... Sie fühlen sich wie ein Angeklagter. Sie tun so wie ein Amerikaner, der nur in Anwesenheit seines Anwalts aussagt... Setzen Sie sich.

DR. VAN NYPELSEER: Ich bin bereit, mit Ihnen zu sprechen und Ihnen alles zu erklären.

ABRAHAMS: Gut, machen wir weiter.

DR. VAN NYPELSEER: Ich bin aber nicht bereit zu sprechen, solange das Tonband läuft.

ABRAHAMS: Und warum wollten Sie telefonieren?

DR. VAN NYPELSEER: Weil ich Ihnen gesagt hatte, Sie müßten gehen, wenn Sie das Tonband weiter laufen lassen.

ABRAHAMS: Also, warum? Warum wollten Sie telefonieren?

DR. VAN NYPELSEER: Weil ich Ihnen gesagt hatte, Sie müßten gehen, falls Sie dieses Tonband weiter laufen lassen. Ich wollte Sie nicht festnehmen lassen, aber...

ABRAHAMS: Aber warum haben Sie... Sie können mich doch nicht festnehmen lassen! Denn wenn jemand festgenommen werden muß, wären Sie das, wenn schon zur Debatte steht, wer übergeschnappt ist.

DR. VAN NYPELSEER: Ich... ich... jedenfalls...

ABRAHAMS: Hören Sie mal, ich mag Sie gern. Ich will Ihnen nichts zuleide tun, im Gegenteil...

DR. VAN NYPELSEER: Gut, dann sind wir uns ja einig. Tun Sie diesen Apparat weg.

ABRAHAMS: Jetzt unterhalten wir uns schon ganz gut; aber ich möchte, daß Sie aufhören, Angst zu haben...

DR. VAN NYPELSEER: Ich unterhalte mich nicht.

ABRAHAMS: Weil Sie Angst haben. Und wie ist das mit Ihrer Libido? Glauben Sie denn, daß ich Ihnen Ihr Dingsda abschneiden will? Nein, nein. Ich will Ihnen einen Richtigen geben. Endlich einen Richtigen. Toll! Auf diesen Spaß haben Sie lange gewartet. Geben Sie doch zu, daß Sie sich sehr geschickt aus der Affäre ziehen. Doktor! Doktor, ich will Ihr Bestes, aber Sie, Sie wollen es nicht.

DR. VAN NYPELSEER: Im Augenblick sind Sie...

ABRAHAMS: Ich will Ihr Bestes, aber... ich finde, daß Sie mich wirklich miß-braucht haben, sehr sogar; ich möchte sogar behaupten, daß Sie mich sogar ein bißchen betrogen haben, wenn man die Sache juristisch ausdrücken will. Sie haben Ihre Pflicht nicht erfüllt, Sie haben mich überhaupt nicht geheilt. Sie sind gar nicht bereit, Ihre Pflicht zu erfüllen, denn Sie können die Leute ja gar nicht heilen. Sie können sie nur noch verrückter machen... Wissen Sie, man braucht nur Ihre anderen Kranken zu fragen, das heißt, die Leute, von denen Sie behaupten, sie seien krank; die Leute, die zu Ihnen kommen, um sich hel-fen zu lassen und keine Hilfe bekommen, die Sie nur warten lassen... Also, setzen Sie sich. Bleiben Sie ruhig! Ganz ruhig! Na, sind Sie ein Mann oder sind Sie ein Waschlappen? Sind Sie ein Mann?

DR. VAN NYPELSEER: Noch mal: ich habe Ihnen mehrmals gesagt, daß Sie da einen Apparat haben, und daß ich das nicht dulde.

ABRAHAMS: Tut mir leid, ich sage Ihnen noch mal, warum ich diesen Apparat «hervorgeholt» habe – um Ihr Wort zu gebrauchen: es gefällt mir ganz und gar nicht, daß Sie mich plötzlich nicht mehr vom Problem der Kastration reden lassen wollten.

DR. VAN NYPELSEER: Ich will gerne vom Problem der Kastration sprechen, wenn das Ihr eigentliches Problem ist, aber solange der Apparat läuft, spreche ich nicht.

ABRAHAMS: Gut, dann sprechen wir nicht davon, sondern warten, bis Sie Ihre Meinung geändert haben. Sie sind in der Klemme.

DR. VAN NYPELSEER: Was haben Sie davon, mich in die Enge zu treiben?

ABRAHAMS: Ich habe nichts zu verlieren!

DR. VAN NYPELSEER: Möglich.

ABRAHAMS: Sie haben Angst! Los, alter Knabe, reiß dich zusammen! Was? Nein? Du willst nicht?

DR. VAN NYPELSEER: Finden Sie nicht, daß dies eine ernste Situation ist?

ABRAHAMS: Schrecklich ernst! Deshalb ist es besser, du machst ein anderes Ge-sicht... ich muß schon die Hosen anhaben, um mir so was zu erlauben. Ich muß schon ziemlich sicher sein, was?

DR. VAN NYPELSEER: Nein, das müssen Sie gar nicht. Wenn Sie sicher wären, würden Sie sich nicht so verhalten! Lassen Sie mich jetzt raus, die Situation ist sehr gefährlich.

ABRAHAMS: Gefährlich?

DR. VAN NYPELSEER: Ja, Sie sind gefährlich.

ABRAHAMS: Aber nein, überhaupt nicht. Dauernd wollen Sie mir weismachen, ich sei gefährlich, aber ich bin überhaupt nicht gefährlich!

DR. VAN NYPELSEER: Sie sind gefährlich, weil Sie die Realität verkennen.

ABRAHAMS: Ich bin lammfromm! Ich war immer lammfromm!

DR. VAN NYPELSEER: Sie verkennen die Realität!

ABRAHAMS: Sie sind gefährlich. Wer es sagt, ist es selber.

DR. VAN NYPELSEER: Sie verkennen die Realität!

ABRAHAMS: Was ist das, die «Realität»?

DR. VAN NYPELSEER: Im Augenblick sind Sie gefährlich, weil Sie die Realität verkennen.

ABRAHAMS: Aber was ist das, die «Realität»? Darüber müssen wir uns erst verständigen. Eines weiß ich: vom Standpunkt Ihrer Realität sind Sie sehr zornig, es fällt Ihnen verdammt schwer, sich zu beherrschen, Sie werden gleich explodieren; Sie sind unter Druck; Sie regen sich auf, aber es nützt nichts: ich will Ihnen nichts Böses, Sie brauchen keine Angst zu haben, ich bin nicht Ihr Vater!

DR. VAN NYPELSEER: Sie haben dieses Tonband!

ABRAHAMS: Ich bin nicht Ihr Vater!

DR. VAN NYPELSEER: Sie haben Ihr Tonband.

ABRAHAMS: Na und?

DR. VAN NYPELSEER: Hören wir auf!

ABRAHAMS: Aber, aber, es tut doch nicht weh. Haben Sie Angst davor? Es ist doch kein Revolver.

DR. VAN NYPELSEER: Hören wir damit auf!

ABRAHAMS: Haben Sie Angst?

DR. VAN NYPELSEER: Hören wir auf damit.

ABRAHAMS: Was soll das heißen? Womit aufhören?

DR. VAN NYPELSEER: Ich unterhalte mich nicht auf diese Weise mit Ihnen.

ABRAHAMS: Sagen Sie, wollen Sie eine Tracht Prügel?

DR. VAN NYPELSEER: Sehen Sie, daß Sie gefährlich sind!?

ABRAHAMS: Wollen Sie eine Tracht Prügel?

DR. VAN NYPELSEER: Sehen Sie, Sie sind gefährlich.

ABRAHAMS: Aber nein, ich frage Sie nur, ob Sie aufhören wollen, ein kleines Kind zu spielen.

DR. VAN NYPELSEER: Ich sage Ihnen, Sie sind gefährlich.

ABRAHAMS: Und ich sage Ihnen, daß Sie kindisch sind.

DR. VAN NYPELSEER: Und Sie wollen es mir vormachen, fürchte ich.

ABRAHAMS: Nein, ich werde es Ihnen nicht vormachen.

DR. VAN NYPELSEER: Hören wir auf damit.

ABRAHAMS: Was soll denn das heißen: «Hören wir auf damit»?

DR. VAN NYPELSEER: Ich habe Ihnen nichts zu sagen. Sie sind gefährlich.

ABRAHAMS: Was, Sie haben mir nichts zu sagen? Sie sind mir doch Rechenschaft schuldig!

DR. VAN NYPELSEER: Ich habe Sie aufgefordert zu gehen.

ABRAHAMS: Tut mir leid! Sie täuschen sich.

DR. VAN NYPELSEER: Da, sehen Sie, daß Sie gefährlich sind!

ABRAHAMS: Sie sind mir Rechenschaft schuldig!

DR. VAN NYPELSEER: Sehen Sie, Sie sind gefährlich!

ABRAHAMS: Ich bin nicht gefährlich; ich rede nur mit erhobener Stimme, und das halten Sie nicht aus; wenn man schreit, haben Sie Angst, nicht wahr? Wenn Sie jemanden schreien hören, wissen Sie nicht mehr, was los ist, es ist schrecklich, es ist furchtbar, Sie hören den Vater brüllen (seit ein paar Minuten sind die beiden Gesprächspartner nur noch 20 cm voneinander entfernt), aber ich schreie hier nur, Kindchen, um dir zu zeigen, daß es jetzt nicht so schlimm ist. Siehst du, jetzt hast du schon keine Angst mehr, schau, du überwindest deine Angst! Es geht schon viel besser, schau, du gewöhnst dich dran. Ausgezeichnet. Es geht schon. Siehst du, es ist wirklich nicht so schlimm; ich bin nicht dein Vater. Ich kann noch weiter schreien, aber nein – jetzt ist es genug.

DR. VAN NYPELSEER: Machen Sie gerade Ihren Vater nach?

ABRAHAMS: Aber nein, den Ihren! Ich sehe ihn in Ihren Augen.

DR. VAN NYPELSEER: Sie wollen die Rolle...

ABRAHAMS: Ich will nicht Ihre Rolle spielen, ich will mich nur von Ihren Ängsten befreien! Jetzt machen Sie sich in die Hosen. Bestimmt! Schauen Sie sich das an! Warum kreuzen Sie die Arme so? Sie verteidigen sich. Meinen Sie wirklich, ich will Sie schlagen? Wie sind Sie darauf gekommen, daß ich Sie schlagen will? Dazu bin ich viel zu brav. Ich nehme mich zusammen, ich will nicht das tun, was Sie von mir erwarten; das wäre viel zu einfach: Ich würde Sie schlagen und wäre damit im Unrecht. Ich hätte damit angefangen. Ich hätte etwas getan, was Ihnen das Recht gäbe .. ich weiß nicht, wozu... Arzt zu sein, den Arzt zu spielen, ... beim Psychiater. Wenn ich gefährlich bin, dann bin ich es doch nicht für das kleine Kerlchen, ich bin für den Arzt gefährlich, für den sadistischen Arzt, nicht für das kleine Kerlchen; das hat selbst genug gelitten, und ich habe wirklich keine Lust, es zu schlagen... aber der Arzt, der Psychiater, der den Platz des Vaters eingenommen hat, der verdient ein paar Tritte in den Hintern. Jetzt lassen Sie mich Ihnen etwas erklären. Setzen Sie sich. Nein? Sie wollen nicht?

DR. VAN NYPELSEER: Sie können reden. Ich werde nicht reden. Ich habe Ihnen gesagt, daß ich nicht...

ABRAHAMS: Gut, dann rede jetzt endlich ich einmal. Um so besser! Übrigens wollte ich Ihnen das schon sagen, als ich das Tonband hingestellt habe. Ich habe es nur hingestellt, um zu reden, um selbst zu reden. Sie können natürlich auch aufgenommen werden, wenn Sie wollen, ich mache Ihnen eine Kopie, wenn Sie wollen; das müßte Sie eigentlich ungeheuer interessieren, zumindest hoffe ich das für Sie. Gut... da! Darauf kann man nicht gesund werden! (er zeigt mit einer Kopfbewegung zur Couch des Psychiaters) Das ist unmöglich! Und Sie selbst sind nicht geheilt, weil Sie zu viele Jahre darauf verbracht haben. Sie wagen nicht, den Leuten ins Gesicht zu sehen. Vorhin haben Sie davon geredet, daß ich «meinen Phantasien ins Gesicht schauen» soll. Ich hätte nie irgend etwas ins Gesicht schauen können. Sie haben mich gezwungen, Ihnen den Rücken zuzuwenden. So kann man die Leute nicht heilen. Das ist unmöglich, denn mit den anderen leben, das heißt, ihnen ins Gesicht schauen können. Was soll ich denn da drauf lernen? Sie haben mich sogar verlernen lassen, mit den anderen leben zu wollen oder mich irgendeiner Sache zu stellen. Das ist Ihr Problem! Deshalb bringen Sie die Leute in diese Lage, Sie können ihnen nämlich nicht ins Gesicht schauen, Sie können Sie auch nicht heilen, Sie können ihnen nur immer wieder Ihre Vaterprobleme vorsetzen, weil Sie damit nicht fertig werden. In jeder Sitzung käuen Sie Ihren Opfern das Vaterproblem vor. Hm! Verstehen Sie, was ich meine? Es hat lange gedauert, bis ich das verstanden habe und bis ich davon losgekommen bin und mich umgedreht habe. Natürlich haben Sie mich ein bißchen geistige Gymnastik machen lassen, aber finden Sie nicht, daß das Ganze schon ein wenig teuer war, wenn weiter nichts dabei herauskommt? Was aber schlimmer ist: durch Ihre Versprechungen habe ich verlernt, jemandem ins Gesicht zu schauen, ich habe mich auf Sie verlassen, da ich Sie aber nicht sehen konnte, konnte ich mir nicht vorstellen, wann Sie mir endlich das geben würden, was ich bei Ihnen suchte. Ich wartete auf die Erlaubnis. Ja, natürlich, Sie wären ja ganz schön dumm gewesen, sie mir zu geben, damit ich mich umdrehen und mich hätte befreien können, denn ich habe Sie ja ernährt, Sie lebten auf meine Kosten, Sie haben mich ausgenommen; ich war der Kranke, Sie waren der Arzt. Endlich hatten Sie Ihr Kindheitsproblem umgekehrt und waren nicht mehr das Kind, vor dem der Vater steht. Endlich hatten Sie das Recht, nicht wahr, das Recht, zum Beispiel jemanden einsperren zu lassen; vielleicht nicht gerade mich, aber immerhin haben Sie das Recht, Leute einsperren zu lassen...

DR. VAN NYPELSEER: Ich habe die Nummer 900 gewählt, damit Sie weggehen, die 900, die Nummer der Polizei, um Sie fortschaffen zu lassen.

ABRAHAMS: Die Polizei? Den Vater? Das ist es, Ihr Vater ist Polizist! Und Sie wollten Ihren Vater anrufen, damit er mich holt.

DR. VAN NYPELSEER: Meiner Meinung nach...

ABRAHAMS: Jetzt wird es aber wirklich interessant: warum wollten Sie die Polizei rufen? Sie hätten all das hier versäumt. Geben Sie doch zu...

DR. VAN NYPELSEER: Sie sind Dr. jur....

ABRAHAMS: Und es war gut, daß ich Sie daran gehindert habe...

DR. VAN NYPELSEER: Wenn jemand bei einem zu Hause ist und nicht freiwillig geht, wendet man sich an die Polizei.

ABRAHAMS: Ach, so ist das! Sie haben mich mit nach Hause genommen, mich in Ihre Höhle gelockt, in Ihr Innenleben...

DR. VAN NYPELSEER: Ich habe Sie aufgefordert zu gehen.

ABRAHAMS: Hören Sie mal, wenn Sie nur den Mund aufmachen, um solche Sachen zu sagen, lassen Sie mich lieber weiter reden, sonst gehen wir uns nur auf die Nerven und verlieren zuviel Zeit, klar? Wenn Sie wirklich wichtige Sachen zu sagen haben, dann sagen Sie sie. Klar, daß die heraus müssen; Sie sind voll von Verdrängungen... aber wenn Sie nur sagen wollen, daß Sie die Polizei rufen oder daß Sie sie hätten rufen wollen, dann ist das etwas, das Sie analysieren müßten. Na, geht es jetzt besser? (mit äußerst sanfter und ruhiger Stimme) Geht es besser?

DR. VAN NYPELSEER: Aber nein, Sie hören sich dann alles auf Ihrem Tonband an.

ABRAHAMS: Nein, nein, nein, das ist jetzt nicht wichtig. Sehen Sie doch, wie Sie sich benommen haben, wie verrückt das alles ist! Sie sind nervös geworden und haben sich aufgeregt, nur weil hier ein kleiner Apparat steht, der uns helfen wird zu verstehen, was hier vor sich geht. Es ist doch absurd, und Sie haben nicht einmal wirklich erklären können, warum Sie diese Tonbandaufnahme nicht wollten. Wollen Sie mir nicht wenigstens sagen, warum Sie sich so ärgern? Weil ich plötzlich die Sache in die Hand nahm! Bisher waren Sie es gewöhnt, die Situation völlig unter Kontrolle zu haben, und nun bricht plötzlich etwas Absonderliches bei Ihnen ein.

DR. VAN NYPELSEER: Ich bin physische Gewalt nicht gewöhnt.

ABRAHAMS: Wieso «physische Gewalt»?

DR. VAN NYPELSEER: Es ist Gewalt, dieses Tonbandgerät plötzlich hervorzuholen.

ABRAHAMS: Physische Gewalt? (Großes Erstaunen.)

Und so geht es weiter: der Psychoanalyse wird der Prozeß gemacht. Der Analytiker ist vor das Tribunal des Patienten geladen, Rechenschaft abzulegen über seine Verpflichtungen, über seine «trügerischen Theorien», über die physische Gewalt, die in der analytischen Anordnung ausgeübt wird: liegend, in der Abwendung vom Analytiker in eine andere Richtung sprechen zu müssen, abgeschnitten zu sein vom Gegenüber. Es soll der Prozeß Auskunft geben über die verfälschten Bedingungen ihrer Beziehung und ein Lehrstück sein auch für die anderen. In wechselseitiger Abfolge wenden die Protagonisten das analytische Schema aufeinander an: Es ist Ihr Problem, nein, das Ihre; es ist Ihr Vater, nein, der Ihre und so fort. Die analytische Sprache entlarvt sich in dieser beliebig austauschbaren Rückwendung des Worts als Echolalie: «Die analytische Sprache scheint in der Verdoppelung, im Echo, in der Anonymität verrückt zu sein» (Sartre, in: Abrahams ebd., S. 250).

Das Sprechen in den leeren Raum der Nicht-Gegenseitigkeit, allein schon konstruiert durch die analytisch verordnete physische Abwendung, wird in der anonymisierenden Reproduktion des Gesprochenen zum leeren Widerhall. Die analytische Echolalie, die hier manifest wird, ist ein namenloses Sprechen, das in der Ausräumung alles Namenhaften das Verrückte ist. Der Analyse unterliegt ein Prinzip der Namenlosigkeit durch die Gleichschaltung aller Mannigfaltigkeit und Einzigartigkeit der Subjekte auf den Jedermann des ödipalen Geschicks. Das Seelenmörderische dieses Prozesses vollzieht sich in der Enteignung des möglichen eigenen Namens; und so verläuft das Sprechen der beiden in der Erwartung auf ein böses Ende, wo Blut fließen wird, wenn Sklaven, das sind die Namenlosen, revoltieren, wie der Patient sagt. Die «moralische Folter» der Analyse, von der der Patient spricht, hat mit der Austreibung der Individualität zu tun und wird auch vom Patienten als Gewaltanwendung verstanden, die der physischen Folter, bei der es auch um die Zerstörung von Individualität geht, gleichgesetzt wird. Das Drama dieser Analyse endet konsequent als ödipales Schauerstück. Der Analytiker brüllt «Mörder» und schreit «Hilfe», und seine Frau holt die Polizei, so daß sich für den Patienten die klassische Stereotypie des Ödipalen einstellt: das «Elternpaar» statuiert am aufständischen «Sohn» ein Exempel, die Rebellion wird durch Einweisung in die Heilanstalt geahndet.

Der Ausschluß von Gegenseitigkeit für den Patienten, die Verweigerung von Gegenseitigkeit durch den Analytiker beherrschen den Dialog zwischen dem Mann mit dem Tonband und seinem Analytiker. Und der drohende Verlust des Machtmonopols bestimmt die Dramaturgie des Geschehens. Denn die Aufkündigung der bisherigen pseudowissenschaftlichen Arbeitsteilung zwischen beiden bewirkt den dramatischen Einbruch der analytischen Situation und enthüllt die psychoanalytische Arbeit als Prozeß der Entwirklichung der realen Machtbeziehung, die in der Konstruktion der Übertragung und der Arbeit an ihr sich unangreifbar macht. Für den Patienten wie für seinen Analytiker wird nämlich die Macht immer zu einer der Vergangenheit angehörenden, übertragenen Macht manipuliert. Die aktuelle Macht wird entfernt durch ihre Bedeutungsverschiebung in die Vergangenheit; die Gegenwart ist bloße Wiederholung des Vergangenen, der reale Vorfall ist kein realer, sondern schon immer die Maskierung eines früheren.

Die gewöhnliche Situation des Material produzierenden Patienten und des für seine Deutungen Material entnehmenden Analytikers ist in diesem analytischen Stück durch die Einführung des Tonbandes auf den Kopf gestellt. Die handelnden Personen in diesem Stück sind der Analytiker, der Mann mit dem Tonband und das Tonband als Analytiker des Geschehens. Die Einführung des Tonbandes als handelnder Person bezeichnet das Auftreten des Dritten, der jetzt in Umkehr der gewöhnlichen analytischen Situation den Analytiker in den Griff nimmt und die Analyse des Analytikers dem Patienten durch die Aufzeichnung zur Verfügung stellt. Denn jetzt hat der Patient den Apparat der Kontrolle in der Hand und nicht mehr der Analytiker. Das bisher unkontrollierte Wort des Analytikers wird nun unter die Kontrolle des Patienten gebracht, und bezeichnenderweise erlebt der Analytiker diese Machtumkehr als Abschneiden seines Worts: wer das Wort hat und wer sich das Wort nehmen kann, ist Herr der Situation. Die ‹Befreiung des Wortes› in der Analyse wird in der Verkehrung der psychoanalytischen Situation zur Travestie und zeigt gerade in dieser Verhöhnung den tatsächlichen Gehalt dieser Beziehung als eine der Macht und der Herrschaft. Man mag einwenden, daß dieser Fall nur ein extremer sei; er bringt jedoch konstitutive Bedingungen des analytischen Dialogs zum Vorschein, in dem der Analytiker durch seine Deutung (= Erklärungen) den Wortlaut des Textes bestimmt. Dieser Fall von Travestie zeigt die Perversion der Macht in der therapeutischen Beziehung im Gegensatz zu der von der Psychoanalyse deklarierten Subjekt-Objekt-Umkehr: es ist die Umkehrung einer fiktionalen Umkehrung und bringt durch die Aufhebung dieser Fiktion das Phänomen der Verweigerung von Gegenseitigkeit als das Machtproblem ins Spiel.

Die «Tragödie der unmöglichen Wechselbeziehung» nimmt ihren Lauf in dem Moment, wo der Patient die analytische Regel auf den Analytiker anwendet und dieser die Tonbandaufzeichnung unterbinden und dem Patienten das Wort abschneiden will. Der Kampf um die Einhaltung der Grundregel ist durch die Aufkündigung des Patienten auf den Analytiker verschoben, und dessen Weigerung zu sprechen ist die Verweigerung der Gegenseitigkeit, die sich dann zeigt, als der Patient die Aufhebung des Ungleichgewichts betreibt. Das Ziel dieser Analyse ist durch den Patienten festgelegt als Entzauberung der psychoanalytischen Methode: «Ich will diesen faulen Zauber aufdecken» (Abrahams 1977, S. 14). Bei der versuchten Umkehrung der Situation durch den Patienten nimmt der Analytiker unmittelbar Zuflucht zur Sanktionsgewalt der Psychiatrisierung, und damit wird klar, daß er den Anspruch auf Wechselseitigkeit als ‹verrückten› Impuls seines Patienten erlebt. Der Analytiker versucht immer wieder, die Rollenumkehr rückgängig zu machen und dem Patienten den Platz des verantwortungslos kranken und ohnmächtigen Subjekts zuzuweisen. Dabei macht er aber durch seine panische Angst vor dem zuhörenden Tonbandgerät gerade dieses zum «Analytiker des Geschehens». Das Tonband steht nun nicht mehr im Dienste einer analytischen Kontrollbehörde; vielmehr ist das Tonband beim Umstoßen der Situation in den Dienst des Subjekts genommen, das sich mittels des Tonbandes auf die andere Seite stellt und dem Analytiker den Prozeß vor dem zuhörenden Dritten macht.

Der Einsatz des Tonbandes als Analytiker des Geschehens hat in den Händen des Patienten die therapeutische Situation umgestoßen, die Machtverhältnisse derart verkehrt, daß jetzt der Patient das Instrument der Machtkontrolle über den Analytiker in den Händen hält. Die Verwendung des Tonbandes gehört nämlich, wenn nicht Mitschriften zur Kontrolle des Falls benutzt werden, zum üblichen Inventar der Ausbildung, da der Kandidat über Tonbandaufzeichnungen seinen Fall dem Kontrollanalytiker vorführt. Die Funktion des Analytikers als Machthaber der psychoanalytischen Situation ist durch die Einführung des Tonbandes totalitär ausgeweitet: der analytische Prozeß, gelenkt von den Deutungen des Analytikers, ist determiniert durch die Kontrolle des Dritten, der durch die Aufzeichnung mithört. Und diese Aufzeichnungen, zugleich normiert durch die «Anwesenheit» des Kontrolleurs, sind wiederum Instrument der nachträglichen Kontrolle dieser Sitzung durch den Kontrollanalytiker als Dritten in einem System von vielen Dritten des von ihnen repräsentierten Apparats. Dieser Kontrollanalytiker wiederum richtet das Geschehen aus in Art eines buchstäblichen Normenkontrollverfahrens – je nach dem schulenspezifischen Interpretationsmuster. Mit anderen Worten, die Ausrichtung der Kur durch die Lenkung der Assoziationen des Analysanden aufgrund der Deutungen des Analytikers wird wiederum auf einer Metaebene ausgerichtet durch den Eingriff, die systematische Einmischung der psychoanalytischen Ausbildungsagentur, die eine Ausrichtung der ausgerichteten Kur besorgt: auf diesem Hintergrund wird das Tonband als Überwachungsorgan zum Instrument einer ‹Überwachungsbehörde›. Der Ausbildungskandidat ist der auf seine Herrschaft wartende Knecht in diesem Ausbildungssystem, das sich organisiert in der Ohnmacht des Kandidaten im Verhältnis zur absoluten Macht der Ausbilder. Und diese Macht-Ohnmacht-Relation wiederholt sich in der Herstellung der analytischen Situation durch den Kandidaten, der hier allerdings bis zum Abschluß seiner Ausbildung nur delegierte Machtausübung betreiben darf. Die Unterwerfung der Kandidaten unter diese Unterdrückungsverhältnisse, denen sich auch nur Autoritätshörige unterziehen, hat ihre Kehrseite – nach der Befreiung aus der unmittelbaren Unterdrückung der Ausbildung – in der absoluten Verfügung des Analytikers über seinen Patienten und dessen Auslieferung an ihn. Die Tribunalisierung der Psychoanalyse in einem hierarchischen System von der obersten Gerichtsbehörde der Ausbildungsinstanz über Zwischeninstanzen wie die Lehranalyse bis zur letzten Instanz des Analytikers, vor dessen Tribunal sich dann die ‹Überführung› der Psyche seines Patienten vollzieht, dient der Durchrationalisierung zur Kontrolle der Normierungsarbeit.

Ausdruck dieser Normierungsarbeit und der Fortführung dieser Normierung im analytischen Prozeß ist eine artifizielle Sprache, die, im Gegensatz zur üblichen Fachsprache, keine Realien mehr abbildet und sich nur der inner-analytischen, unhintergehbar gemachten Konvention verdankt und die Verbindung zum Außer-Analytischen abschneidet bzw. das Außer-Analytische nur aus Sicht der inner-analytischen Konvention deutet. Der lautstarke Respekt gegenüber der klassischen Freudschen Sprache kann nicht darüber hinwegtäuschen, daß die analytische Fachsprache ein Fachchinesisch ist, nach Freud den hybrid-hermetischen Charakter einer Geheimsprache angenommen hat.

Der analytische Mißbrauch wird darin offenkundig, daß der Analytiker von Kastration sprechen will, wenn der Apparat nicht läuft, und daß er nicht spricht, solange der Apparat läuft; das heißt, ohne die Kontrolle des Apparats ist der Patient den zerstörerischen Eingriffen durch den Analytiker ausgesetzt, und beim Einschalten des Apparats ist dem Analytiker das Wort abgeschnitten, hält dieser die Situation für gefährlich, weil der Patient die Realität verkennen würde. Die Einschaltung des Dritten, des Tonbandes als Analytiker des Geschehens, führt in der Figur des anonymen Dritten eine übermächtige Kontrollinstanz ein, die ein für den Analytiker gefährliches Realitätsprinzip darzustellen scheint. Die dem Patienten unterstellte Realitätsverkennung ist die Reaktion des Analytikers auf seine Angst vor der Kontrolle seines Handelns: eine für die Psychoanalyse typische Umkehr der Situation durch Deutung, welche die Sehweise des Patienten pathologisiert als Realitätsverkennung und dem Patienten in dieser Konstruktion die ohnmächtige Kindposition zuweist, dem Analytiker aber die Machtposition des Vaters, vor dem der Sohn seinen Apparat, wie der Patient sagt, nicht hervorholen darf. Und dies ist sicher nicht der empirische oder symbolische Phallus, sondern über das Tonband als Instrument erfolgt der Einbruch öffentlicher Kontrolle in diese Szene, deren Gewalt sich später der Analytiker bedient, um sich des Patienten zu entledigen. Daß die dem Patienten unterstellte Realitätsverkennung eine Umkehrung der Angst des Analytikers vor der Macht öffentlicher Kontrolle darstellt, diese hintergründige Realangst des Analytikers bewahrheitet sich später in der Veröffentlichung der Tonbandaufzeichnungen durch den Patienten. Der Bann des Schweigens über die Verhältnisse in der Analyse wird gebrochen, ihr heimlicher Raum gewaltsam geöffnet durch die Selbstbemächtigung des Patienten.

Jenseits einer elendigen Plagiierung von Ödipus durch den Analytiker und seines Echos im Patienten wird hier die analytische Situation als pure

Macht- und Herrschaftskonstellation aufgezäumt, die dem einen das Wort gibt und dem anderen das Wort nimmt. In diesem Spiel sind die Beteiligten nur Darsteller von Kopien des Vaters, der Eltern und des Kindes, Platzhalter von Leerstellen, auf die der Schatten der Macht fällt. Das burleske Spiel des Patienten mit der Umkehr ödipaler Klischees: «Wollen Sie eine Tracht Prügel?» oder «Ich bin nicht dein Vater» führt aber zu der ernsteren Frage nach der Verantwortung des Analytikers, der Rechenschaft ablegen soll wegen der betrogenen Erwartungen und falschen Versprechungen an den Patienten. Die Umkehrung der Couch-Sessel-Anordnung, indem nun der Patient sich umdreht, soll den Analytiker zwingen, sich selbst ins Gesicht zu sehen und sich dafür zu rechtfertigen, daß er sein Begehren, seine Ängste dem Patienten übertragen hat, von denen nun der Patient in der Umkehrung loskommen will.

«Durch Ihre Versprechungen habe ich verlernt, jemandem ins Gesicht zu schauen, ich habe mich auf Sie verlassen, da ich Sie aber nicht sehen konnte, konnte ich mir nicht vorstellen, wann Sie mir endlich das geben würden, was ich bei Ihnen suchte. Ich wartete auf die Erlaubnis. Ja, natürlich, Sie wären ja ganz schön dumm gewesen, sie mir zu geben, damit ich mich umdrehen und mich hätte befreien können, denn ich habe Sie ja ernährt, Sie lebten auf meine Kosten, Sie haben mich ausgenommen; ich war der Kranke, Sie waren der Arzt. Endlich hatten Sie Ihr Kindheitsproblem umgekehrt und waren nicht mehr das Kind, vor dem der Vater steht. Endlich hatten Sie das Recht, nicht wahr, das Recht, z. B. jemanden einsperren zu lassen» (Abrahams ebd., S. 24 f).

Der Analytiker ruft daraufhin die Polizei, um den Patienten fortschaffen zu lassen. Die Rechtfertigung aber, daß man die Polizei rufen dürfe, wenn jemand nicht freiwillig aus dem Hause gehe, läßt den Patienten mit Recht antworten, daß der Analytiker ihn mit nach Hause genommen habe, in seine Höhle, in sein Innenleben gelockt habe; was in der Verkehrung heißen soll: der Analytiker hat durch seine Deutungsmethode auf das ganze Leben des Patienten übergegriffen, dessen Innerlichkeit in den Griff genommen.

Die Einführung des Tonbandes als Analytiker des Geschehens ist der Einbruch des Subjekts in den Behandlungsraum des Analytikers und macht den Patienten, das bisherige Objekt des Prozesses, zum Subjekt des Geschehens und den Analytiker zum Objekt der Untersuchung. Durch diese Umkehrung der Position ist wiederum die Wechselseitigkeit aufgehoben, und darin liegt Sartre zufolge die «Tragödie der unmöglichen Wechselbeziehung», die sich aus der analytischen Anordnung ergibt. Denn diese scheint durch die Konstruktion der Übertragungssituation keinen anderen Ausgang zu ermöglichen; und so nimmt in diesem Fall das Verhängnis seinen Lauf, an dessen Ende physische Gewalt steht – in Konsequenz der gewalttätigen Beziehung der analytischen Anordnung. Die Gegengewalt des Patienten durch den Eingriff mit dem Tonbandgerät führt zur Gewalt des Analytikers in der Auslieferung seines Patienten an die Staatsmacht. So verifiziert das Tonband, daß es in der Analyse um die Macht des Analytikers geht qua Instrument seiner Deutungsmacht, die die Leerstellen der Übertragungsklischees, die beliebig austauschbar erscheinen, besetzt. Und gerade die Gewalttätigkeit in der Umkehrung der analytischen Situation beweist, daß die Situation an sich gewalttätig ist und daß es nicht um die Aufklärung des anderen geht, sondern um das Machtbegehren des Analytikers, das sich in der Verkehrung als seine Vernichtungsangst zeigt. Aus dieser Not und Bedrängnis bleibt für den Analytiker nur der Weg in die Gewaltanwendung, die Einweisung des Patienten in die Psychiatrie als Konsequenz der analytischen Tätigkeit – insofern der Patient es nicht vorzieht, sich in «Identifikation mit dem Aggressor» zum eigenen Unterdrücker und in Fortführung dessen zum Unterdrücker von anderen zu machen.

Die Einführung des Tonbandes bewirkt also durch die Tatsache der Aufzeichnung des Geschehens, daß die Machtbeziehung zwischen dem Analytiker und seinem Patienten durch die Umkehrung der Situation sich als Gewalt offenbart, die ohne diese Verkehrung sich weiterhin als ein dem Patienten dienliches, quasi wissenschaftliches Deutungsverfahren hätte inszenieren können. Die physische Vernichtungsangst des Analytikers scheint dem Übermächtigungsbegehren des Analytikers zu entsprechen, und umgekehrt gilt für den Patienten, daß in dieser Beziehung der Nicht-Gegenseitigkeit die Gewalt des Patienten die Gegengewalt gegen die analytische Situation ist und wiederum die Gewalt des Analytikers produziert, der in der Position des ohnmächtigen Patienten die Polizei zur Hilfe rufen muß. Daß der Analytiker mit einem Schlag zum Patienten geworden ist, erweist, daß seine Funktion auf einer Deutungsmacht beruht, die – je nach Inbesitznahme – das Subjekt zum Objekt und das Objekt zum Subjekt machen kann. Das Tonband, Mittel des Umsturzes und zugleich Zeuge dessen, dient der befürchteten Entzauberung der analytischen Situation, deren Geheimnis als pure Definitionsmacht zutage tritt. Und so ist auch die Äußerung des Analytikers zu verstehen, daß er physische Gewalt nicht gewöhnt sei; was für ein seltsamer Satz, fragte Sartre: «Warum sagt er nicht einfach Gewalt? Moralische Gewalt ist er also gewöhnt?» (Sartre, in: Abrahams ebd., S. 249) Diese moralische Gewalt erweist sich nun als Definitionsmacht des Analytikers, als seine imperative Funktion und ist nicht als «Gewalt der symbolischen Handlung» (Castel 1976) zu begreifen. Die Deutungsmacht ist reale Macht der Definition in der Verfügung der Zeichen über den anderen – und darin liegt ihr imperativer Charakter.

Der gewöhnlichen Ausrede mißbräuchlicher Verwendung der Analyse sei hier ein Riegel vorgeschoben, weil es um den Mißbrauch des Analytikers geht und nicht um irgendeine außeranalytische, mißbräuchliche Anwendung. So ist auch die gewöhnlich zu erwartende Ausflucht in die Vorstellung der nicht-kompetenten Handhabung der Analyse eine Generalabsolutionsklausel, die für diesen Fall wie auch für andere immer wieder angewendet wird, statt solche scheinbar mißglückten Analysen als Lehrstück für die Macht- und Herrschaftsverhältnisse in der gewöhnlichen analytischen Situation zu untersuchen. Denn solche Aufzeichnungen sind doch gerade für den dritten Zuhörer, den Zeugen auf der anderen Seite des Geschehens gedacht, der außerhalb dieses Ringens um den Anspruch auf Gegenseitigkeit das Leiden des Subjekts an den falschen Versprechungen der Analyse, am Verhängnis seiner Unterdrückung und an der Qual des auf ihn verschobenen Begehrens seines Analytikers aufnehmen und begreifend bearbeiten soll – statt sich weiterhin das Bewußtsein zu trüben mit idealistischen Emanzipationsformeln über Psychoanalyse. Wir hätten auch typische Fallbeispiele aus gängigen analytischen Lehrbüchern und Fachzeitschriften zur Analyse heranziehen und jenseits aller Rationalisierungen durch die artifizielle Sprache der Psychoanalyse dieselben Macht- und Herrschaftsmechanismen wie im Fall des Manns mit dem Tonband aufweisen können. Die gängige Anwort auf eine solchen Fall liegt immer in der Berufung auf die eigentliche, an sich gute und richtige Analyse, bei deren korrekter Ausführung solche Entgleisungen in der Realität gar nicht vorkommen könnten; oder der Ausrede, daß der Patient sich als nicht analysefähig erweist und sich deshalb an die analytischen Regeln nicht halten kann.

Wir wollen es aber bei diesem berühmten Fall der Literatur, der allerdings von analytischer Seite bis heute nicht zur Kenntnis genommen wurde, nicht belassen und einen Praxisfall bringen, der die Perversion der therapeutischen Machtbeziehung und ihre Folgen vorführt: daß die analytische Situation an sich gewalttätig ist, daß sie nicht aus mißbräuchlicher Verwendung gewalttätig wird, vielmehr der Mißbrauch der Psychoanalyse in der Nicht-Reziprozität der Beziehung liegt und daß der Ausgang solcher Gewaltverhältnisse physische Gewalt zur Folge haben kann, ist nämlich von ständiger Aktualität. Die systematische, sukzessive Regressivierung und Infantilisierung des Patienten wird durch die konsequente Handhabung einer bestimmten Deutungspraxis produziert, alles Jetzige im Hinblick auf ein Früheres zu interpretieren. Und durch das Ausbildungssystem wiederum wird eine Infantilisierung der Analytiker bewirkt, das die von ihr präferierten autoritären Persönlichkeiten bestätigt und verstärkt. Der «Mann mit dem Tonband» ist exemplarisch für die Vollstreckung der analytischen Deutungsmacht und kann jederzeit seine aktuelle Verifizierung finden.

Ein anderer Vorfall: ein Analytiker läßt seine Patientin, nachdem er sie jahrelang analysiert hat und sich dafür bar auf die Hand entlohnen ließ, fallen, weil die Patientin nicht mehr zahlen konnte. Die Patientin hat diesen Abbruch der Therapie durch den Analytiker nicht auf sich genommen und ihn zur Rechenschaft ziehen wollen; dabei verhielt sie sich so paranoid, daß der Analytiker sich berechtigt glaubte, die Patientin wegen einer «akuten Psychose» einweisen zu können; die polizeilichen Möglichkeiten einer Zwangsunterbringung und Zwangsbehandlung wurden mit dem Gesundheitsamt erörtert, die Patientin bei der Polizei zur Anzeige gebracht und die Zwangseinweisung in ein Landeskrankenhaus betrieben, allerdings ohne Erfolg, weil auch die Psychiatrie sich dafür nicht benutzen lassen wollte. In der Folgezeit hat sich der Analytiker trotzdem wieder der Psychiater als Polizisten zu bedienen versucht, um sich durch deren Intervention die Patientin vom Leib zu halten.

Bemerkenswert an diesem Fall ist, daß die Patientin, die am Ende der Analyse paranoid reagierte, bei einer der Analyse vorausgehenden Behandlung in einer Klinik als einfache reaktive Depression mit den für diese Neurose typischen Schuld-Versagens- und Leistungskonflikten diagnostiziert wurde, nach dreimonatiger erfolgreicher Behandlung in einem praktisch gesunden, ich-stabilen Zustand die Klinik verlassen konnte. Es soll hier nicht erörtert werden, warum sich der Analytiker dieser Patientin so ‹annahm› und worin die Patientin sich dem Analytiker anbot, um sich einer Analyse zu unterziehen, die aus der Sicht der Klinik nur im Bedürfnis des Analytikers und nicht im Bedürfnis dieser Patientin gelegen haben kann. Das Paranoid der Patientin wirft ein bezeichnendes Licht auf die Handhabung der gewöhnlichen Deutungspraxis solcher Analysen. Die Patientin versuchte nämlich, deshalb den Analytiker zur Rechenschaft zu ziehen, weil er ihr alle menschlichen Beziehungen zerstört habe, daß sie jetzt ohne Ausbildung bei den Eltern leben müsse und damit um ihre Zukunft betrogen sei; daß er sie mit einem ‹Apparat› so behandelt habe, daß sie eine Narbe am Unterleib hätte – es ist das Brandzeichen der Inbesitznahme; daß bei jedem Zusammentreffen mit anderen Männern der Analytiker sofort sich innerlich einmische. Mit anderen Worten: die konsequente Handhabung einer regressivierenden und infantilisierenden Deutungspraxis hat zu einer solchen Zentrierung und Fixierung auf den Analytiker geführt, verbunden mit einer totalen sozialen Isolierung, daß sich die Macht-Ohnmacht-Relation gewalttätig aufladen konnte. Dieser Abhängigkeits- und Verrücktmachungsprozeß, den der Analytiker über die Patientin verhängte, zeigte sich in der Umkehrung bei ihr als verrückte Echofunktion, indem sie jetzt den Analytiker nachahmte, ihn mit Deutungen eindeckte, daß er impotent, infantil, homosexuell und verrückt sei, weil er ihr dauernd nachstelle.

Paradigmatisch für den Verrücktmachungsprozeß ist die sich wiederholende Haltung des Analytikers bei Konfrontationsversuchen der Patientin, die ihm mit einer Klage auf Rückerstattung der Behandlungskosten drohte. Auf die vorgebrachte Klagedrohung antwortete der Analytiker jeweils mit einer Double-bind-Strategie: «Sie solle ihn ruhig anzeigen», «dann werde sie sehen, daß alle sie für verrückt halten würden». Diese in sich unauflösbare Widersprüchlichkeit der Interaktion, welche die Patientin in die absolute Ambivalenz drängte, machte sie hilflos ohnmächtig, sich mit dem Analytiker auseinanderzusetzen. Die Analyse hat zum sozialen Tod der Patientin geführt, und ihr Leben konzentrierte sich nun darauf, sich am Analytiker für das ihr durch die Analyse entgangene Leben zu rächen.

Es muß nicht besonders darauf hingewiesen werden, daß es hier neben der durch die Analyse bewirkten infantilen Abhängigkeit auch um eine sexuelle Abhängigkeit durch die Fixierung auf den Analytiker geht, dessen typisches Verhalten noch durch die Deutung gestützt werden sollte, daß «ein derartiges Paranoid zu einem Normalvorgang von Trennungen am Ende einer Analyse» gehöre. Der Analytiker verfügte also zum Schluß, daß die von ihm bewirkte Krankheit etwas Normales sei und daß es nur an der Unfähigkeit der Patientin liege, sich nicht aus der Analyse lösen zu können. Aber: «Diese endlose psychoanalytische Beziehung, diese Abhängigkeit, dieses Untertänigkeitsverhältnis, dieses lange Liegen auf der Couch, wo der Mensch quasi nackt ist und in das Gestammel der Kindheit zurückfällt, ist das nicht die primäre Gewalt?» (Sartre, in: Abrahams ebd., S. 249) Die Schuldabweisung beleuchtet den Infantilismus des Analytikers, aber vor allem ist es der infantil-aufgeblähte Narzißmus, der kindische Größenphantasien unterhält, die durch den unreflektierten Gebrauch analytischer Deutungsmacht ständig verstärkt werden. Dieses Stück einer Analyse ist nicht Tragödie, sie ist ein Kolportagestück über die Pathologie analytischer Macht; und ihr blinder Gebrauch wurde noch verstärkt wegen der Unterstützung des Analytikers durch das Institut, an dem er als Lehranalytiker tätig ist, und durch die analytische Fachgesellschaft, der er angehört. Der Schluß liegt nahe, daß es den analytischen Institutionen wohl darum zu tun ist, sich aus Angst vor Prestige- und Machtverlust jeder Realitätskonfrontation zu entziehen und sich gegen jede Kritik abzuschließen; vielmehr aber noch zeigt sich hier die Angst der Entlarver vor der Entlarvung der tatsächlichen Beziehungen in der Analyse und die bängliche Bemühung, die Unterdrückungsverhältnisse ihrer Praxis weiter zu verdunkeln.

Diese dramatisch wirkende Gewaltbeziehung stellt nur in den Schatten, was als gewöhnlich-routinierte Praxis der Macht, die sozial unauffällig bleibt, für die Gestaltung der Analyse kennzeichnend ist. Denn der Analyse wohnt eine exorzistische Dynamik inne, die dem «Glauben an Dämonologie und Exorzismus während des 16. und 17. Jahrhunderts europäischer Geschichte» (Steiner 1990, S. 147 f) nicht nachsteht: die exorzistische Praxis hat sich durch den Einfluß der Psychoanalyse psychologisch maskieren können in der kathartischen Erwartung, die verinnerlichten bösen Objekte auszutreiben und durch diese Reinigung die Wiederherstellung einer guten Objektsituation zu besorgen. Die «absolute Vollkommenheit» (Kohut) der Kindheit scheint ja durch die Introjekte der bösen Eltern aus dem paradiesischen Gleichgewicht gestürzt worden zu sein. So ist die Folge dieses Ursprungsdenkens der Glaube an die besondere Rolle gestörter früher Erfahrungen[16] durch schlechte ursprüngliche Objekte und der bösen Erfahrung mit ihnen. So betrachtet, gewinnt die analytische Prozedur die dämonologische Dimension von archaischen Reinigungsprozeduren, die das uralte Phantasma der Besessenheit wiederkehren läßt, von der das Subjekt mit Gewalt befreit werden muß. Freilich vollziehen sich diese exorzistischen Praktiken heute als seelische Gewalt säkularisiert in psychologischen Riten, und die Teufelsaustreibung hat sich unkenntlich gemacht in der psychologischen Verfolgung verinnerlichter böser Objekte. Wie es zu den Geständnispraktiken der Teufelsaustreibung gehörte, die Beiwohnung des Bösen zu bekennen, so kehrt der Psychoanalyse am Ende in ihren Geständnispraktiken das mythische Ritual eines Bekenntniszwangs wieder: im sexuellen Konkretismus stellt sich dies im Bekenntnis der Beiwohnung des Vaters oder der Mutter dar als fiktiver End- und Lösungspunkt der Analyse.

Für den gesunden Menschenverstand scheint dies unglaublich; wir sprechen hier aber nicht von einem fiktiven Geschehen, sondern aus unserer klinischen Alltagserfahrung, in der wir mit den Verläufen von unendlichen Analysen (vier bis fünf Jahre bei vier Wochenstunden sind die Regel, bis zu sechs Jahre keine Ausnahme) konfrontiert sind, die kein Ende finden können, weil der Analytiker wegen des Ausbleibens des erwarteten Geständnisses die Analyse nicht abschließen kann und der Patient wiederum sich schuldig macht, weil er den Schlußstein für die Auflösung des psychoanalytischen Rebus nicht liefert. Diese Pseudodämonisierung der Psychoanalyse zeigt sich auch in den Falldarstellungen und in den Selbstdarstellungen von Analysanden, die den analytischen Prozeß als ‹Gang durch die Hölle› stilisieren. Das religiöse Purgatorium,

---

16 Es hat sich bisher keine Bestätigung dafür finden lassen, daß frühe Erlebnisse und Erfahrungen die Persönlichkeitsentwicklung irreversibel schädigen oder ein Zusammenhang zwischen früher Erfahrung und gestörter späterer Entwicklung besteht (s. Rutter 1976; Clarke und Clarke 1976).

die rituelle Gewalt des Eintritts in jene Sphäre des ‹Anderen›, ist heute profanisiert zur Banalität eines fiktiven Übertritts vom Bezirk des Unbewußten in den des Bewußten mit dem Analytiker als Machthaber des Entzifferungsschlüssels – aus dem Initiationsmeister religiöser Riten ist ein Schlüsselverwalter psychologischer Asservatenkammern geworden.

Der Exorzismus der bösen inneren Objekte weist dem Therapeuten zwangsläufig den Platz als später Verfolger der Urheber der frühen bösen Erfahrungen seiner Patienten zu. Die Analyse ist die Austreibung der Austreibung: der Gewalt des symbolischen Exorzismus entspricht die Gewalt des faktischen Exorzismus der empirischen Eltern, da der Analytiker Usurpator eines guten und idealen Elternobjekts ist. Auch wenn so viel über die Notwendigkeit der negativen Übertragung und deren Aufarbeitung geschrieben wird, so erhält der Analytiker seinen Platz durch die Verdrängung der Eltern, deren Autorität er durch die Anordnung der therapeutischen Situation okkupiert. Die Austreibung der bösen inneren Objekte ist nicht zu trennen von der Vertreibung der empirischen elterlichen Objekte, die als Urheber des Bösen zwangsläufig in aussichtsloser Konkurrenz stehen zur idealisierten psychoanalytischen Situation. Der Analytiker vertritt in dieser Inszenierung das Phantasma einer gewaltigen Grandiosität, das er durch die Übertragungssituation, besonders zwingend gehandhabt von Kohutianern und Kleinianern, dem Patienten als dessen infantile Grandiosität unterstellen kann.

2.7 Die Neutralisierung der psychoanalytischen Machtbeziehung

Die Psychoanalyse hat keine Theorie der Macht- und Herrschaftsverhältnisse entwickelt; es sei denn, die Suggestion als «Ur-Phänomen», «Grundtatsache des menschlichen Seelenlebens» (Freud GW XIII, S. 96), wäre eine fundamentale Bedingung der Herstellung von Autoritätsverhältnissen. Dieses psychologische Phänomen, das Freud lebenslang bewegt hat, ist ein Grundmechanismus der Interaktion, der noch bei der Analyse der Konstruktion der analytischen Situation aufzuklären ist. Es soll sich erweisen, daß die Suggestion eine Grundtatsache und ihre Mechanismen Grundgesetze des Seelischen sind. In diesem Moment unseres Diskurses über die Definitionsmacht des Analytikers und die Machtbeziehungen der analytischen Situation belassen wir die Aufklärung auf der deskriptiven Ebene, ohne davon abzusehen, daß die Genese von Macht und Gewalt, die Entwicklung von Herrschaftsverhältnissen auf die ihnen zugrunde liegenden Triebkräfte hin untersucht werden müssen. Die Phänomenologie des analytischen Machtbegehrens scheint nicht in den Blick der Analytiker zu geraten, weil sie, Anwälte des Unbewußten, die sie sind, sich durch diese Parteinahme schon für subversiv halten können. Die Identifikation mit dem Aufständischen gegen die Unterdrücker und die Unterdrückungsverhältnisse scheint damit jede weitere Auseinandersetzung über den eigenen Standort im Kräftefeld der Macht überflüssig zu machen. Die psychoanalytische Herangehensweise an Macht und Herrschaftsverhältnisse krankt ohnehin an der Machtblindheit der Pädagogen – und die ‹Lehrer› sind übermächtig in der Psychoanalyse –, ihre pädagogische Arbeit als Beförderungsarbeit vom Unterentwickelten zum Entwickelten, als progressive Veränderungsarbeit an sich zu legitimieren. Die Machtfrage stellt sich also für den Pädagogen nicht, und infolgedessen konnte jede Erziehungsarbeit, da sie an sich progressiv ist, zu einer Erziehungsdiktatur umfassender Triebkontrolle, einer pädagogischen Normierungsarbeit werden, weil die Bemündigung des Unmündigen nach dem Klischee der herrschenden Aufklärungsideologie zwangsläufig der Vervollkommnung des Menschen und der Gesellschaft dient. Ethnologisch gesprochen hat sich Psychoanalyse als Bestandteil der Aufklärung unentbehrlich gemacht und ist zu einer kolonisierenden imperialen Macht in der Gesellschaft geworden, die auch den letzten ‹wilden› Bezirk erschließen möchte. Statt der wissenschaftlichen Auseinandersetzung der Machtfrage erfolgt eine Identifizierung mit dem Unterdrückten oder dem Unbewußten, und diese Identifikation wird der anderen, der Identifikation mit den Unterdrückern und Herrschern, entgegengesetzt. Die Gleichsetzung mit den Erniedrigten und Entrechteten, das sind die zur Entwicklung zu führenden, ergibt eine moralische Legitimation, welche die Machtfrage hinter dem pädagogischen Eifer bequem ausblenden kann. Die einfache Polarisierung der Identifikationen zwischen oben und unten, Herrschaft und Knechtschaft, läßt aber den Protagonisten dieses moralischen Dualismus nicht der Dialektik der Herrschaft entgehen, daß die bewußte Gleichstellung mit den Opfern allerdings der unbewußten mit den Verfolgern entspricht, so daß die ‹Entwicklung› der Opfer in der Gewalt eines unabdingbaren Erziehungsplans verfolgt werden kann. Die Legitimationskrise stünde einer Analyse noch bevor, wenn sie sich der Dialektik der Herrschaft stellen und sich nicht mehr der Einsicht in den ausbeuterischen und disziplinierenden Charakter ihrer Tätigkeit durch moralische Rationalisierungen entziehen würde.

Die Gewalt der Erziehungspläne zur Veränderung des Menschen und der Gesellschaft, die sich einem aufklärerischen Fortschrittsglauben verdanken, räumten den Intellektuellen ein Erziehungsmonopol ein, beginnend mit Rousseau und endend in einer allgemeinen Erziehungsdiktatur der Moderne. Der totalitär gewordene Erziehungsanspruch ist einem «Fürsorgekomplex» (Pohlen 1987, S. 170) entsprungen, der sich in den westlichen Gesellschaften aus medizinisch-hygienischen, mental-hygienischen und pädagogischen Ideen entwickelt hat und allmählich die ganze Gesellschaft mit Agenturen überwachender Fürsorge überzogen hat (die Kontrollinstanzen erstrecken sich von ärztlich-präventiver Kontrolle über Schwangerschafts-, Ehe- und Familienberatung, über Vorschul-, Schul- und Hochschulerziehung zur Berufsbildung als Ausbildungskontrolle und in expliziten Überwachungsinstanzen wie Jugend- und Familiengerichtsbarkeit und anderes mehr). Die Entwicklung der Psychiatrie und die damit in untrennbarem Zusammenhang stehende Entwicklung der Psychoanalyse sind zentrale Bestandteile der mental-hygienischen Bewegung, auch wenn die Analytiker sich in dem Anspruch auf Selbstaufklärung des Subjekts von der Psychiatrie zu distanzieren versuchen, so stammt die Grundidee von psychoanalytischer Arbeit als Selbstbildungsprozeß aus derselben Wurzel einer Erziehung des Menschengeschlechts (Rousseau) und ihrer Praxis des «Bildungsromans»[17]. Es ist erstaunlich, daß Psychoanalytiker sich immer noch intellektuell schmeicheln wollen wegen ihrer Subversion und sich nicht im Zusammenhang des gesellschaftlichen Kräftefeldes sehen können, in dem ihnen spezifische mental-hygienische Aufträge erteilt sind, für deren Erfüllung sie mit entsprechenden Institutionen und Mitteln ausgestattet wurden. Die Analytiker verhalten sich heute noch so, wie wenn sie Intellektuelle der alten bürgerlichen Gesellschaft wären, die, finanziell unabhängig, auch wenn ihnen dies ökonomisch nicht gut bekam, als Künstler, Literaten und Philosophen Außenseiter des Apparats waren. In der früheren bürgerlichen Gesellschaft wurden Intellektuelle von ihrer Position oder von ihrem Diskurs her politisiert: «Von der Position des Ausgebeuteten, des Elenden, des Verworfenen, des ‹Verfemten›, des der Subversion und Unmoral Beschuldigten. Oder (die Politisierung) ist vom Diskurs des Intellektuellen ausgegangen, sofern er politische Ver

---

17 Seit den Anfängen der Psychoanalyse entwickelte sich parallel zum Ausbau ihrer Theorie und Praxis ein Ausbildungsapparat, der die Nachreifung der Kandidaten in der Lehranalyse und ihre Nacherziehung zum Analytiker zu gewährleisten hatte. Solche Erziehungsanstalten griffen in die allerpersönlichsten Lebensentscheidungen der ‹erwachsenen› Analytiker ein, nicht unähnlich dem Zentralkomitee einer totalitären Partei – zum Beispiel wurde in der ‹liberalen› Schweizer Psychoanalytischen Gesellschaft die Verheiratung von Analytikern zur Diskussion gestellt.

hältnisse enthüllte, die noch unbemerkt geblieben waren». «Es gab (also) den Typ des ‹Poète maudit› und den Typ des ‹Sozialisten› unter den Intellektuellen». «Dieser Intellektuelle sagte die Wahrheit denen, die sie noch nicht sahen und im Namen derer, die sie nicht sagen konnten: er war Bewußtsein und Sprache» (Foucault 1974, S. 129f).

In der postbürgerlichen Gesellschaft, in der wir uns heute befinden, ist die Situation eine radikal andere (Pohlen 1987): «Die Intellektuellen sind selbst Teil dieses Machtsystems; die Vorstellung, daß sie Agenten des ‹Bewußtseins› und des Diskurses sind, gehört (nun) zu diesem System» (Foucault 1974, S. 130). Dieses System bedient sich ihrer, um das ‹Erwünschte› im Bewußtsein zu schaffen für die anderen, die nicht sprechen dürfen. Die Intellektuellen sind heute Staatsangestellte, Agenten der Industrie- und Medienkultur, deren Sprache sie beherrschen; sie sind sprechende Nicht-Personen (Agenten) im Dienste der leeren Repräsentation von vielen Apparaten, deren disziplinarischen Diskurs (Foucault 1976) sie als Selbstaufklärung propagieren. In diesem Zusammenhang ist der Analytiker als Anwalt der Selbstbildung des Subjekts geschlagen von den alles durchdringenden Normalisierungstechnologien der Gesellschaft, von denen er selbst durchdrungen ist – daß Psychoanalyse eine normative Sozialwissenschaft ist, soll sich im gesamten Diskurs erweisen.

Wenn das Grundgesetz von Herrschaft die Nicht-Gegenseitigkeit ist, dann entscheidet sich die Macht- und Einflußfrage an der Gestaltung der Beziehung als eine der Nicht-Gegenseitigkeit oder der Wechselseitigkeit. Die Hierarchie der Macht in allen Herrschaftsformen ist gekennzeichnet durch diese einseitige Richtung im Gefälle der Macht. Psychoanalyse konstruiert eine Beziehung zum Patienten, die diesen Mechanismen der Macht folgt, und zugleich stellt sie den emanzipatorischen Anspruch auf Aufklärung von Unterdrückungsverhältnissen, den sie aber, da sie selbst sich dieser Strategien bedient, selber aufhebt. Solange aber Psychoanalyse noch eine emanzipatorische Wissenschaft sein will, muß sie sich befragen lassen, welch andere Bedingungen sie denn einführen will, um dem Machtdilemma zu entgehen.

Jenes Stück mit dem Tonband ist bezeichnend für eine allgemeine psychoanalytische Haltung der Flucht vor Gegenseitigkeit. Ein Ausdruck dieser Flucht ist die Angst, vom Patienten analysiert zu werden; darin liegt aber die nichterkannte existentielle Gefährdung der Psychoanalyse, daß mit der Aufhebung der Einseitigkeit das Monopol der Deutungsmacht gebrochen ist, der Analytiker mit dem Verlust dieses Machtinstruments keinen theoretischen und praktischen Standort mehr hat im Verhältnis zum Patienten: der ganze psychoanalytische Prozeß existiert

nämlich nur aus der Konstruktion dieser Beziehung als Übertragungs-
verhältnis auf den Analytiker.

Wenn nun mit dem Einbruch der Wechselseitigkeit der analytische
Rahmen aufgehoben ist, dann wird begreiflich, daß das existentielle Phänomen der Machtsetzung im Übertragungsbegriff theoretisch wie praktisch nicht reflektiert und in seinen Konsequenzen für die Psychoanalyse
nicht zu Ende gedacht werden darf. Zur Verleugnung des analytischen
Machtbegehrens haben sich im Arrangement der Situation wie in der
Begrifflichkeit dieser Anordnung typische Rationalisierungen ergeben,
die geklärt werden müssen. Im Gegensatz zu den nachträglichen Rationalisierungen in der psychoanalytischen Bewegung war sich Freud seiner
eigenen Bedürfnisse für die Konstruktion des analytischen Arrangements noch bewußt: ob es die Couch-Sessel-Anordnung war, das freie
Assoziieren, die gleichschwebende Aufmerksamkeit. All diese Isolierun-
gen vom Patienten waren aus einer Triebnot geboren, von der verführe-
rischen, sexuell-gefährdenden Nähe mit dem Patienten Distanz zu gewinnen – wie es Freud selbst nahelegte. Gerade das Liegen des Patienten
auf der Couch lähmt seine Motorik, verhindert Annäherung; und das
Sitzen hinter dem Rücken des Patienten, das bei Freud schon begründet
wird mit dem Motiv, sich nicht stundenlang anstarren lassen zu wollen,
war aus derselben Not geboren, sich dem Blick des anderen zu entziehen,
als Beobachter vom Beobachteten zu isolieren und sich dadurch vor Berührung (Freud GW XIV, S. 53) zu schützen. Mit anderen Worten: das
Bedürfnis nach Dekontamination war bestimmend für die Entwicklung
des psychoanalytischen Arrangements. Die inzwischen formalisierten
und zu einem Ritual geronnenen Bedingungen der analytischen Anordnung werden in der analytischen Lehrmeinung pseudo-naturwissen-
schaftlich rationalisiert. So wird das analytische Arrangement der
Couch-Sessel-Anordnung als objektive Beobachtungsposition gegenüber dem zu untersuchenden Forschungsgegenstand ausgegeben und als
quasi naturwissenschaftliche Experimentalanordnung dargestellt. Der
Analytiker sitzt danach hinter dem Analysanden, um einen ungestörten
Assoziationsfluß sicherzustellen, der Patient liegt auf der Couch, um die
äußeren Stimuli, die Störvariablen, möglichst auszuschalten und die inneren Stimuli besser beobachten zu können und so fort. Diese formalisierten Bedingungen des analytischen Zeremoniells sind im Kontext
einer Begrifflichkeit zu sehen, in der sich die Neutralisierung der Machtbeziehung, über die Ritualisierung der analytischen Anordnung hinaus,

theoretisch niederschlägt. Ergebnis dieser Bemühung, die Position des Analytikers wissenschaftlich einzukleiden und den Analytiker als Operator des Prozesses zu neutralisieren in Nachahmung wissenschaftlicher Operationalisierung, ist die Erfindung des Abstinenzprinzips: es ist ein Instrument der Rationalisierung dafür, daß der einflußnehmende Analytiker als Neutral-Unbeteiligter erscheinen und seine Einmischung über den Terminus der Neutralität unwirksam gemacht werden soll.

Wenn aber das Abstinenzprinzip wieder mit der analytischen Methode so verknüpft (Laplanche und Pontalis 1972) ist, daß nur der Deutung das Signum analytischer Tätigkeit zukommt, wird die Machtfrage zurückgebracht auf die Deutungsfunktion des Analytikers, die sich von allem anderen, das als nicht-analytisch hinausverwiesen wird, abstinent zu halten sucht. Und so ist das Abstinenzkonzept die Rationalisierung für die Neutralität des Analytikers, dessen Deutungen Ausfluß seiner neutralisierenden Tätigkeit sein sollen.

Es ist die Abstinenz des «zugenähten Mundes» (Lacan). Das soll heißen: es ist der selbstauferlegte Zwang, die Einflußnahme des Analytikers nicht zur Sprache kommen zu lassen; es ist die Rechtfertigung einer Einflußnahme ohne Einmischung, eine Einflußnahme, die sich als neutrales ‹Einbezogensein› und ‹Betroffensein› des Analytikers vollziehen soll. Der alchimistische Prozeß dieser Neutralisierung ähnelt einem anderen, nämlich der ich-psychologischen Vorstellung der Umwandlung von sexueller und aggressiver Energie im Neutralisierungsprozeß von Desaggressivierung und Desexualisierung zur Energiespeisung neutraler Ich-Funktionen.

Auch wenn sich psychoanalytische Literatur im Anpassungsdruck an die Erfahrungstatsachen von puristischen Auffassungen zu distanzieren sucht und die Reflexion und Kontrolle der Gegenübertragung als Methode der Neutralisierung des Analytikers herausstellt, so ist doch gerade dieses naive Konzept der Gegenübertragung strikt eingebunden in das Konzept der Übertragung und, von daher gesehen, nur ein Ausdruck von der die Übertragung organisierenden Tätigkeit des Analytikers mit all ihren Konsequenzen. Ernst gemeinte Rettungsversuche für das Konzept der Neutralität glauben durch Bedeutungsdifferenzierungen (s. Franklin 1990) der Neutralität in fünf verschiedene Dimensionen eine Lösung anbieten zu können. Die ersten vier: die verhaltensmäßige, einstellungsmäßige, interpersonelle und interaktionelle Dimension soll auf der formalen Ebene mögliche Beeinflussung durch den Analytiker regulieren, was seine tendenzielle Anonymität gegenüber dem Patienten angeht, seine Enthaltung von wertenden Urteilen, seine Distanz zum Material wie auch seine Haltung der Unparteilichkeit gegenüber dem Interaktionsfeld des Patienten; wie wenn die Intentionen der Einmischung auf diesen Beeinflussungsebenen durch die spezifischen, das Verhalten und die Einstellung des Patienten steuernden Deutungsaktionen des Analytikers aufgrund solch deskriptiver Differenzierung und sozialpsychologischer Einordnung ungeschehen zu machen wäre. Und die «essentielle Neutralität», die sich in der fünften Dimension, der Ambiguität, manifestieren soll, ist für Franklin grundlegend für den analytischen Prozeß, weil diese Auffassung von Mehrdeutigkeit der psychischen Phänomene dem Analytiker die Offenheit sichert gegenüber der möglichen Vieldeutigkeit seiner rekonstruktiven Arbeit und der daraus sich ergebenden Rekonstruktion. Dabei sind die Erinnerungen des Patienten, wie wir andernorts (Pohlen und Bautz-Holzherr 1991, S. 342 f) gezeigt haben, Konstruktionen des Patienten im «nachträglichen Verständnis», Auswirkungen der imperativen Funktion des Analytikers und entspringen gerade nicht einem unabhängigen Materialfluß des Patienten; und die Rekonstruktionen des Analytikers sind Konstruktionen seiner Übersetzertätigkeit auf dem Hintergrund des Übertragungsprozesses.

Grund und Voraussetzung der Deutungsfunktion ist die sogenannte gleichschwebende Aufmerksamkeit des Analytikers, die jedoch gerichtet ist auf die Deutung der Übertragungsphänomene, die ihrerseits wiederum durch die Deutung der analytischen Situation als Übertragung hervorgerufen sind und in Konsequenz dessen die sogenannten freien Assoziationen des Patienten lenken, die im Zusammenhang der Überzeugung des Patienten von der Situation als Übertragung stehen; das heißt, die Assoziationsverkettung des Patienten entsteht aufgrund der Interventionen des Analytikers, die auf dem Hintergrund seiner Aufmerksamkeit nur im Hinblick auf die von ihm produzierte Übertragungssituation zu sehen sind. Und die Übertragungsbereitschaft des Patienten ist wiederum abhängig von der Anerkennung der analytischen Situation als Übertragung und beruht auf seinem Glauben an die Autorität des einflußnehmenden Analytikers, der durch seine Überzeugungsmacht den Patienten zu diesem Glauben bewegt, dessen uranfängliche Quelle die Liebe ist, auf die jede Autorität zurückgeht (Freud GW V, S. 50).

Die Definitionsmacht des Analytikers in diesem schwindelerregenden Teufelskreis ist offensichtlich; offenkundig ist auch die sie tragende Einverständigung des Patienten auf Wiederauflage der infantilen Machtbeziehungen, die er im Glauben an die Wiederherstellung der ursprünglichen Grandiosität seines Selbst durch die Arbeit an der Genese gehorsam auf sich nimmt. Das Subjekt ist in der Analyse auf der Suche nach dem verlorenen Original, und die Versprechungen auf das Wiederfinden der ursprünglichen Integrität hält es bei der Stange. Die Heimkehr zum

Ursprung, sublimiert in den Begriffen des psychoanalytischen Ursprungsdenkens: den Urphantasien, der Urverdrängung, dem Urselbst, den Urbildern, der Urgeschichte und so fort, ist das treibende Motiv, das die Patienten bei der Stange hält – ein ‹Geheimnis›, das beide verknüpft in der Erwartung des Vordringens zum Eigentlichen, das die Selbsterlösung in der Rückkehr von Heimat bringen soll. Und die Illusion von Heimkehr zum Ursprung verbindet beide auch im ‹Geheimnis› der Zugehörigkeit zu einer inneren Welt des Wahren gegenüber der Falschheit der Welt.

Die imperative Funktion des Analytikers, welche die Ausrichtung der Kur besorgt, gründet also auf der vom Analytiker bewirkten Korrespondenz zwischen seiner auf die Übertragung konzentrierten Aufmerksamkeit und der dadurch hervorgerufenen Lenkung der Assoziationen seines Patienten. In diesem System scheint der Analytiker immer aus dem Schneider zu sein, obwohl er alle Fäden in der Hand hält; denn die Position der «gleich- oder freischwebenden Aufmerksamkeit» suggeriert die Vorstellung einer neutralen Beobachterposition, und der Terminus der «freien Assoziationen» ruft die Vorstellung eines vom Patienten ausgehenden, nur von ihm bestimmten Materialflusses hervor, so daß über diese beiden Termini eine bequeme Abwehrstrategie zur Hand ist, die Wahrnehmung des Analytikers als ungerichtet und die Assoziationen des Patienten als ungelenkt erscheinen zu lassen. Die Illusion von der neutralen Beobachterposition lebt noch fort im Begriff des «exterritorialen Haltepunkts» (Thomä 1984), die der Analytiker auf einer Beziehungsebene der Nicht-Übertragung zu finden sucht. Es ist der Ort des Arbeitsbündnisses, der diesen Haltepunkt außerhalb des «übertragungsneurotischen Kampfplatzes» geben soll, obwohl dem Analytiker im Widerspruch dazu ein Einfluß auf die Übertragungsneurose in höchstem Maße zugeschrieben wird. Trotzdem wird an der Neutralisierung des Analytikers durch eine Standortbestimmung außerhalb der Übertragung festgehalten, die es ermöglichen soll, diese zum Instrument zu machen.

Schon der Begriff des Exterritorialen verwickelt den Analytiker in einen unaufhebbaren Widerspruch: der Therapeut, der im Mittelpunkt des Geschehens stehen soll, das heißt innerhalb eines Systems Regie führt und zugleich Hauptakteur ist, sucht gleichzeitig einen Standort außerhalb des von seinen Gesetzen beherrschten Landes, um sich einen unabhängigen Standpunkt gegenüber den von ihm erlassenen Gesetzen zu verschaffen und sich sozusagen selbst zu schützen vor den Folgen seiner Gesetzgebung. Dieser diplomatische Status der Exterritorialität soll Immunität verbürgen, Sicherheit vor Strafverfolgung gewähren, das heißt, dem Analytiker Schutz vor der Kontamination der durch seine Einflußnahme bewirkten Übertragungsinfektion bieten.

Die Zurschaustellung der Neutralität, die Maskerade der Passivität zeigt, indem sie es verbergen will, die gezielte Aktivität des Analytikers, dem Patienten alle Aktivität zuzuschieben, auch die Aktivität des Scheiterns der Analyse, da das Nicht-Analysierbare nur an der Aktivität (Widerstand) des Analysierten selber liegt; denn dort, wo der Patient widersteht, negiert er den Machtanspruch des Analytikers auf das zu Analysierende. So ist der Widerstand die Gegengewalt des Patienten gegen die Gewalt der Deutungsmacht. Unter der Vortäuschung von Selbstbestimmung und selbstbestimmter Arbeit, die dem Patienten die Gestaltung des analytischen Prozesses überläßt, wird diesem die gesamte Verantwortung übertragen für den Ausgang des Prozesses und somit auch die Schuld für ein mögliches Versagen zugewiesen. Der Entzug von Verantwortung wird zu einer besonderen Verantwortung umgedeutet, weil die Verantwortung gerade in der Nichteinmischung liegen soll, die Freiheit des zu Befreienden nicht zu beeinflussen. Der Respekt vor dem «Freiheitsspielraum» des Patienten, der in keinem Fall «eingeengt» (Thomä und Kächele 1986) werden soll, ist doch die Verweigerung der Übernahme von Verantwortung für den analytischen Prozeß und bringt die Machtposition des Analytikers für die Gestaltung der Interaktion zum Verschwinden.

Das regressive Phänomen, sich der Verantwortung zu entziehen und die Machtfrage nicht zu stellen, ist im System der Psychoanalyse begründet, da diese seit Freud – für ihn notwendig, für die Nachfolger aber nicht gedankenlos übertragbar – vor aktueller Triebnähe sich schützen konnten durch Entfernung in die Vergangenheit, in die historische Angelegenheit des Triebkonflikts. Und die so sehr gepflegte Illusion, daß die historische Angelegenheit des Konflikts durch die Übertragung zur aktuellen Macht der Krankheit würde, ist doch die Verkehrung der seit Freud herrschenden Tradition der Entfernung der Gegenwart in die Vergangenheit: es ist der bisher nicht ausgetragene Konflikt zwischen der Auffassung Reichs und der Freuds, was die Beziehung zwischen aktueller und historischer Repression angeht. Auf den Analytiker bezogen sehen wir eine ähnliche Vermeidung der Triebnähe bzw. der Isolierung von Triebbefriedigung des Machtbegehrens, indem das Machtproblem nur in der Projektion auf die Herrschenden abgehandelt wird, niemals in der

Rückwendung auf den Analytiker. Und die Triebnähe der Machtbefriedigung wird dadurch umgangen, daß man bei Erörterung von Macht- und Herrschaftsstrukturen in regressiver Manier über Größen- und Allmachtsphantasien spricht, so daß der Triebkonflikt, der mit der Machtbefriedigung verbunden ist, verleugnet werden kann. Indem man also sein Augenmerk auf die Bedeutung von narzißtischen Abkömmlingen [18] von Größen- und Allmachtsphantasien in der Analyse von Unterdrückungsverhältnissen richtet, wie es allerorten geschieht, braucht man sich dem Phänomen der konkreten Machtbefriedigung, ob in der Projektion auf andere oder in der erforderlichen, noch ausstehenden Rückwendung auf die singuläre Machtbefriedigung des Analytikers, nicht zu stellen. Die Regression aufs Phantasma ist wissenschaftlich wie gesellschaftlich ein Zurückweichen vor der Konfrontation mit der Machtfrage, und gleichzeitig ist das Aufklärungsbegehren gegenüber den allgemeinen Macht- und Herrschaftsstrukturen eine Verdunklung des eigenen Machtbegehrens. Das Phantasma ersetzt die reale Objektbeziehung, ist ein Rückweichen vor ihr aus der äußeren Versagung der Realität oder aus innerem Versagen des Subjekts. So ist der Rückgriff aufs Phantasma vom Narzißmus ein für die Psychoanalyse gängiges Erklärungsmuster, das scheinbar genetische Wirkzusammenhänge bloßlegt, in Wirklichkeit aber eine

18 Die Theorie des Narzißmus, so widersprüchlich sie schon bei Freud und so uneinheitlich ihre Interpretation bei Analytikern ist, scheint selbst schon Ausdruck eines diffusen Narzißmus zu sein. Das Sprechen von Grandiosität, von Größen- und Allmachtsideen bleibt so objektlos wie der von Freud später gefaßte Begriff des primären Narzißmus, eines objektlosen Zustandes, dem der sekundäre Narzißmus, das ist die den Objekten entzogene Libido, gegenübergestellt wird; wie wenn das Neugeborene keine offene Wahrnehmung nach der Außenwelt hin hätte (vgl. Laplanche und Pontalis 1972), bar aller biologischen Konstanten seiner Ich- und Wahrnehmungsorganisation wäre und diese erst durch eine nur psychologisch zu begreifende Entwicklung erwerben würde. Das Absehen von neurobiologischen Konstanten des Körperschemas in bezug auf die Ich-Bildung ist bemerkenswert, auch das Absehen von erfahrungswissenschaftlich gesicherten Beobachtungsdaten, zum Beispiel die intrauterine Wahrnehmung des Fötus, so daß das Urbild des objektlosen Zustandes, das sogenannte «intrauterine parasitäre Gleichgewicht», nichts anderes darstellt als ein Sehnsuchtsbild der Wiedervereinigung mit dem Ursprünglichen – prototypisch für jedes Rückphantasieren. Der Narzißmus des Ich scheint jenem Phantasma des Menschen zu entspringen, das einen primordialen Zustand von Ganzheit und Einheit in der Konfusion mit der Natur sucht, den ‹natürlichen› Naturzustand jenseits der konstitutiven Gespaltenheit des Ich.

Neutralisierung des tatsächlich vorliegenden, aktuellen Triebkonflikts darstellt.

In dieser Hinsicht ist das Reden vom Narzißmus schon eine magische Manipulation der Machtbeziehung; aber der Analytiker entkommt damit nicht seinem eigenen Denksystem, das immer reflektiert auf die triebhaften Gründe, hier das triebhafte Moment des analytischen Sprechaktes in der Deutungsfunktion. Der Akt der Benennung ist nämlich unmittelbarer Triebausdruck. Interpretation ist Nietzsche zufolge Einverleibung als Übermächtigung und Überlagerung des anderen; der Wille zur Macht, der Wille, Herr zu werden über etwas, ist demzufolge das Begehren auf Aneignung zur Vermehrung und Wachstum des eigenen Ich. Deutung ist Behauptung des eigenen Sinns und Unterdrückung des anderen Sinns, und der Geltungsanspruch des eigenen Urteils stellt ein Gewaltphänomen im Sinne der Bemächtigung einer bestimmten Wirklichkeitsweise dar, die in der Aneignung des Eigensinns für die anderen deren Unterwerfung verfügt, so daß der Eigensinn der anderen überwältigt wird. Das triebhafte Moment des Sprechakts, die unmittelbar gegebene Triebbefriedigung des Eigensinns als Entnennung anderer Sinne, dieser Akt des sprachlichen Verschlingens erscheint als direkte libidinöse Befriedigung.

Psychoanalyse als rhetorische Disziplin hat in diesem suggestiv-interpretatorischen Moment der Überzeugungsmacht des Sprechakts ihr Erkennungszeichen, und es ist erstaunlich, daß sie an diesem essentiellen Moment der rhetorischen Tradition, in der sie steht, bis heute vorbeisehen konnte. Gewalt wohnt wie den Deutungsakten als Sprachgestalten so dem psychoanalytischen System inne, dessen Denken im ödipalen Akt gründet, gleichgültig, ob der Patient als Laios oder Ödipus auf der Bühne des Analytikers erscheint. Der Freudsche Triebdualismus hat es bisher der psychoanalytischen Tradition bequem gemacht, die «sadistische» Natur des Triebs, wie sie Nietzsche als Erscheinungsweise des Lebendigen – jenseits von Moral – begriffen hat, nicht zur Kenntnis zu nehmen und die Machtbedingungen der Gesprächssituation zu verleugnen.

Die Freudsche Triebauffassung, die ihn nach der Einführung der Todestrieblehre immer mehr in die Bedrängnis brachte, sich dem Jungschen Triebmonismus zu ergeben, hat nach Freud dazu geführt, daß es in der Aversion gegen Jung nie zu einer Entwicklung des dualistischen Triebbegriffs kam und eine dialektische Fassung – in der allgemeinen intellektuellen Dürftigkeit der Psychoanalyse – nicht entstehen konnte. Die Libido geht nämlich auf Einverleibung und Übermächtigung, auf Aneignung und Anreicherung und im Zuge dessen auf Aufhebung und Vernichtung des Objekts. Das andere sich durch Übermächtigung anzueignen, angeeignet zu werden in der Übermächtigung durch den anderen, ist der Gang der Libido, die wechselnd sich entäußert als Objektlibido oder in der Verinnerlichung als narzißtische Libido sich befriedigt. Im «erogenen Masochismus», der Grundform des Triebs, stellen sich jeweils die passiven Triebziele der Libido dar in der übermächtigenden Aneignung durch den anderen, und in der übermächtigenden Aneignung des anderen die aktiven Triebziele; in beiden Aspekten repräsentiert sich jedoch die Libido in ihrer «sadistischen» Natur (s. dazu Pohlen und Bautz-Holzherr 1991, S. 197 f).

3. Die Deutungsmacht

des Analytikers: die Erfindung der analytischen Situation und die Konstruktion der Übertragung

3.1 Die «falsche Verknüpfung»: das Machtwort Freuds zur Entfernung der Triebnot des Analytikers

Der verwirrende Gebrauch von Definitionen zur Bezeichnung psycho-analytischer Erfahrungen und Erkenntnisse spiegelt die Konfusion der wissenschaftlichen Bestimmung darüber wieder, was Psychoanalyse ist. Die Verwirrung liegt nicht nur an dem unterschiedlichen logischen Status der Begriffsbildung, sondern auch an dem unwissenden Gebrauch inhaltlicher Definitionen von Begriffen, *termini technici* und Konstrukten. Das psychoanalytische System ist nicht auf der Dimension von empirischer und reiner, abstrakter Begrifflichkeit (Kant) formulierbar, die Psychoanalyse ist auch nicht auf der Dimension eines empirischen Rationalismus darstellbar, ihre Anschauungsformen beruhen auf einer metaphorischen Rede, die sich der Analogie bedient, um zu ihren Ansichten zu gelangen. Die Termini der Psychoanalyse haben nach der Schullogik den Status von *termini technici*, das sind bloße Fachausdrücke, zum Beispiel Libido; und von Konstrukten, die also keine gegebenen Tatsachen bezeichnen, sondern rein gedanklich konstruierte, zu Erklärungszwecken eingeführte Gebilde sind, zum Beispiel das Unbewußte, der Trieb, die Übertragung.

Die Freudschen ‹Begriffe› sind erzählte Geschichten, so wie die Freudschen Entdeckungen erzählte Geschichten sind und keine Erkenntnisse im wissenschaftslogischen Sinn; das heißt, die psychoanalytische Begrifflichkeit Freuds gibt die Genese der psychoanalytischen Erfahrungen wieder. Die Beobachtungen Freuds beruhen auf den von ihm gebildeten Konstrukten, die sich den Erfindungen seiner Einbildungskraft verdanken. Das beobachtende Ich machte seine Wahrnehmungen, indem es das «Ungeklärte» durch «naheliegende Schlußfolgerungen» ergänzte.

«Alle Wissenschaften beruhen auf Beobachtungen und Erfahrungen, die unser psychischer Apparat vermittelt. Da aber unsere Wissenschaft diesen Apparat selbst zum Objekt hat, findet hier die Analogie ein Ende. Wir machen unsere Beobachtungen mittels desselben Wahrnehmungsapparats, gerade mit Hilfe der Lücken im Psychischen, indem wir das Ausgelassene durch naheliegende Schlußfolgerungen ergänzen und es in bewußtes Material übersetzen. Wir stellen so gleichsam eine bewußte Ergänzungsreihe zum unbewußten Psychischen her. Auf der Verbindlichkeit dieser Schlüsse ruht die relative Sicherheit unserer psychischen Wissenschaft» (Freud GW XVII, S. 81).

Die Ergänzungen der Auslassungen durch Freud beruhen also auf naheliegenden, ihm nahegelegten Schlußfolgerungen wie «Ödipus», «Inzest» – statt «Archetypen» oder «Organminderwertigkeit» und so fort; das heißt, seine Ergänzungen sind Amplifikationen, weitere Ausführungen der Rede seines Patienten unter der Optik des von ihm konstruierten ödipalen Geschicks, das im Mittelpunkt seiner Anschauungen steht. Andere haben sich andere Zentren ihrer Anschauung gewählt; Freud war von dieser ödipalen Wahl beherrscht.

Der Analytiker ist von Konstrukten besetzt, Gebilden seiner Einbildungskraft, welche die Handhabung der analytischen Situation bestimmen. Der Terminus Amplifikation ist bewußt gebraucht, weil diese Bezeichnung, die C. G. Jung für sein deutendes Vorgehen wählte, orthodoxe Analytiker immer in Angst und Schrecken versetzt wegen der für sie damit verbundenen Verletzung von Neutralität, obwohl ihre Interventionen nichts anderes darstellen als ihre eigenen Erweiterungen der Patientenrede. Dabei ist es belanglos, ob diese Deutungen klassifikatorisch beschreibend, propositional erklärend, konfrontativ sind oder Interventionen im eigentlichen Sinn und so fort; letzten Endes geschehen alle Interventionen auf dem Hintergrund der gewählten Anschauung des Analytikers, und diese wiederum bestimmt fundamental die Strukturierung der Analyse. Die aseptische Behandlung der analytischen Situation durch die beschriebene Formalisierung und Neutralisierung der therapeutischen Beziehung kann aber nur aufrechterhalten werden, wenn man die Genese dieses Konstrukts vergessen macht. Die Modernisierung der Psychoanalyse gerade auch im Aspekt formalisierter Aufspaltung in neurotische und unneurotische Übertragung durch die Ausgestaltung der sogenannten «therapeutischen Ich-Spaltung» bewirkt, indem sie ihren Ursprung bei Freud nicht mehr wissen will, eine illusionäre Verkennung des infektiösen Charakters der analytischen Beziehung.

Für gewöhnlich wird der Beginn der psychoanalytischen Technik als Sprachkur festgelegt für den Moment der Abkehr Freuds von Hypnose, Suggestion und gezielter Exploration, und die Einführung der Grundregel wird als Indikator für den Wechsel von autoritär-bemächtigenden Verfahren zur eigentlichen analytischen Technik angesehen; statt der Herrschaft der bewußten Zielvorstellungen über den Vorstellungsablauf nun, in bloßer Umkehrung, die Herrschaft der unbewußten Zielvorstellungen über den Assoziationsverlauf. Allerdings ist die Einführung der Grundregel mit der «freien Assoziation» des Patienten und der «gleichschwebenden Aufmerksamkeit» des Analytikers das Ergebnis einer behandlungstechnischen Entwicklung bei Freud, die nur eine Übersetzung der anfänglich unmittelbar-suggestiven Prozeduren zu sein scheint. Die Änderung seiner Behandlungstechnik läßt sich allein unter dem Gesichtspunkt der Isolierung und Distanzierung von emotionaler Infektion und körperlicher Berührung lesen: es sind Reaktionsbildungen auf Freuds Gefährdungen der Versuchung und Verführung in wechselseitiger Kontamination mit dem Patienten und zeigen Freud immer sogleich in einer defensiven Position, wenn der Patient sein Begehren äußert.

Die Polarisierung in der Freudschen Behandlungstechnik zwischen der Herrschaft der bewußten Zielvorstellungen über den Vorstellungsablauf und der Herrschaft der unbewußten Zielvorstellungen über den Assoziationsverlauf ist allemal zurückzuführen auf Freuds Handhabung von Psychotherapie. Ging er in den Anfängen von dem Konstrukt aus, daß allen «Vorsätzen» und «Vorstellungen», dem gesamten Vorstellungsleben, Kontrastvorstellungen unterliegen, so lag für ihn die therapeutische Konsequenz darin, amplifizierend, so möchten wir sagen, die Kontrastvorstellungen wie das Negativ zum Positiv aufzusuchen in der suggestiven Exploration während der Massage oder in der gezielten Exploration unter der Hypnose, um dadurch eine kathartische Abfuhr der traumatisierenden Vorfälle zu ermöglichen. Das Aufsuchen und Wiederfinden der Kontrastvorstellungen ist allein Freuds Einbildungskraft entsprungen, aufgrund deren er eine Dissoziation des Bewußtseins annahm, wie er es bei seinen hysterischen Patientinnen unterstellte, und in Konsequenz dessen pathogenen Reminiszenzen durch die von ihm angewandten Prozeduren ‹absprechen› lassen wollte. Der Einfluß Freuds durch die hypnotische Befragung war so bestimmend, daß sich dieser auch während der Massage so geltend machte, daß die Patientin mit Freud während des Massierens pathogene Reminiszenzen unaufgefordert ‹absprechen› konnte: «Es ist, als hätte sie sich mein Verfahren zu eigen gemacht und benützte die anscheinend ungezwungene und vom Zufalle geleitete Konversation zur Ergänzung der Hypnose» (Freud GW I, S. 108). Die Patientin brachte sich also mit Freud in Übereinstimmung und verfolgte mit ihm ‹absichtlich› bestimmte Zielvorstellungen, die seinem Vorhaben entsprachen. Die Patienten wußten um Freuds Absichten, die Erinnerungen, das heißt die pathogenen Reminiszenzen auszulöschen, so daß sie konsensuell mit ihm dieselben Ziele verfolgten, wie es diese Patienten und andere dann auch zeigten.

Man muß sich vergegenwärtigen, daß Freud Massagen, Hypnosen, die Befragungen unter der Hypnose und die Exploration während des Massierens in der Regel täglich zweimal ausführte und seine Einflußnahme noch durch die Lehren vertiefte, die er den Patienten während der Hypnose über seine Methode erteilte. Diese vernünftelnde, pädagogische Seite, die anderen zu belehren und aus allem eine Lehre zu ziehen (Robert 1967, S. 70), ist ein bemerkenswerter Zug Freuds, der seine Deutungen immer auch zu Erläuterungen und intellektuellen Erklärungen verwendete, um seine Einflußnahme auf den Patienten zu verstärken. Diese Haltung Freuds wird besonders in den Therapien von zwanghaften Patienten (s. Freud GW VII, S. 400 f) deutlich, in denen er umfängliche theoretische Erklärungen abgab, die Bestandteil von Deutungen waren und den Patienten die theoretische Begründung und Rechtfertigung für die Deutung mitgaben, so daß sich die Patienten wiederum über diese Intellektualisierung in Übereinstimmung mit dem Therapeuten und seinem Deutungsverfahren brachten und entsprechendes Material produzieren konnten. Das Beispiel aus der Behandlung des «Rattenmannes» (Bemerkungen über einen Fall von Zwangsneurose) stammt aus einer Zeit lange nach der Einführung der analytischen Methode, zeigt aber ein vergleichbares Vorgehen Freuds: die Technik nach dem Beginn der Sprachkur ist analog mit den Prozeduren vor ihrer Einführung, und es läßt sich gerade an den «Studien über Hysterie» nachweisen, daß die analytische Methode eine Übersetzung der hypnotisch-suggestiven ist. Die Patientin Emmy v. N., ein exemplarischer Fall, brachte sich mit Freud dadurch in Übereinstimmung, daß sie sich seine Methode zu eigen machte, und dies hing Freud zufolge mit ihrer unleugbar großen Suggerierbarkeit (s. Freud GW I, S. 155) zusammen; freilich wird diese Beeinflußbarkeit (Suggestibilität) der Patientin nicht von Freud in Zusammenhang gebracht mit seiner Suggestivität ihr gegenüber. Seine Einflußmacht wird unterschlagen, obwohl sie in der Beschreibung seines Vorgehens in der zwingenden Intention offensichtlich ist. Die unleugbar große Suggerierbarkeit der Patientin hat später ihre Entsprechung in der ebenso unleugbar großen Übertragungsbereitschaft von Patienten, die genauso wie die Suggestivität auf der Glaubensbereitschaft an die väterlich-priesterliche Autorität des Arztes beruht.

In der Psychoanalyse ist unseres Wissens bis heute nicht der Frage nachgegangen worden, warum sich Frauen mit sogenannter erhöhter Suggerierbarkeit dem Arzt anboten: seien es die Frauen aus niederem Stande, die von Charcot in der Sâlpetrière in Paris dem Publikum wie im Theater zur Unterhaltung vorgeführt wurden, seien es Frauen aus höherem Stand, privilegiert genug, um sich bei Freud auf dieser Bühne einer geschlossenen Gesellschaft der Analytiker vorführen zu lassen und die psychoanalytische Literatur zu unterhalten. Die Frauen rückten in der medizinischen Wissenschaft wegen des Aufklärungsinteresses gegenüber der Natur des Menschen so in den Mittelpunkt, weil sie, nach dem Ende ihrer Standesdefinition in der Feudalzeit, jetzt, im ausgehenden 18. und im vollendeten 19. Jahrhundert, «charakterlich» definiert (s. Sandkühler 1990, S. 31) wurden und die Aufklärung des «Geheimnisses der Frau» gleichbedeutend wurde mit der Aufklärung von Natur. Dieser romantische Zug in der Aufklärung der weiblichen Natur geht auf Rousseau zurück, der seinerseits von Idealen der Antike und Renaissance bestimmt war und dessen romantischer bürgerlicher Weiblichkeitsentwurf in der Psychoanalyse wirksam war und bis heute nachwirkt, wie überhaupt Freud und die Psychoanalyse eine späte Erbin der Rousseauschen Hinterlassenschaft zu sein scheinen. Mit der Erforschung der weiblichen Natur war die Entdeckung ihres «Geschlechtscharakters» verbunden, dessen Störungen das auffällige Interesse der Männer erregte und deren naturrechtliche Vorstellungen eine neue Wesensbestimmung der Frau herbeiführte. Indem eine Biographie der Frau erfunden wurde, deren ‹natürliche› Wesensbestimmung in der Abhängigkeit der durch den Mann geschriebenen Geschichte ‹aufgeklärt› wurde, schrieb sich für Freud und die Analytiker die Biographik der Familie, die Geschichte des Ödipus als determinierend ein. Und so wurde über die Naturaufklärung der Frau eine psychologische Aufklärung der bürgerlichen Familie als natürliches Wesen im Geschick des Ödipalen besorgt: Ödipus ist die Metaphysik (s. Pohlen und Bautz-Holzherr 1991, S. 222 f) der Psychoanalyse, und in und durch Ödipus schreibt sich die Geschichte der bürgerlichen Herrschaft, die seit Rousseau ein Entwicklungs- und Bildungsroman in der Vervollkommnung des Menschen und der Gesellschaft ist – im Gegensatz zur Statik des von Geburt besiegelten Geschicks des feudalen Menschen.

Über die Biographik der Frau, die in solcher Niederschrift als hysterisches, das heißt grenzüberschreitendes Wesen vorgeführt wird, das in der Macht seiner Konversionsnatur alle Organe zu (Zeugungs-)Gliedern machen kann – *hystera*: alles von der Gebärmutter ausgehend gedacht –, wird also die ödipale Familienkonstituierung vorgenommen. Die von Freud verfaßte Geschichte, welche die herrschenden Verhältnisse widerspiegelt, verfügt die Einbindung der weiblichen Natur in die Familienorganisation, wiederholt die Fesselung und Zähmung von Natur im ödipalen Geschick, in das jedes Triebschicksal eingezeichnet wird. Die romantische Verklärung dieser Erniedrigung von Triebnatur offenbart sich in einem als anthropologische Konstante gedachten Triebschicksal der Frau, die zur kulturellen Repräsentantin von traditionsbewahrender Rezeptivität und Passivität gemacht ist. Der Urheber dieser Pathographien über Frauen, der Autor mit der Schlüsselgewalt zur Entzifferung des Weiblichen, gerät nicht in den Blick, obwohl er doch, im Mittelpunkt des Geschehens stehend, der zentrale Angriffspunkt für eine Analyse des Machtbegehrens sein müßte. Die Unterwerfung der Frauen, die Freud bei der Veranstaltung seiner «Kunststücke» (Freud GW XIV, S. 52) gehorsam folgten und bereitwillig die von Freud entdeckte Minderwertigkeit der Frauen auf sich nahmen, ist eine nicht zu vernachlässigende Größe in der Machtgleichung mit dem Mann. Allerdings brächte erst die Untersuchung des Konstrukteurs der Konstruktionen, die zu einer androzentrischen Geschichtsschreibung geführt haben, Licht in das Dunkel des Freudschen Begehrens. Die Verdunklung der Motive solcher Geschichtsschreibung ist die Bedingung für die Aufrechterhaltung der männlichen Vorherrschaft und damit eine bedingende Kraft für die Herrschaft der bürgerlichen Familienorganisation, die allen Klassen und zuletzt allen Kulturen kolonialistisch aufgezwungen wurde – ein weißer Rassismus (Baudrillard 1982). In dieser Hinsicht übt die Theorie wie die Praxis der Psychoanalyse eine herrschaftslegitimierende und herrschaftsstabilisierende Funktion für die westliche Gesellschaft aus. Der ideologische Beitrag der Psychoanalyse zum nihilistisch-aktivistischen

Denken des Westens zeigt sich in dem von ihr propagierten Mythos von Ödipus, der sich, von den Analytikern übersehen, als ‹Held der westlichen Welt› erweist.

Der Weg zu den Anfängen der Psychoanalyse ist deshalb so erhellend, weil wir hier, im ursprünglichen Entwurf der analytischen Psychotherapie, den Umgang mit und die begriffliche Bearbeitung der kommunikativen Beziehungen unmittelbar vor Augen haben – und nicht entstellt durch eine rationalisierende Tradition in der psychoanalytischen Bewegung nach der Einführung der «Grundregel». Es ist also aufklärend, daß der Hypnotiseur, dem sich aufgrund seiner Suggestivität die Suggestibilität des Patienten als Reaktion einstellt, weder bei Freud noch bei anderen analytischen Autoren in den Mittelpunkt des Erkenntnisinteresses gerät. So wurde von Gill und Brenman (1947 und 1959) die Theorie der Hypnose zwar deskriptiv weiter aufgefächert durch Einführung umschriebener Teilbegriffe in der Unterscheidung einer Induktionsphase und dem hypnotischen Zustand im engeren Sinne, der Regression in frühere Entwicklungsphasen, der Steuerung der Aufmerksamkeit auf den Hypnotiseur und letztlich, im eigentlichen Sinn, dem hypnotischen Zustand, in dem eine neue Ich-Organisation erreicht werde; freilich kein Wort der Analyse über den Hypnotiseur als Regisseur und Hauptakteur des Geschehens – ein für die Psychoanalyse charakteristischer Zug, der sich bis heute, trotz der Beschwörung der Wichtigkeit des im Mittelpunkt des Geschehens stehenden Analytikers, durchgehalten hat. Die Aufklärung wird zwar für alles und jedes besorgt, aber der analytische Aufklärer bleibt mit seinem Begehren immer ausgeblendet. Kommt der Therapeut als ‹Leitidee› verbal ins Zentrum der Betrachtung, dann wird seine imperative Funktion sogleich neutralisiert, indem er zum ‹Einbezogenen› und ‹Betroffenen› des Prozesses gemacht wird.

Erst die Sozialpsychologie hat aufgrund der Übertragung der von ihr gewonnenen Erkenntnisse über Beeinflussung von Versuchspersonenverhalten durch die unausgesprochenen Erwartungen des Versuchsleiters («Rosenthaleffekt», Rosenthal 1963) zum ersten Mal den Hypnotiseur als Hauptbeteiligten an der hypnotischen Situation in den Mittelpunkt der Analyse gerückt. Dabei geht es hier ‹bloß› um unausgesprochene Erwartungen, die uns später noch beschäftigen werden bei der Analyse der Interaktion der klassischen analytischen Situation; im Zusammenhang der hier zu untersuchenden suggestiven und hypnotischen Situation sind die Erwartungen des Therapeuten durch den Vorgang der

Hypnose und der suggestiven Befragung offensichtlich und die Ziele, ‹Vernichtung› der pathogenen Reminiszenzen durch ‹Absprechen› (Katharsis) für den ‹Versuchsleiter› wie für die ‹Versuchsperson› noch eindeutig.

In der weiteren Verfolgung der Analogie zwischen der präanalytischen und posthypnotischen Tätigkeit Freuds müssen wir eine Legende berücksichtigen, die Freud zur Begründung seines Bruchs mit den hypnotischen Verfahren einführte. Es ist jener Vorfall, der sich nach einer Analysestunde ereignete, als eine Patientin ihn umarmte und küssen wollte. Dieser für Freud traumatisierende Vorfall scheint aber zu verdecken, daß er doch in der Hypnose und der damit verbundenen Massage und körperlichen Untersuchung[19] seiner Patientinnen ständig eine Nähe praktizierte, die heutige Analytiker fassungslos machen würde. Es liegt also nicht fern zu vermuten, daß dieser Vorfall nur deshalb so pathogen wirkte, weil er im Zusammenhang einer für Freuds Praxis ausweglos erscheinenden Situation stehen könnte. Denn die Vorbemerkungen zu dieser Ausführung über jenes Ereignis lassen etwas ganz anderes zutage treten: Freud spricht nämlich davon, daß selbst die schönsten Resultate der hypnotischen Katharsis plötzlich wie weggewischt wären, wenn sich das persönliche Verhältnis zum Patienten getrübt habe. Sie stellten sich zwar wieder her, wenn man den Weg zur Versöhnung fände, aber man würde belehrt, daß die persönliche affektive Beziehung doch mächtiger wäre als alle kathartische Arbeit, und gerade dieses Moment entzöge sich der Beherrschung. Diese persönliche affektive Beziehung, die nach

---

19 Der Fall der Mathilde S., die Eingang in den Initiationstraum der Psychoanalyse, in jenen, von den Analytikern so geschundenen Traum von «Irmas Injektion» gefunden hat, war ein Fall von akuter Porphyrie mit Todesfolge nach Sulfonalapplikation, von dessen toxischer Wirkung Freud jedoch damals nichts wissen konnte. Allerdings zeigen die Umstände dieses Falls, daß Freud gegenüber seinen Patientinnen eine zwar medizinisch zu legitimierende Praxis des körperlichen Eingriffs ausführte, die jedoch in merkwürdigem Kontrast zu dem von ihm entwickelten Abstinenzprinzip stand: Aus den ärztlichen Berichten dieser Zeit geht eindeutig hervor, daß Freud mehrfache Eiweißuntersuchungen sowie mikroskopische Harnanalysen am Urin seiner Patientinnen vornahm, den er selbst mit Katheter gewonnen hatte. So sandte auch Freud Proben des von ihm abgenommenen Urins seiner Patientin an ein medizinisch-chemisches Labor, wenn in seiner Praxis das diagnostische Instrumentarium nicht ausreichte. (Den Hinweis auf diese Arbeiten von Voswinckel 1988 und 1990 verdanken wir Herrn Prof. Dr. M. Doss, Klinische Biochemie Marburg.)

Freuds Erfahrung immer in einem ungetrübten Verhältnis, das heißt in einer Atmosphäre von Zuneigung sich herstellt, verlangt vom Arzt zum Ausgleich des persönlichen Opfers (Freud GW I, S. 308) der Patientin, das diese wegen ihrer erotischen Offenbarung bringt, sein Liebessurrogat zur Vergeltung; allerdings scheint die geduldige Freundlichkeit des Arztes, wie Freud erwartet hatte, als solches Surrogat eben nicht zu genügen. Denn die Forderung jener Patientin, die Freud nach der Hypnose umarmen und küssen wollte, war das Verlangen nach einer Beziehung der Gegenseitigkeit. Eine solche Gegenseitigkeit wäre jedoch die Konsequenz aus Freuds Verführung zur körperlichen und affektiven Nähe mit den Patientinnen gewesen, die doch unter dem «Druck» seiner körperlichen Berührung standen und unter dem «Drängen» seiner Erwartungen auf erotische Verknüpfungen in ihren Vorstellungen.

Freud hat sich diesem aktuellen Triebkonflikt entzogen durch die Entfernung in die Technik wie durch die Entfernung des Konflikts in die Vergangenheit. Und an dieser Aufspaltung der therapeutischen Beziehung und der Rückverweisung des Patienten auf sich selber, in dessen Schuld nun alle Verführung und Versuchung gesetzt ist, krankt die Psychoanalyse bis heute. Freud schreibt im Zusammenhang des Vorfalls mit jener Patientin:

«Sodann machte ich eines Tages eine Erfahrung, die mir in grellem Lichte zeigte, was ich längst vermutet hatte, als ich einmal eine meiner gefügigsten Patientinnen, bei der die Hypnose die merkwürdigsten Kunststücke ermöglicht hatte, durch die Zurückführung ihres Schmerzanfalls auf seine Veranlassung von ihrem Leiden befreite, schlug sie beim Erwachen ihre Arme um meinen Hals. Der unvermutete Eintritt einer dienenden Person enthob uns einer peinlichen Auseinandersetzung, aber wir verzichteten von da an in stillschweigender Übereinkunft auf die Fortsetzung der hypnotischen Behandlung. Ich war nüchtern genug, diesen Zufall nicht auf die Rechnung meiner persönlichen Unwiderstehlichkeit zu setzen und meinte, jetzt die Natur des mystischen Elements, welches hinter der Hypnose wirkte, erfaßt zu haben. Um es auszuschalten oder wenigstens zu isolieren, mußte ich die Hypnose aufgeben» (Freud GW XIV, S. 52).

Jener Vorfall der Umarmung, dessen «peinlicher Auseinandersetzung» Freud enthoben war durch das Dazwischenkommen eines Dritten und die «stillschweigende Übereinkunft» der Beendigung des peinlichen Verfahrens, zeigt Freud gefangen in der Epoche eines heuchlerischen und selbstgerechten Moralismus. Es ist die Mentalität einer Epoche, der Nietzsches Feldzug gegen die Moral und seinen «Immoralismus» hervorgebracht hat und seine radikale Kritik an den moralischen Werten des Christentums, deren Ende sich in seiner Philosophie spiegelt (s. Montinari 1991, S. 132). Die puritanische Mentalität und die sexuelle Doppelmoral, wie sie sich in der Nachfolge Freuds findet, zeigt sich liberal in der sublimierenden Beschäftigung mit dem sexuellen Phantasma und von kleinbürgerlich-familialistischer Triebökonomie, wenn es um die intellektuelle Verurteilung der provozierten Sinnlichkeit geht. Die sexuelle Prüderie der Analytiker und ihre ungeheure Angepaßtheit an den moralischen Kodex der Gesellschaft kennzeichnet ihre Bewegung von den Anfängen bis heute. Psychoanalyse, deren Entstehung im Kontext des Puritanismus zu begreifen ist, bewegt sich seit Freud im Einerseits des Triebverzichts als realitätswidriger Verdrängung und im Andererseits als kulturfördernder Sublimierung: «Freuds unaufgeklärte Aufklärung» erweist sich darin, daß er als «später Feind der Heuchelei zweideutig zwischen dem Willen zur hüllenlosen Emanzipation des Unterdrückten, und der Apologie hüllenloser Unterdrückung» (Adorno 1973, S. 72) steht. Und dieser Widerspruch zwischen der erklärten Absicht der Aufhebung von Triebunterdrückung und der pragmatischen Anleitung des Patienten zur intellektuellen Verurteilung der wachgerufenen Triebe läßt Freud wie die Psychoanalyse in der Nachfolge jenes Puritanismus erscheinen, den sie zu bekämpfen vorgibt und dessen soziale Verwerfungspraktiken sie nur intellektualisiert hat. Das von Freud erzeugte analytische Setting hat die Funktion eines radikalen Berührungstabus, und zugleich soll es der Bewußtmachung der unterdrückten Sinnlichkeit auf dem Wege der Übertragung dienen: die Übertragungssituation produziert jene sinnlich-sexuellen Erscheinungen, und das gleichzeitige Berührungstabu bringt die Situation in einen unauflösbaren Widerspruch. Die lautstarke zölibatäre Entrüstung über sexuellen Mißbrauch in der Analyse, wie sie von analytischen Vertretern (Cremerius 1993) öffentlich deklamiert wird, grenzt an Heuchelei, wenn das Wissen darüber unterschlagen wird, daß das klassische analytische Setting in der konstruierten Übertragung eine unausweichlich auf den Therapeuten fixierte Beziehung erzeugt, die zu einer systematischen sexuellen Aufladung durch das Berührungstabu führen muß. Psychoanalyse macht sich hier durch den Ruf nach der Polizei, nach Vergeltung und Strafe zum Fürsprecher des ‹gesunden Volksempfindens›. Jene moralische Empörung über den sexuellen Mißbrauch ist vergleichbar der Entrüstung eines Geistlichen über die sexualisierende Praxis der Ohrenbeichte seines Confraters. Die durch den katholischen

124

Beichtspiegel repräsentierte obszöne Sphäre einer Geständnispraxis hat Bataille (1972), ähnlich dem «Mann mit dem Tonband», radikal umgekehrt durch den tatsächlichen Einbruch des Subjekts in den Beichtraum des Priesters: der Geistliche, Regisseur und Verführer der Beichtsituation, wird zum Objekt der Verführung, indem er Opfer der von ihm erzeugten Lust an der Sünde wird. Der Verführer, beim Wort genommen, erleidet buchstäblich durch seine Vergewaltigung den Rückschlag der von ihm im Phantasma des sündhaften Körpers und verderbten Fleisches auf die Frau projizierten sexuellen Gewalt.

Es ist unnötig, darauf zu verweisen, daß es hier nicht um die Verwischung der Grenzen zwischen Täter und Opfer im kriminellen Sinn geht; vielmehr um die Entlarvung von moralischer Entrüstung, die nichts anderes zu sein scheint als eine Ablenkung auf das Sexuell-Handgreifliche einer professionellen Verfehlung, wo die nicht greifbare seelische Ausbeutung und Zerstörung durch die dem analytischen System innewohnende Machtpraxis nicht in den Blick genommen zu werden braucht. Aus Angst vor moralischer Sanktionierung wird nirgends der Versuch unternommen, die Mißbrauchsdiskussion aus der kleinbürgerlichen Enge eines selbstgerechten Moralismus herauszuführen. Im Gegenteil, man muß den Eindruck gewinnen, daß auch Analytiker von der zur Zeit gebräuchlichen Ideologie des sexuellen Mißbrauchs, die eine projektive Ablenkung von der die Gesellschaft beherrschenden Selbstbezogenheit der Subjekte zu sein scheint, profitieren wollen, um damit ihre soziale Verträglichkeit zu legitimieren: Psychoanalyse, die ursprünglich mit dem Anspruch auf ‹sexuelle Revolution› angetreten war, kann ihre Ungefährlichkeit für das Gemeinwohl demonstrieren.

Freud, der wußte, daß die persönliche affektive Beziehung die Triebfeder der Behandlung war, die er aber nicht beherrschen konnte, versucht nun den Münchhausen-Kunstgriff, diese auszuschalten oder wenigstens zu isolieren: die Bedingung seiner Einflußmacht, die persönliche affektive Beziehung, welche die Behandlung trägt, soll nun als mystisches Element der Hypnose abgeschafft werden. Freud ergreift die Flucht vor den Erscheinungen seiner Einflußmacht und versucht sich durch eine geänderte Technik zu retten, die aber wiederum von denselben Bedingungen der persönlichen affektiven Beziehung eingenommen ist. Die Selbstneutralisierung Freuds zum Schutz vor Kontamination findet ihren Niederschlag in einer geänderten Technik, die zur nächsten Konfrontation im Verlangen des Patienten auf Gegenseitigkeit führt, vor der

Freud wiederum seine Flucht durch weitere Isolierung und Distanzierung in Form technischer Handhabung sucht.

So läßt sich unter der Optik der Freudschen Verweigerung von Gegenseitigkeit, vor allem aus dem Blickwinkel des Patienten mit dessen Anspruch auf Anerkennung der Gegenseitigkeit, die Entwicklung der Psychoanalyse als Versagung von Gegenseitigkeit lesen: das die therapeutische Situation bedingende Machtbegehren der Einflußnahme ruft genau jene Entsprechung beim Patienten hervor, vor der der Analytiker ständig auf der Flucht ist. Freud und der Psychoanalyse ergeht es wie dem Zauberlehrling Goethes, der die Geister, die er rief, nicht mehr los ward – «Herr, die Not ist groß! / Die ich rief, die Geister / Werd' ich nun nicht los» (I, S. 115). Und Freud weiß, im Gegensatz zu seinen Isolierungsversuchen, daß er die Geister dieser persönlichen affektiven Beziehungen nicht mehr los wird.

«Zur Triebunterdrückung, zum Verzicht und zur Sublimierung auffordernd, sobald die Patientin ihre Liebesübertragung eingestanden hat, hieße nicht analytisch, sondern sinnlos handeln. Es wäre nicht anders, als wollte man mit kunstvollen Beschwörungen einen Geist aus der Unterwelt zum Aufsteigen zwingen, um ihn dann ungefragt wieder hinunterzuschicken. Man hätte ja dann das Verdrängte nur zum Bewußtsein gerufen, um es erschreckt von Neuem zu verdrängen» (GW X, S. 312).

Die versuchte Selbstneutralisierung der Freudschen Einflußnahme, die seit jenem von ihm so beschriebenen Vorfall offenkundig wird, folgt den Spuren Bernheims, auf den er wieder zurückgreift, um sein Konzentrationsverfahren zur Fokussierung der pathogenen Reminiszenzen ohne Hypnose auszugestalten. Bei dieser Technik legte Freud wie Bernheim dem Patienten die Hand auf die Stirn oder auch auf andere Körperpartien und drängte sie, die «vorhandenen pathogenen Vorstellungsreihen... zum Vorschein zu bringen» (GW I, S. 268), weil er Bernheim zufolge davon ausging, daß ähnlich wie im posthypnotischen Zustand die Erinnerungen des Somnambulismus im Wachzustand durch Drängen wieder hervorzurufen seien. Und da dieses Drängen Freud Anstrengung kostete, war ihm, wie er sagt, die Deutung nahegelegt, daß er einen Widerstand zu überwinden hätte – das Konstrukt des Widerstands war erfunden. Diese Konzentrationstechnik war eine zwingende Intention gegenüber dem Patienten, mit Druckprozedur und dem imperativen Drängen «das abwehrlustige Ich... zu überrumpeln» (GW I, S. 280). Es ging Freud also darum, die Patienten so zu drängen, «alles zu sagen, was ihnen unter dem Druck der Hand einfällt» (ebd.), und die Patienten dazu zu drängen, nichts zurückzuhalten, auch wenn sie es für unwichtig hielten oder peinlich empfänden – die Grundregel war erfunden; wenn auch mit dem kleinen Unterschied, daß bei dieser Grundregel des Konzentrationsverfahrens die Herrschaft der bewußten Zielvorstellungen über den Vorstellungsablauf beim Arzt wie beim Patienten explizit war, während sie später, bei der weiteren Ausgestaltung dieser Grundregel, als Herrschaft der unbewußten Zielvorstellungen über den Assoziationsverlauf nicht mehr greifbar war. Die Erwartungsvorstellungen und Absichten des Analytikers wurden nun implizit, so daß dadurch keine Konfrontation, kein Konflikt um Gegenseitigkeit mehr entbrennen konnte.

Man muß sich vor Augen halten, daß die nach dem Umbruch von der präanalytischen zur posthypnotischen Technik weiter ausgestaltete Methode des Assoziierens als «freien Assoziierens» die Aufforderung war, alles so zu nehmen, wie es in den Sinn kommt, auch wenn der Analysand es für unrichtig, nicht dazugehörig, für unsinnig hält, vor allem dann, wenn es ihm unangenehm ist, sein Denken mit dem Einfall zu beschäftigen. Dieses Prinzip, auf alles bewußte Nachdenken zu verzichten, unter völligem Verzicht auf kritische Auswahl des Gesagten in ruhiger Konzentration der Verfolgung der spontanen und ungewollten Einfälle sich hinzugeben (Freud GW VIII, S. 38), wird den Leser genau wie uns nicht als besonders abweichend von der früheren Methode des Assoziierens unter «Druck» und «Drängen» beeindrucken. Auch die korrespondierende Haltung der «gleichschwebenden Aufmerksamkeit» des Analytikers, der Freud zufolge dem Analysanden zuhören soll, ohne ein Element von dessen Äußerungen zu bevorzugen, das heißt mit ungelenkter Aufmerksamkeit das Material des Patienten aus den freien Assoziationen aufzunehmen, unterschlägt die Erwartungsvorstellungen des Analytikers, dessen Vorannahmen jetzt lediglich nicht mehr explizit sind wie früher im «Drängen» auf bestimmte Zielvorstellungen mit dem Patienten.

Diese Einstellung des Analytikers, «sich nichts besonders merken zu wollen und allem, was man zu hören bekommt, die nämliche gleichschwebende Aufmerksamkeit... entgegenzubringen», ist Freud zufolge «das notwendige Gegenstück zu den Anforderungen an den Analysierten, ohne Kritik und Auswahl alles zu erzählen, was ihm einfällt» (GW VIII, S. 377 f). Mit dieser Technik soll die Gefahr vermieden werden, seine Aufmerksamkeit absichtlich auf etwas zu richten und unter dem dargebotenen Material auszuwählen oder bei dieser Auswahl seinen Erwartungen oder Neigungen zu folgen; folgte man nämlich bei der Auswahl seinen Erwartungen, so sei man in Gefahr, niemals etwas anderes zu finden, als was man bereits wüßte; folgte man seinen Neigungen, so würde man sicherlich die mögliche Wahrnehmung fälschen. Man darf nicht vergessen, «daß man ja zumeist Dinge zu hören bekommt, deren Bedeutung erst nachträglich erkannt wird» (GW VIII, S. 377). Und Freuds Vorschlag am Ende, man halte alle bewußten Einwirkungen von seiner Merkfähigkeit fern und überlasse sich völlig seinem unbewußten Gedächtnis, ist eine grandiose Selbsttäuschung seiner Wahrnehmungsweise. Die Vorstellung nämlich, daß die Bedeutung des Materials erst nachträglich erkannt wird, gibt uns doch einen Wink auf seine Erwartungen und Neigungen, in der aktuellen Kommunikation mit dem Patienten die Bedeutung finden zu müssen für die Vergangenheit des Patienten, die sich nachträglich erst herstellt durch die Deutungsarbeit des Analytikers. Der Analytiker findet danach immer schon, was er bereits weiß gemäß seiner ‹Theorie›[20], und folgt Neigungen gemäß seinen ‹Kontrastvorstellungen›, welche die Wahrnehmung der Situation entstellen, das heißt fälschen müssen. Denn die aktuelle Situation erscheint jeweils auf dem Hintergrund dessen, was gewesen war, und ist deshalb gefälscht, weil sie nur als Wiederholung des Vergangenen und nicht als Gegenwart in Erscheinung tritt: es ist die klassische Entstellung der Gegenwart in die Vergangenheit, durch die nachträglich Bedeutung für das Material hergestellt wird. Und Freuds Anweisung, alle bewußten Einwirkungen von seiner Merkfähigkeit fernzuhalten und sich dem «unbewußten Gedächtnis»[21] zu überlassen, schließt, indem sie die bewußte Auswahl ausschließt, gerade die unbewußte ein. Die unbewußte Auswahl des Analytikers ergibt sich nämlich aus seinen Erwartungen gegenüber der analytischen Situation und gegenüber seinem Patienten, so daß seine «gleichschwebende Aufmerksamkeit» immer schon eine unbewußt ge-

---

20 Allerdings ist solche ‹Theorie› beliebig austauschbar mit den ‹Theorien› der von Freud abweichenden Schulen, deren Anschauungen in gleicher Weise eine implizite Zielvorgabe der Assoziationen darstellen.

21 Die Untersuchungen zur subliminalen Wahrnehmung (Bruner und Goodman 1947; McGinnies 1949 u. a.) haben allerdings gezeigt, daß gerade die nicht zielgerichtete, nicht gelenkte Aufmerksamkeit die Auswahl des Wahrgenommenen mehr bestimmt als die bewußte, zielgerichtete Wahrnehmung.

richtete ist, die den Assoziationsstrom des Analysanden ausrichtet und durch Deutungen lenkt. Denn gerade die Ausschaltung der bewußten Zielvorstellung scheint zur Vorherrschaft der nicht mehr genannten, aber nicht unbewußten impliziten Zielvorstellungen des Analytikers zu führen, der gelenkt ist von seiner Anschauung über die Bedeutung des Materials, das sich aus der von ihm konstruierten therapeutischen Situation ergibt. Die handgreifliche Lenkung des Patienten im voranalytischen Konzentrationsverfahren durch Druckprozeduren, bei denen sich unter dem wechselnden Druck der Hand jedesmal das einstellte, was Freud suchte, und die mit zunehmendem Druck einhergehende Intensivierung des Drängens ließen das Material des Patienten auftauchen, was für Freud immer «‹in der Nähe› bereit» (GW I, S. 271) war. Mit anderen Worten: es ist das für Freud in der Nähe liegende, für ihn nahegelegte Material, dessen Bedeutung damals noch seinen bewußten Zielvorstellungen entsprang. Die früher offenkundige, faßbare Lenkung der Assoziationen verkehrt sich später, posthypnotisch, zum inneren Druck und Zwang zur Produktion von Assoziationen, die dem entsprechen, was die entscheidende Zielvorgabe der als Übertragung festgelegten Situation dem Patienten zum Assoziieren auferlegt. Denn Deuten oder Konstruieren heißt doch: auf dem Hintergrund der Anschauung von der analytischen Situation ist das Material bereits präselegiert und dadurch präformiert. Jede Deutung erfolgt also entlang einer impliziten Deutungslinie, aus deren Verknüpfungen sich ein Deutungsschema ergibt: alle Objektbeziehungen zum Beispiel als Deutungslinien verknüpft im Schema Ödipus. Und so stellt sich ein Materialfluß unter der vorherrschenden Ordnung des ödipalen Aspekts her, der fortlaufend entsprechendes Material hervorbringt mit den entsprechenden, fortgesetzten Deutungen, die ihrerseits einen derart bestimmten Materialfluß produzieren und so fort – der schon erwähnte, schwindelerregende Teufelskreis der analytischen Situation schließt sich auf diese Weise.

Im bisherigen Verlauf unserer Analyse wurde klar, daß die Neutralisierung des Machtbegehrens des Analytikers durch die Entstellung der Situation, durch die systematische Verschiebung der Intentionalität vom Analytiker auf den Patienten sich vollzieht: alle Absichten und Bestrebungen, jedes Begehren werden dem Patienten unterstellt, und der Analytiker scheint nur Objekt der Zielstrebigkeit seines Patienten zu sein – auch wenn anderslautende Bekundungen heute den Analytiker als Subjekt des Geschehens definieren möchten. Freuds Bemühungen um die

Neutralisierung der Beziehung zum Patienten, die wir am Beispiel der Verschiebung von der präanalytischen zur posthypnotischen Technik dargestellt haben, dienten allemal der Dekontamination der emotionalen Ansteckung und körperlichen Berührung. Durch den Zwischenfall mit jener Patientin, die Freud umarmte, wurde nur jene zwischen Freud und seinen Patientinnen vorwaltende affektive Beziehung dramatisch inszeniert; für Freud nur ein Anlaß, die Neutralisierung der Beziehung weiter voranzutreiben.

Freud ordnete seine Beziehung zu den Patienten nach einem Schema der Störungen, wie es in der Allgemeinmedizin üblich ist, gestörte Funktionsabläufe auf ihre Störquelle hin zu untersuchen, um diese auszuschalten. Da nun die Mühewaltung und geduldige Freundlichkeit des Arztes für das Opfer der erotischen Offenbarung seiner Patientinnen ihm gegenüber als Liebessurrogat nicht genügen konnte – wie sonst wäre es zu verstehen, daß die Patientin ihn umarmte –, war Freud gedrängt, die Störquellen der affektiven Beziehungen systematisch in den Griff zu bekommen; das heißt aber, sie auf eine Stufe der Rationalisierung zu bringen, die ein begriffliches Abstandnehmen vom Körper und damit eine affektive Distanzierung ermöglichte. Die Kategorisierung der Hauptfälle von Störungen (GW I, S. 307 f) der affektiven Beziehungen liest sich wie eine Beziehungsgeschichte Freuds zu seinen Patientinnen: erstens die persönliche Entfremdung, die Freud auf die Zurücksetzung der Patientin oder die Herabsetzung des Arztes zurückführt; zweitens die Angst der Patientin vor sexueller Abhängigkeit, die er auf die Natur der therapeutischen Bemühung («Bekümmerung») durch den Arzt zurückführt; drittens die Übertragung peinlicher Vorstellungen auf die Person des Arztes, die Freud auf eine «falsche Verknüpfung» (GW I, S. 309) zurückführt.

All diese Störungen haben es zu tun mit der Trübung der «persönlichen affektiven Beziehung» zum Arzt, ob es die Zurücksetzung als Abweisung der Patientin durch den Arzt ist, ob es die durch die therapeutische Bekümmerung hervorgerufene Furcht vor sexueller Abhängigkeit vom Arzt ist, ob es die Übertragung auf den Arzt als «falsche Verknüpfung» ist, um dem von Freud gemeinten eigentlichen erotischen Objekt aus dem Weg zu gehen. Allemal geht es um die erotischen Verknüpfungen in den Deutungslinien dieser Störquellen, die sich zusammenfügen zum Schema eines erotischen Dramas, das Freud mit seinen Patientinnen gestaltete. Der genannten Störquelle der persönlichen affektiven Beziehung zum Arzt mußte Freud Herr werden, um die Situation für sich in den Griff zu bekommen; das heißt so zu beherrschen, daß nicht nur die Situation für ihn sinnvoll wurde, sondern die therapeutische Beziehung aus der Unstimmigkeit erotischer Verstörung herausgeführt wurde, wo gerade für Freud die erotische Verknüpfung grundlegend für seine Denk- und Verhaltensweise war. So ergab sich als endgültige Lösung der Störung die Notwendigkeit, die Bereinigung der auftauchenden peinlichen (erotisch ängstigenden) Vorstellungen gegenüber der Person des Arztes als Übertragung durch «falsche Verknüpfung» umzudeuten. Dieses Konstrukt der «falschen Verknüpfung» ist ein phantastischer Kunstgriff Freuds, seine Machtsetzung, mit der er das gesamte Begehren der Patientin ihm gegenüber als Verschiebung von den Primärobjekten auf ihn und in der umdeutenden Rückverschiebung auf diese in den Griff bekam: er war Herr der Situation, hatte Macht gewonnen über die von ihm hervorgerufenen erotischen Verknüpfungen und über die Objekte seiner Verführung, die nun zu fiktiven Subjekten des Geschehens gemacht waren.

Das Machtwort der «falschen Verknüpfung» legt den Sinn der Szene fest und bestimmt die Realitätszuschreibung; damit auch die Unterscheidung zwischen real und nicht real, neurotisch und unneurotisch, anstößig und unanstößig und so fort. Das Konstrukt der «falschen Verknüpfung», Springpunkt der Versagung von Gegenseitigkeit, hat endgültig das entbunden, was den Namen Psychoanalyse beansprucht. Auch in diesem Fall war der Anlaß eine dramatische Inszenierung des erotischen Begehrens, das eine Störung der persönlichen affektiven Beziehung bedingte, indem die Patientin «unbrauchbar zur Arbeit» (GW I, S. 309) wurde. Das Hindernis, das Freud in Erfahrung brachte, war der in der Patientin am Ende der Sitzung aufgetauchte Wunsch Freud gegenüber, daß er herzhaft zugreifen und ihr einen Kuß aufdrängen möge. Freud behilft sich in dieser Situation so, wie wenn der Wunsch, der die Patientin so erschreckte, die nächste, nur vom logischen Zusammenhang geforderte, der pathogenen Erinnerungen wäre.

«Es war also so zugegangen: es war zuerst der Inhalt des Wunsches im Bewußtsein der Kranken aufgetreten, ohne die Erinnerungen an die Nebenumstände, die diesen Wunsch in die Vergangenheit verlegen konnten; der nun vorhandene Wunsch wurde durch den im Bewußtsein herrschenden Assoziationszwang mit meiner Person verknüpft, welche ja die Kranke beschäftigen darf, und bei dieser Mésalliance – die ich falsche Verknüpfung heiße – wacht derselbe Affekt auf, der seinerzeit die Kranke zur Verweisung dieses unerlaubten Wunsches gedrängt hat. Nun ich das einmal erfahren habe, kann ich von jeder ähnlichen Inanspruchnahme meiner Person voraussetzen, es sei wieder eine Übertragung und falsche Verknüpfung vorgefallen. Die Kranke fällt merkwürdigerweise der Täuschung jedes neue Mal zum Opfer» (ebd.).

Durch diese Umdeutung unterstellte Freud der Patientin, daß ihr Begehren nicht ihm gelte, sondern nur auf ihn verschoben sei aus der Logik des herrschenden Assoziationszwangs, die den Wunsch mit seiner Person verknüpft habe. Aber durch diese Bereinigung kann Freud die Beziehung einer Nicht-Gegenseitigkeit aufrechterhalten und glauben, die Trübung der persönlichen affektiven Beziehung ausgeschaltet zu haben. Freud übersieht aber, daß er sich der Liebe bedient, die er unanstößigerweise reguliert, um Herr der Situation zu bleiben. Dieser Machteinfluß hält freilich nur so lange an, wie die nichterfüllte Liebe in der Hoffnung auf Befriedigung die analytische Beziehung unterhält; das heißt, nicht der Patient fällt merkwürdigerweise der Täuschung jedes neue Mal zum Opfer, sondern der Analytiker täuscht[22] sich und den Patienten jedes neue Mal.

Die Entstellung der therapeutischen Beziehung durch die Verschiebungstechnik im Konstrukt der «falschen Verknüpfung» war für Freud eine Not-Lösung, um sich die Macht seines erobernden Zugriffs auf die Seele zu erhalten, entsprungen aus der Abwehr Freuds gegenüber der von ihm hervorgerufenen erotischen Verwicklung. Es ist die «falsche Verknüpfung» Freuds, des Analytikers, und nicht des Patienten – die Geste der Macht in der Verfügung dessen, was falsch oder richtig ist. So verdankt sich die Erfindung der analytischen Situation dem Widerstand Freuds: die analytische Beziehung ist tatsächlich eine «Mésalliance», eine systematische «falsche Verknüpfung» des Beziehungsobjekts, eine Methode der falschen Verbindung, welche die Entfernung des aktuellen Triebobjekts für den Analytiker besorgt. Und dieser Widerstand Freuds hat sich in der analytischen Bewegung bis heute auch als Widerstand durchgehalten, die Verweigerung der Gegenseitigkeit als Machtproblem

---

22 Wir haben an anderer Stelle (Pohlen und Bautz-Holzherr 1991, S. 374f) ausgeführt, wie Freud dem Schwindelgeist in seiner Verführungstheorie aufgesessen ist, indem er sich und seine Patientin täuschte und indem er sich täuschte in der Entdeckung der Verführung seiner Schwestern durch den eigenen Vater: die Patientinnen sind jedesmal die getäuschten Opfer der Verführung Freuds.

zu erkennen und die therapeutische Situation daraufhin zu durchleuchten, wie diese Ungleichheit aufzuheben wäre durch eine anders konstruierte therapeutische Situation.

Die Deutungsart der «falschen Verknüpfung» privilegiert das Vergangene und bedingt eine besondere Form der Knechtschaft [23], weil sie das Subjekt an seine Vergangenheit fesselt und jede Gegenwart zur bloßen Folge des Vergangenen macht. Die Verkettung des Subjekts an das Zurückliegende entspringt jenem deterministischen Fatalismus, hat eine genetische Methode der Retrospektive erzeugt, nach der das Gegenwärtige immer unter dem Bann des Vergangenen steht und das prospektive Moment der Lebensbahn zum Erlöschen bringt. Der Weg zu den Anfängen setzt die Gegenwart außer Kraft und bedingt dadurch diese Form der Knechtschaft, weil das Vergangene sich jeder Einwirkung entzieht und die Ohnmachtserfahrung durch die Wiederholung des Gewesenen fixiert wird – trotz aller Beteuerungen der Überwindung des Vergangenen durch Aufarbeiten. Die Perspektive in die Vergangenheit, zu den Ursprüngen zurück, um den verborgenen Ursprung des Augenblicks aufzudecken, macht allein die Vergangenheit zum Ursprung des Geschehens und vernichtet die Gegenwart als Ursprungsort, so daß jedem Augenblick nur Bedeutung im Rückblick zukommt – der Gegenwart und damit der Prospektion des Augenblicks wird die Zukunft entzogen. Die Vergangenheitsperspektive ist von Fatum und Notwendigkeit beherrscht, das «Reich der Freiheit» ist aus dieser Sicht ausgeblendet, wie es auch die abwesende Freiheitsdiskussion in der Psychoanalyse auszeichnet. Der gebannte Blick zurück läßt das Leben erstarren: die umschaffende, gestaltschaffende Kraft der Triebkräfte des Lebens bedarf der Liebe zum Augenblick; statt sich der Gegenwart zu versagen und sich zurückzuwenden auf die Vergangenheitsliebe, das heißt, das Vergangene in der

23 Die Knechtschaft, die das Ich an seine Vergangenheit fesselt, liefert das Subjekt als Opfer den Folgen seiner Vergangenheit aus. Dieser deterministische Fatalismus entspringt einer genetischen Methode, wie sie Starobinski (1988) am Denken Rousseaus aufklärte. In der Verkettung von Ursache und Wirkung, die zu den Ursprüngen zurückführt, um in ihnen den verborgenen Ursprung des Augenblicks aufzudecken, scheint die Versklavung des Subjekts zu liegen. Mit Rousseau bricht ein Denken in den europäischen Diskurs ein, der ihn als Gründer des psychogenetischen Verfahrens ausweist und Freud, gerade was die von ihm fortgeführte Methode der Selbsterforschung angeht, als späten Nachfahren Rousseaus und Stifter einer Selbsterforschungsbewegung erscheinen läßt.

Wiederholung Immerdesselben festzustellen – Orpheus'[24] Schicksal ist die mythologische Aufklärung über solch versteinernde Optik. Der Mythos von Orpheus klärt darüber auf, daß der Mensch, wenn er sich in die Vergangenheit umwendet, nicht nur die vergangene Liebe nicht fassen kann, vielmehr vernichtet ist, wenn er die Liebe in der Gegenwart vergißt. Und so endete Orpheus, vernichtet von den das weibliche Begehren ausdrückenden Mänaden, weil er nicht mehr zum Tanz des Lebens, zur Lust des Augenblicks aufspielte und sich den Frauen entzogen hatte, mithin dem Leben. Die Bedeutung des Mythos scheint darin zu liegen, den ungeheuren Frevel von Orpheus aufzudecken, der sich von der toten Liebe fesseln ließ, statt von der Liebe im Leben.

Der von Analytikern vertretene Anspruch, daß sich durch die Analyse eine Geschichte des Subjekts bilden würde, scheint eine Verklärung dessen zu sein, daß in der mechanischen Handhabung der Freudschen Analysetechnik nichts anderes produziert wird als Kopien Freudscher Topoi vergangenheitsfixierter Geschichten. Die Macht des Analytikers zeigt sich nirgends zwingender als daran, daß sie den Patienten ans Gewesene schmiedet, die Erinnerung zum Leiden am Gewesenen macht. Durch diese Flucht wird der Schauplatz der gegenwärtigen Lebensgestaltung in die Vergangenheit entfernt: selbstversagendes Leben schafft sich eine

---

24 Von Orpheus, der mit Gesang- und Leierspiel Wunder wirkte, heißt es: in unendlichen Scharen kreisten die Vögel über dem Kopf des Sängers, und hoch sprangen die Fische aus dem dunkelblauen Meer ihm entgegen, die Steine und die Bäume brachte sein Gesang in Bewegung, alles Wilde, sogar die wilden Mächte der Unterwelt, bezwang er durch seinen Gesang. Seiner Leier vertrauend, betrat er den finsteren Weg nach dem Totenreich, seinen Kahn verließ Charon und folgte dem singenden Orpheus, Kerberos bellte nicht mehr, die Erinnyen staunten, und die Toten-Richter weinten, es weinte die grenzenlose Schar der Seelen, die sich um Orpheus versammelt hatte; auch Persephone, die Göttin jenes ‹Anderen Reichs›, bezwang sein Gesang, und Eurydike durfte – entgegen dem Gesetz der Unterirdischen – Orpheus folgen; aber auf dem schwierigen Weg, der aus dem Tod ins Leben führte, durfte er sie nicht anblicken, Orpheus wandte sich jedoch um, er blickte sie an, und Eurydike wurde ins Totenreich zurückgerufen; Orpheus trauerte in der Nacht einer Höhle am Unterweltsfluß, dem Strom des Vergessens, von den Frauen hielt er sich zurück und pflegte nur mit Jünglingen Umgang, man sagte ihm nach, er hätte die Knabenliebe eingeführt; die Mänaden, die entfesselten Frauen des Dionysos, spürten ihn auf, zerstückelten ihn, und der abgeschnittene Kopf des Orpheus, an die Leier genagelt, wurde in den Hebros geworfen, in dem er singend schwamm, die Leier weiter tönte (Kerényi 1984 und Ranke-Graves 1968).

Ausflucht in die ‹Erinnerung› der frühen Versagung. Und in dieser Optik kommt die Psychoanalyse einem zur Zeit allgemein herrschenden Bedürfnis entgegen und ist der Gesellschaft darin auch ungeheuer dienlich, sich der Gegenwartsbewältigung zu entziehen unter dem Vorwand der Vergangenheitslösung.

Die konsequente Handhabung einer Deutungstechnik der «falschen Verknüpfung» führt also zu einer sukzessiven Regressivierung und systematischen Infantilisierung des Subjekts, weil die Rückweisung des Patienten durch die Umdeutung in eine falsche Verbindung, die Rückverweisung aus der aktuellen in die Infantilbeziehung und die darin verwickelte Degradierung der erotischen zu einer Fürsorgebeziehung die Macht-Ohnmacht-Relation gewalttätig auflädt und den Analytiker zum Vormund seines Patienten werden läßt. Die analytische Situation ist dadurch gewalttätig an sich geworden, der Analytiker ist vor dem Ausbruch der Gewalt durch die Idealisierung des Patienten ihm gegenüber geschützt, und dem Patienten wiederum verhilft diese Idealisierung zur Abwehr seiner Gewalt. Und die durch die Analyse produzierte Gewalttätigkeit entlädt sich aufgrund des paranoiden Zusammenschlusses der beiden in der Projektion, in der Verfolgung der Elternobjekte, deren Inkulpation der Exkulpation der analytischen Situation dient. Der Einschluß des Analytikers mit seinem Patienten in eine Welt des Wahren gegen die Falschheit der Welt schließt alles übrige aus, unterstellt es dem grundsätzlichen Verdacht eines falschen, das ist das noch nicht aufgeklärte Bewußtsein, und auf diesem paranoiden Hintergrund erwächst eine fundamentale paranoide Einstellung den Phänomenen der Welt gegenüber. Die Gewalttätigkeit der analytischen Beziehung entlädt sich weiterhin aufgrund des paranoiden Zusammenschlusses der Analytiker in der totalen Unterwerfung unter das Machtwort Freuds, dessen Übertragung sie sich unterworfen haben und in dessen Geheiß sie alle verfolgen, die sich das Recht auf das eigene Gesetz nehmen. Aus dem Konstrukt der «falschen Verknüpfung» hat sich jenes paranoide System der Unterstellungen ergeben im totalitären Anspruch der denunziatorischen Aufklärung der Phänomene des Patienten wie der Objekte der Welt; daraus hat sich aber auch das totalitäre System der analytischen Unterstellungsverhältnisse ergeben, die jene autoritäre Bewegung der Psychoanalyse hervorgebracht und bis heute unterhalten hat.

Der fehlende Erkenntniswille, die Verweigerung der Gegenseitigkeit als das Machtproblem der therapeutischen Beziehung zu entdecken und die fehlende Bereitschaft, die therapeutische Beziehung anders zu konstruieren, scheint zu erweisen, daß sich am Grundwiderstand des analytischen Therapeuten, auch wenn er jenseits der Freudschen Orthodoxie sich in anderen Schulen liberaler und toleranter repräsentieren möchte, nichts geändert hat in bezug auf die Machtausübung der als «falsche Verknüpfung» konstruierten Übertragung.

3.2 Die Dissoziation der therapeutischen Beziehung: die Erfindung der therapeutischen Ich-Spaltung und die Aufspaltung der Übertragung

Freud, mithin die Psychoanalyse, hat die Grundlegung ihrer Praxistheorie und ihrer Technik am Studium der hysterischen Frauen erfunden, und deshalb ist diese analytische Konstruktion in eine besondere Beziehung gesetzt zur Weiblichkeit und zu deren Abwehr im männlichen Blick. Im Vorhergehenden haben wir gezeigt, daß das analytische Deutungsverfahren in der Art der «falschen Verknüpfung» aus der Abweisung der erotischen Beziehung zu hysterischen Frauen entsprungen ist. Die hysterischen Frauen wiederum scheinen der Prototypus des Weiblichen zu sein in ihrer Verführungs- und Konversionsmacht, auch in ihrer Gewalt der Grenzüberschreitung, deren Zusammenhang der Analytiker nicht in den Blick zu bekommen braucht durch die Erfindung der Dissoziation. Freud zufolge ist die Dissoziation der Hysterikerinnen auch einer der Gründe für die «falschen Verknüpfungen», wodurch sich jene Frauen eine Scheinbegründung des Zusammenhangs der Phänomene geben könnten. Der Analytiker möchte festgestellt wissen, daß sich nur die Frauen der «falschen Verknüpfung» ihm gegenüber bedienen.

Es ist bis heute aus naheliegenden Gründen ungeklärt geblieben, daß die von Freud diagnostizierten «falschen Verknüpfungen» der Frauen aus der Dissoziation seines Bewußtseins und nicht dem der Frauen entsprungen ist und welche Bedeutung es für die Psychoanalyse hat, daß ihre Praxistheorie sich aus Freuds Studien an der Hysterie der Frauen ergeben hat. Wie sähe es denn aus, wenn Freud seine Studien am Zwang der Frauen oder gar der Männer gemacht hätte? Wären dann Isolierungs- und Verleugnungsmechanismen, Reaktionsbildungen mit der entsprechenden Ambivalenz des Zwanghaften grundlegend geworden für die Gestaltung der therapeutischen Beziehung? Oder lag Freuds ganzes

Interesse an der Hysterie der Frauen im Eigeninteresse der Erkenntnis seiner Hysterie, die er durch «falsche Verknüpfung» an den Frauen objektivieren wollte? Indem nämlich die Genese der therapeutischen Dissoziation überhaupt nicht aufgeklärt ist, wird bequem vergessen gemacht, daß sich all diese sogenannten objektiven Phänomene auf Freud zurückführen lassen. Aber Freud hatte keinen Hehl daraus gemacht, daß es um seinen «Phantasieschlüssel» (Freud, in: Briefe an Wilhelm Fließ, 1986) geht, um die Macht seiner ‹Wunsch- und Einbildungskraft›, mit der er sich die Symptome des Weiblichen erschloß.

Mit der Macht seines «Phantasieschlüssels» hat er die richtigen von den falschen Verknüpfungen unterscheiden können; mit ihm hat er sich und die nachfolgenden Analytiker aus dem Zusammenhang, in den die Konstruktion der Situation den Arzt mit seinem Patienten unausweichlich zusammengebracht hat, durch Dissoziation herausgenommen. Ausdrücklich lesen wir, daß die Spaltung des Bewußtseinsinhaltes solchen «falschen Verknüpfungen» den größten Vorschub leistete; wo sich die wirkliche Verursachung der Wahrnehmung des Bewußtseins entzöge, versuchte man unbedenklich eine andere Verknüpfung, an die man selbst glaube, obwohl sie falsch sei. Im Zusammenhang damit erzählt Freud die Geschichte (GW I, S. 121), daß er der Patientin seine eigenen Vorstellungen als die ihren in der Hypnose suggeriert habe und die Patientin posthypnotisch seine Auffassung, die sie im Wachbewußtsein nicht teilte, sich jetzt zu eigen gemacht und mit einer «falschen Verknüpfung» zur Erklärung der früher von ihr abgelehnten medizinischen Maßnahmen verbunden habe. Freuds Vorstellungen wurden also wider Willen die der Patientin, und er erklärt daran das Konstrukt der «falschen Verknüpfung». Das heißt: der Analytiker unterstellt das Eigene der Patientin und macht daran das Konstrukt der «falschen Verknüpfung», der Rückverweisung in Art einer falschen Beziehung von sich auf den anderen exemplarisch.

Die sogenannte Dissoziation der Hysterikerin in multiple Bewußtseinszustände statt des vom modernen Ich geforderten Einheitsbewußtseins wirft ein Licht auf Freuds Blick gegenüber den Frauen, die ihm darin willig [25] folgten, ihr Begehren auf verschiedenen Bühnen darzustellen, so

---

25 In gleicher Willigkeit folgten die Analytikerinnen Freud und spiegelten sich in seinem männlichen Blick, wie auch die «Frauen» Lacans ihm immer weiter folgten, auch wenn sie sich verbal über den «blöden Signifikanten» empörten.

daß es dem männlichen Blick freigestellt war, das, was für ihn anstößig war, zu dissoziieren von dem, was für ihn unanstößig war. Die Hysterisierung der therapeutischen Situation durch Freud sollte Gegenstand der Analyse sein und nicht umgekehrt die Untersuchung der den Frauen zugeschriebenen Pathologie. Denn wenn die Frauen in der Feudalzeit durch ihren Stand definiert waren und später durch ihren ‹Geschlechtscharakter›, dann sollte es die Ärzte nicht verwundern, wenn die Frauen sich buchstäblich dem Blick des Mannes darboten, so wie sie definiert waren; es sollte uns doch eher verwundern, daß der Arzt für sich eine Dissoziation schaffen mußte in falsch oder richtig, anstößig oder unanstößig, um des Begehrens der Frauen Herr zu werden, um die Macht der Kontrolle gegenüber der befürchteten Überschreitung von Frauen in der Hand zu halten. Freud ist, und darin mag die Willigkeit der Frauen liegen, ihm blind zu folgen, der Befreiungsheld einer Aufklärung, denn er gab ihnen ja das Versprechen auf sexuelle Befreiung durch die Erfindung der sexuellen Ätiologie ihrer Neurosen. Freud machte den geblendeten Ödipus wieder sehend, wie sollte er da nicht auch das Licht der Aufklärung für das weibliche Begehren bringen. Wenn die therapeutische Beziehung die Bedingung dafür ist, daß die Neurose dieser Frauen im «Feuer der Übertragung» schmilzt (Freud), dann ist es für Analytiker doch von existentieller Bedeutung, dieses Feuer zu unterhalten, ohne sich selber zu entzünden – ein Widerspruch in sich: die Berührung der Seelen zu dissoziieren von der Berührung der Körper, obwohl die Liebe, wenn sie entbrannt ist, darauf geht, mit dem anderen kongruent zu werden, auch buchstäblich zur Deckung zu kommen. Die Lust, im Zentrum der erotischen Beziehung zu stehen und zugleich außerhalb davon durch Abspaltung der körperlichen Bedürfnisse, führt beim Therapeuten zur «Freiheit völligen Enthobenseins» (Starobinski 1988). Der Status der Exterritorialität im eigenen Territorium zeigt den Analytiker in der absurden Situation eines fremden Herrschers im eigenen Land. So macht sich der Analytiker, der sich Freud zufolge der Erforschung des «inneren Auslands» des Subjekts angenommen hat, als Forscher zum «Ausländer» im Inland seines Forschungsfeldes.

In der Dissoziation von Körper und Seele, wie sie Freud später auch theoretisch ausformuliert in der Dissoziation von Sinnlichkeit und Zärtlichkeit, in der zärtlichen Liebe zum wertvollen Objekt und in der Sinnlichkeit zum erniedrigten Objekt in der «allgemeinsten Erniedrigung des Liebeslebens» (GW VIII, S. 78 f), sehen wir Freud auf dem Platz von

Rousseau: in der Freiheit seines Enthobenseins, zugleich Platz zu nehmen im Zentrum der Liebe und durch Dissoziation des Körperlichen außerhalb davon, hat er ebenfalls eine Magie der Verführung geschaffen, die sich nicht im Liebesakt aufs Spiel zu setzen brauchte. Das von Starobinski (1988) gezeichnete Verhalten Rousseaus wiederholt sich in der Freudschen Beziehung zur Liebe, wo ihn die Bedrängnis der Liebe zur Dissoziation der Beziehung treibt.

Der Entzug des Körpers versichert den weiteren Besitz der Seele, und die Verfügung darüber ist an die Bedingung der Dissoziation durch den Therapeuten gebunden: es ist die Magie der Verführung durch den Therapeuten, der sich selbst im Liebesakt nie aufs Spiel setzt, alle Fäden in der Hand hält, aber trotzdem nicht aus dem Schneider ist, weil die von ihm eingerichtete Dissoziation ständig das Begehren der Frauen anstachelt, die Grenzen von «Scham, Ekel und Moral» (Freud) zu überschreiten. Die situative Bedingtheit der von Freud später gefundenen Aufspaltung des Liebeslebens in zärtliche und sinnliche Liebe wird in dieser Auseinandersetzung mit den hysterischen Frauen als Notwendigkeit seines körperlichen Entzugs sichtbar. Im Gegensatz zum unreflektiert gebrauchten Begriff der therapeutischen Ich-Spaltung, die zu einem Behandlungssystem ausgefeilter Rationalisierungen geworden ist, können wir bei Freud noch die triebbedingten Dissoziationen der therapeutischen Beziehung erfahren.

In den «Bemerkungen über die Übertragungsliebe» (GW X) äußert sich Freud unumwunden, daß das Verlieben der Patientin durch die analytische Situation erzwungen wird, daß man aber diese Liebesübertragung als etwas Unreales behandelt, das auf seine unbewußten Ursprünge zurückgeleitet werden soll – die «falsche Verknüpfung» ist die Rettung in der Liebesnot; daß es aber eine Klasse von Frauen gäbe, die von elementarer Leidenschaft seien, kein Surrogat vertrügen, das Psychische nicht für das Materielle nehmen wollten und nach des Dichters Worten nur zugänglich seien für «Suppenlogik mit Knödelargumenten» (GW X, S. 315). Bei diesen Frauen stehe man nur vor der Wahl: entweder Gegenliebe zu zeigen oder die volle Feindschaft des verschmähten Weibes auf sich zu laden.

Freud hält den Diskurs im Einerseits-Andererseits: einerseits die Liebesübertragung als etwas Unreales zu behandeln, andererseits die Liebesübertragung als wirkliche Liebe anzuerkennen; denn die Übertragungsliebe habe gleich wie die wirkliche Liebe immer infantile Vorlagen, und deshalb könne man der Übertragungsliebe den Charakter einer echten Liebe nicht abstreiten. Die Frauen zeichnen zwei Ausgänge für Freuds Not: der eine Ausgang ist die Annahme der «falschen Verknüpfung» und damit die Unterwerfung unter die Konstruktion Freuds; der andere Ausgang ist die Auflehnung der Frau, die selbstbewußt auf der Anerkennung ihres Begehrens besteht, das durch die Konstruktion der analytischen Situation hervorgerufen wurde und dieses in seiner Gegenseitigkeit zu konfrontieren, wie es dem Ziel eines jeden Begehrens entspricht. Aber von solchen Frauen muß sich der Analytiker «erfolglos zurückziehen» (GW X, S. 313).

Das Einerseits-Andererseits hat eine von Freud ausgehende rationalisierende Tradition in der Aufspaltung der therapeutischen Beziehung produziert: die Aufspaltung in real und irreal, neurotisch und unneurotisch, in eine Übertragungsbeziehung und eine Arbeitsbeziehung, wobei die von Freud stammende Aufspaltung in milde, unanstößige, positive Übertragung und leidenschaftliche, feindselige, negative Übertragung aus seiner ödipalen Anschauung herrührt, aufgrund deren das Liebesleben gespalten ist nach dem Gesetz des Vaters in zärtliche, zielgehemmte Sexualität gegenüber dem wertvollen, inzestuösen Objekt und in leidenschaftlich-sinnliche Sexualität gegenüber dem erniedrigten Objekt der Liebe, das die Ersetzung des inzestuösen repräsentieren soll. Freuds Ambivalenz im Einerseits-Andererseits der Liebe erscheint also in der Optik von «Ödipus» als die gespaltene Liebe des ödipalen Subjekts, das in der ödipalen Verfaßtheit der Familie seine Sinnlichkeit der Zärtlichkeit zum Opfer bringt und sich durch diese Aufspaltung der infantil-fürsorglichen Liebe der primären Objekte versichert, wie es eine derart sexuelle Anschauung der Familienorganisation verlangt. Und auf dem Hintergrund dieser «Klischees» (GW VIII, S. 365 f), die Freud als prägende «Vorbilder» in der Psyche eines jeden Subjekts verankert sah, und der für ihn maßgebenden «psychischen Reihe», in der er sich selbst mit seiner Vater-Imago einreihte, ist sein Phantasma, die Übertragung seiner ödipalisierten Familienkonstellation auf seine therapeutische Beziehung zu Frauen und auf die Konstruktion der psychoanalytischen Situation schlechthin, zu begreifen. Nach diesem Modell muß sich der Mann vom «erniedrigten Objekt» der elementar-leidenschaftlichen Frau «erfolglos zurückziehen» und kann sich nur der «wertvollen» Frau als passivem Objekt seines Begehrens annehmen, wie es der Vorschrift der ödipalen Vater-Imago entspricht, welche dem Mann seine Potenz bewahrt, wenn er sich seiner

Aktivität, seiner Macht versichern kann unter der Bedingung der Passivität der Frau.

An dieser Stelle wollen wir auf die mit dem Diskurs von Rousseau einsetzende Aufspaltung des Liebeslebens nicht weiter eingehen, weil hier nur die Ich-Spaltung der therapeutischen Beziehung als Machtproblem des Analytikers in Frage steht, der Herr der Situation bleiben will und sich, wie Freud sagt, «die Herrschaft über die Patientin sichern und sie so bewegen (will), die Aufgaben der Kur zu lösen» (GW X, S. 313). Die Aufgabe der Kur liegt jedoch in der vom Analytiker erzwungenen Konstruktion der «falschen Verknüpfung», welche die Lösung der Beziehungen in der Rückführung auf ihre unbewußten und infantilen Ursprünge sucht; das heißt aber, die therapeutische Beziehung konstruiert den Konflikt der Dissoziation als Aufgabe der Kur, den sie zu lösen sich zur Aufgabe macht.

Wir wollen im folgenden die Tradition der therapeutischen Ich-Spaltung nur skizzieren. Eine ausführliche Darstellung der endlosen Variationen dieses Themas würde überhaupt keinen Erkenntnisgewinn bringen, da das Übel an der Wurzel angepackt werden muß. Es ist auch bemerkenswert, welchen Aufwands von Rationalisierungen es bedurfte, um einem psychischen Dilemma, das der Ausgangsort der Psychoanalyse ist, den Anstrich einer theoretischen Konstruktion zu geben. Eine Flut von Systematisierungen dieser therapeutischen Ich-Spaltung, eine Überschwemmung mit spitzfindigen Darstellungen der durch diese Übertragungskonstruktion hervorgerufenen Gegenübertragungsklischees haben zu einer exzessiven Exegese der Übertragungs- und Gegenübertragungsphänomene geführt, so daß dieser Ausstoß jede Befragung der Grundlagen des analytischen Systems ersticken konnte.

Freuds Arbeit an der «Bezwingung der Übertragungsphänomene» (GW VIII, S. 374) ist durch die Konvention der Psychoanalyse aktiv vergessen worden, so daß ein ehemals dynamisches Geschehen heute statisch wie eine anthropologische Konstante behandelt wird. Das die Analyse auszeichnende genetische Verfahren müßte doch am Fundament ihrer Erfahrung, der analytischen Übertragungssituation, ansetzen, um überhaupt so etwas wie Selbstaufklärung einzuleiten. Die Verdrängung der eigenen Genese, als aktives Vergessen gemeint und nicht in der bequemen Ausrede als Produktion von Unbewußtmachung, der fehlende Erkenntniswille den eigenen Erkenntnis- und Erfahrungsmitteln gegenüber, steht einer Wissenschaft schlecht zu Gesicht, die für sich einen besonderen Anspruch auf Wahrhaftigkeit (GW X, S. 312) und Aufrichtigkeit geltend macht. Die Unterlassung der Selbstbefragung, unabdingbare Voraussetzung von Wissenschaftlichkeit, bedingt in der Analyse jene wissenschaftsferne, sektiererische Einstellung, welche die selbstverständliche Befragung des Systems als Revisionismus diskriminiert und das notwendige Infragestellen abweist durch den inkriminierenden Verweis des Rückfalls hinter die Freudschen Erkenntnisse; denunziatorisch gemeint als Widerruf der Aufklärung. Damit wird jede wissenschaftliche Befragung des Systems tabuisiert als unerlaubter Schritt über Freud hinaus, der sofort als Schritt hinter Freud zurück deklariert wird mit den entsprechenden Sanktionen durch die Glaubensgemeinschaft der Analytiker. Die Diskussion über Revisionismus ist jenes Kennzeichen eines totalitären Denkens, das jede Abweichung von der Orthodoxie verfolgen und auslöschen muß. Die pseudowissenschaftliche Legitimation, daß sich Psychoanalyse seit Freud weiterentwickelt hätte, kann nicht verfangen, da Psychoanalyse die Grundlagen ihres Systems, auch bei allen sogenannten liberalen Anwendungen, der Befragung entzieht. Und jene pseudowissenschaftliche Verkleidung von Psychoanalyse in der Anpassung an die positiven Wissenschaften und der Analogisierung ihrer Verfahrensweisen mit den naturwissenschaftlichen ist nichts anderes als eine systematische Rationalisierung ihrer technischen Handhabung, deren Operationalisierung von der Fragwürdigkeit ihrer Erkenntnisgrundlagen absieht.

Die Aufspaltung Freuds in eine «positive» und «negative» Übertragung (GW VIII, S. 371), in «zärtliche» und «feindselige», in «unanstößige» und (anstößige; die Verf.) «leidenschaftliche» (GW X, S. 319) wird im Verlauf der analytischen Tradition durchrationalisiert als «übertragungsfreie», «reale», «Nicht-Übertragungsbeziehung» als Arbeitsbeziehung und als neurotische Übertragungsbeziehung (Greenson 1986). Es ist der Versuch, im sogenannten Arbeitsbündnis eine Formalisierung der analytischen Situation herzustellen als Basis der Operationalisierung des analytischen Prozesses. Am Anfang der weiteren Durchrationalisierung des Freudschen Dissoziationskonzepts steht Sterbas (1934) Konstrukt der «therapeutischen Ich-Spaltung»[26] in eine neurotische Übertragungsbe-

---

26 Körners (1989) Überlegungen zur therapeutischen Ich-Spaltung bei Sterba und anderen und zum Konzept der «falschen Verknüpfung» mißt diesem Konstrukt allerdings nur defensiven Charakter bei und läßt außer acht, daß Freuds Konstrukt

ziehung und eine unneurotische Arbeitsbeziehung, die bei ihm schon eine naive Übernahme der nicht mehr reflektierten Freudschen «falschen Verknüpfung» ist. Sterba spricht von der gemeinsamen Arbeit mit dem «realitätsbeflissenen Anteil des Ich» des Patienten, dem er den übrigen, in der Übertragung vom Unbewußten her «trieb- und abwehrbesetzten Anteil des Ich» (ebd., S. 68) gegenüberstellt. Die Weiterentwicklung der Freudschen Beziehungsaufspaltung steht in Konsequenz des Freudschen Ansatzes von der «falschen Verknüpfung», durch die erst die analytische Situation konstruiert wird. Allerdings bleibt bei Freud noch als Widerspruch bestehen, was bei Analytikern nach Freud in eine eindimensionale Entwicklung gebracht wird, so daß bei der Fortführung des Freudschen Ansatzes das Bewußtsein über Freuds Konflikt verlorenging. Insofern ist die Fortführung des Freudschen Ansatzes in der Entgiftung der Situation von emotionaler Verstrickung und Vermeidung jedweder Kontamination nur konsequent in der Verleugnung des zugrundeliegenden Konflikts. Auch die «therapeutische Allianz» (Zetzel 1956) als Bündnis zwischen dem realitätsgerechten und vernünftigen Ich des Patienten und dem Analytiker, die sich bemißt nach dem Urmeter eines fiktiven Normal-Ichs, nimmt die «therapeutische Ich-Spaltung» als quasi naturwüchsiges Phänomen, bei dem die Aktivität, der Machteinfluß des Analytikers bei der Herstellung der Situation überhaupt nicht mehr in Erscheinung tritt.

Freilich ist diese Allianz von vornherein eine Mésalliance zwischen dem Analytiker und seinem Patienten, eine falsche Verbindung, die sich nicht nur bezieht auf die Differenz im Machtstand der Beteiligten; vielmehr ist sie eine Mißheirat in der Differenz der Vorgaben des Therapeuten und der Erwartungen des Patienten. Die Einflußnahme des Analytikers führt zu einer Verweisung in die Kindheit, zu einer sukzessiven Regressivierung und konsequenten Infantilisierung des Patienten; im Gegensatz zu den Erwartungen des Patienten, der gerade nicht die «Wiederauflage seiner Ambivalenzkonflikte» wünschen kann, sondern eine «emotional entspannte, konfliktfreie Beziehung» (Morgenthaler 1978), um andere Erfahrungen machen zu können. Der Patient kommt also mit Hoffnungen und Erwartungen auf Hilfe und Anerkennung und trifft auf

---

der «falschen Verknüpfung» der Ursprung der Psychoanalyse ist und daß sich durch die Konservierung dieses Konstrukts gerade die psychoanalytische Konvention begründet und bis heute aufrechterhalten hat.

Abweisung und Versagung (s. Macalpine 1950), obwohl er doch alles sagt, alles tut, was ihm in seiner Not der Verständigung unter dem Druck des analytischen Beziehungsmusters abverlangt wird. Die Verweisungen des Analytikers, die dieser immer guten Gewissens als Wahrung von Neutralität und Abstinenz vor sich und dem Patienten legitimieren kann, diese von Ferenczi als Hypokrisie, kalte Heuchelei entlarvte Haltung wird in der analytischen Allgemeinpraxis zur Karikatur, wenn Analytiker dort Patienten über deren Fragen nach ihrer Lebensgestaltung endlos assoziieren lassen; was also dem Patienten dazu einfällt, sich nach dem Urlaub des Analytikers, seiner Automarke oder seiner Lektüre und so fort zu erkundigen. Die Floskel ‹Was fällt Ihnen dazu ein› ist die verdeckte Machtfrage ‹Was fällt Ihnen (denn) ein, mir über solche Fragen näher kommen zu wollen›. Man könnte in der Beschreibung solcher Praxis endlos fortfahren. In jedem Fall wäre die Antwort eine Berufung auf die eigentliche Analyse, daß nämlich schlechte Beispiele nichts besagen über die an sich gute Analyse; vielmehr wird dadurch die an sich gute Analyse noch mehr ins bessere Licht gerückt. Das Machtmonopol des Analytikers verendet aber konsequent in einem Exzeß des Banalen, der dem naiven Narzißmus seiner vermeintlichen Bedeutsamkeit entspricht: selbst in der banalsten Bedeutungszuschreibung sucht er einen Haltepunkt seiner Machtsicherung durch Verweigerung.

Der Machteinfluß des Analytikers wird zwar bei Bibring (1937) als pädagogischer Einfluß beschrieben, welcher der Angstbewältigung, der Mäßigung der Abwehr und der Stärkung des vernünftigen Ich dienen soll, aber von einer solchen Pädagogik werden die eigentlichen analytischen Maßnahmen abgesondert und deren Zustandekommen durch die Einflußnahme des Analytikers ignoriert. Die Aufspaltung der therapeutischen Beziehung zwischen einer Arbeitsbeziehung und einer Übertragungsbeziehung, zwischen rationalen und irrationalen Kräften wird in ihrer Machtstruktur sichtbar bei Nunbergs Vorstellungen über das analytische Bündnis, da er noch «die Beziehung des hilflosen und abergläubischen Patienten zu seinem von ihm mit magischer Macht ausgestatteten Psychoanalytiker» (Nunberg 1928, S. 446) im Blick hat. Jeder leidende und krank-hilflose Mensch wird in seiner Hilflosigkeit verglichen mit einem Kind oder einem primitiven Menschen, der die Macht desjenigen, der Hilfe verspricht, überschätzt. Und der Arzt wird als Zauberer betrachtet, der mit magischen Mitteln vom Leiden befreien kann.

Im Zuge der weiteren Formalisierung der analytischen Situation, vor allem ihrer ich-psychologischen Orientierung, wird aber die Rationalität des psychoanalytischen Verfahrens so vorherrschend, daß die das Bündnis tragenden affektiven Beziehungen völlig in den Hintergrund treten. Der quasi experimentelle Charakter der analytischen Situation, wie er sich im Bündniskonzept darstellt, wird immer mehr, gerade durch den ich-psychologischen Ansatz, einem operationalisierenden Modell angenähert. Bei Greenson (1986) finden wir eine mechanistische Zerlegung der analytischen Situation über ein bloß formal gehandhabtes Arbeitsbündnis als Diskriminierungskriterium, wodurch die analytische Situation säuberlich zu trennen ist in der Zuweisung des rechten Platzes für jeden der Beteiligten. Diese Intellektualisierung erspart dem Analytiker die Einsicht in die Verwicklung der Situation, deren Beziehungsstruktur er durch sein Begehren festlegt. Wenn sich das Arbeitsbündnis auf das sogenannte fiktive Normal-Ich des Analysanden richtet, das Arbeitsbündnis somit zum Gradmesser für Gesundheit wird, dann richtet der Analytiker seine Realität in bezug auf ein normal gedachtes Ich ein – im Kontext des gesellschaftlichen Kodex von Normalität. Der Appell an die Realität des fiktiven Normal-Ich des Analysanden lenkt den Blick ab von einer solch fiktionalen analytischen Situation, die in Wirklichkeit eine naive Beziehungsmechanik in der Ausrichtung auf das fiktive Normal-Ich des Analytikers ist.

Die schulmäßig gelernte Anwendung des Arbeitsbündnisses sichert und schützt den Analytiker davor, die Wirklichkeit der durch seine Übertragung geschaffenen analytischen Situation zu beleuchten. Diese konstituiert sich aber, entgegen dem von Greenson verwendeten Realitätsbegriff, der das Reale naiv mit handhabbarer, gegenüberstehender Gegenständigkeit gleichsetzt und damit das Präsente für das Real-Wirksame hält, jeweils als Sinnübertragung durch die Deutungen des Analytikers: die Wirklichkeit der analytischen Situation ist eine Folgewirkung der Definitionsmacht des Analytikers. Der Umgang mit dem Realitätsbegriff bei Greenson (1986) und anderen ist kennzeichnend für die unreflektierte Handhabung der analytischen Deutungsmacht. Übertragung wird im psychiatrischen Sinne als eine illusionäre Verkennung aufgefaßt: «eine spezifische Illusion» (Sandler et al. 1973, S. 45), die sich in bezug auf eine andere Person ohne Wissen dieses Subjekts herstellt und nichts anderes sein soll als eine Wiederholung der Beziehung zu bedeutsamen Figuren der eigenen Vergangenheit. Neben dieser illusionären Verkennung von Personen wird auch die illusionäre Verkennung in der Zeit als konstituierend für die psychoanalytische Situation angesehen: als Wiederholung, Neuauflage alter Objektbeziehungen, als ein «Anachronismus», ein «Irrtum in der Zeit» (Greenson 1986, S. 163). Wenn die Übertragungsbeziehung zwischen Arzt und Patient derart als irrational und illusionär aufgefaßt wird, wenn mit Begriffen wie «Unangemessenheit», «Ambivalenz» und «Launenhaftigkeit» operiert wird, dann ist die analytische Situation zu einem pathologischen Prozeß gemacht; ist der analytische Dialog auf der Ebene eines pathologischen Vorfalls abgehandelt, der immer schon an einer fiktiven Normalität gemessen wird.

Bei solcher Fassung des Übertragungsbegriffs muß das Auftauchen von affektiven Beziehungen als etwas Pathologisches erscheinen, das die durchschnittliche Normalität der Beziehung erschüttert und vom Analytiker als Störung der Situation, als Gestörtheit des Patienten diagnostiziert wird: werden Gefühle intensiv und das Verlangen heftig, wird dies als Anzeichen von Verrücktheit gewertet, und man sieht das Ende produktiver analytischer Arbeit gekommen (vgl. Sandler et al. 1973, S. 47). Psychoanalytiker, die es mit dem Unbewußten als Subversives an sich zu tun haben und durch ihren Deutungsschlüssel einen privilegierten Zugang zu ihm haben, suchen in dem Moment, wo das Es sich regt, ihre Zuflucht in psychiatrisierender Diagnostik. Wie sollte man denn Sandler anders verstehen, wenn er schreibt: «Rapaport setzt die Stärke solchen sexuellen Begehrens in der Analyse in Bezug zum Schweregrad der Störung des Patienten. ‹Eine derartige Erotisierung der Übertragung stellt eine schwere Störung des Realitätssinnes dar und ist ein Anzeichen für die Schwere der Krankheit. Diese Patienten sind nicht Neurotiker, sondern Borderline-Fälle oder Schizophrene›» (Sandler et al. 1973, S. 48).

Der Umgang mit dem Realitätsbegriff bei der Festlegung der Beziehung im Arbeitsbündnis zeigt den Analytiker auf dem Platz dessen, der eine Definitionsmacht handhabt, wie sie nicht anders in der früheren Etikettenpsychiatrie vertreten worden ist. An Greensons haarspalterischer Exegese des Realitätsbegriffs wird dies exemplarisch. Die Bezeichnung «real» wird in der Formulierung «reale Beziehung» als «realistisch», «realitätsorientiert» oder «unentstellt» gedeutet; im Gegensatz zum Begriff Übertragung, dem das Attribut «unrealistisch», «entstellt» und «unangemessen» zukommen soll. In dieser «Technik und Praxis der Psychoanalyse» (Greenson 1986, S. 228 f), einem Standardwerk psychoanalytischer Praxis, hören wir weiter, daß der Begriff «real» auch «echt», «authentisch» und «wahr» bedeutet, was immer das auch heißen mag, im Gegensatz zu «künstlich», «synthetisch» oder «angenommen». Greenson führt diese Unterscheidung zwischen realistischen und echten Beziehungen im Arzt-Patient-Verhältnis ein, um zu definieren, was in der Beziehung des Patienten zum Arzt und in der des Arztes zum Patienten «real» ist. Dabei werden Übertragungsreaktionen des Analytikers wie des Patienten als «unrealistisch» und «unangemessen» bestimmt, gleichzeitig aber als «echt» und «wirklich» festgelegt. Das Arbeitsbündnis wird für beide als «realistisch» und «angemessen» konstatiert, aber auch als ein Kunstprodukt der Behandlungssituation hingestellt; in beiden Fällen soll die «reale Beziehung» «echt» und «real» sein. Auf der Beschreibungsebene sind für Greenson alle Beziehungen «real» und «echt», auf der Beziehungsebene dagegen diskriminiert er aufgrund des Arbeitsbündnisses zwischen dem Verhalten des Patienten als vorrangige Übertragungsreaktionen und dem Verhalten des Analytikers als vorrangige Reaktionen aus dem Arbeitsbündnis. Darüber hinaus spaltet der Autor die so definierte analytische Situation noch weiter auf, indem er den Patienten unterstellt, daß sie neben ihren Übertragungsreaktionen und ihrem Arbeitsbündnis auch noch objektive Wahrnehmungen von ihrem Analytiker und objektive Reaktionen auf ihn hätten (ebd., S. 230).

In dieser Sicht von analytischer Situation organisiert sich Wahrnehmung und strukturiert sich das Übertragungsgeschehen in Form von übertragungsabhängigen und übertragungsfreien Beziehungs- und Wahrnehmungsweisen. Die Diskriminierung der analytischen Situation in subjektive und objektive Elemente legt nahe, daß die Arbeitsbeziehung aus dem Arbeitsbündnis so lange normal funktionieren kann, wie der Patient neben seiner (pathologischen) Übertragungswahrnehmung und Übertragungsbeziehung zu einer gesund-objektiven Wahrnehmung und gesund-objektiven Reaktion fähig ist, die keine Übertragungswahrnehmung und Übertragungsbeziehung darstellt. Solch systematischer Spaltungsprozeß der analytischen Situation schafft die Voraussetzung für eine perfekte Dekontamination der Beziehung und sichert dem Analytiker eine scheinbar objektivierende und scheinneutrale Beobachterposition, wie sie sonst im Begriff des ‹distanzierten Beobachters› inkriminierend der Psychiatrie vorgehalten wird. In einer derart absurden Formalisierung der therapeutischen Beziehung kann sich der Analytiker als Übertragungsreaktor seines Patienten definieren, und darin liegt auch das Machtgefälle einer einseitig festgelegten, eindimensionalen Beziehungsmechanik – die therapeutische Beziehung ist zu einem ‹keimfreien Feld› geworden.

Was soll man zu solchen Texten noch sagen, die willkürlichen Annahmen zu entspringen scheinen; was soll man davon halten, daß ihnen in der Psychoanalyse immer noch Geltung zuteil wird?

Die Übertragung als reaktives Geschehen (Macalpine 1950) der vom Analytiker verfügten Situation dient der Produktion der Neurose in der analytischen Beziehung, der Übertragungsneurose: die Produktion von krankhaften Phänomenen ist damit Bedingung für deren Sanierung. Dieser absurden Logik folgt nach Freud die analytische Tradition unbedacht der Implikationen solcher Konstruktionen; dementsprechend wuchsen auch die rationalisierenden Bedürfnisse, die durch eine derartige Praxis wuchernden affektiven Beziehungen aseptisch zu behandeln. Greenson ist nur ein Sprachrohr solch absurder Logik, aber er läßt eindeutig die Machtverfügung dieser Konstruktionen sichtbar werden.

«Die psychoanalytische Technik ist darauf angelegt, die maximale Entwicklung der Übertragungsneurose zu sichern. Die relative Anonymität des Analytikers, seine Unaufdringlichkeit, die sogenannte ‹Abstinenzregel› und das ‹Spiegelverhalten› des Analytikers haben alle den Zweck, für die keimende Übertragungsneurose ein relativ ‹keimfreies› Feld zu bewahren. Die Übertragungsneurose ist ein Artefakt der analytischen Situation; sie kann nur durch die analytische Arbeit aufgelöst werden. Sie dient als Übergang von der Krankheit zur Gesundheit» (1986, S. 48).

Der Einwand kann nicht gelten, daß es sich hier um die frühere Handhabung von Übertragungsneurosen handelte, während es heute vorwiegend um narzißtische Defekte in der analytischen Therapie gehe. Gerade die Analyse der narzißtischen Defekte, wie sie Kohut vorführt, hat eine Praxis von «Spiegelungen» über scheinbar frühkindliche Prozesse geschaffen, deren willkürlich wirkende Behauptungen kein Realitätsurteil mehr ermöglichen – in der Willkür zeigt sich die Macht in ihrer Selbstherrlichkeit, die sich an keine Regeln mehr gebunden fühlt.

Greensons wie auch Zetzels und andere Arbeiten führen eine artifizielle Dissoziation[27] der Realität beziehungsweise der Wirklichkeitserfahrung vor, spalten das Ensemble der therapeutischen Beziehung und

---

27 Arlows (1975) Kritik an der künstlichen Dichotomie von Greensons und Zetzels Vorstellungen über die analytische Situation stellt deren dynamischer Entleerung der Situation das dynamische Zusammenspiel und den gegenseitigen Einfluß gegenüber; obwohl nach unserer Meinung zunächst die Einseitigkeit des analytischen Machteinflusses erst in ihrem ganzen Umfang geklärt werden müßte, um überhaupt die Möglichkeit von Gegenseitigkeit in den Blick zu bekommen.

pressen es in ein starres Kategoriensystem, um die Dynamik der Übertragungssituation zu neutralisieren und den beherrschenden Einfluß des Analytikers zum Verschwinden zu bringen. Die Neutralisierung erweist sich als gewaltiger Eingriff des Analytikers in die affektiven Beziehungen, die nach seinem vorherrschenden Interesse an Isolierung und Dekontamination über den Patienten verfügt wird. Und die spitzfindigen und ausufernden Deskriptionen des Übertragungsprozesses führen die Definitionsmacht des Analytikers vor Augen, der eine Scheinneutralität und Scheinobjektivität herstellt, um einen wissenschaftlichen Anspruch vertreten zu können. Das Grundproblem der Übertragung wird aber dabei, möglicherweise nicht zufällig, aus dem Blick verloren: die grundlegende Frage, ob die Übertragung als ein «endopsychischer Prozeß»[28] anzusehen ist, scheinbar unabhängig von außen ausgelöst, eine naturwüchsige Selbstauslösung. Die Übertragung wäre dann ein natürliches, quasi biologisches Geschehen, eine «Resultante der ökonomischen Feldbedingungen», «ein spontanes Ereignis, das von der Analyse nicht erzeugt (wird), dessen Manifestation sie allerdings begünstigt» (Loch 1972, S. 162); infolgedessen kann der Analytiker als wissenschaftlicher Untersucher in einem Feld physikalischer Kräfte auftreten, und sein Einfluß wäre dem Eingriff des Beobachters in den Meßvorgang vergleichbar. Durch diese Analogisierung wird Psychoanalyse auf den Stand der modernen Naturwissenschaften gehoben.

---

28 Die Vorstellung einer scheinbar unabhängig von außen sich vollziehenden endopsychischen Selbstauslösung hat, wie alles in der Analyse, eine Geschichte, die auf Freud zurückgeht. Denn Freud ging in seiner Arbeit «Zur Dynamik der Übertragung» (GW VIII, S. 365) von einem sozusagen naturwüchsigen Libidoüberschuß aus, weil im Grunde die Liebesbedürftigkeit des Menschen von der Realität nie restlos befriedigt werden kann, so daß sie libidinöse Erwartungsvorstellungen jeder neu auftretenden Person zuwende und es daher durchaus wahrscheinlich sei, daß beide Portionen seiner Libido, die bewußtseinsfähige wie die unbewußte, an dieser Einstellung der Übertragung Anteil hätten. Und die Besetzung des Arztes halte sich an Vorbilder, die an eines der Klischees anknüpften, die in jedem Subjekt vorhanden seien und den Arzt in eine psychische Reihe einfügten; der Einreihung in die Vater-Imago, Mutter- oder Geschwister-Imago und so fort. Danach geht es also um Archetypen, Klischees menschlicher Vorstellungen, welche die prägenden Hintergrundsfiguren abgeben sollen für die aktuellen Figurationen der Libidobesetzungen. Hier kommen Grundannahmen der Psychoanalyse zum Vorschein, die wie Prämissen gehandelt werden und von daher keiner empirischen Erfahrung und Überprüfung zugänglich sind.

Und der andere Versuch, den Übertragungsbegriff so zu verallgemeinern, daß sein Besonderes in dieser Generierung verschwindet, ist ein weiteres probates Mittel, sich der Grundfrage der analytischen Übertragungssituation: die Übertragung als Wiederholungsfall, zu entziehen und die Genese des Übertragungsbegriffs aus dem Ursprung der «falschen Verknüpfung» vergessen zu machen. Thomä und Kächele (1986) haben als Lehrmeister die «Grundlagen der psychoanalytischen Therapie» zur Psychoanalyse zusammengetragen; dabei ist ihnen aber der Ursprung der Analyse, das Konstrukt der «falschen Verknüpfung», abhanden gekommen und damit die Grundlage der analytischen Situation entgangen. Die für die Analyse typische Geschichtsschreibung, die Herstellung der erinnerten Geschichte, wird nämlich als vergangene erst «nachträglich» durch die Konstruktionen des Analytikers erzeugt, und das Vergessen der ihnen zugrunde liegenden «falschen Verknüpfung» wäre die Aufhebung der analytischen Verfahrensweise. Das heißt: die psychoanalytischen Konstruktionen beziehungsweise die sogenannten Rekonstruktionen sind unabdingbar an diese «falsche Verknüpfung» gebunden; Psychoanalyse als Konstruktion der wiederzuholenden Geschichte des Subjekts ist ohne «falsche Verknüpfung» nicht zu haben.

Das bis heute nicht gelöste Problem zwischen Freud und Reich, zwischen der Auffassung einer Aktualgenese aufgrund einer aktuellen Repression und einer Infantilgenese aufgrund einer infantil-historischen Repression, ist hier auch verwickelt: Reichs Anschauung, daß die ungelöste aktuelle Repression die Regression auf einen Infantilkonflikt bewirkt und dadurch den Infantilkonflikt unterhält, lädt das Übertragungsproblem als Wiederholung im Hier und Jetzt besonders auf. Denn die aktuelle Versagung der Wünsche und Bedürfnisse des Patienten durch die in den Deutungen implizierte grundsätzliche Verweisung in die Kindheit oder in die außeranalytische Realität führt zur Verstärkung der aktuellen Repression in der therapeutischen Beziehung, aus der vom Analytiker die Entlastungsoperation der «falschen Verknüpfung» gesucht wird, so daß die Entlastung für ihn zur Belastung des Patienten wird durch die regressive Aktualisierung des Infantilkonflikts. Es ist ein Teufelskreis ständigen Machtzuwachses des Therapeuten und ständig zunehmender Ohnmacht des Patienten.

Reich hat versucht, diesem Dilemma zu entgehen, indem er sein Handeln auf die aktuellen Konflikte einstellte und in einem übungsgeleiteten Handeln mit dem Patienten den Ausweg aus dieser Zirkularität suchte.

Er war hier seiner Zeit weit voraus in der Auffassung von dem, was notwendiges Tun ist, um neue Erfahrungen zu machen: daß Erfassen und Begreifen immer nur das Ergebnis von Übung sein kann und nicht von Reflexion; daß das Entdecken immer schon Folge von Handeln ist und nicht umgekehrt und der Mensch Begreifen lernt nur durch Handeln. Wenn auch die Kluft zwischen Reichs Intuition und seiner Begrifflichkeit bemerkenswert ist und er sich auch aufgrund seines Hangs zur Versöhnung zwischen psychoanalytischer und marxistischer Ideologie einer etwas simplen Sexualökonomie ergab, so ist doch sein Ansatz für die notwendige Umkehrung in der Psychoanalyse unübersehbar. Ferenczi versuchte, diesem Dilemma durch Aktivierung und Forcierung des Prozesses, durch eine Gebots- und Verbotspraxis zu entrinnen, und glaubte, durch eine Teilbefriedigung libidinöser Wünsche Defizite auffüllen und durch Regressivierung der Regression paradoxal die Regressionstendenzen aufheben zu können. Es kann sicher kein Einwand sein gegen den Versuch von Reich und Ferenczi, diesem Dilemma zu entkommen, daß sie gescheitert sind; es darf auch nicht übersehen werden, daß das Dilemma der psychoanalytischen Situation immanent ist und seine Überwindung ganz anderer historischer, kultureller und wissenschaftlicher Bedingungen bedarf, um es zu lösen und ihm nicht bloß intuitiv entgehen zu wollen; es bedarf vielmehr der rechten Zeit, um das als richtig Erkannte in aller Radikalität darzustellen und die Konsequenz für das therapeutische Handeln zu ziehen.

Die blinde Fortführung der Tradition der Aufspaltung, die sich dem Vergessen des der therapeutischen Ich-Spaltung zugrunde liegenden Freudschen Konflikts und seiner Lösung im Konstrukt der «falschen Verknüpfung» verdankt, finden wir auch in den neuesten Lehrbüchern rekapituliert. Interessanterweise wird von Thomä (1984) der von ihm so genannte alte, enge Übertragungsbegriff (als Wiederholung im Hier und Jetzt) als Grund für die Unterscheidung gegenüber der Nicht-Übertragung (als innovative Beziehung im Hier und Jetzt) angesehen; daher hätten in Konsequenz dessen komplementäre Begriffe geschaffen werden müssen wie die Begriffsfamilie: fiktives Normal-Ich, Ich-Spaltung und therapeutische Allianz. Das Unverständnis gegenüber der Entwicklung des Konstrukts von der Dissoziation der therapeutischen Beziehung und die falsche logische Zuordnung der sekundären Begriffsbildungen liegt vermutlich darin, daß der Dreh- und Angelpunkt der Psychoanalyse im Konstrukt der «falschen Verknüpfung» nicht erkannt wird, so daß die daraus sich ergebende Begriffsentwicklung der therapeutischen Ich-Spaltung, auch im Sinne des logischen Grund-Folge-Verhältnisses, nicht begriffen wird. Die Begriffsgeschichte der Übertragung, die eigentlich eine Geschichte von Begriffsdichtungen ist, verliert, indem man sich ihrer Voraussetzungen entledigt, den Grund ihrer Dichtungen: Freuds Erfindung der Dissoziation. Und die Einführung eines Status von «Exterritorialität», die dem Analytiker eine neutrale Beobachterposition als Haltepunkt einräumen soll, entspringt der nichtdurchschauten Konstruktion des eigenen Systems, des eigenen Handelns, und dient, indem sie letztlich der illusionären Verkennung einer möglichen analytischen Position als Nicht-Übertragungsbeziehung verfällt, der Aufrechterhaltung der Machtposition des Analytikers als «prozeßunabhängige Konstante» (Loch 1974).

Die Tradition der Aufspaltung in eine Wiederholung im Hier und Jetzt als Erzeugung von vergangener Geschichte und in eine innovative Beziehung im Hier und Jetzt, die eine Neuerfahrung (Morgenthaler 1978) für den Patienten herbeiführen soll, ist eine Ausflucht aus dem Dilemma der «falschen Verknüpfung», die, weil sie als das Grundphänomen des analytisch-genetischen Erfahrens verdrängt wird, die Dissoziation ständig weiter unterhält. Die bloß theoretische Einführung eines neuen Objekts, im Sinne einer innovativen Beziehung zur Korrektur der beiden Übertragungsauffassungen, verkennt grundsätzlich, daß beide Beziehungen dialektisch verknüpft sind wie Negation und Position, und daß auch die sogenannte innovative Beziehung im Hier und Jetzt unter analytischer Optik immer schon in die Imagines der primären Objekte eingereiht ist: auch der neue Vater als neues Objekt, auch die neue Mutter als neues Objekt sind immer gebunden an ihre «Vorfahren», in deren Reihe sie stehen. Die «gute Mutter» ist in diesem System immer schon der Schatten der «bösen», und umgekehrt ist der «böse Vater» immer schon der Schatten des «guten», da die Aufspaltung zwischen real und irreal, imaginärer Übertragung und realer Beziehung in dialektischer Komplementarität das eine zur konstitutiven Bedingung für das andere macht, so daß in diesem System das neue Objekt immer schon unentrinnbar figuriert ist auf dem Hintergrund des alten; es sei denn, man gäbe die analytische Auffassung von der Übertragung auf, indem tatsächlich die Machtfrage in diesem System gestellt würde und die Chimäre eines neuen Objekts nicht mehr als Ausflucht dienen könnte. Im Kontext dessen wäre als neues Objekt nur die wirkliche, nicht gespaltene Beziehung mit der fundamentalen Widersprüchlichkeit des Menschen und mit ihrer Implikation der Gegenseitigkeit zu entdecken, wenn der Analytiker sein Machtmonopol aufgeben würde, das in der Verweigerung von Gegenseitigkeit besteht. Die Gegenseitigkeit brächte aber das konventionelle analytische Verfahren an sein Ende und wäre mit dem Anspruch auf Anerkennung des Begehrens des Patienten und der Anerkennung des Begehrens des Therapeuten verbunden.

Die Anerkennung des Begehrens ist auf zwei Ebenen zu lesen: jede Kommunikation zielt auf Kongruenz, erotisch oder narzißtisch. Die narzißtische Dimension der Interaktion liegt im Begehren, Übereinstimmung herzustellen durch das Sichtbarmachen des Ähnlichen mit dem anderen, und die libidinöse Dimension der Interaktion entspringt dem Verlangen, zur körperlichen Deckung mit dem anderen zu kommen, wobei die ‹Vereinigung› in der Übereinstimmung der psychotherapeutischen Arbeit die Sublimierung der sexuellen Befriedigung darstellt, deren Aufschub wiederum die Beziehung unterhält. Wenn die professionelle Beziehung das Konkret-Sexuelle ausschließt, dann muß die komplementäre Ebene der narzißtischen Anerkennungsdialektik besonders befriedigt werden in der Gegenseitigkeit von Achtung, Wahrnehmung der Selbstgestaltungs- und produktiven Aspekte des anderen, narzißtisch-stärkende Förderung im Wahrhaben und Wahrmachen von Wachstumsmöglichkeiten, Anerkennung der aktuellen Selbstdarstellung, des Selbstausdrucks des Patienten, unbedingte Vermeidung von Regressionstendenzen, besondere Gewichtung des Handelns in der Sicht, daß nur durch Handeln Neuerfahrung entstehen kann; in Konsequenz dessen übungsgeleitete Aufgabenstellungen, deren Ziele sich aus der kooperativen Verständigung mit dem Patienten ergeben müssen. Mit anderen Worten: Voraussetzung für eine solche Änderung der Technik ist die Anerkennung exploratorischen Verlangens des Patienten dem Therapeuten gegenüber und des durch die Situation der Abhängigkeit bedingten Begehrens des Patienten; statt es sofort aus Angst vor Triebverwicklung in die Infantilgenese zu verweisen. Voraussetzung ist, daß alle Modalitäten der therapeutischen Beziehung als Interaktion zwischen Erwachsenenpersonen behandelt werden und die sich aus der Beziehung ergebenden Konflikte um Selbstbehauptung und erotische Anerkennung in eine offene Auseinandersetzung gebracht und nur als Aktualkonflikte ausgestaltet werden. Der denunziatorische Charakter des analytischen Agierungsbegriffs, der Handeln überhaupt diskreditiert als «acting out» der therapeutischen Beziehung und der das Handeln des Patienten unter die Verfügung eines auf den Therapeuten zentrierten Deutungsdiktats stellt, ist endlich zu verwerfen; und diese Monopolisierung aller möglichen Beziehungen des Patienten auf die Person des Therapeuten ist als der Gewaltaspekt der analytischen Beziehung und als das Machtmittel der Manipulation des Therapeuten grundsätzlich aufzugeben. Im Begriff des Erinnerns und Durcharbeitens statt des Wiederholens liegt die ganze Mystifikation der analytischen Arbeit, die das Wiederholen als agierendes Handeln verwirft und durch das Versprechen von Erinnerungsarbeit dem Patienten Veränderung in Aussicht stellt, obwohl nach dem vorliegenden wissenschaftlichen Kenntnisstand alle Neuerfahrungen, jede Erfahrung nur durch praktisches Tun zu gewinnen und Begreifenlernen nur durch Handeln (s. dazu von analytischer Seite Eagle 1988; von erkenntnistheoretischer Seite Popper und Eccles 1982) möglich ist und nicht durch Reflexion – diese kann nur der kognitiven Integration des Ensembles therapeutischer Strategien dienen. Wir werden zeigen, daß der Erinnerungsbegriff der Analyse und das Konstrukt der Aufarbeitung eine Illusion ist; denn die Vorstellung einer erinnernden Aufarbeitung und dadurch bewirkten Vergangenheitsbewältigung verkennt, daß, wie schon Freud sagt, Kindheitserinnerungen nicht zu haben sind und daß, nicht unzufällig, das von Freud eingeführte Konstrukt der «Nachträglichkeit», der nachträglichen Erzeugung von Vergangenheit, das bestimmende Moment der Konstruktion von Erinnerungen ist.

Die Aufklärung der undurchschauten Machtverhältnisse der Psychoanalyse verweisen uns notwendigerweise auf die Reflexion darüber, wie therapeutische Beziehungen einzurichten wären, die auf Gegenseitigkeit ausgehen. Freilich ist die Kehrseite der Gegenseitigkeit, das Machtgefälle zwischen der Definitionsmacht des Analytikers und der Ohnmacht des hilfesuchenden Patienten oder der Ohnmacht des unterworfenen Kandidaten, erst einmal gründlich zu untersuchen und für die Abschaffung des infantilen und rigiden Settings, dem er ausgesetzt wird, Sorge zu tragen; denn alles Reden über das ‹neue Objekt› bleibt ein leeres Reden, da nichts auf den Patienten innovativ wirkt, solange das Subjekt einer unverändert Regression produzierenden Analyse ausgeliefert bleibt.

Denn im Zweifelsfall ist der Analytiker das ‹neue Objekt› als das ideale, mit den Elternfiguren konkurrierende und sie ersetzende Objekt, das als Subjekt der Aufklärung Gerichtshof gegenüber den Eltern seines Patienten ist; gerade auch in dem inkriminierenden Konstrukt des Patienten als ‹Symptomträger› und der Familie als krankmachendes Feld. Die Inkulpation der Familie wie auch der gesellschaftlichen Verhältnisse liegt im modischen Trend der Zeit und dient nicht nur dem Patienten zur Ablenkung, vielmehr auch dem Therapeuten, der in dieser Inkulpationsstrategie den aktuellen Machtkonflikt der therapeutischen Beziehung in die Vergangenheit lenken kann – die totale Entmündigung des Subjekts ist die Folge. Und der Analytiker kann sich darüber hinaus als ideale Elternfigur selber idealisierte Bedingungen von Kindheit schaffen, indem er durch stellvertretende Regression seinen Patienten dort ankommen läßt, wo er für sich verklärend Heimat sucht. Diese Art von Übertragung auf den Patienten, wie sie vor allem von Kohut (1973 und 1979) vertreten wird in seiner Technik von «spiegelnder Empathie» und «Idealisierung», demonstriert, daß der Analytiker durch seine Spiegelung im Patienten – und nicht umgekehrt – sein Ideal von Kindheit im Patienten zu finden sucht. In Kohuts Konstrukt von «spiegelnder Empathie» werden die Sehnsüchte des Therapeuten drängender befriedigt als in Freuds Dissoziationskonstrukt, bei dem das Begehren des Analytikers nicht unmittelbar auf den Patienten zurückschlägt, sondern durch die Verschiebung in die Zeit gebrochen wird.

3.3 Der Machtkampf um die Wahrheiten: Freuds Machtpolitik, die Erzeugung von Dissidenz und die Widerstandsohnmacht des Analytikers

Psychoanalyse wird allgemein als Bildungsprozeß definiert, in dem das Subjekt sich in Art eines Nachreifungsprozesses zu souveräneren Formen der Konfliktbewältigung entwickeln soll. In diesem Sinn wäre Analyse ein sekundärer Sozialisationsprozeß, der als Wiederauflage des primären eine nachprägende Kommunikation darstellt, in der dem Patienten die Anweisungen (s. Watzlawick 1992) vermittelt werden, wie jetzt seine Welt zu sehen ist. Diese Anweisungen erfolgen über die Deutungen im Übertragungsprozeß, der aufgrund der «falschen Verknüpfung» des Analytikers, der Ersetzung seiner Person durch die früheren Personen, den aktuellen Konflikt zu einer historischen Angelegenheit macht und nicht umgekehrt, wie Freud behauptet, aus dem historischen einen aktuellen Konflikt. Die sogenannte Neubearbeitung der alten Sehweisen erfolgt «nachträglich», denn die neuen Sehweisen werden nachträglich durch die Deutungen des Analytikers erzeugt und dadurch eine vergangene Geschichte hergestellt, die sich der Übersetzungsarbeit der artifiziellen analytischen Situation verdankt. Freud ging davon aus, daß der Analytiker die Übertragung «allein fast selbständig erraten» (GW V, S. 280) muß. Das «allein fast selbständig erraten» besagt, daß der Analytiker allein den Bezugsrahmen für die Verständigung vorgibt, in dem das Material produziert wird, das dann seinen Deutungskünsten unterzogen wird. Die artifizielle Lebensform der analytischen Situation setzt schon den Hintergrund der vom Analytiker erratenen, durch ihn verfügten Auslegung der Übertragungssituation fest, aus der sich der Vordergrund der daraus abgeleiteten Übertragungsfiguration ergibt mit den entsprechenden Bedeutungszuschreibungen für den Patienten. Die Verständigung in dieser therapeutischen Beziehung vollzieht sich aus der vom Analytiker festgelegten ‹Verständlichkeit› seines Bezugsrahmens, der die Einstellung des Patienten ausrichtet auf das vom Analytiker vorgegebene Wahrnehmungsmuster. Die Vorstellung von gemeinsamer Erfahrung, wie sie als Voraussetzung des analytischen Prozesses deklariert wird, entspringt mehr dem Wunschdenken des Analytikers, der die Verfügungsgewalt des von ihm eingerichteten Bezugsrahmens der Interaktion und der dadurch bedingten Ausrichtung der Wahrnehmung seines Patienten nicht sehen möchte.

Wir werden noch zeigen, welche Wirkmechanismen in der als Übertragung wirkenden Suggestion stecken, welche Überzeugungen aus der Überzeugungsmacht des die analytische Situation konstruierenden Analytikers sich als ‹Wahrheiten› des Patienten bilden. Hier geht es um die Lebensform und das Selbstverständnis des Analytikers, aus dem sich sein Wahrheitsanspruch auf das analytische Verfahren bildet; es sei denn, es wäre für den Analytiker letztlich völlig irrelevant, ob seine Deutungen die Realität treffen oder bloß von ihm vorgenommene Bedeutungskonstrukte sind. Die Wahrheitsfrage hätte sich dann in die Frage aufgelöst: «Was zählt, ist die korrekte Ausführung der Analyse».[29] Im Gegensatz zu solcher Verflüchtigung der Wahrheitsfrage, die hier ausläuft in eine rein instrumentalistische Auffassung von der korrekten Anwendung eines Verfahrens, hat Freud noch um die Wahrheitsfrage gerungen; in diesem Fall um die Differenzierung zwischen den bloß suggestiv bewirkten therapeutischen Erfolgen und den durch die analytische Methode, die sich der Suggestion bedient, herbeigeführten Veränderungen. Diese Medizinalisierung, Psychoanalyse rein instrumentalistisch auf ihre therapeutische Brauchbarkeit zu reduzieren, paradoxerweise von Schriftgelehrten vorgetragen, zeigt doch, daß die Flucht vor der wissenschaftlichen Bestimmung und der darin verwickelten Wahrheitsfrage der

---

29 Dieser von Loch (1993, S. 89) Freud unterstellte Zynismus in der Wahrheitsfrage ist erwartungsgemäß bei Freud so nicht zu finden; denn er spricht an dieser Stelle von den Schwierigkeiten der Analyse, daß es «oft genug nicht gelingt, den Patienten zur Erinnerung des Verdrängten zu bringen. Anstatt dessen erreicht man bei ihm durch korrekte Ausführung der Analyse eine sichere Überzeugung von der Wahrheit der Konstruktion, die therapeutisch dasselbe leistet wie eine wiedergewonnene Erinnerung» (GW XVI, S. 53).

Psychoanalyse in dem Moment angetreten wird, wo eine den analytischen Dogmatismus überschreitende Bestimmung vorgenommen und möglicherweise eine tiefgehende Revision des analytischen Verfahrens durchgeführt werden müßte. Ein Psychotherapeut, der sich nicht mehr verpflichtet fühlt, einem wissenschaftlichen Wahrheitsanspruch zu genügen, kann sich auch der Frage nach der wissenschaftlichen Bewährung seines Tuns entziehen. Wenn nichts mehr der wissenschaftlichen Bewährung ausgesetzt werden muß, weil alles ‹Konstruktion› ist, jede Wirklichkeitserfassung immer schon Interpretation ist und es keine Rechtfertigung für den Anspruch auf eine bestimmte Wirklichkeitsauffassung mehr zu geben braucht, dann ist letztendlich alles erlaubt, alles vertretbar und begründet unbegründbar. Und dann braucht man sich darüber auch nicht wundern, daß der ‹Erkenntnisfortschritt› der Psychoanalyse auf der Tradierung unbewiesener Behauptungen beruht, die durch ständige Wiederholung als erwiesene Tatsachen gehandelt und beliebig fortgesetzt werden.

Freud hat die Psychoanalyse noch wegen ihres Wahrheitsgehalts (GW XV, S. 169), aber nicht als Therapie unserem Interesse empfehlen wollen; denn als Therapie wäre sie eine unter vielen. Wenn Psychotherapie als Kommunikationsprozeß die Anweisungen für den Patienten liefert, wie seine Welt zu sehen ist, dann müßte doch von besonderem Interesse sein, welche Realität der Analytiker durch seine Deutungsarbeit bei seinem Patienten erzeugt, von welchem persönlichen und schulisch-weltanschaulichen Hintergrund er die ‹korrekte Ausführung› seiner Methode besorgt. Was der Analytiker dem Patienten als ‹Anweisungen› vermittelt, ist nicht unabhängig von seiner persönlichen Lebenswelt, seinen schulischen Überzeugungen und seiner Stellung im Apparat der Psychoanalyse. Die Wahrheitsfrage ist nicht davon abzutrennen, wie ‹wahrhaftig› die persönliche Lebensform und die daraus erzeugte Realität des Analytikers ist, wie ‹wahrhaftig› sein Umgang mit dem tradierten Korpus des analytischen Wissens und der Machtpolitik der psychoanalytischen Behörde ist.

Wir wollen hier nur zwei Strängen der Realitätskonstruktion des Analytikers nachgehen: dem seiner persönlichen Herkunft und der darin enthaltenen Prägung seiner Lebensanschauung sowie der durch seine Sozialisation als Analytiker vom psychoanalytischen Apparat erzeugten Realität, die ihn immer unter der Kontrolle der ‹korrekten Ausführung› hält. Der Analytiker steht seinerseits unter dem Diktat der ideologischen

Übereinstimmung mit den Anweisungen der psychoanalytischen Büro-kratie, deren Macht sich in den bestallten Funktionären, in der Verfü-gung der richtigen Lesart von Psychoanalyse durch die informellen wie formellen ‹Schriftgelehrten› repräsentiert.

Auf Methoden manipulativen Machtzugriffs kann hier nur hingewiesen werden: zum einen ist es die Aufsichtsbehörde der Unterrichtsausschüsse, die als Kontroll-organ über die Einhaltung der offiziellen ‹Anweisungen› wachen; zum anderen sind es die psychoanalytischen Fachtagungen, die früher wie Geheimbünde tag-ten, aber auch heute noch als interne Veranstaltungen der psychoanalytischen Vereinigungen wie eine geschlossene Gesellschaft fungieren, bei der eine Aus-wahl- und Zulassungspraxis für Vortragende primär nach dem Kriterium der Gesinnungstreue und nicht nach dem wissenschaftlicher Relevanz herrscht, um die Reinheit der Lehre zu wahren. Den Schriftgelehrten kommt in dieser Hinsicht das besondere Wächteramt in der Überwachung der Abweichung von den kanoni-sierten Schriften zu, indem sie nur die als unbedenklich geltenden Texte in einem Zitierkartell kursieren lassen zur permanenten Selbstbeglaubigung des Systems – Dissidententexte werden totgeschwiegen; und nicht zuletzt dienen die von den Fachvereinigungen bestallten wissenschaftlichen Gutachter bei den öffentlichen Forschungsgesellschaften als Zensoren des offiziellen Lehrgebäudes. Es soll auch nicht unerwähnt bleiben, daß die Gutachter der Fachvereinigungen bei den Kran-kenkassen für die Genehmigung psychoanalytischer Therapie in hohem Maße ihre Machtstellung konfirmierend und disziplinierend einsetzen – und hier erwei-sen sich nach unserer Erfahrung die Repräsentanten der Freudschen Vereinigung als besonders autoritär und dogmatisch in ihrem Auftrag gegenüber der Kranken-kasse wie ihrer Fachvereinigung. Diese Praxis von Überwachungsorganen geht, wie alles in der Psychoanalyse, wiederum auf ihren Gründer zurück: Freud hatte zunächst ein Komitee, die ‹alte Garde› von sieben Analytikern als Geheimbund um sich versammelt, von denen ein jeder durch die Verleihung eines Siegelrings von Freud auf Vasallentreue eingeschworen wurde; später übernahm die IPV oder die IPA diese Funktion, heute ist sie den obengenannten und auch noch anderen Überwachungsorganen der Analyse übertragen, die jene Tradition der Kontrolle präsent halten.

‹Schriftgelehrte› sind nicht nur die anerkannten Priester der Auslegung, die vorgeben, was richtig ist und was falsch zu sein hat und damit direkte Sanktionsgewalt haben für die Praxis der Exkommunikation; ‹Schriftge-lehrte› halten auch die Position der wissenschaftlichen Repräsentation, indem sie wissenschaftlich verbrämt die indirekte Exkommunikation für die Glaubenslehre der Psychoanalyse dadurch besorgen, daß sie die wis-senschaftliche Befragung des analytischen Systems nur in den von ihnen anerkannten Grenzen zulassen und dadurch die notwendige fundamentale Infragestellung ihres Systems abweisen. Die Unangemessenheit der klinischen wie wissenschaftlichen Selbstrechtfertigung der Psychoanalyse in ihrem Verhältnis zur wissenschaftlichen wie klinischen Realität wird darin offenkundig, daß die für jede Wissenschaft grundsätzlich notwendige Legitimation ins Detail eines methodischen Pragmatismus verschoben wird, um wissenschaftliches Denken, die Befragung der Grundlagen des therapeutischen Handelns, mithin die Gefährdung der Selbstzersetzung des eigenen Systems zu unterbinden. Beide Seiten des Schriftgelehrtentums dienen der Selbstimmunisierung des Systems gegenüber einer wissenschaftlich-radikalen Selbstbefragung. Diese kann nur zu einer bewußten Aufgabe für die Repräsentanten eines Systems werden, wenn sie das Infragestellen als selbstverständliche wissenschaftliche Herausforderung an ihr System anerkennen. Für diesen Fall stellt sich nicht die Frage des Revisionismus, sondern nur die Frage der Revision, das heißt die Überprüfung des eigenen Standorts, der festgestellten Gegebenheiten in dem permanenten Anspruch auf Korrektur.

Die Begriffe Revision oder Revisionismus scheiden die Geister, denn der Begriff Revisionismus ist kennzeichnend für ins Totalitäre sich verkehrende Ideologien, welche die Revision ihres Systems als Revisionismus, das ist Abweichung von der reinen Lehre, verfolgen und dem Revisionisten den Prozeß machen. In dieser Sicht ist Psychoanalyse vergleichbar dem Marxismus, weil sie in ähnlicher Weise in ihrer gesamten Geschichte geschlagen war von ihren Abfallbewegungen, die als Revisionismus gebrandmarkt wurden. Von daher könnte die Geschichte der Psychoanalyse als Geschichte einer Glaubensbewegung gelesen werden, und die Psychoanalyse wäre nicht ins wissenschaftliche Register, sondern ins religiöse einzutragen. Marxismus wie Psychoanalyse sind in ihrer Geschichte von fast identischen Übeln heimgesucht: der Bewahrung der mythischen Reinheit[30] der Bewegung, dem Kampf um die reine Lehre gegenüber der Verunreinigung der ursprünglichen und dem Abfall vom rechten Glauben – der Kampf um Rechtgläubigkeit oder Dissidenz ist bestimmend für beide Ideologien. Beide befinden sich in einem ständigen Kampf gegen äußere Bedrohung des Verderbens ihrer inneren Reinheit, und diese Komplot-Theorie ist Garant des inneren Zusammenschlusses und Widerstandes gegenüber nur von außen zu erwartender

---

30 Allerdings hat Castel (1976) in seiner Analyse totalitärer Ideologien den Marxismus ausgelassen.

Gefährdung. Deshalb ist die Dissidentenbewegung so kennzeichnend für die Psychoanalyse wie für den Marxismus. Schuld an der möglichen Verunreinigung der Lehre und der darin liegenden Bedrohung des Glaubens sind immer die äußeren Feinde, so daß von innen kommende Zweifel und Revisionen sofort unbedingt veräußerlicht werden müssen durch Ausschluß der dann als Dissidenten [31] sichtbar gemachten Feinde der wahren Lehre.

Die Geschichte der Psychoanalyse ist der Kampf um das ‹ursprünglich reine Wesen› des Freudschen Wortes, und jede theoretische wie praktische Differenz zu diesem Wort wurde durch die von der Bewegung bestallten Zensoren als Verrat [32] am Geiste der Psychoanalyse verfolgt. In ständiger Wiederholung hat sich die Bewegung von Renegaten gesäubert, denen der Prozeß gemacht wurde und deren Schicksal damit besiegelt war. Diese ‹Säuberungsprozesse› mit den ihnen zugehörigen Tribunalen gleichen den Schauprozessen terroristischer Regime, die ihre Gewaltherrschaft jeweils durch Komplott-Theorien zu rechtfertigen verstanden: den Jakobinern Robespierre und Saint-Juste diente das ‹Kom-

---

31 Dissident ist nämlich jener, welcher der staatlich anerkannten Religionsgemeinschaft nicht zugehört, aus der Kirche ausgetreten ist oder von ihr ausgeschlossen wurde; im engeren ideologischen Sinn ist Dissident jener, der von der offiziellen Lehrmeinung abweicht und als ‹Abweichler› ausgeschlossen und der Verfolgung preisgegeben wird: Dissidenz und Rechtgläubigkeit sind von unbedingter Komplementarität. Wissenschaft dagegen hat es mit Dissens zu tun, weil es hier nicht um Glaubenssätze geht, sondern um unterschiedliche Standpunkte, die verifiziert oder falsifiziert werden können. Das Phänomen der Dissidenz kennzeichnet Psychoanalyse von Anfang an als Glaubensgemeinschaft.

32 Die ideologische Implikation der Gleichsetzung vom Verrat am Geiste der Psychoanalyse mit dem Verrat an den Errungenschaften der Revolution, wie sie von den ‹Alten Herrn› der psychoanalytischen Korporation (z. B. Cremerius) gepflegt werden, die sich und die Bewegung für revolutionär halten, hat in ihrer unfreiwilligen Komik etwas Rührendes an sich, wenn sie heute (im Fernsehauftritt vom 17.6.1993, WDR) davon sprechen, daß «die Psychoanalyse ihre Kinder frißt»; das sind die Nachkommen Freuds, welche die Errungenschaften der Psychoanalyse als revolutionäre retten möchten. Es wird aber allzuleicht vergessen gemacht, daß sich die tyrannische Bruderhorde der alten marxistischen Garde, die «Kinder der Revolution», gegenseitig umgebracht hat im brutalen Kampf um die Alleinherrschaft. Der Zugriff auf das Macht- und Gewaltmonopol hat sich immer schon als Kampf um die Reinheit der Lehre maskiert, und der Ausgang in physischer oder sozialer Vernichtung der Protagonisten ist von vornherein als totalitäre Tendenz in solchen Ideologien angelegt.

plott der Gefängnisse› und das ‹Adelskomplott› zur Rationalisierung ihres Terrors, den sie eingerichtet hatten, um die Reinheit der Revolution zu wahren; die Kommunisten Lenin und Stalin benutzten die Idee der Konterrevolution durch den Klassenfeind, der das revolutionäre Ideal bedrohte, zur Legitimation ihrer Gewaltherrschaft; den Nazi-Faschisten Hitler und Konsorten diente zur Rationalisierung ihrer Gewaltherrschaft das jüdische Weltkomplott, das die arische und völkische Revolution bedrohte, als Vorwand zur ethnischen Säuberung und Vernichtung. Überall sehen wir im totalitären Denken die gleichen Mechanismen am Werke zur Rationalisierung der im Glaubenseifer liegenden Gewalttätigkeit.

Die psychoanalytischen Säuberungsprozeduren sind in ihrem Ablauf nicht ungleich den Praktiken totalitärer Parteien: «Zur inneren Logik der stalinistischen Prozesse fehlt hier nur noch die Forderung eines Geständnisses» (Castel 1976, S. 28); allerdings sind Ferenczis Rechtfertigungsversuche vor Freud in Semmering oder diejenigen von Reich vor der IPA in Luzern Tribunalszenen, die der Selbstdenunzierung einer kommunistischen Geständnispraxis nahekommen. Die Analogie zur marxistischen Ideologie liegt vor allem auch deshalb nahe, weil beide Bewegungen das Phänomen der Dissidenz produziert haben, und beide Bewegungen sind von der Überzeugung einer wissenschaftlichen Weltanschauung beherrscht, so daß sie die Abweichler in ihrem Bewußtsein nicht als Ketzer und Häretiker im Glaubenskampf zu verfolgen brauchten. Sie konnten die Liquidierung der Andersdenkenden jeweils als Ausschlußverfahren gegenüber denjenigen rechtfertigen, die aus persönlichen Gründen der wissenschaftlichen Doktrin Schaden zufügen wollten. Einzig Analytiker, welche die Lebenskraft besaßen, unabhängig von Freud ihrem eigenen Gesetz zu folgen wie Jung und Adler, bestanden den Machtkampf mit Freud und der Bewegung in souveräner Weise unbeschadet, während all jene wie Rank, Stekel, Tausk, Ferenczi, Reich und andere, die ohnmächtig mit Freud und der Bewegung um den Anspruch auf das eigene Gesetz rangen, als Dissidenten schweren Schaden nahmen und in persönlichen Katastrophen endeten. Das psychoanalytische Erzübel, das ‹Andere Denken› als Ausfluß der persönlichen Pathologie des Andersdenkenden zu denunzieren und eine vielfältige Individualpathologie über ihn zu verhängen, ist Ausdruck eines perversen Machtkampfs, der in der Analyse zu einer gängigen Praxis geworden ist: die psychoanalytische Entlarvungstechnologie zur vernichtenden Pathologisierung des Andersdenkenden zu benutzen, um auf diese Weise jede kritische Negativität gegenüber dem analytischen System auszuschalten. Man muß sich diesen Krieg gegen Dissidenten in der Analyse (Sachs 1950; Jones 1960, 1962; Roazen 1973, 1976; Sigmund Freud/C. G. Jung: Briefwechsel 1974; Sterba 1985) vor Augen halten, um einschätzen zu können, welche Widerstandskraft und geistige Potenz notwendig sein mußten, um das Recht auf das eigene Gesetz durchzusetzen. Die Verbitterung der Schwachen, die sich aus Kraftlosigkeit einer Vasallentreue Freud gegenüber ergaben, vereinigte sie auch im Verfolgungshaß gegen die starken Ausgeschlossenen und scharte diese «wilde Horde» (Freud) lebensohnmächtig um Freud. Die Idealisierung der ersten Generation von Analytikern, der ‹alten Garde› der Psychoanalyse, ist eine nostalgische Verklärung des tatsächlich elendigen Abhängigkeitsverhältnisses zwischen der Gründerautorität und jener «Bande» (Freud), die später von Anna Freud als erste Generation umstürzlerischer und tief forschender Geister idealisiert wurde, eine Schar von Sonderlingen, Träumern, Sensitiven, deren gesellschaftliche Exzentrizität sie wahrheitsdurstig gemacht und ihnen erlaubt hätte, bedeutende Entdeckungen zu machen. Von dieser Schülergeneration sagt Anna Freud, daß sie heute wohl kaum eine Chance hätte, in analytischen Lehrinstituten aufgenommen zu werden; im Gegenteil: die Tradition der Dissoziation, Freuds Machtstrategie, die selbständigen und freien Geister zu entfernen und die aus Widerstandsohnmacht sich der Anpassung Ergebenden um sich zu scharen, ist bis heute fortgeführt und bestimmend geblieben für die Auswahl der jeweils nachfolgenden Ausbildungsgeneration. Die Verklärung des Anfangs, des ursprünglich reinen und freien Wesens der Psychoanalyse, wie sie immer wieder zur Rettung der aufklärerischen Ideale (Anna Freud 1972; Dahmer 1983; Erdheim 1983; Parin 1983 u. a.) betrieben wird, ist eine Verdrängung der tatsächlichen, meist elendigen Macht- und Gewalttradition in der Psychoanalyse. Die Beschwörung einer einstmals unverdorbenen und heilen Analyse bei Freud soll die verderbte Tradition und die gegenwärtige Misere entschuldigen und die Hoffnung konservieren auf mögliche Wiederherstellung eines idealen Urzustandes.

Die Frage danach, welche Realität der Analytiker für seinen Patienten erzeugt, ist untrennbar mit Freuds mosaischer Funktion als Gesetzgeber der Analyse verbunden: Freud konstruierte eine therapeutische Situation, die er für sich durch Dissoziation der Beziehung beherrschbar machte, und in ähnlicher Übertragung seines Machtbegehrens konservierte Freud seine Urheberschaft und seinen Anspruch auf all das, was den Namen Psychoanalyse trägt, indem er Schüler, die sich ihm nicht unterwarfen und ihrerseits Ansprüche auf Urheberrechte an der Psychoanalyse stellten, dissoziierte und als ‹Abweichler› zur analytischen Unperson machte; wie es in Übertragung dessen zur unseligen Tradition der analytischen Bewegung wurde, kritischen Geistern den Status des Analytikers abzusprechen, sie zu Revisionisten abzustempeln oder sogar ihre Existenz zu leugnen. Jene Dissidenz ist also daher eine von Freud produzierte Dissoziation, die eine Abschreckungsstrategie gegen das eigensinnige Forschungsinteresse und das exploratorische Verlangen der Schüler darstellte, um das Ursprungszertifikat im Alleinbesitz zu halten. Deshalb ist der Machtkampf um die Reinerhaltung der Lehre eine Mystifikation; es geht hier nicht um mythische Reinheit, sondern um einen machtpolitischen Anspruch auf Alleinherrschaft, und so gerät auch der ganze Kampf um die ursprüngliche Reinheit der Lehre zu einem mythischen Kampf um die Autorität Freuds als Stifter und um seine Berufung, deren Infragestellung als Sakrileg geahndet wird, wo es in Wirklichkeit um nackte Machtinteressen der Monopolsicherung geht. Der Sündenfall der Verunreinigung, Kritik als blasphemische Intention gegen den tabuisierten Stifter, Renegatentum und Häresie repräsentieren einen auf das mythische Feld des Religionsstreits verschobenen Kampf, der geführt wurde zur Durchsetzung von Monopolansprüchen im gesellschaftlichen Feld.

Die Mythisierung der Freudschen Autorität geht auf Freud selber zurück. In dem klassisch gewordenen Schulstreit mit Jung, in dem seine Verfahrensweise exemplarisch wird, war Freud daran gescheitert, seine Autorität auf Jung zu übertragen, der sein Ersatz und das künftige ‹Oberhaupt› der psychoanalytischen Bewegung werden sollte. Jungs Verweigerung dieser Übertragung beruhte auf seinem Anspruch, gleich Freud sein eigenes Gesetz zu erfüllen und sich nicht durch eine mythische Loyalitätsverpflichtung um den Eigensinn seines Denkens bringen zu lassen. Und Freuds nachträgliche Interpretation dieses Falls von «mißglückter Übertragung», daß eben Jung «unfähig (war), die Autorität eines anderen zu ertragen, noch weniger geeignet war, selbst eine Autorität zu bilden und deren Energie in der rücksichtslosen Verfolgung der eigenen Interessen aufging» (GW X, S. 85), wirft ein Licht auf Freud. Denn «die rücksichtslose Verfolgung der eigenen Interessen» erzeugte doch jene Dissidentenreihe, die in den Anfängen der Psychoanalyse von Adler, Jung, Reich, Sullivan, Rank, Stekel bis zu Ferenczi und anderen reichte und sich nach Freud endlos weiter fortgesetzt hat.

Das hohe Gericht der Psychoanalyse, das den Bann gegen Abweichler verfügte, war in den Anfängen Freud selber: ‹Er›, Oberhaupt der Kirche, exkommunizierte Adler und Jung, später bediente er sich des «Komitees», dem dann die Internationale Psychoanalytische Vereinigung (IPV) nachfolgte. Innerhalb weniger Jahre vollzog sich nach Max Graf (1942), dem Vater des «Kleinen Hans» (Analyse der Phobie eines fünfjährigen Knaben; Freud GW VII), die ganze Kirchengeschichte von den ersten Predigten vor einer kleinen Apostelschar bis zum arianischen Kirchenstreit – nach der arianischen Auffassung, die verdammt wurde, ist Christus das Geschöpf Gottes und als Sohn nicht wesensgleich mit dem Vater. Das Gottvater-Gottsohn-Verhältnis wurde nach der Verurteilung des Arianus im monotheistischen Sinne als Wesenseinheit eines einzigen ‹Urhebers› gelöst.

Es wäre verführerisch einfach, die mosaische Funktion Freuds und die Entwicklung der Psychoanalyse von einer sektiererischen Gruppe zu einer Kirchenbewegung (Castel 1976) nur auf der sich anbietenden Dimension religiöser Symptomatologie zu analysieren; dabei kämen die Macht- und Herrschaftsverhältnisse, das autoritäre Denken, die totalitären Tendenzen und die gesellschaftspolitische Stellung der Analyse nicht scharf genug in den Blick. Die religiösen Implikationen der Psychoanalyse als psychologischer Selbsterlösungslehre nach dem Niedergang der Religion und dem Verlust des religiösen Bewußtseins sind wiederum auch gesellschaftlich zu lesen, weil Psychoanalyse im Feld der Gesellschaft den Platz der geistlichen Macht usurpiert hat; freilich undurchschaut von der Gesellschaft, da ihr Machtanspruch auf das Subjekt sich als Emanzipation und demokratische Selbstverwirklichung in Szene setzt und dadurch der okkupierte religiöse Machteinfluß nicht in Erscheinung treten kann.

Die Ideologien der Moderne gefallen sich in der Nachäffung der Kirche und haben, weil sie rituelle Formen beerben, einen bequemeren Zugriff auf die Seele; zugleich sind sie vor dem aufklärerischen Vorurteil des Mystizismus in der Weise geschützt, daß ihre Agenturen sich durch politische und psychologische Selbstdarstellung als Aufklärungsinstanz ausweisen können. Der Machtanspruch dieser Ideologien auf das Subjekt bleibt verdeckt, denn ein Apparat, der im Dienste der Aufklärung von Unterdrückungsverhältnissen zu stehen scheint und der Selbstbefreiung des Subjekts dienlich sein will, kann doch nicht selber Ort der Ideologiebildung, Produktionsstätte von Gewalt und Unterdrückungsverhältnissen sein. Von daher ist jeder Widerstand sogleich der inneren Vorverurteilung einer reaktionären Gesinnung ausgesetzt und das Subjekt der Angst ausgeliefert, der Gegenaufklärung oder der Konterrevolution anheimzufallen. Das Subjekt des Widerstands wird in sich selbst gespalten durch diese moralische Kategorie, die es unausweichlich in eine Selbstparalysierung treibt, indem der einzelne seinen Intellekt betrügt um der emotionalen Erwartungen willen auf Befreiung: das Schicksal der Intellektuellen, die sich dem Marxismus ergaben. Auch das Schicksal der Intellektuellen heute, die auf die Psychoanalyse als Aufklärungspsychologie und auf ihren Apparat als Aufklärungsinstanz setzen, ist darin besiegelt, daß sie ihr Denken nicht von ihren Emotionen emanzipieren konnten und deshalb ihr Denken ihren Emotionen zum Opfer brachten. In dieser Sicht wird auch begreifbar, daß Intellektuelle selbst den Stalinismus rechtfertigen konnten und Kommunisten, zum Beispiel die «alte Garde» der marxistischen Revolutionäre, sich durch gnadenlose Selbstdenunziation in den Schauprozessen der Selbstvernichtung preisgaben.

Bei den Verfolgungsprozessen in der Psychoanalyse lieferten sich die Protagonisten meist nur der sozialen Vernichtung aus; physische Vernichtung ereignete sich unter dem Anschein individueller Pathologie als Selbstmord. Die Ausgänge von Analytikerschicksalen, die in solchen Katastrophen endeten, sind häufiger als die in der Literatur bekanntgewordenen Fälle. Wenn Revision, intellektuelle Prüfung dieser ‹wissenschaftlichen Weltanschauungen›, von den Instanzen der Bewegung gleichgesetzt wird mit ‹Verrat an den Errungenschaften der Revolution› oder ‹Verrat am Geist der Psychoanalyse›, dann ist in einem solchen System widerständiges Denken identisch mit Versündigung, mit Verfehlung gegen das ‹göttliche Gebot›. Und damit wird Denken als intellektuelle Prüfung im Inneren des Subjekts gleichbedeutend mit Abfall vom ‹göttlichen Wort›. Das Religiöse ist hier nur die Einkleidung eines totalitaren Anspruchs an das Subjekt, und das *sacrificium intellectus* des Anhängers bedingt jene intellektuelle Trübung, die auch bei Analytikern so augenfällig ist. In diesem Kontext ist auch bemerkenswert, daß der von den ideologischen Fanatikern so gebrandmarkte Revisionismus, dessentwegen seine Anhänger tödlich verfolgt wurden, eine Veränderung des gesellschaftlichen Zustands ohne die Opfer revolutionärer Gewalt anstrebte. Intellektueller Widerstand gegen das zugemutete *sacrificium intellectus*, Widerstand im Anspruch auf den Eigensinn des Denkens, kann im Zusammenhang von autoritären und totalitären Ideologien nur Dissidenz erzeugen, weil jede intellektuelle Auseinandersetzung, Überprüfung und Korrektur des Systems zu einer existentiellen Frage wird; denn unter der Voraussetzung der Kanonisierung von Schriften zu heiligen Texten wird Kritik als Rückfall hinter den Urheber inkriminiert und damit das Sakrileg unterstellt, das Werk des Schöpfers, den Schöpfer selbst vernichten zu wollen.

Dem Leser, auch dem analytischen Leser, soll zumindest an dieser Stelle klarwerden, daß Denken mit Eigensinn zu tun hat und daß das Beharren auf dem Eigensinn des Denkens die Freiheit des Geistes ausmacht. Solcher Eigensinn wird erst zum Widerstand im ideologisch-politischen Sinn, wenn es als Abweichung verfolgt und damit zur Dissidenz gemacht wird. Es sollte hier auch deutlich werden, daß die Unabhängigkeit und Freiheit an diesen Eigensinn des Denkens gebunden ist, der auch durch keine individualpathologische Zuschreibung auf den pathologisierten Kritiker diskriminiert und aufgehoben werden kann; es darf auch keinem Anhänger der analytischen Bewegung erlassen werden, die inneren und äußeren Schwierigkeiten der Kritik an diesem System zu begreifen und die intellektuelle Anstrengung einer Auseinandersetzung auf sich zu nehmen, unabhängig von Opportunitätsgesichtspunkten ökonomischer Überlegungen und affektiven Bedürfnissen nach Zugehörigkeit zu einer Vereinigung.

Daß intellektueller Widerstand zugleich zu einer Widerstands- oder Dissidentenbewegung in der Psychoanalyse gemacht wird, zeigt nicht nur die Geschichte ihrer Abfallbewegungen; vielmehr wird in der nachträglichen analytischen Bearbeitung, sozusagen *ex cathedra*, eine Abweichungstheorie erfunden, nach der nicht nur in der üblichen Umkehrung der therapeutischen Beziehung die Opfer-Verfolger-Relation verkehrt, sondern das im Zentrum der analytischen Tradition stehende Gewaltverhältnis unfreiwillig zum Vorschein gebracht wird. Grunberger (1988, Bd. 2, S. 113 f) zufolge konvergieren in der analytischen Disziplin die offenen oder versteckten Widerstandsbewegungen immer in einem zentralen Punkt: der Analität, und die Polarisierung zwischen der Forderung nach Reinheit und dem analen Triebaspekt läßt sich als Schibboleth durch die ganze Geschichte der Psychoanalyse hindurch beobachten. Das komplementäre Paar von Reinheit und Projektion von ‹Abfall› ist allerdings von Grunberger auf die Perspektive des von der Lehre Abweichenden eingestellt, der sich seine Reinheit dadurch bewahren würde, daß er das Werk des Gründers oder das Tun des Analytikers zum ‹Abfall› machen müsse – schon dieses Ausgangskonstrukt zeigt den Analytiker auf dem Schauplatz alltäglicher Vorurteilsbildung im Stereotyp vom Nestbeschmutzer. Das Bedürfnis nach Reinheit und der Projektion der Analität läßt nach Grunberger zwei Kategorien von Dissidenten (ebd., S. 124 f) unterscheiden: auf der einen Seite Analytiker, die nicht zu Analytikern geboren seien und die nach einem kleinen Aufenthalt im unwirtlichen Schoß der Analyse wieder aus ihm auszögen und sich bescheidenere und intimere Wohnungen suchten; auf der anderen Seite Analytiker, die den eigenen Analytiker attackieren müßten, überhaupt die Analytiker als Leute entlarven wollten, die ihren Kranken die eigenen Phantasien aufzwingen würden.

Im Brennpunkt dieser «Theorie der Dissidenz» steht für Grunberger (1988, Bd. 1, S. 95 f), daß die infantile Sexualität, vor allem die anale Komponente, geleugnet würde. Und diese Abweichung beruhe auf einer Veränderung des Verhaltens des Analytikers aufgrund bestimmter persönlicher Konflikte: der Analytiker weiche vor dem inneren Konflikt zurück, der nach außen projiziert werde. Der Dissident schreibe also dem Konflikt einen äußeren Ursprung zu, und diese «Exogenität» sei für alle Abweichungen typisch. Die Häresien scheinen Grunberger und Robert zufolge kein anderes Ziel zu haben, als einen früheren Zustand der Psychologie wiederherzustellen und den Skandal des Freudschen Denkens aus der Welt zu schaffen. Wir wollen hier nicht im einzelnen zitieren, wie Grunberger der projektiven Haltung der Abweichler von Jung und Adler bis zu Ferenczi, Reich und anderen nachgeht und diesen Dissidenten individualpathologische Zuschreibungen verpaßt, um die Abweichung von der Lehre Freuds zu erklären; zum Beispiel bei Ferenczi, wie auch anderen, die Verneinung der Reifung, der Entwicklungsphasen, des Ödipus, des Widerstands und so fort. All jene analytischen Konstrukte, die doch wissenschaftlich befragt werden müssen, werden zu kanonisierten Texten gemacht, an denen sich jene Dissidenten aus persönlichen Konflikten vergehen würden. Bemerkenswert an diesem Verfahren ist die Konstruktion der Theorie der Dissidenz und die Konstruktion des Typus des Abweichlers. Dem Dissidenten wird unterstellt, daß er aus Gründen eines privatistischen Ideals von Reinheit seinen Abfall projizieren und symbolisch wie real die Lehre des Stifters zum Abfall machen muß, um hinter die Lehre des Gründers zurückzugehen, das heißt, ihn wie Abfall zu beseitigen. Der Unrat der Psychoanalyse wäre damit aus der Welt geschafft; interessanterweise könnte dies die Schlußfolgerung aus Grunbergers ‹Theorie› sein. Allerdings übersieht er, daß er in der Konstruktion der Beziehung des Dissidenten zum Gründer-Analytiker Freud eine identische Dissoziation, «falsche Verknüpfung» vornimmt, wie der Urheber der Psychoanalyse im Verhältnis zu seinem Patienten. Denn die Konstruktion, daß der Dissident, um sich sein Reinheitsideal zu bewahren, die Lehre zum Abfall macht und deshalb ein ‹Abfallender› wird, ist die bloße Umkehrung, wie sie auch in der «falschen Verknüpfung» der therapeutischen Beziehung vorgenommen wurde. Im vorliegenden Fall einer «falschen Verknüpfung» nehmen nicht Freud, nicht das Komitee, nicht die IPA ein absolutistisches Reinheitsideal in Anspruch gegen jene Analytiker, die dem eigenen Gesetz folgen wollen und auch Urheberrechte an der Psychoanalyse beanspruchen; nein, und das ist das Konstrukt der falschen Beziehung: die Dissidenten sind die Verfolger Freuds und der ihm nachfolgenden Oberhäupter der Bewegung, und die an sich reine Lehre der Psychoanalyse ist das Opfer der Dissidenz. Es zeigt sich hier, daß die «falsche Verknüpfung», die Umkehrung der Beziehung, der fundamentale Wahrnehmungs- und Erkenntnismodus der Psychoanalyse ist und sich in allen Konstrukten der Psychoanalyse wiederholt.

Die von Grunberger für die Psychoanalyse vertretene Abweichungstheorie ist eine ‹Verfolgertheorie›, die sich als Opfertheorie tarnt. Die Gewalt der Pathologisierung gegenüber den vom Kanon der vorgeschriebenen Auslegung Abweichenden ist paradigmatisch für die Verketzerung des Denkens, das, wenn es sich in dem ihm gemäßen Eigensinn zeigt, zu einem analen Schmutz- und Abfallkonflikt gemacht wird. Die mythische Drapierung des Kampfs um die Rettung Freuds als Befreiungsheld der Aufklärung, um die Rettung der ursprünglich reinen Lehre, darf nicht von der Erkenntnis abhalten, daß es nicht um die mythische Opferung der Ungetreuen zur Wahrung der Werktreue geht, sondern um profane Urheberrechte, Monopolansprüche, Machtsicherung und Selbstbehauptungsinteressen.

Die Erkenntnismittel der Psychoanalyse, auf die Dissidenztheorie Grunbergers angewendet, würden doch in Umkehr seiner Umkehrung der anal-paranoiden Opfer-Verfolger-Beziehung das Konstrukt ergeben: die Zensoren der Psychoanalyse projizieren in die Abweichler ihre eigenen Abfallbedürfnisse im symbolischen und buchstäblichen Sinn und müssen die analytische Lehre um so reiner halten und Freud um so mehr idolisieren, je mehr sie wegen der Unterdrückung ihrer eigenen analen

Aufsässigkeit von der Überschwemmung durch anal-sadistische Impulse bedroht sind, sich an der reinen Lehre und ihrem Idol zu vergehen. Das eine Konstrukt ist so wahr wie das andere, wie eben Deutungen auf dem Hintergrund bestimmter Anschauungen, hier der analen Triebaspekte und ihrer Sublimierung, für wahr gehalten werden können, wenn man den Voraussetzungen zustimmt. Freilich muß das Denken doch da einsetzen, wo die infantile Sexualität, die Phasenlehre und der Ödipus als anthropologische Konstante, quasi biologisch, gehandhabt werden und die von der Psychoanalyse erfundene Stufenlehre der Trieborganisation naturgesetzlich begriffen und normativ gebraucht wird. Und dieser normative Gebrauch[33] entspringt der Kanonisierung der infantilen Sexualität wie der Phasenlehre und bedingt in der analytischen Behandlung eine Normalisierung des Subjekts durch die schematische Anwendung der psychosexuellen Entwicklungs- und Reifungslehre. Es ist auch kein Zufall, daß gerade die Dissidenten, vor allem Ferenczi, Reich, aber auch Jung und andere, ‹Kliniker› waren, die aus den therapeutischen Notwendigkeiten ihrer Praxissituation technisch erfinderisch sein mußten, um ihren Patienten gerecht zu werden; und daß von daher, von der notwendigen Innovation der Praxis gegenüber der Standardausübung von Psychoanalyse, die Rückwirkung auf eine zu verändernde Theorie nicht ausbleiben konnte.

Ein Grundübel der psychoanalytischen Tradition scheint auch darin zu liegen, daß die als Schriftgelehrte tätigen Analytiker aus ihrer Standardpraxis heraus, die sie für Klinik halten, die Lehrmeinung der Psychoanalyse beherrschten und die nachfolgende Ausbildungsgeneration jeweils indoktrinierten, so daß die Schulbildung in der Psychoanalyse ganz unter ihre Herrschaft kam. Wissenschaftliche Experimentierlust, Entdeckerfreude und exploratorisches Verlangen sowie das Interesse, Tatsachen zu erfahren und sich darin zu bewähren (Verifizierung), Annahmen auch verwerfen zu können und zu dürfen (Falsifizierung), wenn sie der Realitätsprüfung nicht standhielten, wurde dadurch ausgeschlossen, daß Cha-

---

33 Der normative Gebrauch der Phasenlehre führt zu einer grotesken Praxis, weil von den Ausbildungskandidaten in der orthodoxen Psychoanalyse erwartet wird, daß sie bei ihren Fällen die Entwicklungsphasen des Patienten in der nachträglichen Aufarbeitung rekapitulieren, um die festgelegte Nachreifung bis zum Ödipus herzustellen; das heißt, die ‹korrekte Ausführung› der Analyse ist als Wiederholung der Triebphasen vorgeschrieben.

raktere mit solchem Erkenntnisinteresse in die Dissidenz abgedrängt oder solche Unruhestifter von den psychoanalytischen Behörden von vornherein nicht zur Ausbildung zugelassen wurden. Dadurch ist der Psychoanalyse die geistige Lebendigkeit ausgetrieben und dem Nachwuchs die wissenschaftliche Entdeckerlust genommen worden. Die konventionelle Handhabung von Psychoanalyse, wie sie als Lehrmeinung indoktriniert wird, erinnert wegen der Tradition der «falschen Verknüpfung» an ein paranoides System, in dem immer auf dieselben Lösungsschemata unter falschen und ungeprüften Voraussetzungen zurückgegriffen wird und dadurch die notwendige Klärung der therapeutischen Beziehung unterbunden ist. Der bürokratische Apparat der Psychoanalyse verwaltet heute das Erbe, und die Krankenkassenpsychoanalyse ihrerseits trägt dazu bei, die Verknöcherung des Systems durch die Etablierung im öffentlichen Gesundheitswesen zu verstärken. Denn jede wissenschaftliche Befragung würde sogleich als Infragestellung der jetzt anerkannten und zugelassenen Methode befürchtet und deshalb abgewiesen. Eine Psychoanalyse, die solchermaßen im Gesellschaftssystem integriert ist, kann nur noch als Standardmedizin verabreicht werden und muß jedes Risiko einer Veränderung, die allein schon durch die Befragung des Systems antizipiert werden könnte, strikt vermeiden, weil die dem Behandlungssystem zugrunde liegenden Konzeptionen grundsätzlich nicht in Frage gestellt werden dürfen. Um Mißverständnissen vorzubeugen: Befragen und Experimentieren meint nicht Erweiterung der Technik durch neue Variationen, sondern das Infragestellen der Grundlagen des eigenen Handelns, wie es wissenschaftliches Selbstverständnis ist.

3.4 Der Fundamentalismus des psychoanalytischen Apparats und der Preis der Analyse

Die Schulbildung in der Psychoanalyse ist das Ergebnis eines Identifizierungsprozesses, an dessen Ende die totale Bindung des Kandidaten an den Apparat steht. Eine Entbindung von dieser irrationalen Verstrickung und Absonderung zum Eigensinn des Denkens, zu einem unabhängigen Standort gegenüber der von der analytischen Behörde verwalteten Lehrmeinung und dem Korporationsgeist der Vereinigung scheint durch die bestehenden Ausbildungsprozeduren ausgeschlossen. Denn der dem System widersprechende Analytiker muß das Schicksal der Dissidenz auf sich nehmen, wie es der dogmatische Charakter der Vereinigung zwangsläufig mit sich bringt. In diesem Zusammenhang ist das Phänomen der schultypisch normativ gebrauchten psychoanalytischen Lehre zu begreifen, der sich die Wahrheitsfrage nicht mehr zu stellen braucht; und daraus folgt auch der besondere Umgang mit der Realität. Was sich nämlich als Realität für den Patienten ergibt, wird wahrscheinlich gemacht durch die Deutungen des Analytikers, die im Zweifelsfall den ‹Anweisungen› des Apparats folgen. Die Wahrheit der für den Patienten erzeugten Realität ist aufgrund dessen die Wahrheit der vom Apparat vertretenen analytischen Realität; und diese soll in der infantilen Sexualität, vor allem in der analen Triebkomponente, in der Phasenlehre und nicht zuletzt in der Reifungstheorie einer im Ödipus sich vollendenden psychosexuellen Entwicklung liegen (s. Grunberger 1988).

Im Normfall ist es also die ‹Wahrheit› des Apparats, die sich fortzeugt in der Praxis des Analytikers, und der vom Apparat vertretene Geltungsanspruch auf die Wahrheiten der Psychoanalyse liegt in der Verwaltung der ungeprüften Freudschen Hinterlassenschaft. Freuds Wahrheiten, die ihm bei seinen Entdeckungen zuteil wurden, können nur seine Wahrheiten sein und sind nicht übertragbar. Die Freudsche Konstruktion der Dissoziation der therapeutischen Beziehung verbirgt die Wahrheit des Freudschen Begehrens und hat gerade durch diese Selbstverbergung seines Begehrens zur Entdeckung und Erfindung der analytischen Wahrheit geführt, wie sie sich in den ‹Tatsachen› der infantilen Sexualität, der Phasenlehre, des Ödipus und so fort darstellen.

Die Übertragung der Freudschen Wahrheit auf den Korpus der analytischen Bewegung und deren Tradierung in ständiger Fortsetzung einer mechanisch gehandhabten Wiederholung der Freudschen Situation ist die Lüge der psychoanalytischen Konvention, die sie für ihre Wahrheit hält. Die psychoanalytische Institution ist gefangen vom Geist des Machtprinzips, der jede Institution unterhält; aber in ihrem Fall ist die Verleugnung der Herrschaftsfunktion die Bedingung der Verkennung von Realität, vor allem, was die Anweisungen des Apparats für die Sichtweise des Analytikers angeht, die den Charakter von ‹Erlassen› und ‹Verfügungen› haben. So erzeugt der analytische Apparat, da er die in seinen Weisungen ausgeübte Machtfunktion nicht wahrhaben will, eine Spaltung: auf der einen, mythischen Seite dient er der Verkündigung des Freudschen Worts, auf der anderen Seite beansprucht er die Direktionsgewalt zur Anweisung dessen, was Psychoanalyse zu sein hat. Diese Dissoziation im Verhältnis des Apparats ist auch die Dissoziation der Analytiker in ihrem Verhältnis zum Apparat und wird jeder nachfolgenden Generation auferlegt, die zwischen priesterlicher Berufung auf die überlieferten Glaubenswahrheiten und dem Machtanspruch, im Besitz der richtigen, ‹korrekten Ausführung› der Analyse zu sein, gespalten sind.

Im Gegensatz zur geistlichen Macht, die immer im Interessenkonflikt lag zwischen ihrem Verkündigungsanspruch gegenüber der Gesellschaft und den Machtinteressen der weltlichen Institutionen, fällt in der Psychoanalyse beides zusammen: ‹geistliches Oberhaupt› und ‹weltliche Herrscher› sind eins, was aber durch Aufspaltung der beiden Machtsphären innerhalb der Institution wie im Inneren ihrer Anhänger verleugnet wird; nichtsdestotrotz wirkt das Zusammenfallen von geistlicher und weltlicher Macht als Beweggrund der totalitären Tendenzen der Psychoanalyse. Die Spaltung dient somit der Wahrnehmungsleugnung gegenüber dem Phänomen der Einheitsmacht von weltlichem und geistlichem Charakter. Und so werden die Anweisungen des Apparats sogleich normativ, weil die Anhänger aufgrund der mythischen Tradition der Bewegung in blindem Gehorsam folgen. Diese mythische Hörigkeit nährt die Direktionsgewalt des Apparats, dessen Anweisungen wegen dieser irrationalen Verstrickung für wahr gehalten werden. Nur so ist es zu begreifen, daß in der psychoanalytischen Bewegung auch alle Moden sofort normativ werden, sofern sie aufgrund der unseligen Tradition des Apparats in den Kanon aufgenommen werden. So erhalten die Anweisungen in ihrer normativen Bedeutung den Charakter eines Katechismus, und so werden auch die ungeprüftesten Behauptungen zu erwiesenen Tatsachen, und so wird sogleich auch alles für wahr gehalten, selbst wissenschaftlich absurde Konstrukte, sofern sie in die offiziellen Verlautbarungen der Repräsentanten des Apparats aufgenommen werden. In dieser Sicht ist der Apparat als Sprachlehrer und Gesetzgeber für den Analytiker die Bedingung der Wiederholung bei der Erzeugung der analytischen Situation: die Normierung des Sprechens in der Ausbildung ist die Bedingung für das normative Vorgehen des Analytikers gegenüber seinem Patienten, dem er die Wahrheit jener Realität verhängen wird, die ihm selbst auferlegt worden ist.

Der endlose Diskurs über das Wünschen des Subjekts und die Emanzipation seines Begehrens, die Apostrophierung der Freudschen Wahrheit in dem entdeckten Begehren des Subjekts, all jene Versprechungen und

Verheißungen auf Selbstbildung und Selbstverwirklichung enden, da diese Simulacra zu einer simulierten Realität geführt haben, auf der Couch des Therapeuten. Der Analytiker läßt sich dafür in Dienst nehmen, die Simulation von gesellschaftlicher Realität jetzt im Feld des persönlichen Wünschens auf der Couch zu verhandeln. Dies hat die Simulation der Simulation zur Folge, weil das Reden über das Wünschen diese sogleich wieder einschließt in die normative Schablone der psychoanalytischen Rede, die eine Freiheit der Rede vorspiegelt durch den Rückgriff auf das zu befreiende Unbewußte, das wiederum durch die Übersetzertätigkeit des Analytikers in analytischen Deutungskategorien normiert wird. So wird der psychoanalytisch erzeugte Fiktionalismus zur direkten Fortsetzung der gesellschaftlichen Simulation. Es ist die Macht der Repräsentation der Repräsentation, das heißt die Wiederholung in der Vergegenwärtigung des gesellschaftlich wie individuell nicht Gegebenen, welche die Psychoanalyse hier ausübt und die ihr den Platz einräumt, die Befreiung des Worts zu repräsentieren, wie es der Apparat der Psychoanalyse für die Gesellschaft repräsentiert als leere Repräsentation einer Macht der Befreiung. Im aufklärerischen Angebot auf Selbstbestimmung ist Psychoanalyse der Gesellschaft ungeheuer dienlich, da sie dem Bürger gerade auch in der Illusion von Individuation auf Krankenschein eine Selbstbefreiung vorspiegelt, die doch nichts anderes ist als eine Individualität von der Stange, eine Ausstattung mit standardisierten Geschichten, die dem entmündigten Patienten Selbstbefreiung vortäuscht durch die Aussicht auf narzißtische Befriedigung von Identitätssehnsüchten. Psychoanalyse hat sich in Dienst nehmen lassen, die Machbarkeit der Individuation für jedermann zu besorgen und dadurch für die Gesellschaft das Trugbild von permanenter Selbstentwicklung des Subjekts aufrechtzuerhalten.

Die Psychoanalyse verfolgt also im Gegensatz zu ihrem Anspruch auf Heterogenität, auf das ‹Andere Leben› und das ‹Andere Denken› einen Diskurs der Homogenität, der ihre doppelbödige Repräsentation in der Gesellschaft ausmacht aufgrund ihrer deklarierten Tradition und der propagierten Ziele, dem Subjekt eine Gegenmacht der Befreiung gegen die gesellschaftliche Repression zu sein. Sie ist aber ein Apparat des Fiktionalismus, der das ‹Als-ob› einer Befreiung repräsentiert, die in der Aufhebung von Rationalisierungen bestehen soll, in der Aufdeckung von falschen Begründungen für das Handeln, wo doch das Handeln in der Psychoanalyse sich als ein System ausgefeilter Rationalisierungen darstellt; angefangen von der Begründung der analytischen Situation durch die «falsche Verknüpfung» Freuds, fortgeführt und systematisiert in den Konstrukten der freien Assoziation, der gleichschwebenden Aufmerksamkeit, der Neutralität des Analytikers und so fort bis zu den Deutungen, die als Konstruktionen des Analytikers Rationalisierungen seines Begehrens darstellen – wie es am Dissidenzkonstrukt exemplarisch gemacht wurde für das deutende Vorgehen des Analytikers.

Habermas (1973 und 1985), der die Psychoanalyse als kommunikatives Handeln den hermeneutischen Wissenschaften zuordnet, scheint auch von diesem, von der Analyse produzierten Fiktionalismus eingenommen, wenn er sie ungeprüft, mit einem Federstrich, vom Ideologieverdacht befreit: Psychoanalyse könne, weil sie Rationalisierungen aufheben würde, selbst keine Rationalisierung und keine Ideologie sein. Mit diesem Kunstgriff, der sie von jenem Ideologieverdacht befreien soll, ist sie als Methode der Ideologiekritik gerettet und kann weiterhin als unbefleckte Aufklärungswissenschaft im ‹freien Gespräch› ideologiekritisch arbeiten. Es scheint uns bemerkenswert, daß die Protagonisten der Aufklärung, gleich welcher Richtung, ihr System, das sie zur ideologischen Entlarvung der anderen Systeme gebrauchen, für ideologiefrei erklären, um damit dem Dilemma zu entgehen, konsequenterweise auch das eigene Denksystem mit den sonst auf die anderen Systeme angewandten Erkenntnismitteln zu unterminieren. Nietzsches Denken dagegen als «Wühlarbeit unter den eigenen Füßen» folgt einer dem Denken eigentümlichen Bewegung auf Selbstaufhebung, und darin liegt die selbstaufklärerische Intention des aufklärerischen Geistes: jedes theoretische System muß sich durch Prüfung und Bewährung möglicher Selbstaufhebung aussetzen; sonst wird es zu einem geschlossenen System mit der Tendenz zur Verabsolutierung, zur Totalerklärung der Welt, das durch Erfahrung nicht mehr korrigiert werden kann und muß und am Handeln nicht mehr orientiert wäre.

Der Fiktionalismus der Psychoanalyse besteht in diesen Rationalisierungen, die eine Befreiung im ‹Als-ob› einer freien Rede offerieren. Tatsächlich ereignet sich aber nur ein anderes Sprechen auf der Bühne des psychoanalytischen Vokabulars, die dem Patienten andere Rationalisierungen seines Zustands an die Hand geben, ihm nachträglich in den Konstruktionen andere Motive für sein vergangenes Handeln zur Verfügung stellen und ihm dadurch ein anderes Selbstverständnis schaffen. Die Konstruktionen des Analytikers ersetzen die für den Patienten bis dahin unpassenden, früheren Motive seines Handelns durch, wenn es glückt, passende, die in ihm durch neue Sinnzuschreibung eine andere Realität erzeugen; diese Deutungen, die der Wunschkraft und dem Phantasievermögen des Analytikers entstammen, sind der den psychoanalytischen Prozeß prägende Machteinfluß.

In der ‹persönlichen Gleichung› des Analytikers konvergieren der professionelle wie der persönliche Aspekt der Lebensform; und diese Gleichung gibt er dem Patientien als seine Konfliktstruktur, als spezifische Einfärbung der von ihm konstruierten Übertragung auf: die Anweisungen, wie für den Patienten die Welt zu sehen ist, erfolgt aus dem Blick des Analytikers, dessen Sehweise geprägt ist durch seine Ausbildung, vielmehr aber noch durch die besondere Begabung der Einbildungskraft (Phantasievermögen), welche die entscheidende Voraussetzung seiner Übersetzungsmacht ist. Dieses Vermögen der besonderen Einbildungskraft, der Vorstellungskraft, Neues zu entdecken, ist eine Begabung, althergebrachte Sehweisen durch Umdeutung, neue Hypothesen, zu dekonstruieren und neue Konstruktionen zu erzeugen. Allerdings ist diese besondere Einbildungskraft nicht erlernbar, nur begrenzt bildbar, auch wenn die Kandidaten der Psychoanalyse glauben gemacht werden, daß durch Ausbildung Einbildungskraft sich einstellen könnte. Im Gegenteil; selbst das vorhandene Phantasievermögen scheint in jeder Verschulung in den erwünschten und zu lernenden Code umprogrammiert zu werden. Der jeweilige Chiffrierschlüssel zur Entzifferung der Bedeutungsgehalte (Signaturen) ist Markenzeichen der Schulzugehörigkeit. Darüber hinaus wird durch die beschriebene Auswahl von autoritären Kandidaten eine negative Auslese gerade im Hinblick auf die besondere Vorstellungskraft betrieben, so daß die ohnehin durch die Verschulung beschränkte Sehweise noch einmal eingeengt ist durch die Auswahl von vorstellungs- und phantasiearmen Kandidaten, die wegen ihrer mangelnden Vorstellungskraft um so mehr genötigt sind, den Anweisungen des Apparats zu folgen. In Konsequenz dessen wird das Sehen, die Anweisungen (Deutungen) so ausgewählter und professionalisierter Analytiker in allgemeinen Stereotypien auslaufen müssen, wie es die klinischen Falldarstellungen zu erweisen scheinen.

Die Deutungstätigkeit des Analytikers ist neben der vom psychoanalytischen Apparat erzeugten professionellen Lebensform durch seinen individuellen Lebensentwurf bestimmt, der prospektiv oder retrospektiv, aktiv oder passiv sein kann; von seiner Lebensform geprägt, der kulturellen und gesellschaftlichen Mentalität, und nicht zuletzt davon abhängig, welchem Wissenschaftsbegriff er sich verpflichtet fühlt oder ob er sich der Analyse nur als einer therapeutischen Anwendungsform bedienen will. Die Erzeugung von Widerstandsohnmacht durch den schulischen Apparat kann nicht unabhängig davon gesehen werden, welches Entgegenkommen dafür der Analytiker mitbringt, wenn er durch die Sozialisation in autoritären Familien schon in Widerstandsohnmacht geprägt ist. Das Zusammentreffen von Zwangsmechanismen der professionellen Formung mit den in autoritären Familien verhängten Zwangsschicksalen scheint die Bedingungen für jene autoritären Phänomene bei Analytikern wie in ihrer Bewegung zu schaffen, die sich zu einer verhängnisvollen Tradition der Psychoanalyse ausgewirkt haben: der Kreislauf von autoritären Persönlichkeiten, die aufgrund dieser autoritären Mentalität die Machtstellungen in der Bewegung einnehmen und dadurch die Macht haben zur Auswahl der dem Apparat dienlichen autoritären Charaktere, schließt sich verhängnisvoll im Sinne eines sich selbst verstärkenden autoritären Systems. Danach haben Persönlichkeiten mit Widerstandskraft von vornherein wenig Chancen, ausgewählt zu werden, oder werden, wenn dennoch versehentlich, aus falscher Einschätzung, die Wahl auf sie fällt, in resignative Ohnmacht oder Dissidenz gedrängt. Obwohl diese Auswahlprinzipien und ihre Folgen allseits bekannt sind, immer wieder kritisiert und auch durch Untersuchungen nachgewiesen wurden, hat sich an der Praxis des Systems nichts geändert. Im Gegenteil; die autoritäre Verschulung, welche die autoritären Erscheinungsformen unterhält, hat eher zugenommen und das geistige und wissenschaftliche Leben in den analytischen Gesellschaften erstickt. Der Autoritarismus der psychoanalytischen Bewegung und ihrer Gesellschaften ist wohl nur so zu verstehen, daß die Machtsicherung des Systems über die Rekrutierung von autoritären Charakteren gewährleistet zu sein scheint und daß auch von seiten des analytischen Nachwuchses wiederum die Machtinteressen so vorherrschend sind, daß der Wissenskorpus der Psychoanalyse mit all jenen theoretischen und praktischen Implikationen belanglos geworden ist. Bedeutungslos scheint auch für die Psychoanalyse die Frage nach dem Wahrheitsgehalt ihrer Lehre geworden zu sein. Diese Ignoranz gegenüber dem eigenen Wissenskorpus hält konsequenterweise eine permanente Idolisierung der Repräsentanten des Systems und eine rigide Kanonisierung des vermeintlichen Wissens in Gang.

Dem psychoanalytischen Apparat, der fundamentalistisch den Anspruch auf die Freudschen Wahrheiten verwaltet, mußte es im Verlauf seiner Geschichte passieren, daß er bei dem Kampf um den Besitz der Freudschen Tradition den kritischen Geist gegenüber den psychoanalytischen Aussagen verloren hat. Denn die zwanghaft-angepaßten Persönlichkeiten, die sich zur Wahrung des Besitzstandes anboten und ihrerseits wiederum autoritäre Nachfolger bestimmten, tradierten einen Stil der Wissensvermittlung, der nur der Machterhaltung diente und jeden wissenschaftlichen Geist verbannte. Und so werden die Ausbildungsinstitute wie Berufsschulen geführt, an denen die Lehrer ein nicht mehr befragbares Handwerk einüben. Der elitäre Anspruch, der dennoch das Klima solcher Berufsschulen kennzeichnet, ist Ausdruck einer Selbstüberhöhung und verdeckt in seiner narzißtischen Attitüde die routinierte Monotonie eines kritiklosen Ausbildungsbetriebs. Der Widerspruch zwischen dem Anspruch einer aufklärerischen und emanzipatorischen Wissenschaft und der Praxis der Ausbildung mit ihrer Auswahl von normopathischen Persönlichkeiten und deren Aufstieg im Apparat ist nicht mehr so unbegreiflich, wenn man die theoretische und klinisch-praktische Kompetenz der Ausbildungsautoritäten im Zusammenhang mit dem von ihnen repräsentierten Niveau der Ausbildung sieht. Denn es schien bislang immer schwer verständlich, wieso dieser Widerspruch intellektuell so leicht erträglich war für Psychoanalytiker und warum die Ausbildung als Unterwerfungsritual so wenig im Literaturbetrieb auch der Progressisten reflektiert wurde; wo doch das erklärte Ziel der Psychoanalyse von Selbstbefreiung des Subjekts zum Autor seiner selbst, Aufgeklärtheit und Souveränität des Geistes, Autonomie als Emanzipation von der Abhängigkeit der elterlichen Autorität identisch sein müßte mit den Zielen der Ausbildung: Tatsache ist jedoch die einfache Verkehrung der autoritären Abhängigkeit von den Eltern in die infantile Abhängigkeit von den Autoritäten der psychoanalytischen Bewegung.

Was hält aber nun Kandidaten, die noch über ein intellektuelles Niveau verfügen, bei der Stange, und weshalb unterwerfen sich Kandidaten überhaupt noch? Es kann doch wohl nicht allein die ökonomische Sorge sein, von der Ausbildung ausgeschlossen zu werden und die Kassenzulassung nicht zu erhalten, wenn man sich kritisch und oppositionell zum Ausbildungssystem stellt. Bei solch oberflächlicher Betrachtung, die Analytiker heute gerne vornehmen, wird unterschlagen, daß das Unterwerfungsritual mit seinen Prozeduren der Aufnahme und Kontrolle der Entwicklung des Kandidaten zu den Bedingungen gehört, unter denen sich Psychoanalyse seit ihren Anfängen eingerichtet hat. Die autoritäre Ritualisierung der Initiation, die keinem rationalen Prüfkriterium bei der Auswahl des Kandidaten folgt und auch alle nachfolgenden Prüfungsprozeduren bestimmt, spiegelt den Machtanspruch des Apparats wider, wie er von Freud mit der Einsetzung des «Komitees» geltend gemacht und seither unwidersprochen tradiert wurde. Aus der Absenz von Regeln erwächst dem analytischen Apparat eine Verfügungsmacht mit totalem Anpassungsdruck, dem der Kandidat ohnmächtig ausgeliefert ist; im Gegensatz zu den Prüfungskriterien in üblichen Ausbildungsgängen, an denen die Kandidaten gemessen werden und sich selber messen können. Selbst die Novizen der religiösen Orden haben aufgrund transparenter, nachvollziehbarer Regeln die Freiheit, nach den festgelegten Bewährungskriterien zu wissen, wozu sie sich entscheiden können.

Im Ausbildungssystem offenbart sich die Paradoxie der Psychoanalyse: die Kandidaten nehmen die Unfreiheit des Systems auf sich, begeben sich ihrer Autonomie und der Freiheit ihres Denkens und müssen sich zugleich als Vertreter einer emanzipatorischen Wissenschaft verstehen, die den unfreien anderen die Freiheit zu besorgen haben. Dieses Dilemma zwischen Selbstdenken und Unterwerfung hat nur bei einigen wenigen Widerspruch ausgelöst und die Folgen der Dissidenz gezeigt, während es für die große Mehrheit, auch der Schriftsteller unter den Analytikern, nie zu einem intellektuellen Ärgernis geworden ist und auch keinen Widerstandsgeist hervorgerufen hat. Analytiker, die sich heute wegen der Ausbildung zu Wort melden, waren lebenslang eingenommen vom psychoanalytischen Apparat, den sie grundsätzlich nie in Frage gestellt haben. Ihre späte Diagnose der Perversion des Ausbildungssystems suggeriert die Vorstellung, als ob es irgendwann einmal ideale Verhältnisse in der Psychoanalyse gegeben hätte. Es ist bezeichnend, daß der Verfall der Psychoanalyse immer auf deren «Medizinalisierung» oder «Institutionalisierung» zurückgeführt wird; aber dies scheint mehr der nostalgischen Bemühung zu entspringen, die Anfänge der Psychoanalyse als «Avantgarde» und «Elite» (Parin 1994) um Freud zu verklären, um die eigenen Ideale von der Psychoanalyse als emanzipatorischer Wissenschaft zu retten. Parin wie Morgenthaler sind aber in der Weise Ausnahmeerscheinungen in der internationalen Psychoanalyse, als sie ihre Aufklärungsintentionen glaubwürdig vertreten und auch gelebt haben und am Ende ihre Enttäuschung in der resignativen Feststellung des Grundübels jeder Institutionalisierung, dem auch Psychoanalyse zum Opfer gefallen sei, unterbringen. Analytiker, die sich in Distanz begeben zum Apparat, stimmen in ihrer Kritik am Ausbildungssystem darin überein, daß die Institutionen der Psychoanalyse emanzipatorische Ansprüche zunichte machen und daß die Bürokratie mit ihrer starren Machthierarchie die Kandidaten «verändert und transformiert» (Parin ebd.) und eine Kastennorm herstellt, die jene, die sich in dieses System begeben, zwangsläufig einem Unterwerfungsritual (Cremerius 1994) aussetzt, aus dem die künftigen Analytiker nur als Normopathen hervorgehen könnten. Für diese Entwicklung ist nach unserer Auffassung aber ausschlaggebend, daß nach den ungeschrieben herrschenden Auswahlkriterien nur normopathisch-anpassungsbereite, bequeme Kandidaten zugelassen werden, die wiederum die Aufrechterhaltung des Systems garantieren und dafür am Ende der erfolgreichen Ausbildung mit den Privilegien der Kaste belohnt werden.

Im Gegensatz zu dieser, von vielen älteren Analytikern geteilten Meinung, die sich erst im fortgeschrittenen Alter Kritik erlauben, stehen die Äußerungen von Repräsentanten des Apparats (Loch 1994), die so kritiklos sind, daß man sich fragen muß, ob dies der Arroganz der Macht von Schriftgelehrten oder der Ignoranz von Unbelehrbaren entstammt, die durch keine Erfahrung, auch durch keine wissenschaftliche Prüfung ihre dogmatischen Ansichten erschüttern lassen. Hier scheint die Welt des kanonisierten psychoanalytischen Systems noch so in Ordnung, daß es keine Fragesteller gibt: wer in einer «herrschaftsfreien Diskussionsgemeinschaft» lebt, ist «sehr offen für jede Kritik und Diskussion», denn der «herrschaftsfreie Raum der Psychoanalyse» (Loch ebd.) erzeugt sich in einer ‹idealen Sprachgemeinschaft›, wo es den Antagonismus von Macht und Ohnmacht, den Dissens zwischen Frage und Antwort nicht mehr zu geben scheint, da die verordnete Sprachregelung durch den Analytiker als ‹Sprachlehrer und Gesetzgeber› den diktierten Konsens sicherstellt. Wenn Loch (ebd.) die Scheinfrage stellt, ob es denn sinnvoll wäre, daß die analytische Kur kürzer als 4 bis 6 Jahre dauern würde, dann zeigt dies einen blinden, maßlosen Unterwerfungsanspruch an den Kandidaten, der durch solche Art betriebene Lehranalyse (bei 4 bis 5 Wochenstunden) in endlose Infantilisierung und Regressivierung gedrängt wird, die ihn in einem retrospektiven Jenseits festhält. In der entscheidenden Zeit des mittleren Lebensalters, wo der Mensch seinen endgültigen Platz in der Gesellschaft suchen und finden muß in der Auseinandersetzung der sozialen und ökonomischen Verhältnisse mit seinen individuellen Möglichkeiten, wird der Kandidat durch jene erzwungene Regression von der ihm möglichen Entwicklung abgeschnitten. Dies führt zu einer sich verstärkenden Abhängigkeit vom Apparat, der an Hörigkeit grenzt, weil aufgrund des Entwicklungsausfalls die Teilhabe an der psychoanalytischen Gemeinschaft zu einer lebensnotwendigen Identitätssicherung wird. Die Folgen dieser Abhängigkeit zeigen sich in der Abwesenheit von jedem freien und wissenschaftlichen Geist gerade auch bei denjenigen in der Psychoanalyse, die wegen ihres besonderen Autoritarismus für die Machtfunktionen im Apparat ausgewählt werden. Freilich läßt sich die Abhängigkeit für den durchschnittlichen Analytiker ertragen, solange die Zugehörigkeit zu einer sich elitär gebenden Kongregation als Auszeichnung verstanden wird und ein Surrogat von Heimat vermitteln kann.

Die inflationäre Ausdehnung der Lehranalyse im Dienste der Unterwerfung führt zu einer kognitiven Beschränkung[34] in der Berufsqualifizierung. Die Lehranalyse ist heute bei der kleinianischen Durchdringung der Orthodoxie mit bis zu 2000 Stunden (in 10 Jahren und mehr) ein lebensersetzendes Unternehmen geworden, das ein Phantasma von Allmacht und magischer Größe, religiöse Heils- und Erlösungserwartungen produziert. Analytiker werden bei solch orthodoxer Handhabung der Lehranalyse auf eine fiktive Praxis hin sozialisiert, die keinerlei Bezug hat zur tatsächlichen Praxis des späteren Analytikers: Analytiker lernen eine ideale Praxis, die sie nicht praktizieren, und praktizieren eine Psychoanalyse, die im Ideal der Ausbildung nicht vorkommt. Freilich klärt die Kritik am Ausbildungssystem weder darüber auf, wie dieses durch das zugrunde liegende psychoanalytische System produziert wird, noch klärt es hinlänglich, warum sich Kandidaten immer noch den Ausbildungsprozeduren ausliefern und ihre kognitive, emotionale und soziale Deformierung in Kauf nehmen.

---

34 Der versierte Umgang mit formelhafter, anschauungsleerer Begrifflichkeit, besonders beeindruckend in der Repräsentanzenlehre, verschafft dem Analytiker die professionelle Scheinsicherheit, daß er sich in der Erfahrung eines wissenschaftlich explorierten Terrains bewegt. Nur so ist die immense Diskrepanz zwischen der Anwendung klinischer Theorie in der Psychoanalyse und den wissenschaftlichen Tatsachen, zum Beispiel in der Kleinkindforschung und der allgemeinen Psychotherapieforschung, zu begreifen. Eine Auseinandersetzung mit diesen Fakten, die zwangsläufig das kanonisierte Wissen des tradierten Ausbildungssystems unterminieren würden, findet nicht statt, weil die Verwerfung eines Theorieteils die Anerkennung anderer Theorieteile in Frage stellen könnte. Die psychoanalytische Konvention hat sich durch den Glauben an die Unfehlbarkeit ihrer zentralen Theoriebestandteile bisher vor jedem Einbruch in ihr System bewahren können, wohl ahnend, daß eine Öffnung des Systems eine unkalkulierbare Entwicklung nach sich ziehen könnte; wo sie bisher mit der Abschließung den Anspruch auf Singularität aufrechterhalten konnte.

Die Mechanismen der Auslieferung sind nicht ohne den Rückgriff auf die Übertragungsphänomene, das heißt das Phänomen der Suggestion zu klären. Wenn die «Gläubigkeit der Liebe» die «uranfängliche Quelle der Autorität» (Freud GW V, S. 50) ist und darauf die Suggestion als Urphänomen des Seelischen beruht, dann gründet in dieser als Übertragung wirkenden Suggestion die Einflußmacht der Autorität, auch die mythische Einflußmacht der Gründerautorität Freuds auf seine Nachfolger und Repräsentanten in der psychoanalytischen Bewegung, die sich mit Freud identifizieren und wiederum Identifikationsobjekte für die Kandidaten sind. Die psychoanalytische Bewegung hat sich als Glaubensgemeinschaft installiert, die ähnlichen Mechanismen unterliegt wie die ‹Nachfolge Christi› in der Kirchenbewegung.

Für den Analytiker als Kandidaten gilt das gleiche wie für den Analysanden im Analyseprozeß: die Idealisierung der analytischen Autorität in der Lehranalyse und in den anderen Ausbildungsprozeduren ist die Übertragung des Ich-Ideals auf die Autoritäten der analytischen Bewegung und neben der Identifizierung mit ihnen das entscheidende Moment für die Einflußnahme des Apparats. Denn die Übertragung der Anschauungen des Apparats in den verschiedenen Ausbildungsprozessen hat zur Voraussetzung, daß der Kandidat sein Ich-Ideal durch das idealisierte Objekt ‹Apparat› ersetzt und dadurch sich in seiner Libido entleert zugunsten des überschätzten Apparats. Die Entmächtigung des Ich des Kandidaten ist Bedingung für die Übermächtigung durch den Apparat, und zugleich bedingt diese Idealisierung eine Abtretung der kritischen Gewissensfunktion (Über-Ich) an den Apparat, die zusammen mit der Identifizierung des Kandidaten mit dem Apparat die Selbstentmächtigung in einem sich selbst verstärkenden Zirkel unausweichlich vorantreibt. Im Kontext der Auswahl autoritärer Kandidaten, die diesem Prozeß entgegenkommen, führen solche Mechanismen in den Prozeduren der Ausbildung zu einer absoluten Widerstandsohnmacht des Kandidaten.

Wenn der Kandidat sich gleichwie dem Apparat und seinen Repräsentanten gemacht hat und gleichwie gemacht wird, dann ist auch der Apparat gleichwie der Kandidat geworden. Die beiden Seiten der Identifizierung sind vollzogen, und der Kandidat wird infolgedessen als Objekt des Apparats identifiziert, das heißt erkannt und anerkannt als Analytiker. Der Analytiker ist nun an die Glaubensgemeinschaft der analytischen Bewegung unauflösbar gebunden, weil ihm diese Bindung Einflußmacht gewährt in der Übertragung auf seine Kandidaten und Patienten und zugleich seine Identität sichert als identifizierbares Objekt des Apparats. Die Selbstpreisgabe des Kandidaten im Auslieferungsprozeß der Ausbildung macht ihn also zum erkennbaren Objekt des Apparats, in dem er sich selbst wiedererkennend objektiviert: der Preis als Lohn der Ausbildung ist die Teilhabe am mystischen Korpus Freuds, von dem der Analytiker nun ein Bestandteil geworden ist. Die soziologische und sozialpsychologische Analyse des Machtphänomens als Unterdrückungs- und Ausbeutungsverhältnis transgrediert hier in die Dimension religiöser Macht: es ist der Übertritt in jene Sphäre des ‹Anderen›, vor dem Aufklärer gewöhnlich ‹borniert› stehen, weil sich das ‹religiöse Phänomen› ihrem rationalistischen Zugriff entzieht. Die Verdinglichung der religiösen Bindung in der entsakralisierten Glaubensgemeinschaft der Psychoanalyse führt zwangsläufig zu einer totalitären Tendenz, weil es hier um den Loyalitätszwang persönlicher Bindungen an unmittelbar empirische Autoritäten geht, wohingegen in der religiösen Glaubensgemeinschaft die Bindungen transzendiert werden an jenseitige Mächte, so daß dem Subjekt durch die Entfernung der Nähe seines Gottes ein Freiheitsspielraum trotz seiner Abhängigkeit bleibt – das Sektiererische nährt sich aus der Regression der Rückbindung an empirische Stifter.

Psychoanalyse hat die Faszination einer Geheimgesellschaft, die Zugang verspricht zu den dem gewöhnlichen Bewußtsein verschlossenen Wahrheiten. Für die Zugehörigkeit zu einem solchen Bund scheint kein Preis zu hoch und kein Opfer zu gering, um der letzten Wahrheiten teilhaftig zu werden. Der in der Psychoanalyse liegende Anspruch auf Tiefenhermeneutik ist die große Versuchung für das Subjekt, einem Tiefensinn nachzuspüren, der das Geheimnis des Lebens in der Enträtselung von ‹Ödipus›: was der Mensch ist, lüften soll. In diesem Begehren der letzten Entschleierung scheint ein Versprechen auf Erlösung zu liegen, das der religiösen Sehnsucht in der Frage nach der Quelle des Sinns der Welt entspringt. Letztlich ist die Gefolgschaft des Kandidaten metaphysisch zu begreifen: um der Erlösung willen, die das analytische Verlangen nach Bewußtmachung des Unbewußten unbewußt treibt, versteigt er sich im Verlauf seiner Initiation in die pastorale Attitüde eines auserwählten Standes, der die ganze Welt seiner Schule des Verdachts aussetzt.

Die Kandidaten werden erst dann aufmerken, wenn der Aufklärungsprozeß über Psychoanalyse fortgeschritten ist, und wenn sie einsehen müssen, daß sie um den Preis betrogen sind: denn die Aufhebung der religiösen Dimension durch Aufklärung des Unterwerfungsprozesses als Mystifikation profaner, politisch und sozialpsychologisch zu begreifender Herrschaftsverhältnisse nimmt dem Kandidaten den Preis eines auserwählten Bewußtseins von Tiefenwissen. Der Verlust der mythischen Sphäre würde ihn damit konfrontieren, daß die Frage nach der Quelle des Sinns der Welt nur auf dem Weg des Philosophierens oder der religiösen Erfahrung eine Antwort finden kann.

Der Machtmißbrauch des Apparats wird so lange andauern, bis der Kandidat, auch der Patient, erkennt, daß er es nur mit einer profanen Institution zu tun hat, die sich in die Insignien geistlicher Macht kleidet, und daß er nicht mehr erwarten kann, dort seine Erlösungssehnsüchte und Befreiungshoffnungen zu stillen. Es diente auch nicht der Aufklärung, wenn man das psychoanalytische Klischee der ‹Produktion von Unbewußtheit› durch Herrschaftsverhältnisse auf die Psychoanalyse selbst, auf ihre Ausbildungsprozeduren, anwenden würde, wie es sonst gerne von Analytikern zur Aufdeckung von Macht- und Abhängigkeitsbeziehungen anderer Institutionen getan wird. Die Mystifikation von Macht- und Gewaltverhältnissen, die mit dieser Etikettierung besorgt wird, befriedigt den imperialen Deutungsanspruch, führt jedoch zu einem sozialen Wirklichkeitsverlust gegenüber der Machtfrage: die Herrschaftsverhältnisse richten sich nämlich nicht unbewußt ein; sie organisieren sich im Kampf um die Macht und bedingen für den Verlierer die Unterwerfung, für den Sieger die Macht. Das Herr-Knecht-Verhältnis wird nicht unbewußt produziert, wie es auch an der psychoanalytischen Bewegung offensichtlich wird, sondern als Unterwerfungsprozeß zur Installierung von Herrschaft offensiv betrieben. Den ‹Unterworfenen› produziert sich nicht unbewußt ihre Abhängigkeit durch die Verfügung der Institution; vielmehr bewirkt die Unterwerfung ein ‹Vergessen› eigener Machtansprüche, das so lange hingenommen wird, als sie glauben können, daß es einen Gegenwert in der Ausstattung mit geistlicher Macht gibt. Die Kandidaten sind also nicht, wie man in der Reformdiskussion gerne vorführt, einfache ‹Opfer› des Apparats. Der angestrengte Reformdiskurs bewegt sich nur im Feld kosmetischer Operation, was die Ausbildung und Behandlungstechniken angeht, und läßt den Gedanken erst gar nicht aufkommen, daß das analytische System zur Disposition stünde, wenn ihm als universeller Deutungsmethode der Glaube entzogen würde.

4. Die Wissensmacht
der Psychoanalyse und die Macht
des Fiktionalismus

4.1 Einordnung der Psychoanalyse
in das Korpus der Wissenschaften

Wenn die Übertragung der Dreh- und Angelpunkt der Psychoanalyse ist, dann muß dieses für sie essentielle Phänomen, seine Erscheinungsweise, seine Dynamik und Genese im Zentrum der wissenschaftlichen Auseinandersetzung stehen. Allgemein scheint darin Übereinkunft zu bestehen, daß Übertragung das zentrale Phänomen psychotherapeutischer Kommunikation darstellt. Die wissenschaftliche Frage, warum Übertragung existiert, warum sie also ist, wie sie ist, scheint uns bis heute nicht beantwortet. Die Klärung des Übertragungsgeschehens ist auch deshalb von vorrangigem Interesse, weil sich mittlerweile alle psychotherapeutischen Schulen des Übertragungskonzepts bedienen wegen seiner Plausibilität und Brauchbarkeit, nicht zuletzt auch die Verhaltenstherapie. Der Rückgriff auf dieses Interaktionskonzept enthebt alle psychotherapeutischen Schulen der Reflexion über die Bedingungen und Wirkmechanismen, weil die Anerkennung der Übertragung als universelles Phänomen über die Psychoanalyse hinaus den Geltungsanspruch einer nicht mehr zu prüfenden Prämisse erlangt hat. Übertragung als Grund-Satz der Interaktion läßt alles Nachfolgende als begründet erscheinen.

Die Auseinandersetzung des Übertragungsbegriffs für die psychoanalytische Wissenschaft ist deshalb auch so dringlich, weil ihre Einordnung in das Korpus der Wissenschaften den Eigenarten der Psychoanalyse gerecht werden muß und nicht allein dem Anspruch der Einpassung in den Kanon der positiven Wissenschaften. Die Selbstverständlichkeit, mit der Psychoanalyse heute in den Rahmen der positiven Wissenschaften gezwängt werden soll, mag ein Licht werfen auf den Machtanspruch von psychoanalytischen Wissenschaftsfunktionären, welche die Wissenschaft mit der herrschenden Methode gleichsetzen. In der Verkehrung der Bestimmung von Wissenschaft, diese über die Methode statt über den Gegenstand des Denkens zu definieren, hätte sich auch für Psychoanalyse ihr Status geklärt und ihr Begehren um Aufnahme in den Kanon der positiven Wissenschaften befriedigt. Der Weg der Anpassung des Gegenstandes an die vorgeschriebene Methodologie der positiven Wissenschaften verkürzt Psychoanalyse auf ein rationales Verfahren, bei dem ihre essentiellen Phänomene: die Übertragung und die darin liegende Erfahrung durch Einsicht als Ziel des Prozesses zum Verschwinden kommt. Psychoanalyse ist nur ein Sonderfall von Psychotherapie, die es mit einer gegenstandsspezifischen Heuristik der Einzelwissenschaften zu tun hat. Gegenstandsspezifische Heuristik heißt, Psychotherapie im weitesten Sinne ist eine Methode und Lehre des Auffindens von neuen Erkenntnissen, ist eine Kunst des Findens *(ars inveniendi)*, die zentriert ist um den Entdeckungsanspruch der Hintergründe menschlicher Kommunikation. Und es wird noch zu zeigen sein, daß Psychoanalyse wie Psychotherapie auch eine Wissenschaft von Natur sein kann; allerdings in der Aufklärung der «Natur» menschlicher Kommunikation. Wenn Psychoanalyse wie jede Wissenschaft unter dem Legitimationsdruck steht, sich im Korpus der Wissenschaften ihren Platz einzuräumen, wenn sie also als Wissenschaft in Betracht gezogen werden will, dann muß sie ihre zentralen Begriffe klären, und daraus wird sich ergeben, wo Psychoanalyse ihren wissenschaftlichen Standort hat. Der unbesehene machtpolitische Anspruch[35], sie im Kanon der positiven Wissenschaften vertreten zu sehen, läßt noch lange nicht den Weg der Klärung ihrer zentralen Begriffe von Übertragung und Einsicht hinfällig werden; vielmehr ist

---

35 Die Anstrengungen der «Ulmer Werkstatt», Psychoanalyse einem längst überholten, logifizierenden Einheitsschema durch die Anwendung des Hempel-Oppenheim-Schemas zu unterwerfen und damit den Anspruch auf rationale Forschungsplanung zu legitimieren, führt gerade zum Ausschluß der die Psychoanalyse kennzeichnenden Essentiale, die zu «Ingredienzen», «Omnibusbegriffen» (Thomä und Kächele 1986, S. 381), das heißt zu Zutaten gemacht werden, die sich nach Vorhersage jener Wissenschaftler im weiteren Forschungsprozeß auflösen werden – in dieser Bagatellisierung der zentralen Begriffe von Suggestion und Einsicht scheint die Absicht zu liegen, die den psychotherapeutischen Prozeß bestimmenden Variablen unkenntlich zu machen, um den Anstrich von Wissenschaft nicht zu verlieren.

die Rationalisierung dieser Begriffe, das heißt der methodenfremde Umgang mit ihnen, eine Ausflucht, das eigene System mit seinen spezifischen Erkenntnismitteln zu befragen – wohlwissend, daß die den therapeutischen Prozeß bestimmende Einflußnahme sich der Erfassung durch objektivierende Verfahren entzieht.

Es scheint nicht überflüssig, an dieser Stelle unseres Diskurses auf die Verkürzungen unterschiedlicher Herkunft in bezug auf den Prozeß der therapeutischen Interaktion hinzuweisen und dabei auch zu einer Klarstellung des Standorts der psychotherapeutischen Wissenschaft zu kommen: wir haben es in der Psychoanalyse auf der einen Seite mit einer rationalisierenden Reduktion auf die Standards der positiven Wissenschaften zu tun und mit einer dogmatischen Erstarrung durch sterile Exegese und indoktrinierende Verschulung; auf der anderen Seite mit der Verkürzung der behavioristischen Psychologie in der Psychotherapie, die ihrerseits durch die Verabsolutierung einer Methode den gestaltenden Faktoren des Kommunikationsprozesses keine Bedeutung zukommen ließ; heute jedoch die Wirksamkeit sogenannter unspezifischer Faktoren in der Interaktion anerkennen muß, ohne sie in einem theoretischen Konzept faßbar gemacht zu haben. Obwohl die Wissenschaft Psychologie nicht in einem fiktiven Schema von Einheitswissenschaften unterzubringen ist und sich durch differente wissenschaftliche Perspektiven auszeichnet, wird immer noch die Gleichsetzung der Psychologie mit empirischer Wissenschaft im Sinne des methodischen Behaviorismus im Anspruch auf grundsätzliche Objektivierbarkeit der Phänomene vertreten. Über die Anwendung einer als naturwissenschaftlich geltenden Methode soll der Wissenschaftsanspruch der Psychologie legitimiert werden. Dabei wird übersehen, daß sich Wissenschaft nur über ihren Gegenstand und nicht über ihre Methoden, die plural sind, definiert. Die in der Psychologie vorgenommene Gleichsetzung von Wissenschaft mit Methodologie folgt immer noch einem Wissenschaftsverständnis, das für die Naturwissenschaft so nie gültig war und längst überholt ist.

Es ist nicht nur aus Legitimationsnöten der Psychologie zu erklären, daß sie den Charakter der Naturwissenschaften so verkennt. Es liegt auch an der wissenschaftlichen Not der Psychologie wegen der Komplexität ihres Forschungsgegenstandes, der menschlichen Kommunikation und Interaktion, zu wissenschaftlich adäquaten Aussagen zu gelangen. Dabei ist der Gegenstand der Psychologie und ihre Anwendung in Psychotherapie, die Interaktion, gerade ein Vorgang, bei dem sich die Einflußnahme des Therapeuten auf die Klienten/Patienten bzw. die Einflußgrößen in diesem Geschehen nicht eliminieren lassen, wie es für ein wissenschaftliches Vorgehen erforderlich wäre. Damit entziehen sich die Daten, die unmittelbar kausal relevant für die in Frage stehenden Wirkvariablen sind, jeglicher wissenschaftlichen Überprüfung. Es ist also typisch für die psychotherapeutische Wissenschaft, die eine Wissenschaft der menschlichen Einflußnahme ist, daß ihr essentieller Gegenstand, der Vorgang der Einflußnahme, sich der Verobjektivierung entzieht, weil die Einflußgrößen in der Interaktion von Therapeut und Patient zusammenfallen und gerade das passende Zusammenkommen der Einflußgrößen das Agens der Wirksamkeit des therapeutischen Prozesses ist. Mit anderen Worten: objektivierende Untersuchungen können sich immer nur auf das Ergebnis dieses Prozesses, auf die Wirksamkeit eines Prozesses beziehen und nicht auf das Wirksamwerden der Variablen der Interaktion.

Der von Descartes ausgehende Anspruch einer exakten Wissenschaft, der *mathesis universalis*, einer alles umfassenden Einheitswissenschaft, der Anspruch auf Universalität, diese szientifischen Totalitätsintentionen sind mit Einsteins Allgemeiner Relativitätstheorie, Heisenbergs Unschärferelation und Gödels Unvollständigkeitssatz verabschiedet worden. Danach ist alle Erkenntnis limitativ und perspektivisch, die Wirklichkeit folgt nicht einem einzigen Modell, sie ist diversifiziert, diskontinuierlich, antagonistisch und partikular; das heißt, die frühere externe Infragestellung einer Einheitswissenschaft hat ihre Grundsatzrevision in der Naturwissenschaft selber durch interne Infragestellung erhalten und dadurch zu einem Bewußtsein von Wissenschaft geführt in der Vielfalt von Modellen, der Konkurrenz von Paradigmen und der Unmöglichkeit einheitlicher Erklärungsansätze. Daraus entstand ein Wirklichkeitsbegriff im Plural und nicht mehr im Singular eines partikular-objektivierenden Ansatzes. Die Verabschiedung vom Einheitszwang der Wissenschaft und von ihrem Ausschließlichkeitsanspruch ist auch das Ende des Uniformitätsmythos. Gerade der Dissens ist das für die Naturwissenschaft bezeichnende Moment geworden und nicht der Konsens in einem verordneten Einheitsanspruch – im Gegensatz zur Konsensideologie der Moderne. Der Begriff des Ganzen als wissenschaftlicher Gesichtspunkt ist aufgehoben, weil kein Bezugssystem ‹ausgezeichnet› ist. Es gibt nach den Erkenntnissen der Naturwissenschaften nur eine Vielzahl eigenständiger Systeme, die Zentrierung auf das eine macht die Erkenntnis der anderen unmöglich. Die Erkenntnis wie die Wahrheit ist im Sinne der modernen Naturwissenschaften nur eine perspektivistische (vgl. Welsch 1988); die Wirklichkeit ist danach eben nicht homogen, sondern heterogen, divers strukturiert.

Wir haben es mit plural strukturierten Wirklichkeiten zu tun, zu denen keine singulären Paradigmata passen, sondern nur Paradigmata der Vielfalt im Zugang zu den Phänomenen, hier den psychischen Phänomenen, für die es keine monopolisierten Geltungsansprüche gibt. Deshalb ist es auch so wichtig, die klinischen Erfahrungsweisen und wissenschaftlichen Erkenntniszugänge nicht zu versperren durch einseitige Geltungsansprüche, die das Forschungsfeld menschlicher Kommunikation beschränken auf einen absolut gesetzten partikularen Aspekt. Es gilt daher, der Vervielfältigung von szientifischer Rationalität, wie sie die Naturwissenschaften auszeichnet, auch in den psychologischen Wissenschaften Geltung zu verschaffen und ihr einen tatsächlichen wissenschaftlichen Status zu geben, der geeignet ist, die Vielfalt der Perspektiven und des damit verbundenen Erkenntniszuwachses zu gewährleisten. Die notwendige Vielfalt der Paradigmata in der psychologischen Forschung darf nicht beschränkt werden auf den nicht vertretbaren Machtanspruch in einer beschränkten Perspektive objektivierender Verfahrensweise, welche die Wahrheit der vielen Perspektiven einschränkt auf die präferierten, gesellschaftlich etablierten, wissenschaftsbürokratisch verwalteten Paradigmata (s. Kuhn 1973) von Gruppenpositionen einer psychologischen Fachgruppe. Die einseitige Professionalisierung der Psychotherapie durch eine Psychologie, die sich durch die Verabsolutierung eines partikularen Aspekts, zum Beispiel den methodischen Behaviorismus, beschränkt, versperrt den klinischen Erfahrungszuwachs und wissenschaftlichen Erkenntnisfortschritt durch die von einer Gruppenposition ausgeübte Homogenisierung und des von ihr beanspruchten Konsenses, so daß jeder wissenschaftlich notwendige Dissens zur Veränderung des akademisch etablierten Wissens verhindert wird.

Der ausschließliche Geltungsanspruch einer bestimmten Anschauung von Psychologie, die Verabsolutierung eines partikularen Aspekts zur Fundierung eines wissenschaftlichen Legitimationsanspruchs, verleugnet die hier verwickelten wissenschaftlichen Statusfragen, erkenntnistheoretischen und methodischen Probleme und vermeidet grundsätzlich die Auseinandersetzung mit ideologiekritischen Intentionen: es ist der wissenschaftlich verkleidete Machtanspruch als selbstreklamierter Ausschließlichkeitsanspruch, der andere Psychotherapierichtungen als ungeprüfte und unwissenschaftliche Methoden von der Zulassung als ordentliches Verfahren ausschließen will. Dabei entzieht sich gerade der krude behaviorale Ansatz der wissenschaftlichen Arbeit an den Grundlagen der menschlichen Interaktion, da er allein schon durch seine Methode keinen Zugang zu hermeneutischen Zirkelstrukturen menschlicher Kommunikation in der Art des Zusammenfallens der Einflußgrößen in der Interaktion hat; deshalb wird der entscheidende Aspekt von ‹hilfreichen Beziehungen›, die Perspektive des Zusammenwirkens der kontaminierten Einflußgrößen, die einen essentiellen Teil des wissenschaftlichen Erkenntnishorizonts zur Erfassung der Wirklichkeit ausmachen, zum Verschwinden gebracht.

Machtpolitisch geht es um den wissenschaftlich verbrämten Kampf der Durchsetzung von Weltanschauungen, Menschenbildern, vor allem um die wissenschaftsbürokratisch verwaltete Machtposition von Fachgruppen, die Statuszuweisungen vornehmen, was sich in ihren Augen als rechtmäßige Wissenschaft empirisch legitimiert oder als unrechtmäßige nicht legitimieren kann, auch wenn sie empirisch wäre. Denn das weite und tiefe Spektrum der wissenschaftlichen Denkmethoden, deren Kenntnis anscheinend im gängigen Wissenschaftsbetrieb verlorengegangen ist und zu denen beispielsweise die phänomenologische Verifizierung ebenso gehört wie die naturwissenschaftliche, könnte die psychotherapeutische Wissenschaft auch als historische Dimension der Erklärung den empirischen Wissenschaften zuordnen. Wenn die Differenz zwischen Naturwissenschaften und Geschichtswissenschaften nämlich darin besteht, daß die Naturwissenschaften überzeitliche Gesetze aufstellen, also vom Historischen nach landläufiger Meinung absehen, soll im Gegenteil für die Geschichtswissenschaft maßgebend sein, daß sie Vergangenes als bestimmendes Moment betrachtet. Aber diese Differenzierung nach dem Gegenstand wird hinfällig, wie Russel (in Bochenski 1978) bemerkt, unter der Betrachtung, daß die Phänomene, von denen man in der Physik spricht, immer auch vergangene Phänomene sind, nur vor kurzem vergangene, während die Geschichtswissenschaft seit langem Vergangenes untersucht. So wäre der Unterschied nur ein gradueller.

Der Unterschied zwischen beiden Wissenschaften liegt vielmehr im Methodischen: in beiden Fällen werden Aussagen über Phänomene im naturwissenschaftlichen Sinn, nämlich beobachtbare Vorgänge gemacht. Allerdings liegen die sogenannten Protokollaussagen in den historischen Wissenschaften nicht am Anfang des wissenschaftlichen Prozesses, sondern deren Aussagen können erst reduktiv oder deduktiv durch eine lange Deutungsarbeit erworben werden, was heißt, daß die Geschichtswissenschaften nicht nur beschreiben, sondern auch erklären, allerdings nicht im induktiven Sinn – mithin kommt man nicht zu generellen, das sind Allaussagen wie in den exakten Naturwissenschaften, sondern nur zu singulären. Die Geschichtswissenschaften enthalten also genau wie die Naturwissenschaften die zwei logischen Stufen der Aussagen über Einzelphänomene und der erklärenden Aussagen. Aber es gibt in ihnen noch eine weitere Stufe, die vor den in den Naturwissenschaften gemachten Protokollaussagen liegt: die direkt aus dem Wahrgenommenen geschöpften Aussagen, also eine Dokumentenauslese, die zu Aussagen über das Beobachtete und weiter zu erklärenden Aussagen führt. Allerdings gibt es keine leitende Regel für die Auswahl der Dokumente, und das ist der essentielle Unterschied zur exakten Naturwissenschaft, daß in der Auswahl letzten Endes eine subjektive Wertung entscheidet. Und die Wertbestimmung als auszeichnendes Kriterium für die Auswahl der Dokumente ist das bezeichnende Moment in der Tätigkeit des Geschichtswissenschaftlers und das Differenzierungsmerkmal dieser empirischen Wissenschaft zur naturwissenschaftlichen Empirie. Diese Wertbedingtheit im Gegensatz zur Naturwissenschaft heißt aber nicht, daß es sich um eine subjektiv bedingte Wissenschaft handelt. Die Subjektivität liegt in der Wahl der Phänomene, die aber nicht weniger objektiv als in den Naturwissenschaften zu untersuchen sind, da die Auswahl unseres Erachtens nach immanenten Gesetzmäßigkeiten einer Gestalttheorie folgen muß, um zu einer Gestaltwahrnehmung zu gelangen, die jedem wissenschaftlichen Erkenntnisprozeß vorausliegt.

Es soll hier nicht weiter vertieft werden, wie die ‹Dokumentenauswahl› einer semiotischen Methode folgt unter Zuhilfenahme einer Axiomatik und daß letztlich die Bearbeitung des ausgewählten Materials nicht weniger objektiv ist als in der Naturwissenschaft; vielmehr soll darauf verwiesen sein, daß die Psychotherapie als Geschichtswissenschaft zu historischen Erklärungen führt, die immer auch genetisch sind, und dieses Verfahren spielt in den Geschichtswissenschaften eine bedeutsamere Rolle als in anderen Disziplinen. Das heißt, die empirische Wissenschaft der Psychotherapie wäre ohne das genetische Verfahren nicht denkbar, um zu Aussagen über Ereignisse zu gelangen, da die Erklärung, wie ein Ereignis zustande gekommen ist, durch die Feststellung geschieht, wie ein Ereignis A durch eine sich auf die unmittelbare Vergangenheit beziehende Aussage B erklärt werden kann und wie B durch eine dritte Aussage C, die sich wiederum auf die unmittelbare Vergangenheit dessen bezieht, was B meint, zu erklären (vgl. Bochenski 1978) ist usw., auch wenn die Verkettung der Ereignisse in der Latenz bleibt und durch auswählende und verknüpfende Arbeit erst zu einem Material werden, dessen weitere Bearbeitung nicht weniger objektiv erfolgt als in den Naturwissenschaften. Die Geschichtswissenschaft, zu der wir die Psychotherapie rechnen könnten, wenn sie solchen Bedingungen denn genügen würde, hätte also ihre Theorien, die aber keine Allaussagen im erkenntnistheoretischen Sinn wären, sondern nur singuläre.

Wir verfolgen hier ein Wissenschaftsmodell von Psychotherapie nur als Demonstrationsfall, daß eben Psychotherapie als mögliche empirische Geschichtswissenschaft nicht von den empirischen Wissenschaften zu trennen ist, wie es andere Modelle, zum Beispiel das von Lorenzer und Habermas als strikt hermeneutische, als den Naturwissenschaften polar entgegengesetzte, geisteswissenschaftliche Modelle intendieren. Es scheint freilich nicht unnötig zu sein, den Unterschied zwischen philosophischer Hermeneutik und psychologischer Hermeneutik zu definieren, um deren mißbräuchliche Verwendung in der Psychotherapie klarzustellen. Denn ähnlich wie es Heidegger (1957) mit seinen Existentialien, mit der Bestimmung des In-der-Welt-Seins des Menschen ergangen ist durch die Wendung seiner ontologischen Kategorien ins Ontische subjektiver Erfahrung von psychotischen Daseinsverfassungen bei Binswanger (1957 und 1962), so ergeht es insgesamt der philosophischen Hermeneutik in der Psychoanalyse: diese reklamiert für sich den Anspruch einer psychologischen Entzifferung der menschlichen Lebenswelt und glaubt, mit der psychoanalytischen Methode des Deutens das menschliche Dasein erklären zu können. Hermeneutik als philosophisches Prinzip ist aber seit Nietzsche, seit seiner sogenannten hermeneutischen Wende der Philosophie, ein Basisprozeß des Philosophierens geworden. Von Heidegger, der dieses Prinzip zur Vollendung gebracht hat, wird nun das Verständnis des Seins auf hermeneutische Weise erschlossen, kann die Ontologie im Ansatz als Hermeneutik verstanden werden, während es in der Hermeneutik der Psychoanalyse um die Deutung empirischer Beziehungen geht und nicht um die Interpretation des Sinns von Sein. Die Auslegung des Seins ist jedoch nicht mit der Interpretation von Texten in der philologischen Hermeneutik zu vergleichen, und die Textinterpretation wiederum nicht in gleicher Weise behandelbar wie die Interpretation von Interaktionen, da menschliche Beziehungen keine Texte sind, die wie Sprache zu handhaben wären. In der psychoanalytischen Hermeneutik hat eine unzulässige Übertragung auf das Feld der sprechenden Körper stattgefunden, und das sind immer schon handelnde, durch Triebintentionen auf gemeinsames Handeln angewiesene und gerichtete Körper.

Habermas' Festlegung der Psychoanalyse als hermeneutischer Disziplin ist heute so zu begreifen, daß er Lorenzer darin folgte, Psychoanalyse als wissenschaftliche Hermeneutik auf materialistischer Basis auszuweisen. Allerdings führte Lorenzers Versuch (1972), die Psychoanalyse als materialistische Triebpsychologie zu interpretieren, zur abstrakten Definition der Triebe als «Körperbedürfnisse in Beziehung zu». Damit ist aber der materielle Gehalt der Triebe, die konkrete und besondere Inszenierung des «Körperbedürfnisses in Beziehung zu» nicht erfaßt. Sollte sich Lorenzers Materialismus ohne körperliche Basis nicht als hermeneutischer Idealismus herausstellen? Psychoanalyse ließe sich nämlich nur als materialistische Psychologie entwerfen, wenn die Biogrammatik des Körpers wieder eingeführt würde. Aber gerade von dieser sinnlichen Praxis hat sich die Psychoanalyse seit ihren Anfängen systematisch entfernt. Die Abstinenz von konkreter Trieb-Wirkungsgeschichte führte zu einem Verständnis von psychoanalytischer Praxis, das aus den Niederungen der Triebwelt abhebt in die Höhenluft eines Sprachspiels idealer Sprachgemeinschaft. Diese Polarität zwischen reflexionspsychologischer Auffassung von Psychoanalyse, die in scheinbar schroffem Widerspruch zur empirisch-szientistischen steht, wird bis heute von der psychoanalytischen Bewegung gepflegt, weil der ungeklärte wissenschaftliche Status den proteushaften Wechsel differenter Positionen folgenlos zu machen scheint. Die interaktionstheoretische Auffassung verkennt, daß Psychoanalyse ein naturwissenschaftliches Verfahren im Sinne der empirisch-analytischen Operationsweise sein kann und daß sie, wenn sie die Dimension empirisch-analytischer Wirkungszusammenhänge aufgibt und nur reflexionspsychologisch definiert ist, sich in einen idealistischen Zirkel einschließt (s. auch Reimann 1973). Sowohl die szientistische wie die hermeneutische Auffassung werden dem Gegenstand der Psychoanalyse nicht gerecht. Die Zerreißung des Zusammenhangs zwischen den beiden Aspekten durch radikale Ausschließlichkeit, mit der die hermeneutische oder die szientistische Position verfochten wird, blockiert Erkenntnis: «So stehen sich im

Grenzfall empirisch-analytisch erfaßte Wirkungszusammenhänge, die nicht durch ein stichhaltiges Relevanzprinzip vermittelt sind, und die Theorien der Selbstreflexion, die sich auf kein anderes Kriterium berufen können als Evidenz, Übereinkunft, Dialog, gegenüber. Beide Dimensionen sind die auseinandergefallenen Seiten des wissenschaftlichen Erkenntnisprozesses» (Reimann 1973, S. 154).

Wenn Habermas wie Lorenzer einem konventionellen Wissenschaftsverständnis folgen in der Gegenüberstellung von idiographischen und nomothetischen Disziplinen (Windelband), so repräsentieren sie damit den Stand der Diskussion in der Psychoanalyse. Die Frage sei erlaubt, ob die Trennung in kontextabhängige und kontextfreie Aussagen den Unterschied zwischen Natur- und Geisteswissenschaften ausmacht: daß sich in den Naturwissenschaften die Erklärungen auf kontextfreie Gesetze stützen, während im Fall der hermeneutischen Anwendung Aussagen immer kontextabhängig wären, «da theoretische Sätze in die narrative Darstellung einer individuellen Geschichte derart übersetzt» (Habermas 1973, S. 331) würden. Grünbaum (1987) versuchte in Anlehnung an Russells Einführung des geschichtlichen Aspekts in die Naturwissenschaften am Beispiel der elektrodynamischen Gesetze zu zeigen, daß Habermas und Gadamer einen Pseudokontrast zwischen den nomothetischen und den Humanwissenschaften aufgestellt hätten. Die klassische Elektrodynamik enthält ihm zufolge Gesetze, die eine weitaus fundamentalere Abhängigkeit von der Geschichte und / oder dem Kontext des Wissensobjekts verkörpern als selbst in den erschöpfendsten psychoanalytischen Darstellungen. Die elektrodynamischen Gesetze sollen in hohem Ausmaß Kontextabhängigkeit aufweisen, indem sie das Feld, das zu irgendeinem Zeitpunkt durch eine Ladung aufgebaut wurde, abhängig machen von der spezifischen unendlichen Vergangenheitsgeschichte der Ladung (ebd., S. 25 f). Es bleibt aber offen, ob diese erkenntnistheoretische Feststellung eine zulässige Übertragung eines geisteswissenschaftlichen Begriffs auf das Feld der Physik darstellt. Auf die Psychoanalyse gewandt scheint uns die Aufspaltung in kontextabhängige und kontextunabhängige Aussagen den Widerspruch widerzuspiegeln zwischen der empirischen Wirkungsgeschichte des Subjekts und dem hermeneutischen Verstehensprozeß der Psychoanalyse, der die Entwicklung des Subjekts abgelöst von seiner empirischen Geschichte im Phantasma der rekonstruktiven Arbeit zu wiederholen meint.

4.2 Die rhetorische Disziplin der Psychoanalyse: von Glaubwürdigkeit und Überzeugung im Übertragungsgeschehen

Das Modell einer empirischen Geschichtswissenschaft diente uns zur Erläuterung einer anderen Perspektive in den psychotherapeutischen Wissenschaften und auch dazu, den methodisch verabsolutierten Ansatz der behavioralen Psychologie als erkenntnishemmend vor Augen zu führen, da Erkenntnisgewinn nur unter pluraler Perspektive, unter Geltung pluraler Systeme möglich ist.

In unserem Diskurs folgen wir dagegen einem rhetorischen Modell (Pohlen und Bautz-Holzherr 1991) in der Standortbestimmung von psychotherapeutischer Wissenschaft, weil in der Tradition dieser Disziplin die Interaktionsphänomene prägnanter gefaßt werden und zu fassen sind, vor allem was die Machtproblematik im Hinblick auf die Überzeugungsmacht und die Überredungskunst im Feld des menschlichen Sprechens angeht. Der psychoanalytische Diskurs ist nämlich eine rhetorische Diskursart, deren Einsätze auf Überreden und Überzeugen zum Zweck der Übereinstimmung gehen, die sich nach der Maßgabe (Einbildungskraft) des Analytikers bestimmen, der seinerseits den Maßregeln der rhetorischen Diskursart folgt. Die rhetorischen Einsätze sind immer zweckgerichtet auf einen Erfolg hin, in der psychoanalytischen Diskursart auf den Gewinn der Übereinstimmung, die sich aus den passenden Deutungen des Analytikers ergibt und die unpassenden Motive des vergangenen Handelns durch andere, jetzt brauchbare ersetzt, so daß der Patient Überzeugungen zur Hand hat, die handlungswirksam werden können. Und diese Handlungsorientierung der rhetorischen Diskursart, die eine in der Renaissance von der Antike wieder aufgenommene lange ‹politische› Tradition hat, unterscheidet unsere Auffassung fundamental vom psychoanalytischen Klischee der Selbstreflexion über ‹Sprachspiele›, die von jeder Handlungsorientierung und folglich auch Praxisbewährung abgehoben sind.

Im Kontext der notwendigen Frage nach dem Warum der Übertragung stellt sich notwendigerweise die Frage nach dem Warum der analytischen Situation, die sich doch gerade aufgrund von Übertragung herstellen soll. Es scheint uns nur eine Ausflucht vor der Beantwortung der Warum-Frage zu sein, daß für gewöhnlich der Frage nachgegangen wird: was ist die Übertragung? Und diese Was-ist-Frage kann nur eine Wesensdefinition zur Antwort haben, das Wesen der Übertragung zu bestimmen. Das heißt, die Was-ist-Frage läuft in eine Wesensschau, in ‹letzte Gedanken›, in eine ‹Letzterklärung› aus, die man glauben oder nicht glauben kann, die als Glaubenswahrheit aber nicht befragbar ist. Warum-Fragen führen dagegen nach Popper (1982, S. 216) immer zu mutmaßlichen Erklärungen, die nur versuchsweise und so lange von Bestand sind, bis durch neue Warum-Fragen eine Revision erfolgt, die ihrerseits als neue mutmaßliche Erklärung neue Fragen aufgibt – ein nicht abzuschließender Prozeß der Befragung; im Gegensatz zur Wesensdefinition, die als Letzterklärung keiner weiteren Erklärung bedarf noch fähig ist und damit den Charakter von Unfehlbarkeit annehmen kann.

Die Warum-Frage wird in der Psychoanalyse durch die Axiomatisierung des Übertragungsbegriffs umgangen, indem dieser so behandelt wird, wie wenn er wegen seiner unabweisbaren Evidenz eines Beweises weder fähig noch bedürftig sei. Die Axiomatisierung scheint die Was-ist-Frage, die Wesensdefinition, zu ersetzen und damit vorzumachen, daß die Warum-Frage nicht mehr gestellt zu werden braucht. Dazu muß man aber wissen, wenn man sich die Geschichte der Axiomatik vor Augen führt, daß es sich hierbei um Autoritäts- und Machtfragen handelt; denn den Axiomen ist es eigen, notwendig wahr zu sein und notwendig für wahr gehalten zu werden. Sie dienen der Sicherung der herrschenden Auslegung, der Anerkennung einer bestimmten Wirklichkeitsweise, der Verfügung von Wirklichkeitserfahrung; die Axiomatik ist also die Festlegung der für wahr gehaltenen, das sind die herrschenden Grundsätze: im Falle der Psychoanalyse der Grundsatz der Übertragung. Die Axiomatik ist dann ein Instrument zur Unterdrückung der Wahrheitsfrage und der Wahrheitssuche, ist Machtausübung im Herrschaftsanspruch auf das geltende Urteil.

Die Schleichwege der Axiomatisierung des Übertragungsbegriffs zeigen sich im wissenschaftlichen Umgang wie in seiner Etablierung in der psychoanalytischen Tradition: die Übertragung wird in Wiederholung des Freudschen Diktums (Freud GW VIII, S. 55) auf der deskriptiven Ebene als endopsychischer Prozeß, als «spontanes Ereignis» (Loch 1972, S. 162), scheinbar unabhängig von äußerer Auslösung, dargestellt; als Genusbegriff (Thomä und Kächele 1986) in einer Generierung zum Universalphänomen gemacht, das heißt, der Übertragungsbegriff wird zu einem Axiom, unableitbar und mit universellem Geltungsanspruch. Und hinter dieser Allgemeinheit verschwindet das einzelne und Artifizielle der psychoanalytischen Übertragung, deren besonderer Charakter entfällt. Der Machteinfluß des Analytikers wird in die Position eines neutralen Beobachters verwandelt, der die spontanen Übertragungsangebote des Patienten wahrnimmt.

Es ist sicher kein Zufall, daß die Freudsche Begründung der Übertragung, einseitig auf den Libidoüberschuß des Patienten bezogen, aus dem heraus der Patient den Arzt mit seinen Erwartungen (Freud GW VIII, S. 365) besetzen soll, nicht zitiert wird, weil die Vorstellungen der vom Patienten bereitgehaltenen und unbefriedigten Libidobesetzung sogleich die Frage nach der Übertragung als der Reaktion des Patienten auf das Verhalten des Arztes aufkommen lassen könnte. Erst recht würde die Erinnerung der von Freud eingeführten methodischen Grundlage der «falschen Verknüpfung», die von den Repräsentanten der analytischen Tradition vergessen gemacht wurde, den axiomatisierenden Umgang mit dem Übertragungsbegriff zur Diskussion stellen. Und der letzte Schleichweg der Axiomatisierung des Übertragungsbegriffs liegt im Einerseits der absoluten Reinerhaltung der endopsychischen Definition Freuds und im Andererseits der scheinbaren Berücksichtigung von «günstigen Bedingungen für die (endopsychische – d. Verf.) Spontaneität des Patienten» (Thomä und Kächele 1986, S. 55).

Dies drängt den Vergleich des Verhältnisses von auslösenden Reizkonstellationen zu den sogenannten angeborenen Auslösemechanismen (AAM) auf. Die scheinbare Anerkennung von mitveranlassenden Bedingungen für die Produktion von Übertragungsphänomenen scheint eine weitere Befragung des Übertragungsbegriffs überflüssig zu machen. Allein schon die Konservierung des Übertragungsbegriffs in der Vorstellung eines endopsychischen Prozesses, vergleichbar den angeborenen Auslösemechanismen, und der universalistische Erklärungsansatz des Begriffs machen das weitere Nachfragen um so dringlicher. Überhaupt wäre auch der logische Widerspruch zu lösen, daß auf der einen Seite die Übertragungen universell gedacht werden, zu «den natürlichen Erscheinungen des menschlichen Lebens gehören und kein psychoanalytisches Kunstprodukt sind» (Thomä und Kächele ebd.); auf der anderen Seite wird die Übertragung in der therapeutischen Ich-Spaltung von der Arbeitsbeziehung zum Therapeuten abgespalten und für den Abschluß der Analyse die Vernichtung der Übertragung als Ziel des Prozesses gefordert. In der Logik eines derartigen analytischen Übertragungsbegriffs, ob in seiner unanstößig-milden oder anstößig-leidenschaftlichen Form, läge es, ein universelles Ausmaß von neurotischen Beziehungen der Menschen zu konstatieren, wenn die Voraussetzung der Universalität der Übertragung zuträfe. Die menschliche Beziehungswelt müßte in Konsequenz dieses Konstrukts absurderweise aufgespalten gedacht werden in Arbeitsbeziehungen und unabhängig davon in neurotische Übertragungsbeziehungen – und das für alle Kulturen und für alle Zeiten. Für den Menschen als ‹neurotisches Tier›, als tragisches Subjekt in kulturhistorischer Perspektive mag das Neurotische in seiner Allgemeinheit zutreffen, aber zu solcher, auch Freudscher Sicht kommen die Autoren der therapeutischen Ich-Spaltung gewiß nicht.

Vermutlich führen die Erklärungen der ethologischen und kinderpsychologischen Forschung (Lorenz 1935; Tinbergen 1956; Harlow 1958; Bowlby 1975 u. a.) weiter, die durch ihre außerklinisch gewonnenen Beobachtungen ein angeborenes Bindungsverhalten bei den höheren Gattungen festgestellt haben und auch in experimentellen Studien bestätigen konnten. Und das angeborene Bindungsverhalten scheint sich immer auf das Ziel der Herstellung von Kontaktbehagen zu richten, nicht primär auf das Ziel der Nahrungsbefriedigung. Diese Untersuchungen müßten zu einer Revision der gesamten Objektbeziehungslehre der Psychoanalyse führen, auch der Verwerfung eines objektlosen, «primären Narzißmus», der «Objektwahl nach dem narzißtischen Typus» und der «Objektwahl nach dem Anlehnungstypus», in Anlehnung an die Nahrungsbefriedigung. Die Beobachtungen über das angeborene Bindungsverhalten müßten auch eine Reformulierung des Übertragungsbegriffs zur Folge haben, letztlich auch des Wiederholungsbegriffs, weil das angeborene Bindungsverhalten zwar durch die primären Objekte, Bezugspersonen, geprägt wird, aber nur im Hinblick auf die Befriedigung des Kontaktbehagens. Und für die Reformulierung des Übertragungsbegriffs müßte in Betracht gezogen werden, daß das geprägte Muster von Bindungsverhalten vermutlich unabänderlich ist und Variationen nur in den Grenzen der Kombination der von den primären Bezugspersonen geprägten Schemata möglich sind.

Übertragung wäre in dieser Sicht als Variation des geprägten Beziehungsmusters zu begreifen und die therapeutische Beziehung nur als ein besonderer Fall, in dem sich die Beziehungsmöglichkeiten aktualisieren, real und nicht imaginär, im Rahmen der gegebenen, geprägten Beziehungsmuster. Und diese Beziehungsmuster sind die Angebote an den Therapeuten, der aufgrund seiner Vorstellungskraft die prospektiven und retrospektiven Tendenzen entdecken und darüber entscheiden muß, was nach dem ‹Lebensplan› des Patienten durch die therapeutische Arbeit zu befördern ist oder was an konflikthaften, die Lebensprospektion hemmendem Verhalten zu korrigieren wäre. Der Analytiker muß auf die Angebote des Patienten Rücksicht nehmen lernen im Gegensatz zum tradierten Verfahren, bei dem von seiner Seite dem Patienten die Übertragungen durch die vorgegebenen analytischen Rahmenbedingungen auferlegt werden. In der Zukunft wird sicher die Diskussion viel schärfer geführt werden über die biologische Bereitstellung des Verhaltens als grundlegende Determinierung psychischen Verhaltens; wie es auch Freud immer prognostiziert und gefordert hatte, aber von den Repräsentanten nach Freud allzuleicht als ‹Biologismus› abgetan wurde. Freilich scheint uns dieser Biologismusvorwurf eine Rationalisierung dafür zu sein, daß in der hermeneutischen Abstraktion der Moderne der Körper, die Basis von Affekten und Leidenschaften, aus dem rationalisierenden Diskurs als Störfaktor entfernt werden soll.

Die versteckte oder offene Axiomatisierung des Übertragungskonstrukts soll die analytische Situation unhintergehbar machen. Ähnliches haben wir schon für die Axiomatisierung des analytischen Settings (Pohlen und Bautz-Holzherr 1991, S. 251 f) beschrieben, das in gleicher Weise unhintergehbar gemacht wurde. Denn die Setting-Bedingungen (Couch-Sessel-Anordnung, Zeit- und Geldordnung, Grundregel der freien Assoziation und Arbeitsbündnis) werden in der analytischen Tradition als invariable, der Deutung entzogene Faktoren des analytischen Prozesses behandelt und dadurch für die wissenschaftliche Befragung unzugänglich gemacht, obwohl sie doch die Grundbedingungen der Anwendung der Deutungsmethode darstellen.

Es ist an der Zeit, die Warum-Frage an die methodische Grundlage der psychoanalytischen Konvention, das Konstrukt der «falschen Verknüpfung», zu stellen: warum denn der Therapeut, wenn der Patient drängende erotische Bedürfnisse, aber auch aggressive ihm gegenüber empfindet und zeigt, seine Person ersetzen muß durch die Personen der Vergangenheit des Patienten und dadurch eine falsche Verbindung herstellt, wie wenn der Patient die affektiven Beziehungen zu den Personen seiner Vergangenheit auf ihn übertrage. Fast einhundert Jahre nach der Erfindung des Konstrukts der «falschen Verknüpfung» könnte es doch an der Zeit sein, diese Methode, ihre Wirkmechanismen mit all den Folgen für die Theorie und Praxis der Psychoanalyse zu durchleuchten. Wir sind uns im klaren darüber, daß es hier um die Macht der psychoanalytischen Konvention geht und Machtpolitik ins Spiel kommt, wenn am Grundstein des psychoanalytischen Gebäudes gerüttelt wird. Dies kann für den analytischen Apparat nicht wünschenswert sein; sofern er sich durch aufdeckende Fragen bedroht fühlt, welche die Hintergründe analytischer Rationalisierungen aufklären könnten. Die Warum-Frage an das Konstrukt der «falschen Verknüpfung» ist jetzt anders zu stellen, nachdem wir geklärt haben, daß Freud eine falsche Verbindung zur Distanzierung von der Triebverwicklung mit der Patientin gesucht hat. Der Verweis auf die seit Freud geltende Tradition dieses Konstrukts kann nicht gelten; es sei denn, man beläßt es bei der gedankenlosen Fortführung der Freudschen Wahrnehmungstechnik, die man rationalisieren kann als Schutz- und Sicherheitssystem des Therapeuten vor der emotionalen Verstrickung mit seinem Patienten.

Wenn man das Konstrukt der «falschen Verknüpfung», das Freuds Wahrnehmung, seine Interpretation organisierte, aufgibt, müssen wir die Frage klären, wie sich die hilfreiche Beziehung zwischen dem Arzt und seinem Patienten strukturiert. Psychoanalyse ist als Wissenschaft der Rede zu formulieren, da sie alle Bestandteile aufweist, die eine Rhetorik fordert. Das Aufgeben der «falschen Verknüpfung», der Handhabung der Übertragung durch die Analogie des Jetzt mit dem Früher und das Gleichwie des Früher mit dem Jetzt, nimmt dem Analytiker die darin eingekleidete Machtausübung und konfrontiert ihn mit seiner Macht der Interpretation, für die es keine Rationalisierung mehr gibt durch die Scheinobjektivierung von freier Assoziation oder gleichschwebender Aufmerksamkeit und anderen Settingbedingungen. Wenn jede therapeutische Kommunikation den Grundbedingungen menschlicher Kommunikation folgt, dann sind die besonderen Bedingungen der therapeutischen Beziehung im Rahmen der allgemeinen Kommunikation zu klären. In der therapeutischen Kommunikation werden nur besondere Fragen aufgegeben, die aber denselben Gesetzmäßigkeiten der Rhetorik folgen wie jedes auf Antwort zielende Fragen in der menschlichen Kommunikation. Das Besondere der therapeutischen Kommunikation liegt darin, daß der Patient mit dem offensichtlichen Wunsch nach Veränderung und neuer, anderer Motivierung seines Handelns den Arzt aufsucht. Von daher liegt ein besonderes Gewicht auf der Überzeugungsmacht des Therapeuten, der dem Patienten durch seine Glaubwürdigkeit erst die Hoffnung vermittelt, den Einfluß zu haben, Veränderungen bewirken zu können.

Die Grundzüge einer Wissenschaft der Rede liegen nach unserer Auffassung in der Prämisse der Ersetzung, der Umbenennung der unbrauchbar gewordenen Motive des früheren Handelns durch jetzt passende. Die therapeutische Tätigkeit ist ein Umbenennungsprozeß der Handlungsmotive und ein Umorientierungsprozeß im handlungsbezogenen Erfahrungsgewinn für den Patienten; wobei im ursprünglichen Sinne Prämissen (Metzke 1949) die dem anderen angebotenen «Sätze» (Deutungen und Handlungsaufträge im Sinne von Geboten, Verboten, Forcierung, Aktivierung, aufgabengeleitetes Handeln und so fort) sind, um ihn zur Zustimmung aufzufordern und so zu einer aus ihnen zu schließenden Einsicht zu bringen. Der Prozeß der Einsicht vollzieht sich sowohl über die Verwerfung des Unpassenden der früheren Beweggründe als auch über die Annahme der jetzt passend gemachten; sei es durch die in den Deutungen liegenden Einsichten, dem kognitiven Wissenserwerb oder dem Erfahrungswissen durch die Bewährung in der Aufgabenbewältigung. Beide Aspekte der dem Patienten angebotenen ‹Sätze› sind unabdingbar komplementär im rhetorisch-therapeutischen System, da der Erwerb des Erfahrungswissens ohne Einsicht in deren Motive ein bloßes Verhaltenstraining wäre und die reine Wortkur ohne Handlungsbezogenheit folgenlose, sich selbst genügende Sprachspiele hervorbringen würde. Der Vorgang der Umbenennung, der Ersetzung, steht im Kontext der ursprünglichen Fassung der Metapher *(metaphora)* als Übertragungsprozeß von einem semantischen Bereich in einen anderen nach dem Ähnlichkeitsprinzip: die Bedeutungszuschreibungen, die den eigentlichen Deutungen (verbalen Anweisungen) wie auch in den indirekten Deutungen (Erfahrungsanweisungen) liegen, sind im Grunde alles Umbenennungen, Ersetzungen früherer Bedeutungen, die inzwischen unbrauchbar geworden sind durch jetzt brauchbare, die eine für den Patienten passende, seinem Lebensplan adäquate Realität konstruieren sollen.

An dieser Stelle wird der Eingriff des Therapeuten durch seine Weltanschauung in der Ansicht des für den Patienten möglichen Lebensplans unmittelbar einleuchtend. Denn was der Therapeut aus dem Entwicklungsgang des Patienten als dessen insgeheimen Lebensplan erkennt und wie er dies erkennt, hängt doch davon ab, welche Vorstellungen er nicht nur über die Entwicklung eines Menschen hat, vielmehr welchen Ansichten er über die Bedürfnisse und Wünsche des Subjekts folgt. Wenn die Theorien eines Therapeuten seine Wahrnehmung bestimmen, die bereits

Interpretationen sind, dann hängt, in der Angleichung seiner Anweisungen an den Lebensplan des Patienten, alles davon ab, über welches Maß an Phantasie- und Vorstellungskraft der Therapeut verfügt, um diesem Lebensplan des Patienten entsprechen zu können. Das Geheimnis eines gelingenden Therapieprozesses liegt in der Kunst dieser Entsprechung aufgrund des Phantasieschlüssels des Therapeuten, der ihn die entsprechenden Umbenennungen vermitteln läßt. Die psychoanalytische Tätigkeit ist also nicht das Melodrama des Kampfes um die Erinnerung, sondern eine Kunst der Entsprechung. Und dieses Entsprechen ist die Gegenbewegung zur Deutung als Ausbeute eines Prozesses, der auf Materialentnahme gründet: «Entsprechen ist keine erwidernde Aussage, sondern eine dynamische Wechselseitigkeit und (gegenseitige – d. Verf.) Anpassung» (Steiner 1990, S. 77).

Der alte Streit in der Rhetorik zwischen Überreden und Überzeugen ist auch hier wieder zu bestehen, weil die Anweisungen des Therapeuten allein dem kanonisierten Wissen des analytischen Apparats entstammen und deshalb Deutungen zur bloßen Überredung im Sinne des analytischen Kanons gebraucht werden können. Der Patient lernt im Gefolge einer solchen Kur nur Benennungen nach dem Vokabular der Psychoanalyse vorzunehmen, die sich als Erklärungen ausgeben. Das heißt, die in der Psychoanalyse gängige Verwaltung einer anschauungs- und erfahrungsleeren Begrifflichkeit wird dem Patienten als Instrument einer formelhaft-leeren Selbsterklärung vermittelt, die für Selbstaufklärung gehalten wird. Die Ausgänge solcher Kuren beeindrucken durch die Stereotypien mechanisch gehandhabter analytischer Erklärungsmuster. Der Machteinfluß des Therapeuten erfolgt in bloßer Ausübung eines Sprachhandwerks, das der Ausbildungsapparat vorgibt, so daß der Therapeut in seinem Eingriff entlastet ist, weil er nur den Anweisungen des Apparats auf ‹korrekte Ausführung› gefolgt ist und scheinbar keine Machtbedürfnisse befriedigt.

Mit dem Moment der Überzeugung steht aber der persönliche Machtanspruch im rhetorischen System zur Diskussion: die «Lenkung der Seelen» (Platon, in: Ritter 1980) kann nämlich als Überreden und Überzeugen definiert werden, je nachdem, was bei der Herstellung von Überzeugungen gesucht wird. Platons Einwurf, daß der Rhetorik jeder Rang einer Wissenschaft aberkannt werden müsse, da sie nicht auf Wahrheit, sondern nur auf Wahrscheinlichkeit gerichtet sei, nicht den wahren Nutzen des Hörers, sondern nur den scheinbaren anstrebe, wurde schon von

Aristoteles aus dem Dilemma zwischen der absoluten Wahrheit und der bloßen Überredung herausgeführt durch die Suche nach Mitteln für die Bildung von Überzeugungen, die einen Wahrscheinlichkeitsschluß zulassen. Platons Stellungnahme zur Rhetorik war eine Antwort auf den von Gorgias vertretenen, unverblümten Anspruch der Rhetorik auf die Beherrschung des anderen, auf die Instrumentalisierung der Rhetorik zur bloßen Machtausübung. Die Wendung von Aristoteles in diesem Streit führte zu einer Differenzierung und damit auch Legitimierung der «Lenkung der Seelen» durch die Herstellung von Überzeugungen, indem die Wahrheitsfrage aus dem Dilemma ihrer Verabsolutierung bei Platon und dem Opportunismus ihrer Negierung bei Gorgias herausgestellt und durch die Suche nach Wahrscheinlichkeitsschlüssen gelöst wurde, die eine der menschlichen Kommunikation angemessene Wahrheitsfindung ermöglichen.

Die Prämisse des therapeutisch-rhetorischen Systems scheint in der Umbenennung der Handlungsmotive zu liegen; die Regeln dieses Systems bestehen nach unserer Auffassung in den durch den analytischen Rahmen gelenkten Assoziationen des Patienten und den amplifizierenden Einfällen des Therapeuten aufgrund seiner durch die Theorie gerichteten Aufmerksamkeit. Und die in Art einer vorausgreifenden Imagination unterstellte Zielsetzung des Prozesses beruht auf diesem, vom Therapeuten vorgegebenen Rahmen gemeinsamer Arbeit. Die therapeutische Rhetorik verläuft also nach einem Plan, ist ein in sich relativ geschlossener, abgrenzbarer Kommunikationsraum und löst eine vom Gegenstand der Kommunikation ausgehende Wirkung aus durch die Anweisungen des Therapeuten, der sich bestimmter Rede- und Handlungsfiguren (Tropen) bedient. Diese Tropen sind in der Analyse die Inszenierung der Übertragungsfigur, die Figurationen der Übertragungsobjekte im szenischen Bild. Das szenische Sprechen vollzieht sich in einer Metaphorik nach den Bedingungen von Ähnlichkeit und bildet eine metaphorische Realität. Die Grundintention des rhetorischen Systems ist eine konsensuelle, auf Übereinstimmung zielende, die sich freilich erst herstellt durch die Überzeugung des Patienten von der Glaubwürdigkeit der Rede des Therapeuten. Der Wahrheitsgehalt der aufgefundenen Umbenennung ergibt sich daraus, was für den Patienten in der Situation für sein Handeln wahrscheinlich geworden ist und darin wahrgemacht werden kann.

Die Wahrheitsfindung des Patienten ist allerdings nicht unabhängig von der ‹wahrhaftigen› Lebensform des Therapeuten. Kriterien für eine solche Lebensform scheinen uns darin zu liegen, in welcher Weise der Analytiker offen ist in bezug auf seine ‹Konfliktneigung›, die bestimmend ist für die Kommunikation mit dem Patienten; zu welcher Reflexion er in der Lage ist über die Abhängigkeitsbeziehung des Deutungsrahmens von seiner ‹Konfliktneigung› und über welche Souveränität er verfügt, sich mit der Macht- und Gewaltverwicklung in der analytischen Situation auseinanderzusetzen und mit dem Patienten diese Machtbeziehung zu analysieren. Nicht zuletzt hängt die Glaubwürdigkeit des Analytikers davon ab, ob er eine seinem Lebensplan angemessene Form der Triebbefriedigung gefunden hat und nicht über die Anordnung der analytischen Situation und über die rigide Handhabung der analytischen Theorie dem Patienten seine Wünsche und Bedürfnisse auferlegen muß und dadurch aus dem Leben des Patienten zehrt, statt selbstmächtig zu leben: gegen die Verordnungen des Apparats dem eigenen Gesetz zu folgen und den Eigensinn zur Geltung zu bringen. Professionelle und persönliche Lebensform des Therapeuten müssen in Einklang stehen, weil seine Glaubwürdigkeit für den Patienten grundsätzlich davon abhängig ist, was er verkörpert, und nicht, was er sagt. Dies ist ein allgemeines Phänomen menschlicher Kommunikation, daß der andere danach bemessen wird, ob er dem gerecht wird, was er zu sein verspricht. In der therapeutischen Kommunikation wird der Anspruch auf Übereinstimmung zwischen persönlicher und professioneller Lebensform zum Gradmesser der therapeutischen Beziehung, da der Therapeut vom Patienten daraufhin ständig geprüft wird, ob er ihm Glauben schenken kann, und der Fortgang des Prozesses ist immer davon abhängig, ob der Therapeut die Prüfungen des Patienten besteht. Der Analytiker mag sich noch so sehr hinter seiner analytischen Anordnung verschanzen und glauben, daß ihm die Abstinenz des ‹zugenähten Mundes› die Prüfungen erspart und seine Bewährung aussetzt; aber Patienten haben ein besonderes Gespür, gerade wegen ihrer Abhängigkeit vom Therapeuten, was sie für sich selber erledigen müssen oder was sie für den Therapeuten, für dessen ungelebtes Leben, erledigen sollen.

Die Befähigung zur psychotherapeutischen Tätigkeit scheint damit identisch zu sein, die vom Patienten inszenierten Bewährungsproben zu bestehen. Die persönlichen Voraussetzungen, die über die übliche Wissensaneignung in der Ausbildung zum Therapeuten nicht zu erwerben sind, liegen in einem personengebundenen Wissen (Fürstenau 1979), in einer intuitiven Begabung für die Erfassung der situativen Konstellation, zu deren Bestand ein ‹ausgezeichneter› Phantasieschlüssel gehört. Aber das Entscheidende scheint in der Befähigung zum szenischen Begreifen zu liegen, vor allem in der intuitiven Bereitschaft, die Evidenz der Szene sofort zu ergreifen und die darin enthaltene Herausforderung so umzusetzen, daß sie den inneren Erwartungen des Patienten genau entspricht. Diese Persönlichkeitsvariable ist nicht bildbar, und wir glauben auch, daß die eigentliche psychotherapeutische Kompetenz und die Wirksamkeit der Therapeuten aller Schulen darin zu sehen sind, daß sie intuitiv diese Bewährungsproben bestehen und dadurch die Glaubwürdigkeit erhalten, welche die Patienten brauchen, um der Autorität ihres Therapeuten Glauben zu schenken. Die Bewährung des Therapeuten in den von den Patienten auferlegten Prüfungen schafft die Glaubwürdigkeit, welche die grundlegende Voraussetzung ist für die Identifizierung des Patienten mit dem Therapeuten.

4.3 Ansatz einer therapeutischen Kommunikation der Gegenseitigkeit: von korrektiv-kognitiver Erfahrung und der Güte der therapeutischen Beziehung

Die Diskreditierung des Handelns, wie sie sich im analytischen Agierungsbegriff darstellt, lenkt nicht nur den Blick ab von der Wahrnehmung der Machtfrage in der Handhabung der Deutungsfunktion, vielmehr verhindert sie die Erhellung der Wirkmechanismen der therapeutischen Interaktion, deren Fundament in der Glaubwürdigkeit des Therapeuten liegt. Diese stellt sich erst im Handeln des Therapeuten für den Patienten her, und darin erweist sich die Güte der Beziehung. In den Klischees von Erinnern und Durcharbeiten statt des Wiederholens ist die ganze illusionäre Verkennung der therapeutischen Arbeit versammelt, indem in der Analyse Veränderung durch Erinnerungsarbeit als realistisches Ziel verfolgt wird. Freilich hat die Ersetzung des Handelns durch konstruierte Erinnerungen den therapeutischen Prozeß um Wesentliches verkürzt, da nach dem wissenschaftlichen Kenntnisstand Neuerfahrung, überhaupt Erfahrung nur durch praktisches Tun und Begreifen, Lernen nur durch Handeln möglich ist. Reflexion dient in der therapeutischen Arbeit der kognitiven Integration des Ensembles therapeutischer Strategien auf der Basis der Erfahrung neuer Handlungsmöglichkeiten. Die Qualität der Arzt-Patient-Beziehung zeigt sich also in den vom Therapeuten strukturell und situativ stimmig offerierten Handlungsentwürfen, die nach den Ergebnissen der Therapieforschung sich als *das* entscheidende therapeutische Agens erweisen – und nicht die Deutungsmethode.

Es scheint uns heute klinisch wie wissenschaftlich unabweisbar, das Handeln wieder im Behandlungsraum des Therapeuten in seine unerläßlich notwendige Funktion einzusetzen. Dabei ist das therapeutische Handeln als Begründungsakt der therapeutischen Interaktion auf die Symptomproduktion des Patienten zu zentrieren und nicht auf den zentralen Beziehungskonflikt zu fokussieren, der nach Luborsky (1988) im Zentrum der Bestimmung jeder Störung stehen soll. In solch psychogenetischem Verständnis ereignet sich Verhalten als Wiederholung eines Grundkonflikts oder einer Grundstörung, so daß durch diese Sichtweise der Patient von vornherein in regressivierender Weise fixiert ist auf eine Pathologie der Kindheit. Infolgedessen erscheinen dem Patienten in seinem Bewußtsein die Symptome nur als Defizienzen, als pathologische Abwehrmanöver, die als solche nur negativ konnotiert sind als Resultat eines defizitären Lebensanfangs und, konsequenterweise, als Ergebnis eines ihm verfügten pathologischen Status. Die gewöhnliche psychoanalytische Betrachtungsweise unterscheidet sich darin in nichts von der überholten psychiatrischen Sicht, nur daß in dem einen Fall das elterliche Dispositiv, die primären Objekte, der Inkulpation ausgeliefert werden und im anderen Fall das erbgenetische Dispositiv. Die Fokussierung auf die Symptomatik ist nach unserer Erfahrung die entscheidende Ansatzstelle nicht nur für die therapeutische Intervention, sondern vielmehr für eine Wende der klassischen Statusdiagnostik in eine Entwicklungsdiagnostik, in ein Entwicklungsdenken; das heißt, im Zentrum theoretischer wie klinischer Überlegungen muß das Entwicklungsmoment als der prospektive Aspekt stehen.

Wenn man davon ausgeht, daß die Symptome eines Menschen gelungene Erfindungen sind, Lösungen für die dem Subjekt von innen oder von außen auferlegten Konflikte, dann erscheinen alle Symptome im Licht von Schutzmechanismen, die als solche für den Patienten, wegleitend für den therapeutischen Prozeß, aufzuklären sind. Im Mittelpunkt steht die korrektiv-kognitive Erfahrung: die positiv-produktive Wertung der Symptome, die in einer paradoxalen Strategie die bisherige negative Bewertung einer Umbewertung unterzieht. Der neue und andere Sinn der Symptomatik als Schutzmechanismus strukturiert einen Umdenkungsprozeß, sich etwas anderes als die bisherige pathologische Zuschreibung vorstellen zu können. Und das erweiterte Spektrum anderer Vorstellungen bedingt eine veränderte Selbstbewertung beim Patienten und damit Hoffnung auf andere Handlungsmöglichkeiten und Verhaltensweisen, die dem Patienten ein Selbstbewußtsein geben, durch Aktivität die Erwartung auf Selbstgestaltung zu bestätigen.

Symptome werden in den traditionellen Ätiologien, auch in den psychogenetischen, als Fremdkörper der Person angesehen, die es zu beseitigen gilt. Die Abschaffung der Symptome steht immer noch im Zentrum psychotherapeutischer Konzepte und nicht, wie wir es betrachten, der andere Gebrauch der Symptome, in denen sich die zentralen Schutzmechanismen der jeweiligen Struktur eines Patienten darstellen. Mit dem anderen Gebrauch der Symptome ist nicht der konventionelle analytische Terminus der Symptomverschiebung gemeint, sondern eine tatsächlich vollzogene, andere Bewertung der Symptome, die als struktureller Bestand der Person ihre Anerkennung finden müssen. Mit der Umbewertung der Symptome, ihrer neuen Sinnbestimmung, wird das Gewicht der Therapie auf die kognitive Reststrukturierung gelegt; allerdings ist in der Konzeptualisierung der Therapie des Einzelfalls das psychodynamisch-systemische Denken die Grundlage des Vorgehens, das den Rahmen bildet für die Einordnung der Umbewertungen und das aus der antizipatorischen Kompetenz des Therapeuten zehrt.

Wenn die Entwicklung der prospektiven Dimension des Patienten im Zentrum der Therapie steht, dann ist jenseits der üblichen Ziel- und Zeitlosigkeit psychotherapeutischer Praxis, die eine formale Begrenzung nur durch die «Richtlinienpsychotherapie» der Krankenkassen erfährt, die Frage nach der Zielsetzung des Prozesses eindeutig festzulegen: ist sie von der Wunsch- und Bedürfnisdimension des Patienten geleitet oder von schultypischen, stereotypen Erwartungen auf Normalisierung des Patienten? Auch wenn die Emanzipation des Patienten von allen reklamiert wird, so dienen die Zielsetzungen fast aller therapeutischen Schulen der Selbstbestätigung ihrer Klischees: ob es sich nun um genitale oder ödipale Reife handelt, um Selbstintegration und anderes mehr; allemal müssen die geplagten Patienten in einem endlosen Rücklauf das Elend ihrer Kindheit wiederholen in der grandiosen Simulation, daß sie durch diese Regression ihre infantile Vergangenheit aufarbeiten könnten. Vergangenheitsbewältigung als Wiederholung, Aufarbeitung und Durcharbeitung ist in seinem Wiederholungsdenken zur Obsession geworden, mittels deren die unbewältigte Gegenwart auf dem Schauplatz der Vergangenheit ausgehandelt werden soll.

An der regressions- oder progressionsfördernden Ausrichtung der Therapie (s. dazu auch Fürstenau 1992) zeigt sich, wie der Therapeut mit seiner Einflußmacht umgeht: setzt er sie konsequent unterstützend für die Entwicklungstendenzen des Patienten ein, oder sieht er neutral zu, wie sich die infantile Ohnmacht des Patienten an ihm wiederholt? Kann es im Interesse und im Bedürfnis des Patienten liegen, die uralten Ambivalenzkonflikte zu seinen primären Bezugspersonen am Therapeuten zu wiederholen und darin immer dieselbe traumatisierende Erfahrung der Ohnmacht zu machen, die ihn in der Hilflosigkeit der Kindheit festhält? Die Dämonisierung des Wiederholungsgedankens erklärt die therapeutische Obsession der Rekapitulierung der Kindheitsphasen und nährt die Illusion, daß durch diesen Rücklauf der Vorlauf in umgekehrter Reihenfolge sich nun zu vollziehen habe. In dieser Optik liegt eine Interpretation des Menschen und der Welt, die den Sinn für den Menschen nicht mehr in der handelnden Bemächtigung der Welt sucht, sondern Vergangenheitsbewältigung zum subjektiven Lebensideal erhebt, den Aufenthalt in einem «retrospektiven Jenseits» als Selbstbemächtigung verklärt.

Limitierung und Zielsetzung sind die entscheidenden Parameter einer Therapietheorie, die am Veränderungspotential des Patienten ansetzt und eine Entwicklungsdiagnostik einschließt, welche die Grundvoraussetzung für dessen Selbstgestaltungsmöglichkeiten ist. Die Zeit- und Ziellosigkeit der Psychoanalyse und der meisten Psychotherapien sowie die daraus sich ergebende sukzessive Regressivierung und Infantilisierung des Patienten stehen für eine Defizienztheorie, die den Reifegrad des Subjekts an einem fiktiven Normal-Ich mißt; zum Beispiel das reife, genitale Normal-Ich der Freudianer, das Ich der Selbst-Integration der Selbsttheoretiker. Prüfstein der Auslese und Bezugssystem der Wahrnehmung ist das fiktive Normal-Ich des herrschenden Normenkodex, an dem Devianz gemessen wird. Eine solche Therapie muß auf die Behebung von Defiziten gerichtet sein, bleibt einseitig auf die Pathologie fixiert. Und der Therapeut ist mit der endlosen Aufarbeitung von Defiziten beschäftigt, ein paradoxales Geschehen: die Fixierung auf das Abweichende, Fehlende, unterhält den Mangel. Die Fürsorge des Therapeuten müßte sich aber gerade darin erweisen, den bisher nicht gelebten Wünschen und Bedürfnissen des Patienten nachzugehen, die Wachstum versprechen, statt die pathologischen Reminiszenzen vom Patienten ständig wiederholen und seine infantilen Mangel- und Ohnmachtserfahrungen wiederaufleben zu lassen. Dies setzt allerdings eine andere Einstellung des Therapeuten voraus, der bisher von der Verantwortung für die Förderung seines Patienten enthoben war, weil die analytische Konvention ihn in der Beobachterposition der neutralen Abstinenz scheinbar unangreifbar einrichtete. Die Verantwortung für das Gelingen des Prozesses lag bisher immer beim Patienten, dessen Befähigung zu Introspektion, Motivation, Einsichtsfähigkeit, Widerstandsüberwindung und anderes mehr zu den prozeßbestimmenden Kriterien gemacht wurde. Das entscheidende Kriterium der Prozeßgestaltung liegt aber in der Wahrnehmung und richtigen Einschätzung des Therapeuten gegenüber den produktiven Möglichkeiten des Patienten. Die Behandlungstechnik muß sich an der Diagnostik von Entwicklungsmöglichkeiten des Patienten orientieren und verlangt eine wachstumsfördernde Haltung des Therapeuten, der die Güte seiner Einflußmacht darin zu bestätigen sucht, daß der Patient möglichst rasch zu seiner Selbständigkeit findet.

Eine solch entwicklungsfördernde Haltung verlangt nicht nur ein anderes theoretisches Selbstverständnis therapeutischer Arbeit, vielmehr auch andere persönliche Voraussetzungen. Die Revolutionierung der Psychotherapie hat eine andere Auswahl von Persönlichkeiten zur Voraussetzung, um den Bedingungen dieser veränderten Praxis zu genügen. Therapeuten, die von den Therapieschulen ausgewählt werden, bringen die Voraussetzung für eine aktive, engagierte, auf Überzeugungskraft beruhende Befähigung im allgemeinen nicht mit, weil die Therapieschulen eher zwanghaft-angepaßte, autoritäre Persönlichkeiten auswählen, die durch die Ausbildung in ihrer Affektisolierung, Neutralisierung und rigiden Abstinenz verstärkt legitimiert werden. Eine erfolgversprechende therapeutische Grundhaltung liegt nicht in einer rationalisierenden Deutungsfunktion und allgemein empathischen Einstellung, die auf einer nicht überprüfbaren subjektivistischen Evidenz des Therapeuten beruhen mag, sondern in der Fähigkeit des Therapeuten, die Aktivitätspotentiale des Patienten durch antizipatorische Kompetenz aufzudecken und zu beleben. Das ist aber die Begabung zu imaginativer Vorwegnahme von Möglichkeiten des Patienten, die sich dem Therapeuten nur dann erschließen, wenn er die im Patienten liegenden prospektiven Gestaltungsmöglichkeiten auch sehen kann. Die imaginative Vorwegnahme ist eine kognitive Leistung, deren Potenz sich darin erweist, dem

Patienten neue Sehweisen seines Problems zu eröffnen, neue und andere Aspekte seiner Situation aufzuzeigen, durch Umdeutung der Konstellation Veränderungsmöglichkeiten offenzulegen und über die therapeutische Technik zu verfügen, in der Behandlungsplanung für die Patientenstruktur angemessene, störungsspezifische Interventionsstrategien einzusetzen.

Im Mittelpunkt derartiger klinischer Therapie steht die durchgängige aktive Einflußnahme des Therapeuten, sein Einsatz und seine Verantwortung für die Realisierung einer Therapieplanung, nach der sich für den Patienten auf verschiedenen psychologischen Dimensionen antizipierte Möglichkeiten einer anderen Lebensgestaltung erlernen lassen. Die überzeugende Einflußnahme des Therapeuten – suggestiver Prozeß par excellence – zehrt aus der Glaubwürdigkeit des Therapeuten, die sich seinem Phantasievermögen und seiner kognitiven Befähigung zur Strukturierung verdankt, mit denen er für den Patienten die entsprechenden psychologischen Strategien und klinischen Interventionen entwickelt.

Es geht hier nicht um eine unreflektierte Ausübung von Suggestion, vielmehr um eine therapietheoretisch und therapietechnisch reflektierte professionelle Einflußnahme. Die positiv-andere Erfahrung kristallisiert sich vom ersten Gespräch an um die Bewertung der Anlaß- und Konfliktkonstellation, um die Bewertung der Symptome und um die Herausarbeitung der dem Patienten bislang gelungenen Lösungen und seiner prospektiven Möglichkeiten. Die Symptombejahung ist nicht nur Voraussetzung der Entwicklungsförderung beim Patienten, sie ist grundlegend die Verabschiedung der Fixierung aufs Pathologische und Defiziente. Die therapietechnischen Strategien beziehen sich auf Aktivierung, Forcierung, Limitierung und Fokussierung und der sich aus Fokussierungen ständig ergebenden Zielplanung, um den erforderlichen Entwicklungsprozeß[36] über aufgabenbezogenes Handeln zu bewerkstelligen. Die re-

---

36 Diese psychodynamische, handlungsbezogene Therapietheorie, die auf einen entwicklungsfördernden Prozeß zielt, haben wir in halb standardisierter Form im «Marburger Manual» instrumentalisiert. Dieses bildet auf verschiedenen Ebenen eine Entwicklungsdiagnostik im doppelten Sinn ab: einerseits zielen die Fragen und Interventionen auf die prospektiven Möglichkeiten des Patienten, andererseits gibt die regelmäßige Therapieverlaufskontrolle eine Entwicklungsdiagnostik des therapeutischen Prozesses wieder. Diese Entwicklungsdiagnostik überwindet die herkömmliche Statusdiagnostik und soll dem Therapeuten Leitlinien an die Hand geben, nach denen er zusammen mit dem Patienten den Therapieprozeß beurteilen

gelmäßige Bilanzierung des Prozesses in der Konfrontation von Therapeut und Patient bei der Bewertung des Therapieprozesses bewirkt eine wachsende Aneignung anderer Verhaltensmöglichkeiten, ein wachsendes Selbstwertgefühl und kognitive Befriedigung in der Befähigung zur Selbstregulierung. Ein entwicklungsförderlicher Prozeß kann sich nur an einer «Leitidee Therapeut» vollziehen, die jenseits der sterilen Abstinenzdoktrin dem Patienten ein Vorbild für handelnde Auseinandersetzung unter der Perspektive des Gelingens ist – «die Verliebtheit ins Gelingen» (Bloch) als Grund und Voraussetzung produktiver Lebenserfahrung ist hier gemeint.

Der therapeutische Prozeß ist als eine Identifizierungsgeschichte zu lesen, die sich dadurch herstellt, daß der Therapeut die Bewährungsproben besteht, und so bewegt sich der therapeutische Prozeß von einem Identifizierungsschritt zum nächsten vorwärts: der therapeutische Fortschritt folgt den Identifizierungsschritten, und die jeweils erfolgte Identifizierung ist der Indikator für die Bewährung des Therapeuten. Die Kriterien der Bewährungsaufgaben[37] für den Therapeuten liegen nach unserer Erfahrung in der Art der Handlungsangebote, die eine Reaktion auf die spezifischen Appelle des Patienten an die Handhabung der ‹hilf-

kann. Das klinische Vorgehen ist aber auch Forschungsprogramm, das die theoretischen Annahmen dieser Behandlungskonzeption durch empirisches Material ständig überprüft, um durch eine direkte Korrespondenz von Theorie und Praxis das Behandlungskonzept einer empirischen Bewährung zu unterziehen und damit zur Entwicklung einer fundierten Therapietheorie beizutragen.

37 Die Interaktionserfahrung als korrektiv-kognitive Erfahrung in Fortsetzung der «korrektiven emotionalen Erfahrung» (Alexander und French 1946) ist prozeßgestaltend, führt über die Bewährungsschritte des Therapeuten zu neuen Erwartungsmustern und Interaktionsschemata, die alle auf dem Hintergrund zu sehen sind, daß der Patient jeweils am Therapeuten überprüft, ob seine bewußten wie unbewußten pathogenen Überzeugungen sich in ihm bestätigen lassen (s. Weiss und Sampson 1986): das ist die Falle für den Therapeuten, die er bestehen muß; oder, das ist für uns essentiell, ob der Therapeut zu einer anderen Sinnbestimmung der Symptome, des symptomatischen Verhaltens in der aktuellen Interaktion fähig ist. Die korrektiv-kognitive Erfahrung ist also eine Umschrift der Sinnzuschreibung der Symptome: von der Bedeutung eines pathogenen Fremdkörpers zur Assimilation einer ich-gerechten Funktion. Das Symptom ist Strukturelement der Person, das in der Entwicklung Symptomwert erhielt durch pathogene Überzeugungen; spezifische Verhaltensweisen erlangen durch das dem Patienten vermittelte Bewertungssystem Krankheitsbedeutung und werden als verinnerlichte Überzeugungen pathogen.

reichen Beziehung› sind. Wir können hier in der Darstellung der korrektiv-kognitiven Erfahrung nur einen Überblick dieser Beziehungsgestaltung geben.

Die nutritive Funktion des Therapeuten, seine Bereitschaft, Unterstützung und Ermutigung zu gewähren, prüft der Patient in depressiven Appellen, um zu erfahren, ob er mit Deutungen abgespeist wird, statt die erwünschte andere Erfahrung zu machen, in solchen Situationen nicht allein gelassen zu werden und konkret Hilfe zu bekommen. Die souveräne Funktion des Therapeuten prüft der Patient in autoritären Appellen des Aufbegehrens, in denen er durch souveräne Handhabung des Therapeuten die Erfahrung machen möchte, den Aufstand proben zu können, ohne in die infantile Aufsässigkeit verwiesen zu werden. Hier spielt die kognitive Anerkennung des anderen eine entscheidende Rolle, die auch konkret zu nehmen ist in direkten Empfehlungen an den Patienten. Die Autoritätsfunktion des Therapeuten ist immer wieder gefordert gegenüber der Wut und fressenden Gier (Triebimpulsivität) des Patienten, die geleistete Arbeit zu zerstören, den Erfolg der Therapie zu unterminieren, um den Therapeuten in der autoritativen Haltefunktion der schützenden und bewahrenden Grenzziehung zu prüfen – anstatt daß dieser durch regressivierende Deutungen ein Phantasma von Zerstückelungsphantasien produzieren läßt und den Patienten in die vom Therapeuten projizierten frühkindlichen Haß- und Verfolgungsbeziehungen treibt.

Die pädagogische Funktion des Therapeuten im Sinne der Ich-Pädagogik ist immer dann gefragt, wenn der Patient gerade aufgrund seiner generellen Ambivalenzkonflikte in der Unentschiedenheit bleibt, um den Therapeuten in dessen kognitivem Spektrum prospektiver Alternativen zu prüfen und dadurch zu den naheliegenden Schlüssen für sich zu kommen – die bei Analytikern vorherrschende professionelle Deformation, sich der Stellungnahme gegenüber dem kognitiven Begehren des Patienten zu verweigern, ist eine pure Hypokrisie in der fachlich-legitimierten Abweisung von Ratgebung. Die Verantwortungsfunktion des Therapeuten wird in einem System unterschlagen, das die Konstruktion der gesamten Beziehung auf den Patienten zurückwendet, in dessen ganze Verantwortung das Gelingen wie das Scheitern des Prozesses gelegt wird. Und nicht zuletzt wird die Fürsorgefunktion des Therapeuten geprüft, die therapeutische Handhabung so zu gestalten, daß man Gebote und Verbote ausspricht, um eine selbstschädigende und infantilisierende Konfliktunterhaltung zu verhindern. In diesem Zusammenhang gehört

auch die aktivierende Handhabung der Situation durch Handlungs-
anweisungen und Handlungsaufträge.

Der Therapeut steht schließlich in ständiger Bewährungsprobe um die narzißtische Anerkennung des Patienten: die stetige Förderung und Anerkennung der kognitiven Potenz ist die unerläßliche narzißtische Grundlage für die Bewältigung der Triebkonflikte. Wir wollen hier nur eine Hierarchie von Prüfungen und Bewährungsproben für den Therapeuten aufzählen, die sich als kritische Ereignisse in der Therapie lesen lassen, auf die der Therapeut Antworten zur Hand haben muß. Die Kriterien für die Bewährung des Therapeuten liegen in den Identifizierungsschritten des Patienten, in denen sich dieser dann identifiziert zeigt mit den Nutritions-, Souveränitäts-, Autoritäts- und Fürsorgefunktionen des Therapeuten. Der Patient kann jeweils nur dann wohlwollend mit sich umgehen lernen und sich wohl fühlen in den entsprechenden Aspekten seiner Person, wenn er das Wohlwollen seines Therapeuten in diesen Prüfungen erfahren hat. Mit dieser Beschreibung von Erwartungen und Bedürfnissen aus der Sicht des Patienten, denen der Therapeut mit seiner Handlungsstrukturierung antworten muß, wollen wir die vorherrschende Pathologisierung des Patientenverhaltens überwinden und dem näherkommen, was die Inhalte einer ‹hilfreichen Beziehung› sein könnten. Denn die ‹Leitidee Therapeut› und der Begriff der ‹hilfreichen Beziehung› sind bisher eine leere Abstraktion geblieben und nur ein neues Kleid für die konventionelle Neutralisierungsfunktion, in der einseitig, aus Gründen der Selbstsicherung und der Einflußkontrolle, die Situation für den Therapeuten beherrschbar bleiben soll.

Die Handlungsangebote in der Beziehung sind das entscheidende therapeutische Agens, die gemeinsam bestandenen Experimente, Erfahrungen der Bewährung als Voraussetzung des Neuerlernens – und nicht die Deutungsmethode, die nur eine integrative Funktion hat. Allerdings müssen die Angebote ‹passend› sein, stimmig mit der augenblicklichen Situation und der Beziehung zwischen Therapeut und Patient, damit Übereinstimmung mit den inneren Erwartungen des Patienten eintreten kann. So scheint einzig das Verhältnis zum Arzt und des Arztes zum Patienten die ausschlaggebende Bedingung für Veränderung und Neuerfahrung zu sein. Die entscheidende Variable liegt also in der vom Arzt gestalteten Qualität der Beziehung. Freud (GW XI, S. 463) hat bereits die Bedeutung der Beziehung in den Mittelpunkt gestellt: daß eben den Ausschlag in der Behandlung weniger die intellektuelle Einsicht des Patienten, sondern einzig sein Verhältnis zum Arzt gäbe; daß ohne den Glauben an die Autorität des Arztes, die sich im Glauben an seine Mitteilungen und Auffassungen umsetze, der Patient den Arzt und dessen Argumente nicht einmal zu Gehör kommen lassen würde. Das Thema von der Glaubwürdigkeit und der Überzeugungsmacht des Arztes wurde aber in der Psychoanalyse nicht weiter verfolgt, da man diesen Themenbereich der Suggestion strikt tabuisieren mußte, um sich den Glauben an die wissenschaftliche Position eines neutralen Beobachters nicht nehmen zu lassen. Die Reflexion über Macht und Einfluß wird wegen der darin unumgänglichen Konfrontation mit den Phänomenen der Suggestion sofort ausgesetzt, weil mit der Anerkennung von suggestiven Wirkmechanismen die Diskreditierung der Psychoanalyse als wissenschaftliche Methode befürchtet wird. Dabei ist doch die Wirksamkeit jeder Psychotherapie an die Glaubwürdigkeit des Arztes und der darin liegenden Überzeugungskraft für den Patienten gebunden. Und die Auseinandersetzung der Glaubwürdigkeit ist zugleich die der Suggestion, und sie wird nicht aufgenommen, weil sich doch die Wahrheit der Psychoanalyse nicht als ein Produkt der Suggestion erweisen darf.

Die Beziehung selbst ist das therapeutische Werkzeug, und deshalb gewinnen auch die Prüfungen dieser Beziehung durch den Patienten solche Bedeutung, weil das Neuerlernen und das Wachsen von Erfahrung für den Patienten davon abhängig ist, welche Qualität der Beziehung sich für den Patienten durch die Bewährung des Therapeuten ergibt. Dabei scheint nach unserer Erfahrung von besonderer Bedeutung zu sein, daß der Therapeut seine ständige Anteilnahme an der realen Lebensgestaltung des Patienten durch ein Stellungnehmen erweist, dessen Augenmerk auf die stetige Förderung der prospektiven und Vermeidung der regressiven Tendenzen im Selbsterleben des Patienten gerichtet ist. Und die Fürsorge des Therapeuten muß sich darin zeigen, eine konfliktfreie und entspannte Atmosphäre (s. Morgenthaler 1978) für den Patienten zu besorgen. Die Qualität der vom Therapeuten angebotenen Beziehung bestätigt sich folglich nicht in der Wiederholung des Gewesenen, der infantilen Konflikte, sondern gerade in deren Vermeidung. Morgenthaler zufolge kann der Patient doch nicht wünschen wollen, daß seine Therapie eine Wiederauflage der früheren Ambivalenzkonflikte darstellt. Etwas anderes ist es, die in der aktuellen Interaktion wiederholten infantilen Konflikte, die fast immer in Verbindung mit den Prüfungssituationen für den Therapeuten auftreten, durch direkte, emotional entspannende Interventionen aufzulösen. Dadurch wird eine entspannte Atmosphäre geschaffen, unter welcher der Patient erst die kognitive Bereitschaft aufbringen kann, sich auf die Neu-Erfahrung mit dem Therapeuten einzulassen. Für den Patienten erweist sich die Güte der therapeutischen Beziehung in der Handlungsstrukturierung des Therapeuten, deren Grundintention für den Patienten darin liegen sollte, eine Atmosphäre des Kontaktbehagens herzustellen, die sich nur aus einer zuverlässigen und sicheren emotionalen Verankerung der Beziehung ergeben kann.

Die Behandlungs- und Erkenntnisfortschritte durch Identifizierung sind also nicht durch Deutungen zu erreichen. Diese belassen die therapeutische Beziehung in einer routinierten Monotonie der üblichen analytischen Interaktion und führen zu einer sogenannten Besserung des Patienten eher durch «Identifikation mit dem Aggressor» als durch Einsicht und Bewußtmachen des Unbewußten; das heißt zu einer Über-Ich-Intropression durch therapeutische Verstärkung eines verfolgenden Über-Ich, das die Wünsche und Bedürfnisse des Patienten in verstärkter Unterdrückung hält. Die für das Wachstum des Patienten förderliche Identifizierung bedarf dagegen einer besonders variablen, umfassend situations- und fallspezifischen Interventionstechnik, die wir im einzelnen hier nicht ausführen wollen. Grund und Voraussetzung für eine wirkliche Identifizierung des Patienten mit dem Therapeuten liegt darin, daß der Therapeut jenseits seiner therapeutischen Rolle in den Momenten der Prüfung in seiner menschlichen Kompetenz greifbar und faßbar ist in überzeugenden Entgegnungen.

Es ist sicher kein Zufall, daß die entscheidende Variable des therapeutischen Prozesses, die Glaubwürdigkeit des Therapeuten, weder in wissenschaftlichen Abhandlungen noch in den gängigen Lehrbüchern der Psychoanalyse vorkommt. Und die sich daraus ergebende Güte der therapeutischen Beziehung, wie sie sich in der Bewährung des Therapeuten erweisen muß, bedarf auch keiner Reflexion, da der therapeutische Prozeß eine Übertragung des Patienten als Wiederholung und eine Wiederholung in der Übertragung ist, und die Gegenübertragung des Therapeuten als Reaktion auf die Übertragung des Patienten festgelegt ist. Der Analytiker wird damit zum bloßen Objekt des Patienten, sozusagen zum Reaktor des Subjekts Patient. Diese mechanistische Operation suggeriert eine Objektivität und produziert jene klassische Subjekt-Objekt-Spaltung, die doch durch die von der Psychoanalyse beanspruchte Einführung des Subjekts in die Medizin als überwunden deklariert wird. Die Umkehr der tatsächlichen therapeutischen Beziehung, in der der Analytiker das Subjekt des Geschehens ist und der Patient Objekt der verfügten Übertragungsverhältnisse, enthebt den Analytiker der Reflexion seiner bestimmenden Einflußnahme und der Bedingungen seiner Glaubwürdigkeit.

Der mit der Glaubwürdigkeit zusammenhängende Gegenstandsbereich ist aber die Einflußnahme des Therapeuten, die schulenspezifisch sich auf direkte oder indirekte Methoden der Intervention stützt, rein deutungsbezogen oder rein verhaltensorientiert sein kann; allemal geht es um die Macht der Einflußnahme, um die Handhabung der von der Autorität des Arztes ausgehenden Überzeugungsmacht. In der Verhaltenstherapie geht es um direkte Machtbeeinflussung durch direkte Methoden technischer Intervention, wobei in der Anwendung der Methoden die Machtausübung des Therapeuten liegt. In der von der Psychoanalyse geprägten Psychotherapie dagegen ist die Machtausübung durch Deuten indirekt und erleichtert dadurch, sich Illusionen von einer ‹herrschaftsfreien Kommunikation›, ‹idealer Sprachgemeinschaft› und ‹intakten Sprachspielen› hinzugeben und eine Freiheitslyrik zu pflegen vom Ziel des «freien Selbstseins» im therapeutischen Prozeß. Da die Psychoanalyse mit dem Anspruch auftritt, ein ideologiekritisches Verfahren zu sein, das heißt, Rationalisierungen aufzuklären, hat sie nach unserer Meinung eine größere Verpflichtung zur Selbstaufklärung ihrer Theorien und Verfahrensweisen. Darin hätte sie auch erkenntnisleitend für die anderen psychotherapeutischen Disziplinen sein können, die über solche Erkenntnismittel nicht verfügen und auch von solchen Ansprüchen, wie die Psychoanalyse sie an sich selber stellen muß, nicht geleitet werden. Freilich hat sie sich der Selbstanwendung grundsätzlich versagt und muß heute zusehen, wie das psychodynamische Denken auf anderen Feldern produktiv eingesetzt wird, die frei von analytischer Dogmatik die prospektiven Momente einer Psychodynamik weiter ausgestalten.

Der Widerstand gegen die Aufklärung der suggestiven Grundlagen des Therapieprozesses scheint so mächtig zu sein, wie wenn mit der Klärung dieses «Urphänomens des menschlichen Seelenlebens» (Freud GW XIII, S. 96) für die Analytiker die Rationalität ihres Handelns, ihr Anspruch auf Anerkennung und Zugehörigkeit zum Korpus der Wissenschaften und das damit verbundene öffentliche Ansehen schon aberkannt wären. Diese Verdrängungshaltung macht aber den aufzuklärenden Grund der analytischen Tätigkeit zu einem irrationalen und verweist damit die bewußt zu handhabenden Mechanismen der therapeutischen Interaktion ins Unbewußte, nimmt dem Therapeuten die Möglichkeit souveräner Bemächtigung und bewußter Handhabung der Wirkmechanismen des therapeutischen Prozesses. Die Anerkennung der Glaubwürdigkeit als die entscheidende Persönlichkeitsvariable ist unabdingbar verbunden mit der Tatsache der Einflußnahme, die sich nur unter der Voraussetzung vollzieht, daß der Patient dem Therapeuten Glauben schenkt, weil er ihn für glaubwürdig hält. Die Untersuchung der Einflußnahme kann folgerichtig nur eine Untersuchung aller Parameter der persönlichen Gleichung des Therapeuten bedeuten, und daraus können sich erst Differenzierungskriterien ergeben für die Bedingungen und Möglichkeiten der systematischen Handhabung der therapeutischen Einflußgröße, ob es sich um deutungsbezogene oder handlungsbezogene Einflußnahme oder deren Kombination und Variation handelt – hier ist eine wissenschaftliche Therapeutik gefordert durch die Ausarbeitung einer Anwendung systematischer Bedingungsvariation von Einflußnahme. Die Abweisung der notwendigen Klärung der Glaubwürdigkeit und der ihr zugrunde liegenden Wirkzusammenhänge hat in der Psychoanalyse dazu geführt, noch weiter dem Abweg in die Rationalisierung zu folgen, so daß die zwanghafte Bemühung um formal ‹korrekte Ausführung› der Analyse die Frage nach der unerläßlich notwendigen Glaubwürdigkeit erledigte. Die propagierte ‹Leitidee Therapeut› reicht nur so weit, als der Therapeut nicht aus dem sicheren Rahmen eines Ritus ‹korrekter Ausführung› herausfällt, die für die glaubwürdige Anwendung der Therapie gehalten wird, so daß er als «Standardexemplar» analytischer Funktionalität vor dem Apparat glaubwürdig erscheinen kann.

4.4 Die fiktionale Beobachtungstheorie der Psychoanalyse und das Konstrukt von Übertragung und Gegenübertragung

Das seit Freud tradierte Übertragungskonzept ist durch eines der Gegenübertragung ergänzt worden. Der ungeklärte Anfang der Arzt-Patient-Beziehung, die weiterhin als spontanes Ereignis aufgefaßte Übertragung des Patienten auf den Arzt, ist erweitert worden um eine Gegenübertragungstheorie, die zunächst als Reaktion des Therapeuten auf die Übertragung des Patienten aufgefaßt und später ausgedeutet wurde als die vom Patienten im Arzt wachgerufenen Übertragungsreaktionen der Eltern des Patienten. Mit dem Konzept der Gegenübertragung als Wiederholung der Übertragungsreaktionen der Eltern des Patienten im Therapeuten wird eine endlose Ausweitung des Konstrukts der «falschen Verknüpfung» fortgeführt. Die fragwürdige Erfindung der Gegenübertragung hat die Fragwürdigkeit des Übertragungskonzepts in den Hintergrund gedrängt. Denn die einfache Frage, ob nicht die Übertragungen eine Reaktion des Patienten auf die Aktionen des Therapeuten sind, braucht durch die Einführung des Gegenübertragungskonzepts als Fortsetzung des Übertragungskonzepts nicht gestellt zu werden: es ist der Versuch, dem ungeklärten Freudschen Übertragungsbegriff durch die Konstruktion eines zusätzlichen, nicht weniger fragwürdigen Hilfsbegriffs den Anschein von Faktizität zu geben.

Vor der Entwicklung des Gegenübertragungskonzepts wurde bei Freud Gegenübertragung[38] als Reaktion des Therapeuten auf den Patienten aufgrund seiner ungeklärten «Restneurose» begriffen. Und diese Interpretation entfernt sich nicht so weit vom Übertragungsgeschehen, so daß bei Freud die Aktionen des Therapeuten gegenüber dem Patienten noch realitäts- und begriffsnäher erfahren werden. Die Wendung des Gegenübertragungskonzepts, daß der Therapeut auf die Übertragung des Patienten reagiert, nimmt ihn aus der Verantwortung für die Konstruktion der analytischen Situation, da er nichts anderes als ein Übertragungsreaktor seines Patienten zu sein scheint, und die Übertragung des Patienten als Reaktion auf die Aktion des Analytikers damit völlig aus dem Blick kommt. Die Behandlung der Übertragung wie ein empirischer Sachverhalt hatte zur Folge, daß alle davon ausgehenden Interaktionen

38 Freud hatte immer daran festgehalten, daß die ungeklärte Restneurose des Therapeuten als Grund für die Gegenübertragungsreaktion und als Störfaktor im Übertragungsgeschehen der Analyse anzusehen ist: «Jeder Analytiker (kommt) nur so weit, als seine eigenen Komplexe und inneren Widerstände es gestatten» (GW VIII, S. 108). Es käme der Realität näher, von der «Konfliktneigung» (Morgenthaler 1978) des Therapeuten zu sprechen, welche die von ihm konstruierte Übertragungssituation strukturspezifisch einfärbt. Die Rede von der Restneurose suggeriert, daß die Neurose des Analytikers durch die Lehranalyse aufzulösen wäre und es nur um Rest-Sätze seiner Neurose ginge; wo in Wirklichkeit jeder weiß, daß die Analyse an der Struktur eines Menschen überhaupt nichts ändert, höchstens eine Änderung der Besetzungen in den Abwehrmechanismen sich vollzieht.

ebenfalls wie feststehende Tatsachen ausgegeben werden konnten. Man muß sich dabei vor Augen halten, in welcher Weise in der analytischen Konvention Fiktionen wie Tatsachen gehandelt werden: daß der Patient auf der Couch seine Kindheitserfahrung in Übertragung auf den Analytiker wiederhole, sozusagen an ihm seine Trieb- und Ich-Genese realistisch repliziere; man muß sich weiter vor Augen halten, daß der Analytiker in sich die Reaktionsweisen der Eltern des Patienten erfahren soll, so daß auf beiden Wegen durch den empathischen Prozeß des Therapeuten das frühe Erleben des Patienten mit seinen Eltern auch in seiner kausal-ätiologischen Bedeutung wahrgenommen werden soll. Solch grandioser Anspruch auf Einfühlung fern jeder Erfahrung und Beobachtung steigert sich ins Groteske, wenn zum Beispiel Kohut blinde Diagnosen über die Eltern seiner Patienten stellt und empathisch über die strukturellen Defekte und die ihnen zugrunde liegenden frühkindlichen Interaktionsvorgänge seiner Patienten Bescheid zu wissen glaubt (s. Eagle 1988, S. 85). Die Gleichsetzung der Phantasien, die der Therapeut über seinen Patienten hat, mit beobachteten Tatsachen und die ‹Erkenntnisse› aus solch empathischem Vorgehen sind die Folge einer Entwicklung in der Psychoanalyse, welche die Bedingungen ihres Kommunikationsprozesses, die Voraussetzungen ihrer Beobachtungen nie in Betracht gezogen hat.

Schon der Begriff der Gegenübertragung ist eine Entstellung der therapeutischen Situation, weil es bei diesem Phänomen um die Übertragung des Therapeuten auf den Patienten geht: Empfindungen, Vorstellungen und Erwartungen dem Patienten gegenüber. Und bei der Diskussion über spezifische Phänomene der Gegenübertragung wird vergessen gemacht, daß es hier um die Übertragungsphänomene aus der ‹Konfliktneigung› des Therapeuten gegenüber seinem Patienten geht, die im Kontext der Grundübertragung der analytischen Situation auf den Patienten zu sehen sind. Das heißt, alle sogenannten Übertragungsphänomene des Patienten sind Reaktionen auf die vom Therapeuten übertragene analytische Beziehungsform. Die Erfindung der Gegenübertragung ist in dieser Sicht nichts anderes als eine Ablenkung von der Erfindung der Übertragung und dient der Scheinobjektivierung der Übertragungsaktion des Therapeuten, indem die in ihm wachgerufenen Empfindungen und Vorstellungen als allein vom Patienten ausgelöst interpretiert werden. Und dies wiederum dient der Bestätigung einer vom Therapeuten unabhängig gedachten Übertragung des Patienten, dessen Übertragungsaktionen zur Ursache der Therapeutenreaktionen gemacht werden. Übertragung und Gegenübertragung sind zu einem System unabdingbarer Komplementarität gemacht, dessen beide Seiten gegenseitiger Bestätigung dienen, und so gewinnt das System ein Maß an Plausibilität, das jedes Fragen nach seinen Bedingungen und Voraussetzungen als abwegig erscheinen läßt. Diese perfekt erscheinende Neutralisierung der therapeutischen Beeinflussung mag zwar der weiteren Rationalisierung der analytischen Konvention dienlich sein, aber dem Blick klinischer Erfahrung und der Konfrontation mit der Wirklichkeit therapeutischer Beziehungen können solche Konstruktionen nicht standhalten, wenn man sich vom System analytischer Rationalisierungen nicht mehr blenden läßt.

Die Erfindung der Gegenübertragung, wie sie von Heimann (1950) als spezifische Reaktion des Analytikers in den psychoanalytischen Diskurs eingeführt wurde, wird von vornherein mit einer Entgegensetzung zum Therapeuten verbunden: das «Gegen» definiert sich als «unechte» und «ich-fremde Gefühle» (Heimann 1969, S. 11) des Analytikers, die sich für ihn quantitativ unterscheiden lassen sollen von den Phänomenen seiner Restneurose; wenn es uns auch obskur erscheint, daß der Analytiker zwischen Empfindungen, Gefühlen und Vorstellungen aus der «Restneurose» und jenen, die der Patient in ihm weckt, zu unterscheiden vermag. Das Konstrukt der Gegenübertragung ist ungefähr zur gleichen Zeit entstanden, als das Interesse der Psychoanalyse sehr stark in Anspruch genommen war von Konzeptualisierungen in der Verbindung von Sicherheit und Wahrnehmung (s. Sandler und Joffe 1967, 1969 u. a.). Das Sicherheitsinteresse in und für die Wahrnehmung des Therapeuten hat es mit Schutz und Sicherheit in der Abgrenzung vom Patienten zu tun, um durch weitere Rationalisierungen eine solche Isolierung der Einflußgrößen (von Arzt und Patient) sicherzustellen, daß deren Beziehung durch einen quasi objektiven Status definitiv geregelt ist. In den Bemerkungen von Heimann zur Gegenübertragung wird diese als «Werkzeug» der «Verstehenskontrolle» betrachtet. Der Infektion zwischen Arzt und Patient war seit Freud durch das Übertragungskonzept ein Riegel vorgeschoben, da der Analytiker «nie spontan, sondern immer nur in Erwiderung auf die wörtlichen oder im Verhalten ausgedrückten Assoziationen des Patienten spricht» (Heimann 1957, S. 408), so daß andersartige Empfindungen nur als Einbruch, für den Therapeuten bedrohliches, ihn paralysierendes «Introjekt» (Heimann) gedeutet werden konnten. Die nachfolgende Ausgestaltung des Gegenübertragungskonzepts bezieht sich zwar hier und dort auf die «Restneurose»; aber in der Grundorientierung wird der Ansatz von Heimann weitergeführt in der Beobachtung von Gegenübertragungsreaktion als Mittel der Kontrolle der Beziehung zwischen Arzt und Patient, um den Therapieprozeß störende Reaktionen auszuschalten. Die Erfindung der Gegenübertragung ist in Ergänzung der Erfindung der Übertragung, die im Sinne des Konstrukts der «falschen Verknüpfung» die Aufgabe der Entfernung des Triebobjekts hatte, ein Instrument der Sicherung und Kontrolle für die Gefühlsreaktionen des Therapeuten geworden. Durch das Konstrukt der Gegenübertragung lassen sich alle beim Therapeuten auftretenden Gefühlsreaktionen auf den Patienten projizieren, so daß der Therapeut vor seiner «Neigung», die aus früheren neurotischen Resten zurückgeblieben ist, geschützt ist, «von der analytischen Situation weg zu gewöhnlichen zwischenmenschlichen Beziehungen überzugehen» (Heimann 1964/65, S. 492). Der Therapeut hat all seine Gefühle und Empfindungen für den Patienten derart unter Kontrolle, daß sie von vornherein als pathologische Erscheinungen Fremdkörper sind, die vom Patienten herrühren und im Therapeuten aktualisiert werden. Die Ausgestaltung des Gegenübertragungskonzepts in der Komplettierung des Übertragungskonstrukts hat zu einer umfassenden Rationalisierung der therapeutischen Beziehung geführt, die vorrangig dem Schutz- und Sicherheitsinteresse des Therapeuten dient, so daß dieser bei solcher Kontrolle des analytischen Geschehens die beruhigende Selbstgewißheit haben kann, daß es eben nicht um ihn, sondern immer nur um den Patienten geht. Konsequenterweise endet ein solches Konzept ausgefeilter Rationalisierungen auch in der Vorstellung von der notwendigen «Vernichtung der Übertragung» (Loch 1972), weil dadurch der Analytiker die Abschaffung der Beziehung als Endpunkt der «korrekten Ausführung» der Analyse in der Hand hat; das heißt aber auch, daß der Analytiker genauso die fortwährende Übertragung in der Hand hält, die er sich mit dem Terminus der «Vernichtung der Übertragung»[39] rationalisieren kann.

Es bringt keinen Erkenntnisgewinn, sich auf den inzwischen erfolgten Ausstoß (Little 1951; Gitelson 1952; Winnicott 1960; Kernberg 1965; Loch 1965 b; Racker 1968; Sandler 1976; Möller 1977; Beckmann 1977; Searles 1979; und viele andere mehr) von Veröffentlichungen zur Gegenübertragung einzulassen, da sie den Ursprung der Erfindung mit ihrer Problematik und die Kontrollfunktion der Gegenübertragung im Dunkeln lassen und dem Therapeuten ein Vademecum an die Hand geben wollen zur besseren Verstehenskontrolle, Eingrenzung und diagnostischen Verwertung seiner Gefühlsreaktionen gegenüber dem

---

39 Ironischerweise zeigt die psychoanalytische Evangelisierung, demonstriert die Reaktion der analytischen Glaubensgemeinschaft, daß ihr Lebenselixier gerade auf der persistierenden Übertragung beruht: die elendigen Abhängigkeitsbeziehungen sind deren Folge und unterhalten die Verfolgung derer, die sich aus dieser Abhängigkeit entfernen und sich tatsächlich der informell gebotenen Fortsetzung der Übertragung versagen. Die Immobilität der Analytiker, die sich auch konkret darin zeigt, den Ort der Ausbildung nicht verlassen zu können, ist Ausdruck dieser fortwährenden Übertragung.

Patienten. Diese Produktionen sind auch anschauliche Beispiele für scholastische Exegese und leere Begriffsdifferenzierung und haben denselben Erkenntniswert wie die ständige Variation von Begriffsbeschreibungen in der ehemaligen psychiatrischen Psychopathologie.

Die Entwicklung des Gegenübertragungskonzepts ist ein bemerkenswertes Beispiel für die Verkomplizierung einer Theorie, deren Grundlagen ungeklärt sind und deshalb immer weitere Hilfshypothesen und Hilfsbegriffe notwendig macht. Das Ausmaß der Hilfskonstruktionen wirft in jeder Wissenschaft ein Licht auf die Güte einer Theorie, deren fundamentale Sätze eindeutig und klar sein müssen, um zu Aussagen zu kommen, die eine Angleichung an die Sache ermöglichen, mithin Wahrheitsgehalt erlangen können. Die Grundlage der psychoanalytischen Theorie liegt in ihrem Übertragungskonstrukt, und nur dies ist zu klären. Die durch die Konfliktneigung, die Struktur des Therapeuten im Patienten hervorgerufenen Reaktionen sind nur Akzidenzien, persönliche Einfärbungen der vom Therapeuten aufgrund seiner Anschauung konstruierten Übertragungssituation.

Es gilt Abschied zu nehmen vom Gegenübertragungskonzept und zugleich die Grundlagen der Übertragungssituation als die vom Therapeuten hergestellte Beobachtungssituation endlich aufzuklären. Die Analyse geht seit Freud von der Voraussetzung des Konstrukts der «falschen Verknüpfung» aus, das heißt von einer Als-ob-Beziehung: als ob der Therapeut eine der primären Figuren wäre, als ob die historische Angelegenheit der Krankheit zu einer aktuellen Macht würde, als ob durch diese Übertragung die Neurose an dem Als-ob-Objekt des Analytikers abgehandelt würde und als ob das Ende der Als-ob-Beziehung die Vernichtung dieser Übertragung wäre. Hilfskonstruktionen wie die Aufspaltung in Übertragungs- und Arbeitsbeziehungen zur Rettung der Als-ob-Beziehung helfen, wie wir gesehen haben, auch nicht weiter. Denn die reale affektive Beziehung zwischen Arzt und Patient, Freud zufolge die Triebfeder der Behandlung, ist durch diesen Kunstgriff der Dissoziation nicht zum Verschwinden gebracht; vielmehr gibt uns der rationalisierende Umgang mit der therapeutischen Situation all die Probleme auf, die mit der Einflußnahme zusammenhängen und eindeutig geklärt werden müssen.

Der Fiktionalismus der Als-ob-Beziehung kennzeichnet auch die Diskussion um die Beobachtungstheorie der Psychoanalyse: die Theorie der Beobachtung des Beobachters geht davon aus, als ob die Beobachtung des

Beobachters den Antagonismus der Subjekt-Objekt-Spaltung aufheben würde. Die Annahme einer Subjekt-Objekt-Umkehr hatte die Annahme einer einfachen Umwendung des ‹distanzierten Beobachters› in den ‹teilnehmenden Beobachter› zur Folge, und dadurch schien eine andere Dimension der Beobachtung durch eine Theorie des Beobachters gegeben zu sein. Man muß sich dabei die Realität der analytischen Situation vor Augen halten, in welcher «der Patient in die richtige Entfernung zum Psychoanalytiker» (Anzieu 1990, II, S. 524) als Beobachter gebracht wird durch ein Berührungstabu, welches das gesamte Spektrum mitmenschlicher Interaktion der beiden Subjekte beschränkt auf die Einweg-Kommunikation eines Sprechers (Patient) und eines Hörers (Therapeut), der beim An- und Abhören jeweils seine kodifizierten Interventionen abgibt. Die Isolierung von Beobachter und Beobachtetem wird mystifiziert durch das Phantasma eines projektiven und introjektiven Austauschs zwischen Analytiker und Patient; wo jedoch dieses Phantasma wiederum abhängig ist von dem durch den Analytiker vorgegebenen, imaginären Spiel der Interaktion.

Die traditionelle Position des Beobachters in der Trennung zwischen Beobachter und Beobachtetem glaubte man durch das Konstrukt der Gegenübertragung, durch die ‹Tatsache› der Selbstbeobachtung der im Analytiker abgebildeten Reaktionen des Patienten überwinden zu können. In der Vorstellung der Selbstbeobachtung des Beobachters, der durch seine Selbstanalyse darin ausgebildet sein soll, die außengeleitete Beobachtung in eine systematische innengeleitete zu lenken und der durch die Supervision seiner Behandlungen mit Hilfe der kontrollierenden Beobachtung des Supervisors die Beobachtung seiner Beobachtungen wiederum selbst beobachten lernt, glaubte man eine Theorie des analytischen Beobachters geschaffen zu haben. Die Theorie der Beobachtung des Beobachters scheint uns aber die einfache Umwendung des sonst objektivierten äußeren Gegenstandes in das beobachtete objektivierte Subjekt zu sein, dessen frühere subjektive Selbstwahrnehmung jetzt zur objektiven Selbstbeobachtung erklärt worden ist.

Freilich liegen die Voraussetzungen der in der Selbstanalyse eingeübten Beobachtung wie der durch Supervision weitergeübten Beobachtung der Beobachtungen in der diesen Beobachtungen zugrunde liegenden analytischen ‹Theorie›, aufgrund deren die analytische Situation als Übertragungsgeschehen gesehen wird. Daraus ergeben sich doch die Beobachtungen und die Anleitungen zur Beobachtung, die bereits schon

Interpretationen[40] des Wahrzunehmenden sind; und diese Interpretationen des potentiell Wahrzunehmenden wiederum erfolgen aufgrund der verschulten Sehweise der Therapeuten, die ja durch ihre Ausbildung die Anweisungen gelernt haben, wie das Subjekt und seine Welt zu sehen ist. Die Bezugsgröße für diese Theorie der Beobachtung soll der Psychoanalytiker als Beobachter selber sein; das heißt, der Beobachter-Analytiker ist in Angleichung an ein naturwissenschaftliches Meß- und Beobachtungsverfahren das Meß- und Beobachtungsinstrument in dem von ihm als Wissenschaftler zu untersuchenden Feld. Diese kuriose Analogisierung übersieht, daß die Bezugsgröße der analytischen Wahrnehmung – der Ausdruck Beobachtung ist nicht zutreffend – der Rahmen der Übertragungssituation ist, der die Perspektive vorgibt, nach der vom Patienten übertragen wird und nach der die Wahrnehmungen, wie das Subjekt zu sehen ist, schulspezifisch erfolgen: ödipal-konfiguriert, archetypisch, narzißtisch und so fort. Der Analytiker nimmt die Wirkungen seines vorgegebenen Rahmens beim Patienten wahr und hält diese Wirkungen für Ursachen, die er wiederum deutend dem Patienten zurückgibt, und so unterhält sich ein Kreislauf von Deutungen und Wirkungen auf Deutungen, die zu einer Selbstbeglaubigung des analytischen Systems führen. Und die Erkenntnisse des Verfahrens liegen darin, daß beispielsweise die ödipale Perspektive des Analytikers zu einer ödipalen Anschauung des Patienten führt, und in dieser Rückbezüglichkeit wird das System unter-

40 Man kann für den zirkulären Wahrnehmungs- und Interpretationsprozeß der Psychoanalyse, bei dem die Einflußgrößen zusammenfallen, nicht in Anspruch nehmen, daß nach Popper «alle Beobachtungen und in noch höherem Maß alle Experimente theorieimprägniert (sind): sie sind Interpretationen im Lichte von Theorien. Wir beobachten nur das, was unsere Probleme, unsere biologische Situation, unsere Interessen, unsere Erwartungen und unsere Handlungsprogramme bedeutsam machen. Genauso wie unsere Beobachtungsinstrumente auf Theorien beruhen, so tun es schon unsere Sinnesorgane, ohne die wir nicht beobachten können. Es gibt kein Sinnesorgan, dem nicht vorgreifende Theorien genetisch einverleibt sind» (Popper und Eccles 1982, S. 173). Freilich macht die Naturwissenschaft gar nicht den Versuch, eine Subjekt-Objekt-Spaltung zu überwinden durch eine Als-ob-Verständigung; allerdings schützt sie sich durch ihr Methodenbewußtsein und durch Reflexion der Beobachtung auf ihren jeweiligen theoretischen Standpunkt und sichert sich durch das Experiment und Vergleichsuntersuchungen vor einem Subjektivismus, ist grundsätzlich immer geschützt durch das Wissen um die Beschränkung auf ‹mutmaßliche Erklärungen›, die jeder ‹Letzterklärung› einen Riegel vorschiebt.

halten und bestätigt. Die Theorie der Beobachtung des Beobachters führt zur Illusion der Überwindung der Trennung von Beobachter und Beobachtetem und erzeugt durch die schwindelerregende Zirkularität der Beobachtung des Selbstbeobachters in seinen Beobachtungen die Fiktion einer radikalen Umwendung der Subjekt-Objekt-Beziehung: eine Als-ob-Beobachtung bedingt ein Als-ob-Verstehen, als ob dieses oder jenes Ereignis zu diesen oder jenen Folgen geführt hätte, und produziert eine Kausalierung, wo es sich tatsächlich um zirkuläre Prozesse der Selbstbestätigung handelt.

Die Frage danach, wie der Analytiker was erkennt, scheint uns in ihrer Pseudoverwissenschaftlichung[41] eine grandiose Ablenkung von der Klä-

---

41 Den Versuch einer derartigen Rationalisierung haben Brocher und Sies (1986) vorgeführt in der Analogisierung von Psychoanalyse «zum Modell der Autopoiese als Regulationsprinzip». Der Platz des Analytikers in diesem «autopoietisch-selbstreferentiellen System», das sich «selbstrekursiv» nach dem Homöostaseprinzip unterhalten soll, ist der eines Störfaktors: «Was vom Analytiker sich dem Patienten mitteilt, wirkt nicht als ‹Input›, sondern als eine Störung, die mit einer neuen Struktur kompensiert werden muß. Diese neue Struktur kann aber auch von innen her eine Stör-Einwirkung sein, die mit einer neuen Strukturbildung beantwortet werden muß, solange bis die Autopoiese wieder im besten Zustand eines Equilibriums zwischen Homöostase (bezogen auf die Organisation) und Ungleichgewicht (bezogen auf die Durchlässigkeit gegenüber Einflüssen und Wandlungen) ist» (Brocher und Sies 1986, S. 54). «Die ‹Intervention› in der Praxis der Psychoanalyse zielt auf eine Destabilisierung einer bestehenden Vernetzung, um selektive Zustandsveränderungen herbeizuführen, ohne dabei die Organisation als Invarianz zu gefährden» (ebd., S. 40). Das autopoietische System der Psychoanalyse soll – wie seine biologischen Vorbilder – kompensatorisch zur Herstellung konsensueller Bereiche arbeiten, wobei alle Zustandsänderungen ausschließlich der Aufrechterhaltung der Autopoiese dienen. In dieser Betrachtung ist Konsonanz das Regulationsprinzip des analytischen Systems, während Dissonanz oder Dissens das System zur Entgleisung brächte, so daß alle Intentionen und Kräfte auf Anpassung zur Sicherung des Systems gerichtet sind. Das wirksame Grundprinzip ist die durch Kontrollmechanismen gewährleistete Sicherheit. Durch diese soll das analytische System auf die wissenschaftliche Ebene eines neurobiologischen Funktionskreises gehoben werden. Freilich wird mit dieser ungeheuerlichen Anpassungsleistung wieder einmal vorgeführt, daß das psychoanalytische System, selbst in den einfältigsten Rationalisierungen, sich jeder Nutzung anbietet und seinen Benutzern willfährig ist für jede Mimikry. Das hier auf die Psychoanalyse übertragene, autopoietische System folgt biologischen Vorbildern, die längst überholt sind, wie auch das Freudsche Konstanzprinzip der Triebkräfte. Das Triebabfuhrmodell ist nicht aufrechtzuerhalten, da Triebe gerade nicht konstant sind, sondern durch

rung der Einflußnahme im rhetorischen Prozeß von Psychotherapie zu sein. Die Frage nach den Voraussetzungen und Bedingungen der psychoanalytischen Erkenntnisweise ist doch in die Frage zu wenden: aufgrund welcher Anschauungen kommt der Analytiker zu seinem Wissen, und aufgrund welcher Wahrnehmung erzeugt er welche Realität? Die Anschauung des Analytikers scheint sich, wenn man die einzelnen Schulanschauungen vergleicht, als Übertragung der Anschauung der Autoritäten der einzelnen Schulen auf ihre Anhänger und Nachfolger zu erweisen. Die Übertragung Freuds erzeugt in seiner Schule eine Anschauung, nach der ein Freudsches Wissen zustande kommt über Wahrnehmungen, die schon Deutungen sind, und die Realität der Anschauungen des Analytikers der jeweiligen Schule findet ihre Realisierung in den Anschauungen der Patienten, auf die wiederum die Anschauungen des Gründers einer Schule durch Anhänger und Nachfolger übertragen worden sind: die Anschauungen der Gründerautorität bestätigen sich in den ihr nachfolgenden Übertragungen seiner Übertragung. ‹Grund› und Voraussetzungen dieser Systeme hängen an der Glaubwürdigkeit der ersten Autorität, der man Glauben schenkt, insofern ihre Überzeugungskraft so mächtig war, daß sie eine Tradition von Übertragungen begründen konnte. Die Frage, aufgrund welcher Anschauung der Analytiker zu seinem Wissen kommt und welche Realität er erzeugt, führt zurück auf das in der Analyse ungeklärte Problem der Einflußnahme, das eines der Suggestion ist.

äußere Reize geweckt werden, und die ethologischen Befunde verweisen darauf, daß ein solcher ‹Reservoirbegriff› des Verhaltens nicht haltbar ist. Deshalb müßte auch der Triebbegriff der Psychoanalyse aufgegeben werden zugunsten eines reizabhängigen Wunschbegriffs. Im übrigen kann man zu einem solch konservativen Konzept von Selbsterhaltung nur sagen, daß diese Teleologie nur ein bestimmtes Vorurteil gegenüber Natur widerspiegelt, wie wenn in der Natur keine systemsprengenden Zufälle vorgesehen sein dürften. Überhaupt ist der Tod in diesem fiktionalen System ausgeschaltet, der doch ein funktionales Phänomen der Lebensbereicherung und -vermehrung ist und darauf hinweist, daß das Leben sich vielleicht gar nicht bewahren und erhalten will, sondern nur wachsen und vermehren (Nietzsche).

4.5 Die Konstruktion der analytischen Situation: die Wendung des extrospektiven ins introspektive Konzept und die Abdankung des handelnden Subjekts

Wenn wir den suggestiven Prozeß, das Einflußgeschehen in seinen konstitutiven Mechanismen erfassen wollen, müssen wir auf den Freudschen Entwurf seiner Übertragungslehre zurückgreifen und daran die Entwicklung der Konstruktion der therapeutischen Beziehung erhellen. Freud ist einer Analogieschlußtheorie des fremdseelischen Erfahrens gefolgt und hat seinen Entwurf der analytischen Situation auf zwei Analogieschlüsse gestellt nach dem Prinzip der «falschen Verknüpfung»: erstens, die aktuelle Beziehung zwischen Arzt und Patient ist eine Entsprechung zu einer früheren, findet sich in Übereinstimmung mit ihr, da die Beziehungen zum Arzt ähnlich denjenigen zu den Eltern sein sollen. Die aktuelle Situation ist in Wiederholung gleichwie die vergangene mit den Eltern, und Freud benutzt diese Ähnlichkeit in der Realität der Beziehung als Prinzip seiner Erkenntnis, indem er von diesen Ähnlichkeiten auf Zusammenhänge in der Beziehung zwischen dem Subjekt und seinen primären Objekten schließt. Zweitens: der Ähnlichkeit in der Beziehung zwischen Arzt und Patient in der Entsprechung zu den früheren Beziehungen entspricht auch die Ähnlichkeit in den Reaktionen des Arztes auf den Patienten, in denen sich durch diese Übertragung die Reaktionen der Eltern wiederholen. Freud schloß aus ihnen auf die Wirkzusammenhänge zwischen den Eltern und dem Kind, indem er seine Reaktionen auf den Patienten so verstand, wie wenn er ähnlich reagieren sollte wie die Eltern. Damit hatte er für sich eine Verstehenstheorie über die Dynamik des Geschehens erfunden. Das Aufdecken von Ähnlichkeiten ist also das Erkenntnisprinzip der von Freud konstruierten Situation, die er aufgrund seines analogisierenden Denkens als Übertragung von früher auf jetzt nach dem Ähnlichkeitsprinzip organisierte. Diese Konstruktion der therapeutischen Situation als Wiederholung in der Übertragung legt die Auswahl des zu interpretierenden Materials des Patienten fest. Denn die gemachten Voraussetzungen für die Beobachtungssituation sind bereits Interpretationen, die auf dem Prinzip der Ähnlichkeit beruhen. Und das vom Patienten dargebotene Material erzeugt sich entsprechend diesem Interpretationsrahmen, in dem der Therapeut nach dem von ihm gesetzten Prinzip der Ähnlichkeit wahrnimmt. Der psychoanalytische Prozeß konstituiert sich aus dieser Übertragung des Analytikers, die therapeutische Beziehung nach dem Prinzip der Ähnlichkeit auszurichten, nach dem die entsprechenden Wahrnehmungen sich herstellen.

Freud hat mit dem Analogieprinzip heuristisch für sich ein Wahrnehmungsfeld organisiert, das zugleich eine Beziehung herstellte als eine artifizielle Form des Dialogs: alles Wahrgenommene unter dem Gesichtspunkt einer analogisierenden Übertragungssituation zu ordnen und das Wahrgenommene einer Verstehensarbeit zu unterwerfen, die dem in dieser Weise dargebotenen Material einen Sinn durch Deutung, das heißt Bedeutung überträgt. Durch diese analogisierende Übertragungstätigkeit erzeugte er sich eine metaphorische Realität und kam zu Erkenntnissen, die sich nicht mehr an beobachtetes Verhalten hielten, sondern das Nicht-Beobachtbare zum Gegenstand der Erkenntnis machte. Freud konnte sich das Nicht-Beobachtbare erschließen, indem seine Wahrnehmungen Unterstellungen, Deutungen folgten, die sich aus dem von ihm gesetzten Interpretationsrahmen ergaben.

Diese Form einer fiktionalen Wahrnehmung und Selbstwahrnehmung spiegelt den Umbruch im Selbstgefühl des modernen Subjekts wider: waren bis dahin alle mitmenschlichen Interaktionen an die Aussagen des Gegenübers gebunden, dem auch nach Augenschein Glauben geschenkt wurde, so wird jetzt, mit Freud, dem beobachteten Verhalten die Bedeutung des Uneigentlichen zugewiesen. Und die Beglaubigung des Verhaltens wird nur im Eigentlichen des nicht beobachtbaren Feldes der mitmenschlichen Interaktion gesucht, dessen Beglaubigung sich erst einstellt in der Aufklärung der eigentlichen Motive durch Deutung, aus denen sich die richtige Bedeutungszuschreibung des Handelns ergibt. Dieser deutende Umgang mit dem Handeln ist eine die ganze Gesellschaft beherrschende Einstellung geworden: ein radikaler Umbruch in der Beglaubigung des Verhaltens hat stattgefunden, indem dem beobachtbaren und sichtbaren Verhalten die Glaubwürdigkeit aberkannt wird, weil unter der «Schule des Verdachts» (Nietzsche) alles menschliche Handeln sich nicht mehr aus sich selbst begründen kann und nicht mehr die Geltung in der gegenseitigen Anerkennung des Handelns im ‹Lichte der Öffentlichkeit› findet, vielmehr sich immer schon den Unterstellungen falscher und anderer Motive ausgesetzt sieht – eine verheerende Tribunalisierung der mitmenschlichen Beziehungen nimmt hier ihren Ausgang.

Der ideologiekritische Ansatz der Psychoanalyse, Rationalisierungen, das heißt falsche Motive des Handelns aufzuklären, hat zu einer Ideologie der Selbstreflexion geführt, welche die Selbstreflexion als Ergründen der wahren Motive ausgibt, in Wirklichkeit aber ein regressives Moment verdeckt: daß sich nämlich das Subjekt aus Handlungsohnmacht, Orientierungslosigkeit und Verzweiflung der Sinnleere dem Handeln entzieht durch Rückzug auf die intimistische Subjektivität einer Selbst-Kultivierung, deren imaginäre Potenzen in der puren Selbstbespiegelung gepflegt werden. Kohuts Spiegelungsprozesse narzißtischer Grandiosität und der Rückzug auf Selbstthematisierung jenseits der Konfliktsphäre sind paradigmatisch für eine Selbstreflexion, die nichts anderes ist als narzißtische Selbstbespiegelung.

Psychoanalyse ist eine Ideologie der Selbstreflexion geworden, die dem Subjekt vorspiegelt, es zu sich selbst befreien zu können durch die Archäologie seiner Wünsche und Bedürfnisse, die es in die Erfüllung eines befreiten Selbst führen soll. Die illusionäre Erwartung eines durch Selbsterfahrung emanzipierten Selbst bedingt eine illusionäre Verkennung der Realität, die nicht mehr durch Handeln zu verändern gesucht wird; vielmehr ist das Subjekt durch diese Selbstreflexion sich selbst genug in der vermeintlichen Selbstveränderung. Handeln wird überflüssig, und in dieser Hinsicht dient die Ideologie der Selbstreflexion dem Rückzug vom Handeln zur Veränderung der Welt und führt zur Einschließung des Subjekts in die privatistische Welt seiner Selbstkultivierung. Die von der Psychoanalyse angebotene Selbstreflexion ist ein suggestives Geschehen in der Unterstellung eines Glücksversprechens durch die Befreiung eines Phantasmas der infantilen, «polymorph-perversen Sexualität», der ursprünglichen Triebnatur.

Freuds Einführung der introspektiven Wahrnehmung statt des bis dahin geltenden extrospektiven Konzepts eines nicht reflexiv auf sich selbst gerichteten, sondern auf die Außenwelt gerichteten Wahrnehmungsmechanismus, die Entwicklung von der analytischen Innenwendung der Wahrnehmung bei Freud zur Selbstbespiegelungstechnik der analytischen Selbstpsychologie, repräsentiert eine gesellschaftliche Entwicklung, die sich in einer regressiven Verschiebung vom außenorientierten Wahrnehmen und Handeln auf die binnenorientierte, reflexive Selbstwahrnehmung vollzogen hat. Die Entfernung des Handelns durch Selbstreflexion, die Introversion des Weltbezugs, die Ersetzung der äußeren Welt durch die Innenwelt, verbunden mit einer interpretativen Einstellung der Auslegung und bloßen Wiedergabe des Bestehenden, hat sich an die Stelle der exploratorischen, die äußere Welt prüfenden und erforschenden Haltung gesetzt und dem extrospektiven Konzept des

Menschen die Geltung genommen: die analytische Ideologie der Selbstverwirklichung über die Praxis des introspektiven Konzepts folgt einer grandiosen Selbsttäuschung des Menschen in der Moderne, der den Weg der Selbsterfahrung und Selbstwahrnehmung aus Flucht vor der handelnden Auseinandersetzung mit den Gegebenheiten der äußeren Welt angetreten hat. In dieser Weise ist die Psychoanalyse einer regressiven Bewegung zur narzißtischen Selbstbeschäftigung des Subjekts dienlich und zugleich ein brauchbares Instrument für die Abdankung des Menschen als handelndes Subjekt.

Die Machtstellung und der Einfluß der Analyse verdankt sich nicht nur ihrer Usurpation der religiösen Macht als psychologische Selbsterlösungslehre. Die Einflußmacht der Psychoanalyse begründet sich vor allem durch ihre Bedeutung als Selbstreflexionsideologie für eine Gesellschaft, die als ideologisches Konstrukt das Trugbild von permanenter Selbstentwicklung zur Mystifikation der Abdankung des handelnden bürgerlichen Subjekts aufrechterhalten muß. In diesen Kontext klinkt die Umwertung menschlichen Verhaltens durch die fundamentale Verdächtigung der Beweggründe jeden Handelns durch die Psychoanalyse ein und verschafft ihr in der Gesellschaft eine besondere Machtstellung in der Exekution dieses Auftrags, der ihr einen dauernden Einfluß durch die Berufung auf sie als Entscheidungsinstanz über die wahren und die Verwerfung der falschen Motive sichert: die Konzentration der Libido des Menschen auf die Motivabklärung des Handelns statt des Einsatzes für eine handelnde Veränderung der Welt fixiert das Subjekt im Phantasma einer endlosen Bewegung im unermeßlichen Raum der Seele.

Die Übertragung therapeutischer Aufgaben von der Psychoanalyse auf das Feld der Gesellschaft ist auch durch deren Entgegenkommen zu begreifen, da diese sich nach der Abschaffung des Heiligen Offiziums der Kirche anscheinend andere Offizien durch die Einrichtung von Aufklärungsinstanzen schaffen mußte, deren Autorität und Einfluß sich das Subjekt jetzt getrost unterwerfen kann; denn die Sehnsüchte nach Unterwerfung können nun legitimiert ausgelebt werden gegenüber nichtreligiösen Instanzen, die ja erklärtermaßen, frei von Beherrschungsansprüchen, der Selbstbefreiung des Subjekts dienlich sein wollen und nicht, wie man der Kirche unterstellt, die mentale Versklavung des Subjekts bezwecken. Der Einsatz der suggestiven Macht der Psychoanalyse zur Aufrechterhaltung des Trugbilds der permanenten Emanzipation des Subjekts zeigt sich auch in ihrer Beauftragung zur Individuation auf

Krankenschein für die Masse von Patienten der gesetzlichen Kranken-
versicherungen, die den ideologischen Versprechungen und Verheißungen der Psychoanalyse teilhaftig werden zur Ersatzbefriedigung ihrer
Hoffnung, ein Subjekt werden zu können.

Unser Diskurs über die Konstruktion der analytischen Situation hatte
das Einflußgeschehen des analytischen Prozesses als Übertragungsme-
chanismus nach dem Analogieprinzip aufgewiesen und den radikalen
Bruch Freuds mit der bisherigen Tradition der Rechtfertigung menschlichen Verhaltens darin gesehen, daß an die Stelle der Beglaubigung
durch das sichtbare Handeln nun, bei der Innenwendung des Menschen,
die Beglaubigung auf dem nicht beobachtbaren Feld menschlichen Verhaltens durch die Deutung der Motive erfolgt. Die darin liegende regressive Bewegung der handelnden Subjekte im gesellschaftlichen Feld hat
der Psychoanalyse eine besondere Stellung eingeräumt als Agentur einer
Interpretationsmacht, die der Introversion der Libido, dem Rückzug aus
der handelnden politischen Auseinandersetzung noch eine ideologische
Überhöhung gibt, indem diese Regression als besondere Kulturleistung
der Wendung ins introspektive Konzept[42] verklärt wird. Die Funktion
der Psychoanalyse als Produktionsstätte für gesellschaftskonforme Ideologien ist deshalb nie in die kritische Reflexion geraten, weil sie ihren
Repräsentanten, vor allem den Progressisten unter ihnen, Ansehen und
Macht beschert hat als Auguren vom richtigen Leben in einer falschen
Welt.

Die Frage, wie der Analytiker erkennt und wie er seine Beobachtungen
macht, hat nach unserem bisherigen Diskurs die Antwort darin gefunden, daß die Konstruktion der analytischen Situation aus den Anschauungen Freuds über diese Situation entsprungen ist; und aufgrund dieser
Sehweise kommt der Patient zu einer Selbstwahrnehmung, die den
Wahrnehmungen des Analytikers entspricht. In der Tradition der
Psychoanalyse hat sich die Freudsche Anschauung von Generation zu
Generation so übertragen, daß sie inzwischen zu einer feststehenden Tatsache geworden ist, obwohl den Analytikern hätten Zweifel kommen
müssen, wenn sie im Vergleich der einzelnen Schulen einsehen würden,
daß die Patienten immer die Anschauungen der Vertreter der jeweiligen
Schule in ihrer Selbsterfahrung reflektieren. Die Befragung der Entste-

---

42 Siehe H. E. Richters Verklärung des introspektiven Konzepts der Psychoanalyse,
die uns kulturelle Regression als Progression weismachen will.

hungsbedingungen der psychotherapeutischen Kommunikation läuft auf die einzige Frage hinaus, wie der Einfluß des Therapeuten zu begreifen ist, aufgrund welcher Machtstellung er seinen Einfluß so geltend machen kann, daß der Patient in seiner Selbstreflexion die Theorie seines Analytikers wiederholt. Freud, das Original der Psychoanalyse, hat eine Anschauung überliefert, deren Zustandekommen nie befragt worden ist; es sei denn, Enthüllungsjournalisten haben detektivisch aufgespürt, wo er Anschauungen entnommen hat, ohne deren Urheberschaft zu nennen. Es führt nicht weiter, den Urheber der Psychoanalyse darüber zu entlarven und die Einflüsse, die in seiner Anschauung des Subjekts wirksam geworden sind, als Plagiat zu denunzieren – ob diese nun aus der deutschen Romantik, von Goethe, Schopenhauer, Nietzsche oder aus der jüdischen Tradition herrühren. Selbst wenn Freuds Theorie als synkretistisch beurteilt wird, so ist doch zu prüfen, warum welche Elemente seiner Anschauung so wirksam werden konnten, daß die von ihm begründete Tradition bis heute ihren Einfluß nicht verloren hat.

Wir sehen das entscheidende Element in der Freudschen Einflußnahme in dem von Freud eingeführten sexuellen Diskurs, den er am Studium der hysterischen Frauen entwickelt hat. Die Weiblichkeit und deren Faszination scheint das leitende Motiv der Freudschen Vorstellungswelt gewesen zu sein, von der seine Anschauungen des Lebens und der Welt eingenommen waren. Auch wenn ihm eine phallische Signifizierung seines Diskurses immer wieder nachzuweisen versucht wurde, so wird der kritische Leser des Freudschen Werks doch erfahren müssen, daß die Freudsche Psychoanalyse eine Mythologie des weiblichen Begehrens (s. Pohlen und Bautz-Holzherr 1991, S. 188 f) ist, wie sie in seiner mythischen Fassung der Triebtheorie und in der Mythologie des Wiederholungszwangs als Rückkehr zum verfügten Ausgang des Lebens über den Ort des Weiblichen zum Ausdruck kommt. Freuds Einführung des sexuellen Diskurses, und das scheint von der vom Phallozentrismus geblendeten feministischen Psychoanalyse überhaupt nicht gesehen zu werden, ist die Wiedereinführung des materialen Denkens qua weiblichem Element in einen Diskurs, der bis dahin, seit Descartes, beherrscht war vom männlichen Prinzip rationaler Weltauflösung nach dem Gesichtspunkt von Zweckdienlichkeit – gemäß dem Descartesschen Leitmotiv: der Mensch als «maître et possesseur de la nature». Unabhängig von dem hier geführten Diskurs über die Verdingung der Psychoanalyse für die Machtinteressen der Herrschenden und des für die Analyse dabei abfallenden Herrschaftsgenusses ist Freuds Bedeutung durch seine Einführung von Natur in den Diskurs der Gesellschaft in ihrer mythischen Intention noch zu erkennen.

Hier geht es um die Voraussetzungen und Bedingungen der Einflußnahme des Urhebers und seiner Nachfolger, die sich über die anderen Möglichkeiten von Psychoanalyse keine Gedanken mehr machen. Die Wiedereinführung von Natur, symbolisch wie buchstäblich über das weibliche Element, ist und war das Faszinierende an der Psychoanalyse und die konstitutive Bedingung ihrer Einflußmacht, die sich der Bezauberung der Wiedererinnerung von Natur für das Subjekt verdankt. Der Glaube an die Autorität des Analytikers, aus dem die Übertragungsbereitschaft des Patienten wiederum zehrt, hat seinen Grund in den Erwartungen des Patienten gegenüber der Zaubermacht des Analytikers, ‹Natur› für den Patienten wiederherzustellen; wo der Mensch inzwischen mit der Natur der Welt so ausbeutend-zerstörerisch verfahren ist, daß Natur heute als von Vernichtung bedrohte erscheint. In diesem Moment entzieht sich das Subjekt in regressiver Bewegung der handelnden Auseinandersetzung um die Bewahrung der äußeren Natur und fällt auf das Phantasma der Wiederherstellung und Bewahrung der inneren Natur zurück: entgegen der analytisch kultivierten Illusion der Unerschöpflichkeit der Seele, die den Menschen blendet, die Begrenztheit der Quellen des Lebens, aus denen er zehrt, zu sehen, ist es heute notwendig geworden, ein Mitweltbewußtsein zu schaffen, um die Kultivierung der äußeren Natur als Selbstschutz des Menschen vor der «grenzenlosen Anmaßung der Begierde» (Foucault 1978) zu besorgen.

Aus der Quelle regressiver Selbstpflege speist sich der irrationale Anspruch an die psychotherapeutischen Dienste, und aus dieser Quelle hat sich auch eine psychosoziale Entwicklung ergeben, die zu einer fast totalitären Therapeutisierung der Gesellschaft geführt hat. Psychotherapeutische Dienste als allgemeine Entsorgungsunternehmen sind gesellschaftspolitisch Symptom einer Restauration, die im Gegensatz zu früheren Restaurationszeiten mit ihrer Regression zum Beispiel auf die bürgerliche Familienidylle im Biedermeier oder die Naturidylle der romantischen Jugendbewegung jetzt nicht mehr äußerlich bleibt, sondern in ihren Heilserwartungen invers geworden ist durch die Fixierung auf die «absolute Vollkommenheit des Kindes» (Kohut)[43] als ursprünglich reiner

---

43 Die zeitgenössische Obsession bei der Verfolgung des sexuellen Mißbrauchs von

Natur des Menschen – die Sehnsucht dieser Selbstpsychologie steht für den allgemeinen Wirklichkeitsverlust. In der zeitgenössischen Restauration spiegelt sich nicht nur eine allgemeine Handlungsohnmacht; vielmehr deckt der infantile Rückzug auf die Passivität der Introspektion eine Handlungsverweigerung, die sich in der Pseudoaktivität der Reflexion gesellschaftlich immer noch zu legitimieren weiß.

4.6 Die Theorie der Einflußnahme: Psychoanalyse als suggestiver Prozeß

Der Analytiker, der Psychotherapeut, irrationale Übertragungsfigur der Verheißungen auf subjektivistische Restitution von «Natur», steht im Brennpunkt des Interesses einer therapeutisierten Gesellschaft. Die Naturverheißungen der Psychoanalyse, die keine anderen Therapieschulen

---

Kindern ist in diesem Kontext zu sehen, und ihr Auftreten in Art einer religiösen Erweckungsbewegung verweist auf den mythischen Charakter ihrer treibenden Motive, die auch von der Psychoanalyse inspiriert sind: in der durch sie freigesetzten Hoffnung auf die Befreiung des Kindes im Erwachsenen steckt zugleich die Erwartung, die Vollkommenheit des Kindes wiederzuerlangen. Die Sehnsucht nach dem Paradies der Kindheit, die den Mythos vom Verlust der Unversehrtheit und den einer nicht selbstverschuldeten Vertreibung aus der ursprünglich guten und heilen Welt entbunden hat, wird heute in banaler Weise projiziert in die empirische Wirklichkeit einer Welt, deren Übel der Schlechtigkeit der Erwachsenen angelastet wird: die kindliche Unschuld, die Reinheit der Seele, wird verderbt durch die Verführung verderbter Erwachsener, wo es unfaßbar zu sein scheint, daß der Mensch sich einer selbstverschuldeten Vertreibung aus dem Paradies ausgesetzt hat. Darin liegt die Frage nach der Herkunft des Bösen, die in diesem modernen Ressentiment in die Verderbnis der Erwachsenen projiziert wird, aber darin keine Antwort findet, da auch diese wiederum der Verderbnis der Verführung durch Erwachsene ausgeliefert waren. Und so schließt sich der Kreis der Projektion, der die Frage unabweisbar darauf zurückbringt, woher das Böse, psychoanalytisch gesprochen: der Trieb, in die Welt kommt, wieso das Böse unter dem Schein kindlicher Reinheit und Unschuld sein Unwesen treiben kann. Die nur religiös zu beantwortende Frage nach der Quelle des Sinns der Welt, die Frage nach dem Woher, Wohin und Wozu, wie sie sich für den Menschen stellte angesichts der unerklärlich erscheinenden Phänomene der Natur, auch des Erwachens der sexuellen Natur, und ihre Klärung in mythischen und philosophischen Systemen hat sich heute im pädagogischen Diskurs, der seit der Aufklärung immer schon einer der Erziehungsdiktatur zur Normalität war, erübrigt auf einen fundamentalistischen Puritanismus in der Austreibung von Triebnatur.

zu bieten haben, sind der irrationale Anknüpfungspunkt der subjektiven wie gesellschaftlichen Erwartungen an sie, und aufgrund ihrer Einflußmacht im Faszinosum von ‹Natur› scheint sie gesellschaftlich wie therapeutisch eine Überzeugungsmacht zu gewinnen, die ihren Anschauungen Geltung verleiht. Wir können hier die Überlegungen, die wir an anderer Stelle (Pohlen und Bautz-Holzherr 1991, S. 240 ff) zum suggestiven Charakter der therapeutischen Kommunikation ausführlich gemacht haben, nur skizzieren, wie es für den Fortgang dieser Untersuchung notwendig ist; vor allem im Hinblick auf eine Vertiefung der Analytik der Macht in der therapeutischen Beziehung.

Die Einflußnahme des Analytikers und seine Überzeugungsmacht stehen nach Freud in einer uralten Tradition: in der tief im unbewußten Elternkomplex begründeten Gefügigkeit gegenüber dem Arzt (GW XIII, S. 18) und in der uralten Gefügigkeit gegenüber dem ärztlichen Zauber, dessen Ansehen sich der von der göttlichen Macht abgeleiteten Priesterheilkunst verdankt (GW V, S. 301). Die Einflußmacht des Analytikers ruht auf einem archaischen Erbe, und die Wirksamkeit des therapeutischen Prozesses bestimmt sich nicht durch die «intellektuelle Einsicht» des Patienten, sondern einzig durch sein Verhältnis (GW XIV, S. 255 f und GW XI, S. 463) zu dieser mythischen Autoritätsfigur.

Die Einflußmacht des Analytikers zehrt aus der archaischen Tradition des Eltern- und Priesterkomplexes, in dessen Reihe er steht und die ihm die Bereitschaft des Patienten verbürgt, seiner Autorität zu glauben und sich auf die von ihm verfügte Übertragung einzulassen. Der Glaube stiftet die therapeutische Beziehung; er ist der Grund der Erzeugung von Übertragung durch den Therapeuten und der Grund für die Übertragungsbereitschaft des Patienten als Reaktion auf die Übertragung des Arztes: der Einfluß des Therapeuten beruht auf derselben Macht der Tradition, die den Patienten bewegt, den Einfluß auf sich zu nehmen.

Freud hat diese Grundlegung jeder Kommunikation als die wirkende Kraft beschrieben, die den Einfluß des Arztes bedingt: die «Gläubigkeit der Liebe» ist die «uranfängliche Quelle» der Autorität (GW V, S. 50). «Der Glaube wiederholt dabei seine eigene Entstehungsgeschichte; er ist ein Abkömmling der Liebe und hat zuerst der Argumente nicht bedurft. Erst später hat er ihnen soviel eingeräumt, daß er sie in prüfende Betrachtung zieht, wenn sie von einer ihm lieben Person vorgebracht werden. Argumente ohne solche Stütze haben nichts gegolten, gelten bei den meisten Menschen niemals im Leben etwas.» (GW XI, S. 463) Und auf dieser «Gläubigkeit der Liebe» als uranfänglicher Quelle der Autorität beruht die Suggestion als Urphänomen, Grundtatsache des Seelenlebens. Und die als Übertragung wirkende Suggestion ist die konstitutive Bedingung der Kommunikation.

Wir wollen hier das Fundament der Freudschen Psychoanalyse zeigen, ihre von der psychoanalytischen Bewegung sorgsam verhüllten suggestiven Konstituentien der therapeutischen Kommunikation und durch die Freilegung dieser verleugneten Wurzeln auf die unwissenschaftlichen Grundlagen jeder Kommunikation verweisen.

Die Psychoanalyse Freuds, wie jede therapeutische Beziehung, beruht auf Suggestion, und nur die Klärung dieser, in der rhetorischen Tradition geläufigen Termini von Einflußnahme durch Überzeugung kann die grundlegenden Mechanismen und Strategien von Interaktion handhabbar machen, statt sie der Aufklärung zu entziehen und sie damit zu einem okkulten Geschehen zu machen, das irrational die Beziehungen beherrscht.

Die Semantik von Suggestion, vom Verbum *suggerere* führt in seinem Gegensinn die Doppelbödigkeit von Einflußnahme vor Augen: in der ursprünglichen Bedeutung bezeichnet *suggerere* das Einflößen von etwas, das dem anderen schmecken soll, und sein Gegenteil, das Einflößen wider Willen, das Eingeben unter Ausschaltung der Verstandeskontrolle des anderen. Dieser semantische Doppelsinn liegt auch Freuds Unterscheidung zwischen psychoanalytischem und hypnotischem Einfluß durch Suggestion zugrunde, da die hypnotische Suggestion die Übertragungsfähigkeit des Patienten nur benutze, während in der Psychoanalyse an der Übertragung selbst gearbeitet und die Macht der Suggestion in den Dienst der in der Übertragung sich abspielenden analytischen Arbeit gestellt werde (Freud GW XI, S. 469 f). Die Macht der Suggestion ist Freud zufolge die treibende Kraft der Übertragung; Übertragung ist auf Suggestion und Suggestion auf Übertragung zurückzuführen in der Weise, daß sich die Einflußnahme immer der Übertragung bedient im ursprünglichen Sinn des Von-einem-Ort-zum-anderen-Tragens *(metapherein),* und daß die Übertragung Einflußnehmen ist im buchstäblichen wie im symbolischen Sinn. Der semantische Doppelsinn kehrt wieder in der Unterscheidung zwischen einer dem Patienten bekömmlichen Suggestion, der psychoanalytischen, und einer dem Patienten nicht bekömmlichen, der hypnotischen.

Freud hat die Suggestion unter den verschiedenen Bedingungen der Libidobesetzung untersucht: im Phänomen der Hypnose, der Verliebtheit, der Massenbildung. Unter diesen Erscheinungen zeigt sich die als Übertragung wirksame Suggestion. In der Hypnose ist es die passive Auslieferung in der uneingeschränkten Übertragungsbereitschaft auf ein übermächtiges Objekt, in der Analyse ist es die Abhängigkeit von einem die Übertragung aktiv handhabenden mächtigen Objekt. Beide Prozesse zehren aus der Macht der Suggestion, in beiden

Fällen geht es um Identifizierung und Ich-Ideal-Ersetzung durch das Objekt. Die Ersetzung des Ich-Ideals durch das Objekt des Analytikers ist die Idealisierung des Analytikers, wie sie sich gleichermaßen in der Verliebtheit und in der Hypnose als Sexualüberschätzung ereignet. Die Sexualüberschätzung ist die Entleerung des Ich und die Überfüllung des geliebten Objekts mit Libido: das Objekt hat das Ich sozusagen aufgezehrt (Freud). Das Objekt, das in der Verliebtheit ganz an die Stelle des Ich-Ideals gesetzt wird und sich gesetzt hat, gewinnt seine Mächtigkeit durch den Entzug der Libido des anderen. Die Entleerung des «Verliebten», seine Entmächtigung, ist der Überfluß und die Übermacht des «Geliebten», des Hypnotiseurs, des Zauberpriesters wie des Analytikers. Freud hat in «Massenpsychologie und Ich-Analyse» (GW XIII) für den Gläubigen darüber hinaus aufgezeigt, daß er Christus zum Ideal nimmt und zugleich mit Christus identifiziert ist (Nachfolge Christi). Und dies scheint sich für den Patienten analog zu konstituieren: der Analysand nimmt den Analytiker zum Ideal (= Ersetzung des Ich-Ideals durch das Objekt des Analytikers), und zugleich ist er mit dem Analytiker identifiziert, so daß auf diesem Weg, der Ersetzung des Ich-Ideals und der Identifizierung, die Suggestion als Prozeß des Überzeugens vor sich geht. Und die Identifizierungsschritte ereignen sich jeweils im Zusammenhang der Bewährung des Therapeuten, die seine Glaubwürdigkeit herstellt und fortdauern läßt. Das heißt: der analytische Prozeß vollzieht sich nicht, wie es die Lehrmeinung will, in einer auf Einsicht zielenden Therapie der Aufarbeitung, sondern in einem Identifikationsprozeß zur Übereinstimmung des Patienten mit seinem Therapeuten. Die Übertragung des Ich-Ideals auf den Arzt scheint neben der Identifizierung das entscheidende Moment für den Patienten zu sein, die Übertragung der Anschauungen des Therapeuten auf sich zu nehmen, da die Abtretung des Über-Ich die Kritik des Patienten zum Schweigen bringt und ihm die von der Familie eingerichtete intellektuelle und moralische Kontrollinstanz nimmt. Die psychotherapeutische Beziehung situiert sich als Glaubensgemeinschaft auf Zeit.

Die psychoanalytische Tätigkeit der Übertragung, dessen originaler Vorfall sich in Freuds Einflußnahme über das Konstrukt der «falschen Verknüpfung» ereignete, zeigt das Einflußnehmen in seinem ursprünglichen Widerspruch: das den Frauen wider Willen in den Mund gelegte, umgekehrte, auf frühere Objekte verschobene sexuelle Begehren scheint das von Freud den Frauen in den Mund gelegte[44] eigene Begehren zu sein. Dieses Einflußnehmen in der Umkehrung des dem Patienten in den Mund Gelegten ist seither das für die Psychoanalyse kennzeichnende Verfahren geworden. Freud hat auf diesem Weg die Triebnot für sich

---

44 Die Doppeldeutigkeit des Einflußnehmens im wortwörtlichen Sinn: das Wort im Mund umdrehen.

entfernt gegenüber seinen Patientinnen und kam zur Erfindung der frühkindlichen, auf die primären Objekte gerichteten sexuellen Wünsche dieser Frauen und konstruierte in der Logik seiner infantilen Sexualtheorie das Ziel eines jeden Begehrens in Ödipus. In der Verschiebung der Zentrierung von sich auf die Elternfiguren seiner Patientinnen konnte er seine Machtposition: im Mittelpunkt des Geschehens zu stehen, den Einfluß zu bestimmen und dennoch davon nicht kontaminiert zu werden, durch den Entwurf einer Verführungstheorie über die elterliche Verführung seiner Patientinnen entstellen. Das drängende Bedürfnis Freuds, die Verführung seiner Patientinnen durch deren Väter zu verifizieren, scheint die Entsprechung zu seinem sexuellen Begehren gegenüber diesen Patientinnen gewesen zu sein. Die ‹Einsicht› Freuds bei seiner Selbstanalyse, daß sein eigener Vater seine Geschwister verführt habe, entspricht demselben Schema; auch wenn er später bestürzt eingestehen mußte, daß er wohl einem Analogieschluß von sich auf den Vater erlegen war. Die spätere Umkehrung dieser Verführungstheorie im Widerruf ihrer empirischen Gültigkeit führte auch wieder zu einer Verkehrung, indem jetzt von Freud jenen Frauen unbewußte Phantasien als ‹Ursachen› ihres Verhaltens in den Mund gelegt wurden: ein empirisch-ungreifbares Phantasma, mit dem nun der Analytiker operiert und Einfluß nimmt.

Die Umkehrung im Analogieschlußverfahren ist bis heute konstitutiv für die psychoanalytische Tätigkeit geblieben. Durch den von Freud erzeugten Rahmen und die sich daraus ergebenden Vorstellungen werden letztlich dem Patienten wider Willen, außer Kontrolle seines Verstandes, das heißt unbewußt, die Phantasien in den Mund gelegt, die vom Therapeuten per Analogieschluß von sich auf den Patienten übertragen werden. Wir haben an anderer Stelle (Pohlen und Bautz-Holzherr 1991) erörtert, daß Arzt und Patient in ihren gegenseitigen Erwartungen und Entsprechungen vom «Schwindelgeist» ergriffen sind, der beide Dialogpartner in schwindelerregende Konstruktionen führt: in Konstruktionen von Erinnerungen, die wiederum Phantasmen sind. Die Wirksamkeit dieses Geschehens scheint in der illusionären Selbstautorisierung des Patienten zu liegen, der sich durch die psychoanalytischen Konstruktionen der Gewißheit einer lebensgeschichtlichen Kontinuität seines Ich versichern kann; wie auch in der illusionären Selbstautorisierung des Analytikers, der durch die ständige Wiederholung der analytischen Situation vor seinem Patienten sich immer in Demselben wiederfinden kann, seine

Identität herstellt. Und nicht zuletzt erlangt er seine narzißtische Stabilisierung auch dadurch, daß die fortwährende Machtbefriedigung im Einflußnehmen durch die Neutralisierung seiner Position ihm nicht bewußt zu werden braucht: im Gegenteil, durch die Neutralisierung seiner Machtposition vollzieht sich eine Verschiebung von der Ebene des Machtkonflikts und der darin verwickelten anal-sadistischen Problematik regressivierend und über-ich-entlastend für den Therapeuten auf das narzißtische Niveau einer fortwährend sich verstärkenden Selbstbestätigung in der Ausübung der Deutungstätigkeit.

Wenn das Konstrukt der «falschen Verknüpfung» unbedacht aufrechterhalten wird als das die analytische Wahrnehmung strukturierende Moment, dann kommt die Psychoanalyse nicht dazu, die Wirkmechanismen ihrer rhetorischen Situation zu durchschauen, und dadurch ist sie auch nicht in der Lage, die Mechanismen ihrer Einflußnahme bewußt zu handhaben; vielmehr unterliegt sie in ihrem eigenen Verfahren einem ständigen Prozeß der Unbewußtmachung ihrer Handlungsmotive. Der vorurteilshafte Umgang mit der Suggestion hat bis heute Analytiker und Psychotherapeuten daran gehindert, sich mit den Grundlagen des psychotherapeutischen Prozesses zu konfrontieren und die Rhetorik als eine für die Psychotherapie verbindliche Disziplin anzuerkennen. Gelingt es der Psychotherapie nicht, ihre Grundlagen zu reflektieren und in ihrer Technik zu einer bewußten Handhabung der rhetorischen Mechanismen zu kommen, dann ist sie vielleicht schon längst, ähnlich der Sophistik, zu einem Gewerbe der Überredungstechnik verkommen. Das Aufgeben des Konstrukts der «falschen Verknüpfung» hätte für die Psychoanalyse weitreichende Konsequenzen. Die ätiologischen Konstruktionen, die sich aus der Herstellung einer falschen Verbindung ergeben haben, wären nicht mehr aufrechtzuerhalten; der infantilen Sexualtheorie, der Phasenlehre und der ödipalen Konfiguration wäre die Grundlage entzogen; auch die Selbstbestätigung dieser theoretischen Annahmen durch die Wiederholung in den Konstruktionen der analytischen Therapie hätte keinen Bestand mehr; dasselbe Schicksal würde auch die ätiologischen Konzepte anderer analytischer Therapieschulen treffen.

Die Aussicht auf einen derart radikalen Umbruch macht begreiflich, daß diese notwendige Veränderung von Theorie und Praxis in der analytischen Psychotherapie nicht in Angriff genommen wird, obwohl genügend Anzeichen dafür sprechen, daß die therapeutische Praxis sich schon längst nicht mehr in Übereinstimmung befindet mit der von den Repräsentanten der Psychoanalyse propagierten Ideologie. Je mehr die gesellschaftliche Realität eine Veränderung der Settingbedingungen (s. Prognos-Studie 1988) erzwingt, desto mehr muß der Apparat an obsoleten Positionen der Psychoanalyse festhalten, weil die Konservierung und Verwaltung der alten Positionen ihm weiter die Exekutionsmacht sichert. Wir sehen aber auch das Dilemma, daß die Verabschiedung der wesentlichen Teile einer Theorie die Ersetzung durch eine andere Theorie verlangt, um dem therapeutischen Handeln die notwendige Basis zu geben.

Psychoanalyse in ihrer langen Tradition als heuristische Disziplin mit einem großen Fundus an klinischem Wissen hat es versäumt, eine Grundtheorie der Einflußnahme für alle psychotherapeutischen Schulen zu schaffen: sie brächte alle Voraussetzungen mit, den psychotherapeutischen Prozeß auf der Grundlage einer psychodynamischen Gestaltung der Interaktionsprozesse theoretisch auszuformulieren, ohne auf die falschen Wahrheiten der durch das Konstrukt der «falschen Verknüpfung» hergestellten Konstruktionen angewiesen zu sein. Ihr Analogieschlußverfahren behält, auch wenn die Analogie der falschen Verbindung entfällt, dennoch seine Gültigkeit als Erkenntnisverfahren menschlicher Beziehungen. Allerdings bedarf es der Reflexion auf die humanistische Tradition der rhetorischen Analogielehre, um eine Einflußtheorie der psychotherapeutischen Kommunikation zu begründen.

Die Rhetorik handelt von der Macht des Einflußnehmens und der Fähigkeit zur Überzeugung, die an spezifisch persönliche Voraussetzungen zum analogischen Denken gebunden ist. Das analogische Schließen, das Erkennen nach dem Ähnlichkeitsprinzip, steht in striktem Gegensatz zur logifizierten Rede in syllogistischen Schlüssen. Das Vermögen, Ähnlichkeiten aufzufassen, die Relation des Gleichwie, der Gemeinsamkeit und die Fähigkeit, Übereinstimmung herzustellen, kennzeichnet die semantische Rede der Rhetorik. Die psychotherapeutische Rede ist eine metaphorische und führt zu einer metaphorischen Realität durch die Übertragung von Bildern. Das richtige Übertragen liegt in dem Vermögen (Einbildungskraft), das Ähnliche zu schauen (s. Grassi 1979a), das Entfernteste durch Ähnlichmachen zu verknüpfen. Und diese Sicht des Gemeinsamen durch Ähnlichmachen in der Übertragung ist der Grund der metaphorischen Fähigkeit, die durch Aufdecken von Ähnlichkeiten Verknüpfungen herstellt und einen neuen Zusammenhang zeigt. Und die Fähigkeit zur

Metaphorierung, die Befähigung zur Übertragung, entspringt der universalen Imagination des Menschen und ist eine besondere Begabung, weder lern- noch bildbar. Die Analogie als Erkenntnisprinzip sucht also die Entsprechung nach dem Grundsatz der Ähnlichkeit in der Übereinstimmung von Merkmalen, die den Schluß auf Zusammenhang nahelegen. So verfährt der Psychotherapeut in der Kunst der Entsprechung, dem Patienten das Passende, seinen inneren Erwartungen Entsprechende anzubieten und eine Beziehung gemeinsamer Erfahrung zu bewirken. Diese Relation des Gleichwie stellt sich jedoch weniger über Deutungen als durch die beschriebenen Handlungsangebote des Therapeuten her. Denn dieser muß jenseits von einsichtsfördernden Deutungen passende Aktionsschemata anbieten, die der inneren Struktur homologe Handlungsaktivierungen beim Patienten auslösen. Psychoanalyse / Psychotherapie ist eine Imaginationslehre, die dem Aufdecken von Ähnlichkeitsbeziehungen dient, um dem Patienten eine andere Seh- und Erfahrungsweise seiner Handlungsmotive zu erschließen.

Psychotherapie hat die Sehweisen des Menschen zum Gegenstand, die seine Beziehungen prägen, und von daher ist die metaphorische Sprache die dem Gegenstand der psychotherapeutischen Erkenntnis angemessene Rede. Die Überzeugungskraft des Therapeuten liegt in der Macht seines «Phantasieschlüssels» (Freud), mit dem er für den Patienten andere Perspektiven erschließt und darin überzeugend ist, daß sich die ansteckende Kraft seiner Libido in Angeboten erweist, die durch kognitiv-emotionale Konsonanz überzeugen.

4.7 Das Subjekt der Moderne und die grundlose Erinnerung: die «nachträgliche» Erzeugung von Vergangenheit

Die Dekonstruktion eines dekonstruktivistischen Unternehmens, das Psychoanalyse als Aufklärungswissenschaft ist, muß ihre Praxiserzeugung angehen, um all jene Mystifikationen ihrer Produktion von Praxis zu demontieren, die bis heute dazu gedient haben, psychoanalytischen Erfahrungen den Charakter objektiver Tatsachen zu unterstellen.

Seit Freud ist die Fallerzeugung in der Psychoanalyse nicht mehr zur Disposition gestellt: Freuds Fallgeschichten entstammen als literarische Gattung einem «Sprachhandwerk» (Steiner 1990), und seine letzte Fall-

geschichte, die «Geschichte vom Wolfsmann», erweist den Novellencharakter der Psychoanalyse. Mit dem «Wolfsmann» hat sich auch das
wissenschaftliche Schicksal von Psychoanalyse entschieden. Diese Zäsur
wurde, auch in ihren weitreichenden Konsequenzen für die Einordnung
der psychoanalytischen Produktionen, nicht zur Kenntnis genommen,
weil der Glaube an die Faktizität psychoanalytischer Erfahrung den Blick
dafür bisher verstellt hat; und weil Psychoanalyse sich darin gefiel und
auch der gesellschaftlichen Anerkennung sicher sein konnte, daß sie sich
heroisch als Kampf um die Erinnerung präsentierte und für den einzelnen wie die Gemeinschaft das illusionäre Versprechen gab, das Vergangene durch einen phantasmatischen Akt erinnernder Aufarbeitung nicht
vergessen zu lassen und wiedergutzumachen. Die zu erwartende Folgenlosigkeit solch fiktiver Prozeduren ist Gewähr für die fortdauernde Bemühung um Einlösung nicht zu erfüllender, falscher Versprechungen.

Die Geschichte vom «Wolfsmann» – Aus der Geschichte einer infantilen Neurose (1918) – ist die letzte der fünf berühmten Krankengeschichten Freuds, von denen er nur drei Patienten, «Dora», den «Rattenmann»
und den «Wolfsmann», selbst behandelt hat. Durch die Analyse des
«Wolfsmanns» scheint Freud in ein unlösbares Dilemma geraten zu sein,
was seine bisherige Auffassung der analytischen Tätigkeit von der Bewußtmachung des Unbewußten, der Erinnerung infantiler Ereignisse
und der rekonstruktiven Tätigkeit betraf. Er mußte nämlich die Erfahrung machen, daß «nachträglich» den frühkindlichen Beobachtungen,
die zu jener Zeit noch nicht sexuell verstanden wurden, beim Erwachen
der kindlichen Sexualität sexuelle Bedeutung übertragen wurde. Denn
der «Wolfsmann» verstand nach dem Freudschen Bericht die «Urszene»,
die sexuelle Übermächtigung der Mutter durch den Vater, erst zur Zeit
des Traums mit vier Jahren, aber nicht zur Zeit der Beobachtung mit
eineinhalb Jahren: «Mit 1 1 / 2 Jahren holte er sich die Eindrücke, deren
nachträgliches Verständnis ihm zur Zeit des Traumes durch seine Entwicklung, seine sexuelle Erregung und seine Sexualforschung ermöglicht
wurde» (GW XII, S. 64). Das Kind soll mit eineinhalb Jahren im Schlafzimmer seiner Eltern einen Eindruck empfangen, diesen mit vier Jahren
im Traum verstanden und zwei Jahrzehnte später in der Analyse begriffen haben, was damals in ihm vorgegangen war. Im Traum des «Wolfsmanns» mit vier Jahren bringt sich nach der Vorstellung Freuds eine
Koitusbeobachtung im elterlichen Schlafzimmer mit eineinhalb Jahren
zur nachträglichen Wirkung; das heißt, der Wolfsmann ‹verstand› den

elterlichen Koitus zur Zeit des Traums mit vier Jahren aufgrund des nachträglichen Verständnisses durch die analytische Arbeit mit einer Verspätung von zwanzig Jahren. Und die infantilen Eindrücke einer Beobachtung mit eineinhalb Jahren kamen erst zu einem «nachträglichen Verständnis» im Traum durch die inzwischen eingetretene sexuelle Entwicklung und die dadurch bedingte Sexualforschung des Kindes.

Im Freudschen Begriff der «Nachträglichkeit», der «nachträglichen» Umarbeitung der Szene ist sein Erinnerungsbegriff verwickelt, weil es immer die zweite, spätere Szene sein soll, die der ersten, früheren Szene ihre pathogene Bedeutung verleiht, indem eine spätere «Erinnerung» verdrängt wird, die eine nachträgliche Umarbeitung der früheren Szene darstellt. Diese Konstruktion, daß erst die zweite Szene durch die Erweckung verbotener Wünsche zu einer Umarbeitung der in der ersten Szene empfangenen Eindrücke führt und dadurch eine Verdrängung der späteren «Erinnerung» notwendig macht, scheint schon eine Antwort Freuds darauf zu sein, daß wirkliche Kindheitserinnerungen nicht zu haben sind, sondern nur durch Ableitung sich erschließen. Freud machte in seiner Selbstanalyse (Anzieu 1990) die Entdeckung, daß ein psychisches Trauma nachträglich pathogen war; nicht durch das Erlebnis selbst oder die Erinnerung daran, sondern durch den verbotenen Wunsch, den es geweckt hatte: die pathogene Erinnerung wird also nachträglich konstruiert, nicht rekonstruiert. In Übertragung der in seiner Selbstanalyse gewonnenen Einsichten auf den «Wolfsmann» muß Freud in der Interpretation des Wolfstraums eine wiederholende Bestätigung seiner Vorstellungen von der infantilen Sexualität gefunden haben. Der Traum des «Wolfsmanns», in dem sich nach Freud die Beobachtung des elterlichen Koitus a tergo verhüllt zum Ausdruck bringt, eine Urszene repräsentieren soll, bedingt deshalb eine Verdrängung der Erinnerung, weil nachträglich die beobachtete erste Szene zum Trauma wurde, da zur Zeit des Traums ein verbotener sexueller Wunsch des Patienten gegenüber dem Vater geweckt wurde.

Die Umdeutung von «Erinnerungen», die den ursprünglichen «Beobachtungen», die keine pathogene Bedeutung hatten, nachträglich pathogene Bedeutung überträgt, scheint sich in der Analyse als Übertragungsphänomen zu vollziehen: von Freud auf den Patienten und von dem Patienten auf Freud. Der Prozeß der Erinnerung beim «Wolfsmann» spielt sich demnach allein als Übertragungsprozeß ab und ist Ausdruck seiner Beziehung zum Arzt. Denn die Erinnerung der Urszene des «Wolfsmanns» ist nicht das Ergebnis einer Rekonstruktion, sondern als Übertragungsphänomen zwischen Arzt und Patient konstruiert: die Erinnerung ist ein funktionales Phänomen der analytischen Situation.

Die problematische Annahme einer solchen Beobachtung des Kindes mit eineinhalb Jahren und die nachträgliche Bearbeitung der so empfangenen Eindrücke mit vier Jahren als «Urszene» ist auf dem historischen Hintergrund der machtpolitischen Auseinandersetzung Freuds mit Jung über dessen Begriff des «Rückphantasierens» zu sehen. Freud wollte gegen Jung den Nachweis tatsächlicher Vorfälle der infantilen Sexualität führen und dagegen Stellung nehmen, daß es sich beim analytischen Material um das Ergebnis eines «Rückphantasierens» des Erwachsenen in die Kindheit handeln könnte. Die Glaubwürdigkeit seiner Sexualtheorie sah Freud nämlich davon abhängig, daß der empirische Nachweis der infantilen Sexualität tatsächliche Ereignisse und frühkindliche Beobachtungen erbringen würde.

Der «Wolfsmann» ist als Streitschrift klinischer Verifizierung gegen Jungs Begriff des «Rückphantasierens» zu begreifen und zugleich als Prüfstein der Wahrheit seiner Auffassungen gegenüber denjenigen Jungs. Deshalb steht auch mit dieser Schrift für Freud so viel auf dem Spiel, was den Grundpfeiler seines analytischen Gebäudes der Verdrängungslehre und der analytischen Erinnerungsarbeit angeht. Die Analyse dieser Neurose, deren Umarbeitung Freud von der infantilen Phobie mit vier Jahren über zwangsneurotische Symptome bis zum Ausbruch der Erwachsenenneurose als konsequente Entwicklung der konfliktbesetzten «Urszene» analysierte, dienten ihm als Beweisführung gegen Jungs Verwerfung der infantilen Sexualität. Der Fall des «Wolfsmanns» ist für Freud zum Schibboleth in der Auseinandersetzung mit Jung um die Glaubwürdigkeit der Psychoanalyse als Erinnerungsarbeit pathogener Ereignisse gemacht worden. Freud scheint sich dessen bewußt zu sein, daß es schwierig ist, dieser Geschichte eines Falls von mehrfacher «Nachträglichkeit» Glauben zu schenken.

«... daß der Analysierte im Alter nach fünfundzwanzig Jahren Eindrücken und Regungen aus seinem vierten Jahr Worte verleiht, die er damals nicht gefunden hätte.» ... «daß ein vierjähriges Kind solcher fachlicher Urteile und gelehrter Gedanken fähig sein sollte. Es ist dies einfach ein zweiter Fall von ‹Nachträglichkeit›. Das Kind empfängt mit eineinhalb Jahren einen Eindruck, auf den es nicht genügend reagieren kann, versteht ihn erst, wird von ihm ergriffen bei der Wiederbelebung des Eindrucks mit vier Jahren, und kann erst zwei Dezennien später in der Analyse mit bewußter Denktätigkeit erfassen, was damals in ihm vorgegangen. Der Analysierte setzt sich dann mit Recht über die drei Zeitphasen hinweg und setzt sein gegenwärtiges Ich in die längstvergangene Situation ein» (GW XII, S. 72).

Im Fall des «Wolfsmanns» war Freud ständig bemüht, für die fehlenden Erinnerungen entsprechende Äquivalente als Hilfskonstruktionen einzusetzen; sei es, daß die Aktivierung der ursprünglichen Beobachtungsszene im späteren Traum anstelle einer tatsächlichen Erinnerung dieselbe Wirkung zu vertreten hatte, wie wenn es ein rezentes Erlebnis wäre; sei es, daß für die fehlenden Reproduktionen von Erinnerungen an Infantilszenen die Konstruktionen des Patienten genommen wurden; sei es, daß die Erinnerungen an die Infantilszenen vom Analytiker durch eine Summe von Andeutungen erraten werden mußten oder daß Träume, wie der Wolfstraum, als Äquivalente die fehlenden Erinnerungen zu ersetzen hatten. Durch diese schrittweisen Konstruktionen, «aus einer Summe von Andeutungen erraten», gewinnt der Patient selbst allmählich eine sichere Überzeugung von der «Realität» dieser Gestalt (Urszene); eine Überzeugung, die für Freud so glaubwürdig ist, daß sie der auf Erinnerung gegründeten in nichts nachsteht; eine Erinnerung, die für ihn im gleichen Text Ergebnis der Konstruktion (GW XII, S. 80) ist. Die Bedeutung des infantilen Moments stand für Freud im Streit, und er sah seine Aufgabe darin, «einen Fall zu finden, der diese Bedeutung, jedem Zweifel entzogen, erweisen kann.» ... «daß der Neurose im späteren Leben eine Neurose in früheren Jahren der Kindheit vorhergeht. Gerade darum habe ich ja diesen Fall zur Mitteilung gewählt» (GW XII, S. 83).

Seine Haltung in diesem Streit mit Jung, sein taktisches Vorgehen in der Beweiserhebung des «Realwerts» von infantilen Szenen, der «Urszene», zeigt Freud als strategisch-geschickten Verfolger im machtpolitischen Anspruch auf Durchsetzung seiner Anschauungen. Denn Freud war zu dieser Zeit der Auseinandersetzung (1918), seit seinen «Frühen Schriften zur Neurosenlehre» (1899), längst bewußt, daß «die ältesten Kindheitserlebnisse nicht mehr als solche zu haben sind, sondern durch ‹Übertragungen› und Träume in der Analyse ersetzt werden» (GW II/III, S. 190 und GW XII, S. 80). Demnach wußte Freud, daß die frühen Kindheitserinnerungen nicht wirkliche Erinnerungen sind; von einer Reproduktion des ursprünglichen Eindrucks ist ihm niemals etwas zum

Bewußtsein gekommen (GW I, S. 553). Freud wußte zu jener Zeit auch, daß das vorhandene Material von Erinnerungsspuren von Epoche zu Epoche der Trieborganisation eine Umschrift erfährt, eine nachträgliche Umarbeitung der neuen Erfahrung aufgrund der vergangenen, und daß bei diesen Übersetzungen die alten Texte bis auf Spuren wie im Palimpsest oder «Überlebseln», denen die Übersetzung (s. Freud 1986, S. 219) versagt ist, praktisch vollständig überschrieben werden. Demnach ist jeder Text immer schon eine Überschreibung; auch der unbewußte Text ist kein Urtext, ein im Unbewußten niedergelegtes Original, das in den anderen Systemen jeweils neue Umschriften unter Beibehaltung des Originals erfahren würde: der unbewußte Text ist nur eine Spur auf dem Weg zum fiktiven Original. Freuds Suche nach dem Originalvorfall, nach dem Ursprung der neurotischen Geschichte, führte ihn schließlich zu den Urphantasien und zur Auffassung der ödipalen Konstellation als Reinkarnation von Urphantasien, so daß bei der Suche nach dem Originalvorfall erst den Phantasien, dann den Urphantasien die pathogene Bedeutung zugeschrieben wurde. Und die «Kindheitserinnerungen» haben für ihn die Bedeutung von Deckerinnerungen, die in Analogie zu den im Mythos niedergelegten Kindheitserinnerungen der Völker gebildet sein sollen. Für Freud wiederholt sich eine archaische Erbschaft durch die strukturierende Macht der in den infantilen Reminiszenzen wirkenden Urphantasien; die Ontogenese des Subjekts wird hier als Reinkarnation der Phylogenese begriffen. Er kommt hier Jungs Begriff vom «Rückphantasieren»[45] und dessen Vorstellungen von den Archetypen fast ununterscheidbar nahe; mit dem Unterschied, daß sein analytisches System konsequent durchrationalisiert ist. Aber der Versuch, durch die Analyse des «Wolfsmanns» die Vorstellung von der infantilen Sexualität klinisch zu verifizieren, ist ihm unter der Hand zu einer Falsifizierung geraten.

---

45 Das Jungsche «Rückphantasieren» ist längst zur gängigen Praxis von Projektionen der Analytiker in die frühe Kindheit ihrer Patienten geworden, deren Phantasma sie als technische Regel der Wiederholung in der Übertragung ausgeben: die analytische Situation soll nicht nur die Realszenen reproduzieren, sondern auch eine lückenlose Entwicklung nach rückwärts über die vorgestellten Stufen der Regression hervorbringen, um dann in der umgekehrten Reihenfolge die Progression über die vorgezeichneten Entwicklungsstufen zu wiederholen. Die spekulativen Exzesse von Anhängern Kleins und Kohuts sind nur Zuspitzungen der nach Freud in der psychoanalytischen Bewegung eingetretenen Erzeugung von Vergangenheit durch Rückprojektion.

Freud hatte bereits in den «Frühen Schriften» und in der «Traumdeutung» eine Ausformulierung des Erinnerungsproblems auf hohem theoretischem Niveau erreicht. Ihm war klar, daß die Infantilszenen nicht als Erinnerungen reproduziert werden, sondern Ergebnisse der analytischen Konstruktionen sind: «Unsere Kindheitserinnerungen zeigen uns die ersten Lebensjahre, nicht wie sie waren, sondern wie sie späteren Erweckungszeiten erschienen sind. Zu diesen Zeiten der Erweckung sind die Kindheitserinnerungen nicht, wie man zu sagen gewohnt ist, aufgetaucht, sondern sie sind damals gebildet worden, und eine Reihe von Motiven, denen die Absicht historischer Treue fernliegt, hat diese Bildung sowie die Auswahl der Erinnerungen mitbeeinflußt» (GW I, S. 553 f). Und die von Freud konstruierte analytische Situation ist eine solche Erweckungszeit, in der die Kindheitserinnerungen im «nachträglichen Verständnis» gebildet werden: die Übertragungsbeziehung ist die Erweckungszeit der infantilen Sexualität; das heißt, durch die Freudsche Übertragung wird die infantile Sexualität geweckt, konstruiert.

In der Deutungstätigkeit Freuds wird das Vergangene «nachträglich» erzeugt, indem dem Früheren «verspätet» Bedeutung übertragen wird, die den Patienten von seiner entgangenen Geschichte überzeugen soll. Die Begriffe der Verspätung und der «Nachträglichkeit» klären das Moment des Erinnerns in der Übertragungssituation: «Der Analysierte (der ‹Wolfsmann›) setzt sich dann mit Recht über die drei Zeitphasen hinweg und setzt sein gegenwärtiges Ich in die längst vergangene Situation ein» (GW XII, S. 72). Freilich setzt Freud durch die Konstruktion der analytischen Situation, durch das Konstrukt der «falschen Verknüpfung», das Ich des Patienten von der gegenwärtigen in die vergangene Situation ein und bewirkt dadurch, daß die «infantilen Szenen» nicht als Erinnerungen reproduziert werden, sondern Ergebnisse von Konstruktionen sind: in der Übertragung wird ein fiktional Vergangenes im nachträglichen Verständnis wiederholt. In diesem Kontext von Konstruktionen, nicht der rekonstruktiven Arbeit, die es als solche gar nicht gibt, ist Freuds Feststellung zu begreifen, daß es «oft genug nicht gelingt, den Patienten zur Erinnerung des Verdrängten zu bringen. Anstatt dessen erreicht man bei ihm durch korrekte Ausführung der Analyse eine sichere Überzeugung von der Wahrheit der Konstruktion, die therapeutisch dasselbe leistet wie eine wiedergewonnene Erinnerung» (GW XVI, S. 53). Freuds Haltepunkt in der Flucht aller Erscheinungen der Analyse, bei welcher der sichere Boden einer empirischen Wirklichkeit nicht zu haben ist, läßt ihn am formal-sichernden Rahmen einer korrekten Ausführung um so mehr festhalten, da er sich sonst der Frage nach der Verläßlichkeit und Gültigkeit seines Entzifferungsschlüssels hätte aussetzen müssen.

Der Nachtrag, den Freud mit seinem Begriff der «Nachträglichkeit» eingeführt hat, ist auf dem historischen Hintergrund der Entwicklung seiner Vorstellungen durch die Selbstanalyse zu sehen: in der Konstellation der Nachkommentierung seiner Selbstanalyse durch die Erinnerungen seiner Mutter. Und diese Nachkommentierung der Mutter scheint das Vorbild abgegeben zu haben für Freuds Konstrukt des «nachträglichen Verständnisses», das er als grundlegende Bedingung neben der «falschen Verknüpfung» zur Herstellung der analytischen Situation eingeführt hat.

Das Begreifen in der Psychoanalyse erfolgt grundsätzlich als nachträgliches Verständnis, ist eine Bedeutungszuschreibung in der verspäteten Bedeutungsübertragung und richtet sich nicht auf die faktische Rekonstruktion von Geschehenem, sondern ist von dem geleitet, was zur «Erweckungszeit» der Erinnerungen in der analytischen Situation von Bedeutung ist und folglich als Vergangenheit nachträglich erzeugt wird: der Patient leidet in dieser Optik nicht an seinen Reminiszenzen, vielmehr an den in Erweckungszeiten auftretenden verbotenen Wünschen gegenüber früheren Szenen, die jetzt, durch die analytischen Deutungen, zu pathogenen Reminiszenzen werden; wo sie in jener Zeit aber aufgrund der sexuellen Unreife des Subjekts nicht pathogen wirksam sein konnten. Der Begriff der «Nachträglichkeit» ist zwar durch Derridas (1972) Überlegungen wieder ins Licht gestellt und in dieser Weise auch von Lacan übernommen worden, aber seine Überlegungen, daß sich Geschichte für das Subjekt jeweils immer schon situiert als nachträgliche Erzeugung von Vergangenheit, ist uns heute fragwürdig geworden in der Anwendung auf die analytische Situation. Das Post-Scriptum, das die vergangene Präsenz konstituiert, begnügt sich Derrida zufolge nicht damit, sie in ihrer Wahrheit zu erwecken oder zu enthüllen, sondern diese, nur mit Verspätung, zu erzeugen. Und die Fortführung des Satzes, daß die sexuelle Reifung nicht zufällig die Form dieser Verspätung ist, konfrontiert uns nämlich mit der von Freud nachträglich erzeugten Vergangenheit der infantilen Sexualität des Subjekts. Die «Pubertätsverspätung» überträgt Freud zufolge nachträglich den Ereignissen der Kindheit sexuelle Bedeutung nach der Latenzperiode.

Aber diese Sicht Freuds der nachträglichen Erzeugung von sexueller

Vergangenheit des infantilen Subjekts hat sich ihm durch seine Selbstanalyse ergeben, deren Ansichten er auf seine Patienten übertrug. Denn Freud mußte, wie gesagt, in der analytischen Arbeit erfahren, daß «die ältesten Kindererlebnisse nicht mehr als solche zu haben sind, sondern durch ‹Übertragungen› in der Analyse ersetzt werden» (GW II/III, S. 190). Demzufolge bilden sich die infantilen Reminiszenzen in ihrer sexuellen Bedeutung durch ein «nachträgliches Verständnis» aufgrund der «Pubertätsverspätung», bei der die sexuellen Wünsche des Subjekts geweckt werden, die nun, nach Freuds Ansicht, Vergangenheit als infantile Sexualität erzeugt. Empirisch läßt sich nämlich infantile Sexualität in der frühen Kindheit für das Subjekt nicht nachweisen (s. Eagle 1988), vielmehr nur eine allgemeine Sinnlichkeit des Kindes. Die Vorstellung einer infantilen Sexualität ist sicher eine adultomorphe Ansicht im Rückphantasieren auf das kindliche Subjekt, und Freuds Weg in seiner Selbstanalyse zu solchen Ansichten, die er in seiner analytischen Tätigkeit wiederholte, läßt dies auch belegen. In der analytischen Situation wiederholt sich also nicht im Sinne Derridas ein ehemals präsenter Text als Erinnerung, der präsente Text erzeugt sich in der Übertragung als Wiederholung, die dem Früheren Bedeutung «verspätet» überträgt: das «Später» kommt vor dem «Früher», aber erzeugt durch die Übertragung Freuds; denn diesem Umstand widmet Derrida überhaupt keine Aufmerksamkeit, daß das analytische Subjekt dank der Übertragung Freuds nachträglich seine sexuelle Vergangenheit erzeugt, daß es also hier um einen fiktionalen Prozeß geht, während es bei der nachträglichen Erzeugung von Vergangenheit für das historische Subjekt darum geht, im Strom des faktischen Geschehens einen historischen Sinn für sich zu erzeugen. Das Prinzip der «Nachträglichkeit», daß nachträglich Vergangenheit erzeugt wird durch Bedeutungszuschreibung, kann also nur für das empirisch Vergangene gelten, nicht jedoch für das fiktional Vergangene der analytischen Übertragung. Denn das empirische Subjekt ordnet jeweils nachträglich die historischen Ereignisse, indem es dem Zufall der Geschichte einen Sinn gibt und damit durch die Herstellung einer bedeutungsvollen Realität eine Ordnung schafft, die es im Augenblick der Geschehnisse, im Dunkel des gelebten Augenblicks, nicht erzeugen kann.

Solange die Faszination der «falschen Verknüpfung» und der «Nachträglichkeit» die Illusion des Analytikers und seines Patienten weiter nähren kann nach unerschöpflicher Geschichte und deren Auslotung in einer grenzenlosen Deutungsperspektive, solange das Ursprungsdenken der Psychoanalyse das Subjekt so in den Bann grundloser Erinnerungen schlagen kann, wird auch das Subjekt in der Moderne seine Sehnsüchte nach permanenter Selbstentwicklung in der Psychoanalyse zu befriedigen suchen und dem Analytiker die Macht unterstellen, dieses Phantasma von Omnipotenz zu stillen. Daß Psychoanalyse eine Ideologie der Selbstreflexion geworden ist, die der Selbstkultivierung und Selbstbeschaffung dient, haben wir zu zeigen versucht; aber die Aufklärung darüber und die daraus sich ergebende Legitimationskrise steht einer Psychoanalyse noch bevor, die sich in ihrem illusionären Machtsystem selbst verstrickt hat und bisher die notwendige Distanzierung von diesem gesellschaftlich-phantasmatischen Prozeß nicht vorgenommen hat, um die darin liegende Machtstellung mit den entsprechenden gesellschaftlichen und ökonomischen Gratifikationen weiter genießen zu können. Die Aura der Psychoanalyse als besonderes Wissen zehrt immer noch davon, daß ihr unterstellt wird, das Subjekt zu einer besonderen Selbstentwicklung emanzipieren zu können im luxuriösen Moment einer Tiefenhermeneutik, wo dem Subjekt in der Moderne das Besondere längst abhanden gekommen ist.

Freud hat sich mit den beiden Prinzipien der «falschen Verknüpfung» und der «Nachträglichkeit» eine omnipotente Interpretationsmacht geschaffen, eine Verfügungsgewalt über die emanzipatorischen Erwartungen des Subjekts. Es sind bis heute von Freud und der analytischen Bewegung undurchschaute Machtprinzipien geblieben, mit denen die Wünsche und Bedürfnisse des Menschen auf Selbstverwirklichung reguliert werden. Der tiefenhermeneutische Anspruch der Psychoanalyse spiegelt eine mythische Wissensmacht vor, die sich in ihren Versprechungen und Verheißungen des Prinzips der «Nachträglichkeit» bedient, um die durch die Handlungsohnmacht des Subjekts versperrten Lebensaussichten vom Horizont der Gegenwart in die Tiefe einer ungelebten Vergangenheit zu lenken – der Mensch ist aber ein Horizontwesen, kein Tiefenwesen.

In beiden Prinzipien drückt sich in der Rückwendung des Blicks eine Macht der Konservierung aus, die dem Subjekt eine Selbst-Entwicklung vortäuscht in der Fassung von gewesenen Aussichten: der deterministische Fatalismus ist nach Freud eine beherrschende Kraft der Selbst-Beschäftigung geworden. Die moderne Entwicklung der Psychoanalyse hat durch die Rückwendung auf das Selbst einen mystagogischen Charakter angenommen, der vor allem in den Lehren von Klein und Kohut kultiviert wird und diesen Bewegungen einen sektiererischen Grundzug verleiht. Im Streit mit Jung haben sich die Freudianer immer als Anwälte der Aufklärung verstanden und sich gegen den Jung unterstellten anagogischen Gebrauch der Psychoanalyse rational abzugrenzen gesucht. Unter der Hand ist aber der orthodoxen Psychoanalyse mit den Prinzipien der «falschen Verknüpfung» und der «Nachträglichkeit» eine Tradition anagogischer Funktion entstanden, die sich als Aufklärung in der Verfolgung immer tieferer, immer weiter zurückreichender Wurzeln des Übels geriert, im Grunde aber einer mystischen Suche nach dem Originalvorfall verfallen ist. Der von Freud vorgezeichnete Weg nach rückwärts ist heute, in den neueren Entwicklungen der Psychoanalyse, zu einem breiten Strom der Tradition einer Rückgewinnung von infantiler Unversehrtheit geworden, die den Analytiker im gesellschaftlichen Auftrag der ständigen Bemühung um die Reparatur des grandiosen Selbst zeigt. Die Rationalisierung dieser mystischen Entwicklung wird in der Produktion von «klinischen Daten» offenkundig, die einem fiktionalen Prozeß der Konstruktion frühkindlicher Erlebnisse entspringen.

Der Frage der psychoanalytischen Datengewinnung ist Perrez (1972) in einer wissenschaftlichen Studie über die Falldarstellung des «Wolfsmanns» als «Stichprobe» nachgegangen; denn Freud hatte diesen Fallbericht, wie bereits ausgeführt, zur Beweissicherung seiner Annahmen gegen Adler und Jung geltend gemacht. Die Darstellung des «Wolfsmanns», mit der Freud darüber hinaus allgemein die Gültigkeit seiner Theorie unter Beweis stellen wollte, bot sich deshalb in besonderem Maße für die Klärung des wissenschaftlichen Status der psychoanalytischen Theorie an. Die Studie von Perrez ist insofern Pionierarbeit, als sie grundlegend Freuds Intention aufnimmt, die Bewährung der Theorie in der Empirie zu suchen. Er kommt zu dem Ergebnis, daß die Basissätze der Theorie selbst hypothetischen Charakter haben, weil sie «Deutungen» oder «Konstruktionen» sind; daß vor allem die Frage des Einflusses des Beobachtenden auf das Beobachtete als «suggerierte Erinnerungen» ein grundsätzliches Problem darstellt; daß die Rolle des psychoanalytischen Beobachters nach dem introspektiven Konzept, die Art der Datengewinnung, wer also wen beobachtet, nicht eindeutig, wie es wissenschaftlich unerläßlich wäre, auszumachen ist; daß schließlich die suggestive Lenkung des verbalen Verhaltens des Patienten durch den Therapeuten in der Datengewinnung über freie Assoziationen ein «unkontrollierter Störfaktor» im analytischen Geschehen ist. Hier ist frühzeitig dekonstruktives Denken auf die Analyse angewendet worden, die den Analytiker hätte zum Nachdenken bringen müssen; vor allem, da Perrez' systemimmanentes Vorgehen der üblichen Ausrede gegenüber systemfremder Kritik, die dem Wesen der Psychoanalyse nicht gerecht würde, den Boden entzogen hätte.

Das heißt: der suggestive Prozeß der Interaktion bedarf erst der wissenschaftlichen Aufklärung, um den Status von Psychoanalyse zu bestimmen. Es spiegelt das Niveau der wissenschaftlichen Auseinandersetzung wider, daß derartige Arbeiten zur Klärung des Wissenschaftsstatus vom Diskurs der Psychoanalyse immer noch ausgeklammert werden. Dabei ist die Bedeutung der supportiven Wirkmechanismen in der Psychotherapie, paradoxerweise besonders für das psychoanalytische Verfahren, durch die Psychotherapieforschung längst nachgewiesen worden. So hat die Menninger-Studie (Wallerstein 1986, 1989) gezeigt, daß die eingetretenen Veränderungen sich größtenteils supportiven Faktoren verdanken, das heißt gerade nicht psychoanalytischen Aufarbeitungs- und Durcharbeitungstechniken. Von Bedeutung ist also nicht das, was man den jeweiligen theoretischen Konstruktionen zuschreibt, sondern allein die Güte der Arzt-Patient-Beziehung, in der sich die suggestiven Wirkmechanismen entfalten und für deren systematische Handhabung zur korrigierenden emotionalen Erfahrung des Patienten eine Theorie der Einflußnahme zu entwickeln ist. Im Feld der klinischen Anwendung kommt neben den von uns entwickelten Verfahren systematischer Anwendung von supportiven, störungsspezifischen Interventionstechniken und professioneller Gestaltung des Suggestionsprozesses Fürstenau (1992) das Verdienst zu, in einem analytisch-systemischen Ansatz die Handhabung supportiver Techniken und Interaktionsmodalitäten in der psychotherapeutischen Arbeit als bestimmend für das therapeutische Denken und Handeln konzipiert zu haben.

4.8 Das Ende der Hermeneutik: die Invalidität des Entzifferungsschlüssels und der Subjektivismus des Erzählschemas

Die Konstruktion der analytischen Situation durch das Konstrukt der «falschen Verknüpfung» bedarf konsequenterweise des Prinzips der «Nachträglichkeit», um ein Erzählschema wirksam werden zu lassen. Denn das Konstrukt der «falschen Verknüpfung», das eine falsche Verbindung von jetzt auf früher herstellt, korrespondiert dem Prinzip der «Nachträglichkeit», um eine Geschichte zu erzeugen, bei der die Konstruktionen (Deutungen) des Analytikers das schulspezifische Erzählschema bilden: bei Freud das Erzählschema der infantilen Sexualität, bei Jung das der Archetypen und so fort, in Abhängigkeit der Vorstellungen des Analytikers von der Entwicklung des Menschen. Die übertragungsbedingte Erweckungszeit von Erinnerungen, wie sie sich in der analytischen Situation erzeugen, scheint Erinnerungen als die Konstruktionen des Patienten zu erweisen, die den Konstruktionen des Analytikers entsprechen. Denn der Patient macht, wie wir gesehen haben, seine Mitteilungen im Rahmen der vom Therapeuten angebotenen Übertragungssituation, die ihn unbewußt eine Auswahl des Materials treffen läßt, um den Deutungen des Analytikers zu entsprechen.

Freuds Gleichsetzung von Überzeugung und Erinnerung, daß «eine sichere Überzeugung von der Wahrheit der Konstruktion... dasselbe leistet wie eine wiedergewonnene Erinnerung» (GW XVI, S. 53), bringt uns auf das Suggestionsproblem zurück, auf die überzeugende Einflußnahme des Therapeuten, der dem Patienten das eingibt, was diesem passend ist und ihn an den Therapeuten glauben läßt. Die «Erinnerungen» des Patienten entspringen seiner Überzeugung von der Glaubwürdigkeit des Therapeuten; und dessen Deutungen wiederum führen zu einer ‹historischen Wahrheit› für den Patienten, wenn sich für diesen eine passende Geschichte seiner Motivationen ergibt. Freuds artistische Handhabung des psychoanalytischen Verfahrens, mit dem Patienten in einem Prozeß der Übereinstimmung eine Legende zu bilden, haben wir als ‹Artistenmetaphysik› bezeichnet, die Freud in der Vorstellung der Gestaltung des Lebens als Kunstwerk in die Nähe Nietzsches rückt. Allerdings ist diese Lösung Freuds, den Weg in die Artistik zu suchen, wenn die Konstruktionen die bestätigende Erinnerung des Patienten nicht hervorrufen können und somit die Verdrängungslehre als Grundpfeiler des psychoanalytischen Gebäudes in Frage gestellt ist, das Ende einer hermeneutischen Auffassung von Psychoanalyse. Als Entzifferungsmethode ist sie der Frage nach der Gültigkeit ihres Entzifferungsschlüssels ausgesetzt und gerät wegen dessen Beliebigkeit in die Sackgasse einer hermeneutischen Auffassung, die ihr den Weg zu einer wissenschaftlichen Therapeutik nimmt. Die Vertreter einer Psychoanalyse als bloßer Deutungskunst können sich, was die Gültigkeit des Entzifferungsschlüssels angeht, wissenschaftlich ebensowenig legitimieren wie jene einer positivistischen Auffassung von Einsicht und Suggestion als ‹Omnibusbegriffe›. Beide versperren den produktiven Ausgang aus dem Freudschen Dilemma der «falschen Verknüpfung» und der «Nachträglichkeit», indem sie durch ihre Ignoranz gegenüber der gebotenen Aufklärung des psychotherapeutischen Suggestionsprozesses die notwendige Grundlegung einer Therapietheorie verhindern.

Wenn wir sehen, daß die verschiedenen analytischen Schulen durch verschiedene Entzifferungsschlüssel zu verschiedenen Erzählschemata gelangen, dann scheint es keine Möglichkeit mehr zur Klärung der Verläßlichkeit und Gültigkeit des Schlüssels zu geben, da jede Schule mit ihrem jeweils anderen Schlüssel zu anderen Ansichten, das sind andere Konstruktionen der erzeugten Geschichte, kommt. Psychoanalyse, als bloße Hermeneutik, als Entzifferung von Bedeutungsgehalten verstanden, kann nämlich nicht klären, warum unterschiedliche Entzifferungen gleich wirksam sein sollen und kann auch zu keinen wissenschaftlichen Kriterien für die Bewertung der Entzifferung führen. Denn die einen kommen durch ihre Entzifferung zu den primären Ursachen der sexuellen Konflikte, die anderen finden durch ihre Deutungen die primären Ursachen in Selbst-Defekten, wiederum andere im Geltungsstreben; die verschiedenen Schulen kommen auf empathischem Weg zu ganz verschiedenen ätiologischen Konzepten der Störung. Und die Verwirrung wird noch größer, wenn die Patienten von der einen Schule diagnostisch den Selbst-Defekten zugeordnet werden, während denselben Patienten durch Anhänger einer anderen Schule ödipale Konflikte bescheinigt werden (s. Eagle 1988). Die Klärung der Zuverlässigkeit und Gültigkeit des analytischen Entzifferungsschlüssels ist grundsätzlich nicht möglich, da es sich bei den unterschiedlichen Deutungen, wie wir gezeigt haben, um Konstruktionen handelt, die im nachträglichen Verständnis ein fiktional Vergangenes erzeugen – und nicht ein empirisch Vergangenes. Denn bei unterschiedlicher, nachträglicher Deutung eines empirisch Vergangenen läßt sich der wirkliche Wahrheitsgehalt an den empirisch vorfindlichen Dokumenten nachprüfen und stellen die verschiedenen Entzifferungen nur die potentiell verschiedenen Aspekte der aufgefundenen Dokumente dar. Im Gegensatz zum fiktional Vergangenen analytischer Archäologie, die nur eine historische Wahrheit verbürgt, führt die empirische Archäologie zu einer tatsächlichen Rekonstruktion aus realen Erinnerungsstükken.

Die Tatsache der fehlenden Kriterien für die Zuverlässigkeit und Gültigkeit des Entzifferungsschlüssels scheint für die Repräsentanten der verschiedenen analytischen Schulen kein Problem zu sein; sie sehen auch darin kein Problem, daß Analytiker auf unterschiedlichen Wegen in der Therapie gleich wirksam sein sollen. Bei aller Verschiedenheit des Entzifferungsschlüssels ist es scheinbar für Analytiker von größerer Bedeutung für die Beurteilung der Wirksamkeit, daß man sich in der Zugehörigkeit zu einer analytischen Gemeinschaft verbunden weiß und dafür Sorge trägt, seine Theorien so zu formulieren, daß sie aus dem Konsens der jeweiligen psychoanalytischen Sprachgemeinschaft nicht herausfallen. Dabei sind die Kämpfe um den Monopolanspruch der Gründer auf die Geltung ihres Schlüssels bestimmend für das ‹geistige Leben› der Vereinigung, deren Psychodynamik vom Opfer-Verfolger-Schema in der Auseinandersetzung um die Anerkennung geprägt ist; außer der Jungschen Psychoanalyse, die schon von ihrer Konzeption her eine Domäne weiblich-rezeptiver Lebenspsychologie wurde.

Ein gewisser Zynismus ist in der Frage der Relevanz des Schlüssels nicht zu übersehen: wenn alle zu irgendeiner Wirksamkeit kommen, dann stellt sich auch für keinen die Frage nach den Kriterien der Bewertung der Wirksamkeit, ob eben die Wirksamkeit das Ergebnis einer richtigen Entzifferung ist oder allein eine Auswirkung der therapeutischen Beziehung. Einer der Hauptvertreter der Psychoanalyse als hermeneutischer Disziplin, Ricœur, wendet sich nicht zufällig so vehement gegen die Klärung des Suggestionsproblems als jener «krude Einwand», weil er damit vermutlich die Untersuchung der Voraussetzungen und Wirkmechanismen der therapeutischen Kommunikation abweisen möchte. Denn es gibt in dieser Hinsicht nur zwei Untersuchungswege: der eine führt als Gegenstand der Untersuchung zur Relevanz des Deutungsschlüssels, der andere führt als Gegenstand der Untersuchung zur Relevanz der Persönlichkeitsvariable des Therapeuten. Wenn man sich mit dem ungeprüften Glauben begnügt, daß alle Schlüssel irgendwie wirksam sind, dann braucht man die Anschauungen eines Therapeuten und deren Genese, den Wahrheitscharakter seiner Überzeugungen nicht zu untersuchen; und zugleich scheint es nicht notwendig zu sein, die Auswirkungen der Persönlichkeitsvariable ‹Therapeut› zu prüfen und darüber eine Theorie der Therapie zu entwerfen. Es wird nämlich nicht differenziert, ob Deutungen wirksam sind, welche Theorien mit wirksamen Deutungen arbeiten und ob nicht jede Wirksamkeit aus der therapeutischen Beziehung, aufgrund der Persönlichkeitskomponenten des Therapeuten, herzuleiten ist. Die Reduktion der Psychoanalyse auf eine hermeneutische Disziplin hat zu einer verheerenden Relativierung der Wahrheitsfrage geführt, und wir haben im Verlauf unseres bisherigen Diskurses unter Rückgriff auf die Freudschen Vorstellungen das einzig wirksame Agens der Psychotherapie in der Beziehung zum Arzt gesehen. Dabei wurde auch deutlich, daß psychoanalytische Konstruktionen, auch differentester Art, durch die Zirkularität der Übertragungssituation sich ständig selber beglaubigen.

Die Schlüsselgewalt der Entzifferung hatte die Psychoanalyse Freuds so lange in Händen, wie andere Analytiker nicht ihrem eigenen Gesetz folgten, sondern sich seinen Schlüssel übertragen ließen. Erst mit dem Kampf um das Monopol des Schlüssels traten unterschiedliche Möglichkeiten der Entzifferung in Erscheinung, und der gemeinsame Glaube an den einen Schlüssel Freuds war damit zerbrochen. Zugleich legt aber die Tatsache verschiedener Entzifferungsschlüssel für die Wissenschaft ein kritisches Bewußtsein offen über die Möglichkeit differenter Bedeutungszuschreibungen im analytischen Prozeß. Wäre Freud also im Alleinbesitz eines Entzifferungsschlüssels geblieben, dann hätte das Freudsche System so lange Bestand gehabt, wie es geglaubt worden wäre und bis durch andere, neue Erkenntnisse sein weiterer Bestand unhaltbar geworden wäre. Verhängnisvoll für die Entwicklung der psychoanalytischen Wissenschaft war der von vornherein als Glaubensstreit ausgetragene Kampf um das Monopol des Schlüssels, statt daß die Differenzen in der Entzifferung das wissenschaftliche Fragen nach ihrer Entstehung und Geltung provoziert hätte. Die Frage nach dem spezifischen und individuellen Schlüssel, der die kommunikative Szene im therapeutischen Prozeß erschließt, indem jeweils bestimmte Bedeutungen übertragen werden, muß sich auf die Untersuchung der Anschauungen und deren Genese richten und prüfen, wie sich die Ansichten des jeweiligen Schulengründers gebildet haben und zu Überzeugungen von Wahrheitscharakter werden konnten. Diese Überzeugungen vom Wahrheitsgehalt seiner Ansichten waren nämlich die Voraussetzung dafür, daß die Patienten und Schüler ihm glaubten und darin folgten, sich die gefundenen Anschauungen übertragen zu lassen und ihrerseits auf Patienten und Schüler weiter zu übertragen.

Offenbar haben die Gründerväter der Psychoanalyse die Theorie des psychischen Apparats je nach dem Bild ihres eigenen (Anzieu 1990, II, S. 524) geschaffen und nach diesem Ähnlichkeitsprinzip ihre Anschauungen den Analysanden und Schülern übertragen. Freuds Erfindung des Konstrukts der «falschen Verknüpfung», das er beim Studium der hysterischen Frauen gewann, entsprach in seinem hysterischen Spaltungsmechanismus der «hysterophobischen Struktur» des Menschen Freud, mit dem er den Patienten in die für ihn notwendige Entfernung von sich brachte: «Der Patient wird in die richtige Entfernung zum Psychoanalytiker gebracht, der ihn sehen, aber nicht berühren kann; er liegt auf der Couch, den Rücken dem Therapeuten zugewandt, das heißt unschädlich gemacht» (Anzieu, ebd.).

Der Anfang der Freudschen Psychoanalyse ist das Konstrukt der «falschen Verknüpfung», und die Entfaltung seiner Theorie verdankt sich seiner Selbstanalyse, die all jene weiteren Erfindungen des analytischen Vorgehens und ihres Systems mit sich brachte. Zwischen den «Studien zur Hysterie» und der Darstellung des Falles «Dora» fallen Freud während seiner Selbstanalyse all jene Erfindungen zu, die er im Verlauf seines Werkes ausgestaltet hat: Freud ist Anzieu (ebd., S. 507f) zufolge jetzt imstande, Träume zu deuten, den Sinn von Fehlleistungen zu erraten; er ist sich der infantilen Sexualität und ihres polymorph-perversen Charakters sicher, hat zu ihr einen Schlüssel im Ödipuskomplex zur Hand, entdeckt die Urszene, die Kastrationsangst, den Autoerotismus und weiß um die nachträgliche pathogene Wirkung eines psychischen Traumas. Freuds Selbstanalyse, jenseits der üblichen romantischen Dramatisierung gesehen, scheint weniger ein Mittel der Selbsterkenntnis als ein Instrument zur Erkenntnis der Arbeitsweise des psychischen Apparats gewesen zu sein, wie es in der Natur von medizinischen Selbstversuchen lag und immer noch liegt, die Arbeitsweise des Organismus oder die Wirkungsweise eines Medikaments zu überprüfen. Bemerkenswert an seiner Selbstanalyse war der «Geisterdialog», den er mit dem phantasierten «Doppelgänger» Fließ führte; vielmehr aber die Vergegenwärtigung seiner «Kindheitserinnerungen», die er in Gesprächen mit seiner Mutter in Übereinstimmung brachte, so daß der Mutter Freuds die eigentliche mäeutische Funktion der Freudschen Entdeckungen zuzukommen scheint: die Mutter gab ihm die passenden Ergänzungen zum «nachträglichen» Verständnis seiner eigenen Geschichten und stellte mit ihm ungewußt die Bedingungen der analytischen Dialogsituation her. Die Bedeutung der Beziehung von Freud zu Fließ, die dramatisierend als latentes homosexuelles Problem aufgeladen wurde, scheint für seine Selbstanalyse eher den Wert einer narzißtischen Echofunktion gehabt zu haben. Die lärmende Aufmerksamkeit um diese Beziehung steht im auffallenden Gegensatz zum fehlenden Interesse an der Bedeutung von Freuds Mutter bei der Durchführung seiner Selbstanalyse.

Freuds Überzeugungen seiner Ansichten haben sich gebildet bei dieser Selbstanalyse, deren Konstruktionen er nach dem Ähnlichkeitsprinzip aufgrund des eigenen, selbstgeschaffenen Bildes auf seine Patienten und Schüler übertragen hat. Die Anschauungen Jungs von den Archetypen, Adlers vom Geltungsstreben entspringen in gleicher Weise Anschauungen nach dem eigenen Bild, die ihre Entsprechung durch Übertragung auf

Patienten und Anhänger gesucht und gefunden haben. Jungs Faszination vom archaisch-religiösen Komplex scheint ähnlich wie Freuds Faszination vom sexuellen Komplex auf eine besondere Beziehung zum maternellen Element hinzuweisen; mit dem Unterschied, daß die persönlichen und historischen Zufälle eines Schweizer Bürgers zu anderen Anschauungen führen als die eines assimilierten, agnostischen jüdischen Arztes in Österreich-Ungarn.

Das Freudsche Erzählschema der infantilen Sexualität unter der Perspektive des Ödipus hat sich im «nachträglichen» Verständnis seiner Selbstanalyse gebildet, die das Vorbild abgab für die Konstruktion der analytischen Situation und für die Bedeutungzuschreibung in der Erzeugung der infantilen Sexualität seiner Patienten. Freuds Überzeugungen wirkten um so glaubwürdiger für seine Anhänger, weil sie an sich selbst gewonnene Einsichten zu sein schienen, und von dieser Erprobung im Selbstversuch ging eine bis heute anhaltende, besondere Faszination zur Identifizierung für Anhänger und Patienten aus. Freuds Theorie bot sich um so mehr zur Identifizierung an und war von stärkerer einleuchtender Kraft (Evidenz) als die Theorien Adlers oder Jungs, weil er mit seiner libidinösen Entwicklungstheorie den Bedürfnissen des Subjekts in der Moderne nach Selbstentwicklung und sexueller Emanzipation entgegenkam, mithin das Ideal der Zeit erfüllte von individualistischer, geschlechtsbestimmter Selbstautorisierung.

Psychoanalyse kommt mit dem Prinzip der «Nachträglichkeit» nicht zu neuen Erkenntnissen, sondern zu immer neuen fiktiven Geschichten, die dem Subjekt zur Fiktion von Selbstbildung verhelfen: psychoanalytische Tätigkeit geht in literarischer auf, und ihre Krankengeschichten werden zu bloßer Literatur. Was bei Freud und der ersten Generation von Analytikern noch als kreativer Fiktionalismus gelten kann, läuft heute in Klischees stereotyper Fallgeschichten aus und dient der Selbstdarstellung der Psychoanalyse wie der Selbstpräsentation der Patienten.

Die Affinität der Psychoanalyse zur Literatur und Literaturwissenschaft ergibt sich aus dem Novellencharakter ihrer Fallgeschichten. Die Einschließung der Psychoanalyse in die Sprache und ihre Verobjektivierung als Gegenstand der Sprachforschung hat gerade durch die Lacansche Schule zu einem ungeheuer ästhetisierend-rationalisierenden Diskurs geführt, bei dem die Psychoanalyse zu einem Algorithmus geworden ist und die Triebökonomie mit ihrer biologischen Basis zu einem grammatikalischen Thema. Die Wendung der Psychoanalyse zum Literarischen kennzeichnet den Hauptstrom nach Freud, vor allem in den neueren Entwicklungen zu einer Selbst-Theorie als Rückzug in die intimistische Subjektivität; auch wenn in einem Nebenstrom die Überführung der Psychoanalyse in den Kanon der positiven Wissenschaften gesucht wird.

Der Hauptstrom der psychoanalytischen Bewegung repräsentiert sich weiter in Erzählungen, die ihre psychoanalytischen Erklärungen für die Verifizierung ihrer Annahmen hält. Und diese Erzählungen sind paradoxerweise vom Analytiker verfaßte Autobiographien seiner Patienten und entsprechen den Erwartungen, die das Subjekt der Moderne an die Psychoanalyse als Ort der Selbstreflexion stellt. Ein bestimmender Zug der Fallgeschichten ist ihr Anspruch auf umfassende Beschreibung, wie wenn die Wahrheit der Geschichte sich mit der Ausführlichkeit von selber ergeben würde.

Die Psychoanalyse hat sich in einen sekundären Diskurs endloser Erzählakte[46] aufgelöst, der die ursprünglichen schöpferischen Akte ihrer Gründer selbst dekonstruiert hat in einem nichtigen Jargon von Standardsätzen: die Freudschen Novellen sind heute versandet in Kriminalkolportagen, in denen man den Urhebern des Übels detektivisch, in ununterbrochen fortgesetzter Überführung auf der Spur bleibt. Psychoanalyse ist im Kontext der «nihilistischen Logik» der Zeit, der «umfassenden Krise des Wortes» (Steiner) zu sehen und Bestandteil des zeitgenössischen Sprachzerfalls geworden, an dem Karl Krauss zeigt, «wie sich eine Zivilisation buchstäblich elendiglich ‹zu Tode redet›» (in: Steiner 1990, S. 152).

Mit der Freudschen Novelle vom «Wolfsmann» ist die Absage an den Wissenschaftscharakter der Psychoanalyse endgültig niedergelegt, auch

---

46 Es geht in der «idealen Sprachgemeinschaft» der Moderne, die sich als Gesellschaft «kommunikativen Handelns» präsentiert, nicht darum, zu erzählen; es geht, wie in der de Sadeschen Gesellschaft, darum, zu erzählen, daß erzählt wird, und daß der Fluß der Erzählung niemals abreißt. Es ist die Fiktion von Macht und Herrschaft, die sich repräsentiert in der Verfügung über die nicht abreißende Wortproduktion: der endlose Informationsausstoß der Moderne. Psychoanalyse steht im Kontext dieser Kommunikationsgesellschaft, in der die permanente Rede als sprechendes Handeln letztes Residuum eines Fortschrittspathos ist, das die Sprachentleerung in einem allgemein verpflichtenden Kommunikationszwang verdeckt. Das bodenlose Gerede, dem längst die Worte ausgegangen sind, läßt dem Subjekt nur die Möglichkeit einer ästhetischen Rebellion des Schweigens gegen die Entfremdung seiner Wahrnehmung.

wenn Freud noch manchen Versuch unternimmt, die Wissenschaft in der Psychoanalyse zu retten; aber die Demontage des Wissenschaftsanspruchs muß ihm durch die Einführung seiner Erzählprinzipien der «falschen Verknüpfung» und «Nachträglichkeit» bei der Novelle des «Wolfsmanns» klargeworden sein, bei deren Abfassung er das beweiserhebende Verfahren bestätigender Erinnerungen, nach dem Kanon der positiven Wissenschaften, fallenlassen mußte. Mit dem «Wolfsmann», nicht zufällig die letzte Fallgeschichte (1918!), ist Psychoanalyse als literarische Gattung entbunden, und seither ist es auch nicht mehr möglich, Fallgeschichten anders zu begreifen als Novellendichtungen: nach dem «Wolfsmann» hat sie sich als Erzählmethode etabliert, mit der Lebensgeschichten für das Subjekt schultypisch konstruiert werden; aber nach Freud lebt sie in dem ungebrochenen Selbstverständnis weiter, wie wenn sie eine wissenschaftlich zu fundierende, tatsächliche Rekonstruktionsarbeit leisten würde. Eine Revolutionierung steht der Psychoanalyse als psychotherapeutische Disziplin noch aus, wenn sie sich mit ihrer als Übertragung wirkenden Suggestion wissenschaftlich auseinandersetzen und sich den daraus ergebenden Fragen nach Begründung einer Einflußtheorie stellen muß. Ohne die Anerkennung der Tatsache, daß die Wirkmechanismen der Suggestion den therapeutischen Prozeß bedingen und daß störungs- und strukturspezifische Interventionsstrategien letztlich behandlungstechnisch wirksam sind, kann es für eine psychodynamische Theorie keine wissenschaftliche Berechtigung mehr geben; das heißt aber auch, sich von der Illusion einer universell und überindividuell anwendbaren Deutungsmethode als Schlüssel und Mittel der Behandlung für alle Phänomene und Strukturen zu befreien. Im Augenblick sieht es so aus, als ob Psychoanalyse in einem allgemeinen Literaturbetrieb aufgehen würde, denn der Hermeneutismus der Psychoanalyse hat sich den Literaturwissenschaften zur willkommenen Vereinnahmung angeboten. Die Entwicklung der psychotherapeutischen Wissenschaft ginge dann an einer Psychoanalyse vorbei, die sich im selbstgewählten Ghetto einer sektiererischen Bewegung auf der Abseite des Lebens und der Welt eingeschlossen hätte.

4.9 Der Methodismus der ‹zeitgemäßen› Therapieforschung: von der narrativen Kunst zur Datenbank

Wenn sich das wissenschaftliche Schicksal der Psychoanalyse entschieden hat mit der letzten Novelle Freuds («Wolfsmann») und ihre Fallerzeugung als literarischer Prozeß offenkundig ist, dann muß sie zur wissenschaftlichen Statusbestimmung die Bedingungen ihres Sprachhandwerks klären. Dazu gehört nicht nur die Analyse ihrer Beobachtungsbedingungen (analytische Situation) und die daraus sich ergebende Deutungspraxis; vielmehr noch die Reflexion der konstitutiven Elemente des jeweiligen Entzifferungsschlüssels und der dadurch bewirkten Erzeugung der Fallgeschichte. Die Untersuchung der Konstruktionsprinzipien der Dialogsituation hat im Gang unseres Diskurses erwiesen, daß das Begreifen in der Psychoanalyse ein nachträgliches Verständnis ist, eine Bedeutungszuschreibung in der verspäteten Bedeutungsübertragung, und daß die Klärung der Zuverlässigkeit und Gültigkeit des analytischen Entzifferungsschlüssels grundsätzlich nicht möglich ist, da es sich bei den schulenspezifischen, unterschiedlichen Deutungsansätzen um Konstruktionen handelt, die ein fiktional Vergangenes erzeugen und nicht ein empirisch Vergangenes. Es zeigte sich, daß Erinnerungen nur als funktionales Phänomen der analytischen Situation zu begreifen sind und die rekonstruktive Arbeit bloß Konstruktionen bezeichnet, die als «Rückphantasieren» den Charakter von «Deckerinnerungen» haben. Und die unterschiedlichen Erzählschemata der Psychoanalyse unter der Perspektive des Ödipus, der Archetypen und so fort sind Folge der differenten Entzifferungsschlüssel. Wenn aber eine narrative Wahrheit so gut wie die andere ist, erübrigt sich die Frage nach der Relevanz des Schlüssels, da die verschiedensten Konzepte zu irgendeiner Wirksamkeit führen können; dann entfällt auch die Frage, ob die Wirksamkeit das Ergebnis einer richtigen, theorieadäquaten Entzifferung ist oder nur die Auswirkung einer supportiven Beziehung, die für jede Arzt-Patient-Kommunikation maßgebend ist: es ist die allgemein als Übertragung wirkende Suggestion. Und dieser suggestive Prozeß, «Grundtatsache des menschlichen Seelenlebens» (Freud GW XIII, S. 96), ist ein Basistheorem und das konstitutive Element jeder therapeutischen Kommunikation. Die wissenschaftliche Frage kann also nicht lauten: was hat sich verändert; denn dies entspräche der unspezifischen Wirkung eines jeden kurativen Prozesses. Die Frage muß vielmehr lauten: warum hat sich etwas verändert, und wie hat es sich verändert? Dieses Vorgehen prüft die Theorie auf ihre Bewährung und die Gültigkeit ihrer Anwendung und konfrontiert die theoretischen Aussagen mit den Ergebnissen des Prozesses. Bei der bisherigen Psychotherapieforschung ist noch nicht einmal der Versuch unternommen worden, die supportiven Techniken und Wirkungen eines Verfahrens von den spezifischen, auf Einsicht zielenden psychoanalytischen Verfahren zu differenzieren und zu eruieren, welchen Bedingungen der therapeutische Prozeß folgt. Freilich hätte dies zur Voraussetzung, das Suggestionsproblem als Grundphänomen der Interaktion nicht mehr bänglich zu meiden und es als zentralen Gegenstand der Theoriebildung anzuerkennen.

Notwendigerweise wird so lange eine Therapietheorie auf sich warten lassen, wie das suggestive Phänomen nicht theoretisch gefaßt wird, und insofern ist auch nicht zu erwarten, daß eine «Theorie der Therapie… nach sorgfältig dokumentierten Behandlungsberichten über Verlauf und Ergebnis zu fundieren» (Kächele 1993, S. 39) wäre. Eine Theorie der Therapie fällt nicht wie Schlacken vom Dokumentationsverfahren ab, und der Weg zu ihrer Fundierung ist sicher auch nicht über eine Datenbank zu erreichen. Der wissenschaftliche Erkenntnisprozeß verdankt sich immer noch den phantasievollen Fragestellungen, ‹ungerechtfertigten› Hypothesen, theoretischen Vorannahmen, die den Forscher nach Überprüfung drängen: der Mensch erkennt die Welt weniger durch das, was er ihr entnimmt, vielmehr durch das, was er ihr an Vorstellungen hinzufügt.

Wir nehmen es nur symptomatisch, wenn wir die Bemühungen jener Stätte des Reduktionismus zitieren, die der Psychoanalyse ein zeitgemäßes Kleid schneidern will, ohne sich um die Herstellung des Stoffes für diese Disziplin zu kümmern. Die Anstrengungen der «Ulmer Werkstatt» (Thomä und Kächele 1986 und Kächele 1992), die wissenschaftliche Klärung der Psychoanalyse auf dem Weg der empirischen Prozeßforschung herbeiführen zu wollen, ist ein bemerkenswerter wissenschaftlicher Standpunkt: es ist die Kunst, die substantiellen Phänomene dieser Wissenschaft verschwinden zu lassen und zugleich den Anspruch auf den forschenden Geist der Psychoanalyse zu reklamieren. Wie weit dieses Kunststück geht, zeigt sich an der Ersetzung der Wahrheitsfrage gegenüber den analytischen Sätzen durch methodische Manöver, das wissenschaftliche Denken formal zu erledigen durch immer weitere methodische Detailverschiebung. Derartige Bemühungen haben sich emanzipiert vom altmodischen Ringen um die Wahrheitsfrage, das im Lichte dieses neuen Wissenschaftsverständnisses «hoffnungslos veraltet, überholt und hinterwäldlerisch» erscheint – so A. E. Meyer über das methodische Niveau der «main-stream-Psychoanalyse». Die Behandlung der Wahrheitsfrage scheint sich nach der Meinung jener Forscher auflösen zu lassen in die Relativierung beliebiger Standpunkte von «Nein-Sagern», «Ja-Sagern» und «Freud-Sagern» (Kächele); wobei Freud, Original des psychoanalytischen Denkens, als Maßstab für den Geltungsanspruch der Psychoanalyse und ihrer theoretischen Bewährung abgesetzt wird; das heißt, mit der Abschaffung des Freudschen Denkens kann man sich der Befragung des analytischen Systems entledigen. Erstaunlicherweise soll eine Formalisierung, die Anwendung eines unspezifischen Methodenarsenals, einen Wissenschaftsstatus kreieren, also das leisten, was gemeinhin Voraussetzung des wissenschaftlichen Denkens vor der Anwendung von Methoden ist: die Klärung der konstitutiven und spezifischen Begrifflichkeit des in Frage stehenden Wissenschaftssystems. Dieser theorielose Empirismus nötigt zu der Frage, wie man glauben kann, etwas zu finden, das über korrelationsstatistische Aussagen hinausgeht; es sei denn, solche Aussagen werden wie Kausalitäten gehandhabt.

Werden die psychoanalytischen Grundbegriffe, ihre sogenannten ‹Spezifika›, in ‹Omnibusbegriffe› aufgelöst, wie es jene Forscher kühn avisieren, erübrigt sich allerdings die wissenschaftliche Klärung des psychoanalytischen Standorts. Die versuchte Legitimation über empirische Verifikation ist eine ungewöhnliche Modifikation des Wissenschaftsprozesses, da Psychoanalyse, wie jede andere Wissenschaft, auf solchem Weg ihre sogenannten ‹Spezifika› nicht zu klären braucht und dadurch die Untersuchung ihrer ‹Ingredienzen› umgehen kann. Die Frage nach dem Inhalt der sogenannten ‹Ingredienzen› fällt jedoch auf den Forscher unausweichlich zurück, da wissenschaftliche Erkenntnis durch methodisches Handwerk nicht zu haben ist. So bleibt der Forscher weiterhin konfrontiert mit dem unliebsamen Anspruch der Psychoanalyse, der ihn in einen unauflösbaren Widerspruch zu seinen Bemühungen um die Anpassung an die konventionelle Wissenschaftsdoktrin bringt. Der Weg einer derart substanzentleerten Wissenschaft, die sich in der Beliebigkeit methodischer Formalisierung gefällig macht, führt allerdings zu einem oberflächlichen Konsens mit der Ideologie der Forschergemeinschaft und vorübergehend zu der angestrebten Anerkennung.

Das Dilemma der Psychoanalyse als rhetorischer Disziplin und deren wissenschaftliche Anerkennung wird damit nicht gelöst; vielmehr bedeutet ihre Überführung in die Technologie methodischer Anwendung die Ausklammerung der für die Psychoanalyse heute mehr denn je notwendigen wissenschaftlichen Statusbestimmung. Psychoanalytische Forschung, die ihren Gegenstand verloren hat und statt dessen bloße methodische Aufbereitung betreibt, hat sich zur Als-ob-Forschung gemacht, mit der sich zwar quantifizierend nachweisen läßt, daß etwas ist, aber nicht, warum und wie es ist: dieses überholte Quantifizierungsdenken folgt einem Methodenfetischismus, bei dem die richtige Handhabung der Methode an die Stelle der Prüfung von wahren oder falschen Sätzen im erkenntnistheoretischen Sinne gesetzt wird. Daß Wissenschaft nicht denkt, wie Heidegger sagt, könnte an solchem Forschungsunternehmen exemplarisch gemacht werden. Wir wollen aber bei dieser Absenz wissenschaftlichen Denkens nicht von wissenschaftlichem Nihilismus sprechen, mit dem sich diese Forschung vor der Wissenschaftsgemeinschaft und den Geldgebern legitimieren zu können glaubt. Auch der Positivismusvorwurf wäre für jene Forscher eine wünschenswerte Ablenkung davon, daß die psychoanalytische Mimikry an die positiven Wissenschaften nur die intellektuelle Dürftigkeit des Theorieverständnisses verdeckt: die Axiomatisierung des Settings als a priori psychoanalytischer Praxis wird, gleich wie in der Orthodoxie, überhaupt nicht zur Diskussion gestellt und damit die basalen Bedingungen des psychoanalytischen Prozesses nicht reflektiert; vielmehr werden die ‹Methoden› der freien Assoziation und der gleichschwebenden Aufmerksamkeit als kommunikationstheoretische Vorgaben verklärt und das psychoanalytische Behandlungsarrangement zum Gegenstand von Grundlagenwissenschaft hochstilisiert. Das heißt: die Einrichtung der psychoanalytischen Situation als Deutungsrahmen des Prozesses, die Erkenntnisprinzipien der «falschen Verknüpfung» und der «Nachträglichkeit» werden erst gar nicht erkenntniskritisch diskutiert.

In naiver Weise läßt der Wissenschaftler «die psychoanalytische Therapieforschung» dort beginnen, wo «der Patient den Behandlungsraum verlassen hat und der Analytiker sich an seinen Schreibtisch setzt» (Kächele 1992, S. 264). Die Frage, wie die Ergebnisse zustande kommen, die der Forscher am Schreibtisch bearbeitet, stellt sich erst gar nicht, nämlich die Frage nach den Voraussetzungen und Bedingungen seiner Beobachtung. Denn die sogenannte «dyadenspezifische Wahrheit», die auf den

Weg zu nomothetischen Aussagen gebracht werden soll, vollzieht sich in der Validität des analytischen Tuns auf der Basis «intuitiver Gewißheit». Wie Lorenzers tiefenhermeneutische Sprachanalytik sich am Ende erübrigt auf ein triviales Evidenzgefühl in der Bestimmung des Verstehensprozesses, so endet Kächele in der trivialen Plausibilität «intuitiver Gewißheit». Den wissenschaftlichen Anstrengungen der «Ulmer Werkstatt» ist es schließlich gelungen, daß es nach einem «langen Marsch am Rande der institutionalisierten Psychoanalyse» zu ihrer «Anerkennung durch die Institution IPV» gekommen ist und der Psychoanalyse zu einem zeitgemäßen Anstrich verholfen werden konnte.

Der Hermeneutismus der psychoanalytischen Orthodoxie wie der Methodismus der Therapieforschung sind Fluchten vor der Auseinandersetzung der von Freud überkommenen Theorie und zugleich Widerstand gegen eine dekonstruktiv notwendige, produktive Statusbestimmung: die Wissensverwaltung durch den analytischen Apparat hält sich ans Vergangene, die Wissenschaftsbürokratie [47] der Empiristen erwartet von immer detaillierteren methodischen Ansätzen, sogenannten ‹mikroprozessualen Analysen›, die Lösung in der Zukunft. Beide Richtungen verschließen sich der Reflexion über die Bewährung der Theorie, so daß die Hermeneuten in der durch ihre Deutungen geschaffenen Realität die Bestätigung für ihre theoretischen Annahmen sehen und die Empiristen die Bestätigung der Theorie in der Feststellung von allgemeinen Veränderungen finden können. Denken als Wühlarbeit unter den eigenen Füßen steht der Psychoanalyse noch aus, die es bis heute vermieden hat, ihre Basistheoreme zu reflektieren: Zurück-zu-Freud ist kein Weg, wie die psychoanalytischen Reformisten Nach-Freud keinen Ausweg eröffnen, und die Empiristen Über-Freud-hinaus einer Logik des Nihilismus erliegen, indem sie den theoretischen Ballast als «Essentialismus» über Bord geworfen haben. Mit-Freud sind die Grundlagen des von ihm eingerichteten Denkens und Verfahrens auseinanderzusetzen und hinzunehmen, daß die psychoanalytische Konvention nicht weiter aufrechterhalten werden kann und eine wissenschaftlich zu begründende Psychotherapeutik ihr theoretisches Fundament erst schaffen muß. Freuds Denken als

---

47 Dieser Verteilungsapparat ist ein sich selbst produzierendes und erhaltendes System, nach dessen Kriterien der wissenschaftliche Maßstab durch die von diesem System gestellten Gutachter in den Forschungsförderungsgesellschaften vorgegeben wird.

Wiedereinführung des Physis-Denkens und die durch ihn wiedergewonnene konnaturale Erfahrung nach der cartesianischen Zäsur, diese großartige Leistung Freuds – im gleichen Rang mit Nietzsche, Bloch und Heidegger – wird davon unberührt ihren Platz in der Kulturgeschichte einnehmen.

4.10 Ein Epilog: die Heimsuchung der Erinnerung und die Wiederholung als gegenwärtige Neuschöpfung

Die Grenzenlosigkeit des analytischen Sprechens im unermeßlich scheinenden Raum der Seele zeigt Psychoanalyse in einer Tradition, die bei de Sade beginnt und durch Rousseau zur historischen Wirksamkeit gelangt. Die narrative Erwartung der Selbstkonstituierung des Subjekts durch ein nicht abreißendes Selbstgespräch entstammt dem mit Rousseau in die Welt gekommenen neuen Diskurs der Selbst-Erfahrung des Subjekts: in einer endlos fortlaufenden Erzählung notgedrungen alles zu sagen und durch dieses rücksichtslose und lückenlose Bekenntnis eine Selbst-Vergegenwärtigung herzustellen, in der sich unmittelbar die Wahrheit eines authentischen Ich einstellt. Die Rückkehr Rousseaus zu einer unbedingten Transparenz der Seelen soll die Selbstbefreiung von der menschlichen Lüge sein und über die restlose Aufklärung aller Übel zu einer Restitution des Menschlichen führen, in der am Ende das Natürlich-Gute als Ursprung menschlichen Handelns erscheint. Der Rousseausche Diskurs von der Wahrheit des Ursprungs zeigt diesen ähnlich situiert wie den Freudschen Diskurs vom Ursprungsdenken, und beiden ist die fiktionale Selbst-Ergriffenheit eigen und die unbedingte Trennung der Wahrheit des Ursprungs von der Wahrheit der Tatsachen. Die Wiederholung der Erinnerung des natürlichen Vorfalls, die Heimsuchung durchs Gewesene, stellt sich im Rousseauschen Diskurs wie im analytischen Prozeß als Absage ans Gegenwärtige dar. Und diese Entfernung empirischer Gegenwart schlägt das Subjekt in die Ohnmacht der Erinnerung als Sehnsucht nach ursprünglicher Ganzheit. Die romantische Tradition der Psychoanalyse als literarischer Gattung scheint uns eindeutig zu sein, auch der darin liegende Rückzug von der handelnden Auseinandersetzung mit der Welt auf den inneren Raum endloser Selbstbespiegelung.

In der Vorstellung von Tiefenhermeneutik klingt der Zauber der Tiefe an und zeigt sich das antiaufklärerische, romantische Erbe der Psychoanalyse, das ihr am Ende ihrer Entwicklung wiedergekehrt ist im Anruf der Tiefe einer mystischen Selbst-Theorie. Die Verführung vom Zauber der Tiefe zeigt sich in der Entrückung des Subjekts durch die analytische Arbeit in immer tieferen und immer weiter zurückreichenderen Dimensionen der Selbst-Erfahrung, die in Fallberichten und Selbstdarstellungen von Analysanden als Faszinosum der Macht des Unbewußten erscheint. Das Aufgeben der Konflikttheorie durch die Selbstpsychologie und die Erklärungsansätze von Selbst-Defekten und Entwicklungsstillständen aufgrund von Mangelzuständen sind der Rückzug von der Dialektik zwischen Konflikt und Konfliktfolgen, den Entwicklungsdefekten, und stehen in Korrespondenz zum Rückzug von der empirischen Wirklichkeit sozialer und gesellschaftlicher Antagonismen. Diese können ebenfalls zu Entwicklungsstillständen und Defekten führen im Gesellschaftskörper aufgrund von Mangelzuständen, die doch ihre Ursachen in realen sozialen Konflikten haben. Psychoanalyse hat sich durch die Regression in Theorie und Praxis zu einem mystagogischen Instrument für das moderne Subjekt gemacht und repräsentiert eine Macht der Vorspiegelung, der Tiefenrede ohne Tiefe, der Täuschungen und Fiktionen im Angebot reparativer Restitution des Selbst. In dieser Rückkehr zu den Ursprüngen liegt die totalitäre Tendenz einer Anrufung des Absoluten, und die gesellschaftlichen Phänomene der immer sektiererischer sich darstellenden Bewegungen mit den ihr zugehörenden ‹Führerdarstellern› zeigen, wo das Subjekt der Moderne enden kann, wenn es von der Heimsuchung solcher ‹Erinnerungen› geschlagen ist.

Das gelebte Leben der Gegenwart scheint so undeutbar geworden zu sein, daß es der zunehmenden Inanspruchnahme «therapeutischer Entsorgungsstationen» (Mattenklott 1992, S. 104) bedarf, um durch Erinnerungsarbeit den verlorenen Sinn im vergangenen Leben zu suchen. Wenn die Zukunft abgeschnitten ist, wird die Lebensbewegung invers, nimmt die Kindheitsgeschichte den zentralen Platz in der Lebensperspektive ein. Vergangenheitsbewältigung wird zum subjektiven Lebensideal, wie es sich im Gesellschaftsprozeß darstellt als «Vergangenheitsbewältigung durch Trauerarbeit, dieser Repertoire-Nummer deutscher Kulturinstitutionen» (Mattenklott ebd., S. 102), die sich immer schon moralisch legitimiert weiß und dabei übersieht, daß sie einer Erinnerungskultur unterliegt, die nur noch «Botschaften aus Retrograd», jenem retrospektiven Jenseits, sendet: «Das Echo aus dem gelebten Leben kann die ereignislose Gegenwart freilich nur scheinhaft beleben»

(Mattenklott ebd., S. 103). Die vielfältigen Formen des zeitgenössischen Vergangenheitskultes, dem auch Psychotherapie dient, verdanken sich der Absage an die Gegenwart, deren Anwesenheit, das «da sein»[48]: die konkrete, buchstäbliche, wirkliche, tägliche Welt, das Subjekt nicht mehr in Anspruch zu nehmen scheint.

Die Verwurzelung des Menschen in der konkreten zeitlichen Welt, in der alltäglichen Sache, hat Kierkegaards[49] Denken in der Aversion gegen

---

48 Steiner 1990, S. 138. Daß die Welt «da» ist, diese Faktizität der Welt liegt jedem Akt des Erkennens voraus: «‹Er-kennen› gibt es genau deshalb, weil das Seiende von vornherein da ist» (S. 91). Der Gegenstand wird sich im historischen Kontext je nach dem zeitgenössischen Blick in seiner Bedeutung wandeln, aber daß er da ist, dieses «da» ist eine Gegenwärtigkeit jenseits des Bedeutungswandels durch kultur-historische Konventionen. Der konstruktivistische Fiktionalismus leugnet diese in der Faktizität der Welt liegenden Wahrheiten und hat sich einem psychologischen Relativismus ergeben, der nur nach den Umständen des Erkennens fragt und dabei die Wirklichkeit der Dinge vergessen macht. Der Verlust von Wirklichkeit ist ein die Moderne kennzeichnender Zug und die Errichtung einer Welt der Simulacra die notwendige Folge: die Abdankung des handelnden Subjekts produziert das Subjekt der Simulation.

49 Der Mensch findet nach Kierkegaards paradoxaler Auffassung des Erinnerungs- und Wiederholungsbegriffs, entgegen der antiken Anamnesis, seine Bahn auf dem Weg der Wiederholung statt der ewigen Wieder-Erinnerung, die Möglichkeit des Neuen jeweils im Wiederholen als gegenwärtiger Neuschöpfung: es gibt also kei-nen Neubeginn, nur gegenwärtige Neuschöpfung des Subjekts in der Erfahrung am Objekt des anderen. Die Wiederholung erhält erst durch ihre Beziehung zur Gegenwart Bedeutung; denn die Wiederholung ist es, die dem Wechsel des Lebens die Dauer gibt, das Kontinuum schafft und damit überhaupt die Möglichkeit einer Sinnhaftigkeit; das heißt: «Wenn es keine Wiederholung gäbe: was wäre dann auch das Leben?... hätte Gott nicht die Wiederholung gewollt, so wäre die Welt nicht da. Entweder hätte er, ein ewiger Hoffer, nur immer neue Möglichkeiten erzeugt; oder hätte er seine einmalige Schöpfung sofort wieder zurückgenommen, um sie in ewiger Erinnerung zu bewahren. Das tat er nicht, deshalb besteht die Welt, und sie besteht dadurch, daß sie Wiederholung ist» (Kierkegaard G. W. III, S. 120 f). Das Ein-für-allemal einer ewigen Identität ist schon vor Nietzsche ver-worfen, für Kierkegaard ist jede Schöpfung gerade nicht in die Einmaligkeit eines Ereignisses gebannt, um sie in ewiger Erinnerung aufzuheben, sondern die Welt kann es nur geben als ewig sich wiederholender Schöpfungsprozeß, der sich jeweils in der Vergegenwärtigung ereignet. Die Welt ist eine kreißende, voller Gestalten, die es zu befreien gilt: «Es gibt die Welt nur als Strom der Welt» (Bloch 1972, S. 367). Aber: «Die Wiederholung erfordert Mut». «Wer sich nur in Hoffnung über die Gegenwart erheben will, ist feige; wer in Erinnerung die Gegenwart ver-gessen will, ist wollüstig; ein Mann ist, wer mit dem Mute der Wiederholung in der

das Anamnestische bestimmt: seine Unterscheidung zwischen Erinnerung und Wiederholung kann uns einen Wink geben, aus dem Freudschen Dilemma des Erinnerungsbegriffs, der dem Wiederholungsbegriff entgegengesetzt ist, herauszukommen. Am Orpheus-Mythos haben wir gezeigt, daß der Mensch, wenn er sich in die Vergangenheit umwendet, nicht nur die vergangene Liebe nicht fassen kann, vielmehr sich vernichtet, wenn er die Liebe in der Gegenwart vergißt. Und so endete auch Orpheus, vernichtet von den Mänaden, weil er sich der Liebe des Augenblicks entzogen hatte. Orpheus' Abstieg in die Vergangenheit, die seinen Blick ohnmächtig in Bann schlägt durch die erinnerte Liebe, ist nicht nur metaphorisch, sondern buchstäblich identisch mit dem analytischen Prozeß des Erinnerns, das sich dem Wiederholen versagt. Durch das Konstrukt der «falschen Verknüpfung» und das Prinzip der «Nachträglichkeit» werden die Perspektive des Subjekts auf die Vergangenheit festgelegt und die Erinnerung zum Leiden am Gewesenen. In dieser Optik wiederholt sich in der analytischen Übertragungssituation die Erinnerung immer derselben Entbehrungen und Versagungen, und der angestrengte Diskurs über das Objekt der Neuerfahrung in der Analyse zeigt an, daß für das installierte Leiden am Gewesenen ständig eine fiktive Gegenkompensation bemüht wird. Aber das sogenannte neue Objekt einer anderen Erfahrung ist so lange nur ein Vorwand der abwesenden Realität, wie die «falsche Verknüpfung» und die «Nachträglichkeit» die Perspektive grundsätzlich ans Gewesene fesseln und dem Subjekt dadurch die Möglichkeit der substantiellen Vergegenwärtigung seiner aktuellen Erwachsenenkonflikte am anderen Subjekt, dem Analytiker, nehmen; beide Prinzipien schließen das sogenannte neue Objekt und eine andere Erfahrung[50] aus.

Die Perspektive in der psychotherapeutischen Situation muß daher

---

Gegenwart lebt; und je klarer er sich dessen bewußt wird, desto mehr gewinnt er an Tiefe» (Kierkegaard G. W. III, S. 120).

50 Auf der Suche nach dem verlorenen Geist der Psychoanalyse, der durch die Medizinalisierung abhanden gekommen sein soll, besetzen Analytiker heute die Leerstelle des neuen Objekts anderer Erfahrung mit dem Phantasma freier Räume innerer Erfahrung, welche die Psychoanalyse als ‹Traumzeit› für das Subjekt zur Verfügung stellen soll. Es ist der alte Wein in neuen Schläuchen: in der Selbstversenkung eine insuläre Beglückung zu gewinnen, die aber nach den Bedingungen des analytischen Prozesses allemal in der regressiven Fixierung auf den Traum des seligen Kindes enden muß.

umgewendet werden, um die bisherige Entfernung der Beziehung in die Vergangenheit und die darin liegende emotionale Distanzierung und Verweigerung von Gegenseitigkeit aufzuheben. Die Ausrichtung der Perspektive auf die Gegenwart ist überhaupt die Voraussetzung einer Zukunftsperspektive, weil die notwendige Konfliktauseinandersetzung im aktuellen Übertragungsgeschehen die Maßgabe dafür ist, wie das Subjekt durch die Fähigkeit des Psychotherapeuten exemplarisch erfahren kann, Konflikte aktiv zu meistern und sich nicht passiv auf die Lösung des Vergangenen zurückzuziehen. Allein im Neuerlernen der aktiven Bemeisterung von aktuellen Konflikten liegt für das Subjekt eine Wachstumsperspektive. Der Einwand der Enthistorisierung kann gar nicht verfangen, weil jeder aktuelle Konflikt seine Historie in sich trägt; denn gerade nach dem bisher angewandten Prinzip war dem Subjekt eine systematische Regressivierung und Infantilisierung verhängt; das heißt eine prähistorische Fixierung verfügt, während durch die Vergegenwärtigung des Konflikts in der aktuellen Übertragung dem Subjekt die Möglichkeit offengestellt wird, in Zukunft seine Konfliktlösungen aufgrund der gelernten Fähigkeit zur Auseinandersetzung selbstmächtiger zu gestalten. Die mechanische Repetition des Freudschen Schemas in der Tradition der Psychoanalyse hat das Vorurteil Blochs immer wieder aufs neue bestätigt, daß sich in der Analyse die stereotype Wiederholung «Immer-Desselben» vollzieht.

Freuds Erfindungen zur «Bezwingung der Übertragung» durch «falsche Verknüpfung» und «Nachträglichkeit» hat sich in seiner Nachfolge zu einem Wiederholungszwang der Technik entwickelt und die Kur zu einer prähistorischen Angelegenheit gemacht. Die Handhabung dieser Prinzipien in der gewöhnlichen Praxis ist zu einer zwanghaften Beziehungsmechanik durchrationalisiert worden, die das Subjekt in einer rigid-repetitiven Bezüglichkeit festlegt. Die Erinnerungen unter der Bedingung dieser Beziehungsmechanik können nichts anderes sein als Wiederholungen des ‹Immer-schon-Gewesenen›. In dieser Hinsicht ist Psychoanalyse eine normative Sozialwissenschaft, deren Praxis nach dem Schema einer standardisierten Entwicklungslehre (Phasenmodell) das Subjekt auf sozial anerkanntes Triebverhalten festlegt. Die Formel, daß der Patient in der klassischen Anordnung der analytischen Situation erinnern und nicht wiederholen soll, besagt, daß die verdrängten Erinnerungen zu Bewußtsein gebracht und nicht ausagiert werden sollen. Freilich führt aber die besagte Anordnung dazu, daß die psychoanalytische

Situation zu einem Agierungsfeld ständiger Wiederholung von konstruierten Infantilszenen wird, die in der beschriebenen Zirkularität vom Analytiker wiederum als Erinnerungen gedeutet und zu einer Geschichte des Gewesenen verknüpft werden.

Die Psychoanalyse, Reflex einer Zeit kultureller Erschöpfung, hat sich der narrativen Wollust des Erinnerns ergeben, wo doch die Wiederholung als Vergegenwärtigung des Neuen und anderen den Fluß des Lebens unterhält. So würde die therapeutische Kommunikation, wenn sie denn so angelegt wäre, als Anspruch des Subjekts auf Wiedererfahrung anderer Beziehungsmöglichkeiten anzusehen sein und nicht als anamnestisches Geschehen, das den Patienten in der Erinnerung vergangener Verhältnisse festhält. Die therapeutische Beziehung, Spiegelbild jeder Kommunikation, ist der Verführung anheimgegeben, die Erfüllung in der primären Kindheit als Heimat zu suchen, die zur Heimsuchung für das Subjekt wird, wenn der Analytiker, von der Verliebtheit ins Gewesene gebannt, sich mit dem Patienten ins Phantasma zu erinnernder Kindheit einschließt. Der Wiederholungsbegriff meint aber die Liebe zum Augenblick, die sich in der Neuschöpfung zeigt: die Gegenwart ist die dem Subjekt aufgegebene Frage, aus der unerschöpflichen Potentialität von Beziehungen andere Möglichkeiten durch das ‹Objekt› des Therapeuten zu vergegenwärtigen und eine Gegenwart zu schaffen, die der Flucht in die Heimat des ‹Kinderlandes› nicht mehr bedarf, sondern dem Subjekt das Dasein offenstellt im «Irgendwo» (Nietzsche) der menschlichen Lebenswelt, die immer eine der Vertreibung[51] ist.

---

51 «Aber Vertriebene sind wir aus Vater- und Mutterländern»: Nietzsche faßt die Unbehaustheit des Menschen existentiell.

Bibliographie

Abrahams, J.-J. (1977), Jetzt werden Sie analysiert, Doktor! Rogner und Bernhard: München

Adorno, T. W. (1973), Minima Moralia, Suhrkamp: Frankfurt am Main

Alexander, S. und French, P. M. (1946), Psychoanalytic therapy: Principles and application. Ronald Press: New York

Anzieu, D. (1990), Freuds Selbstanalyse und die Entdeckung der Psychoanalyse, Bd. II, Verlag Internationale Psychoanalyse: München und Wien

Arlow, J. A. (1975), Discussion of M. Kanzer: The therapeutic and working alliances: An assessment, Int. J. of Psychoanalytic Psychotherapy, 4:48–68

Bataille, G. (1972), Das obszöne Werk, Rowohlt: Reinbek bei Hamburg

– (1974), Der heilige Eros (L'Érotisme), Ullstein: Frankfurt am Main

Baudrillard, J. (1982), Der symbolische Tausch und der Tod, Matthes und Seitz: München

Beckmann, D. (1974), Der Analytiker und sein Patient, Huber: Bern, Stuttgart

Berelson, B. und G. A. Steiner (1964), Human Behavior, New York

Bibring, E. (1937), Versuch einer allgemeinen Theorie der Heilung, Int. Z. f. Psychoanalyse, 23:18–37

Bierkens, P. B. (1968), Die Urteilsbildung in der Psychodiagnostik, Johann Ambrosius Barth: München

Binswanger, L. (1957), Schizophrenie, Nephte: Pfullingen

– (1962), Grundformen und Erkenntnis menschlichen Daseins, Reinhardt: München/Basel

Bloch, E. (1972), Das Materialismusproblem, seine Geschichte und Substanz, Suhrkamp: Frankfurt am Main

Bochenski, J. M. (1978), Wege zum philosophischen Denken, Herder: Freiburg im Breisgau

Bourdieu, P. (1979), Entwurf einer Theorie der Praxis, Suhrkamp: Frankfurt am Main

Bowlby, J. (1975), Bindung, Kindler: München

– (1982), Das Glück und die Trauer. Herstellung und Lösung affektiver Bindungen, Klett-Cotta: Stuttgart

Brenman, M. und M. M. Gill (1947), Hypnotherapy, New York

Brocher, T. und C. Sies (1986), Psychoanalyse und Neurobiologie, Zum Modell der Autopoiese als Regulationsprinzip, Frommann-Holzboog: Stuttgart-Bad Cannstatt

Brown, N. O. (1962), Zukunft im Zeichen des Eros (Life against Death), Neske: Pfullingen

Bruner, J. und C. Goodman (1947), Value and need as organizing factors in perception, J. Abnorm. Soc. Psychol., 42:33–44

Burckhardt, J. (1976), Die Kultur der Renaissance in Italien, Kröner: Stuttgart

Castel, R. (1976), Psychoanalyse und gesellschaftliche Macht, Athenäum: Kronberg

Chasseguet-Smirgel, J. (1974): Psychoanalyse der weiblichen Sexualität, Suhrkamp: Frankfurt am Main

Clarke, A. M. und A. D. Clarke (1976), Early experience: Myth and evidence, Free Press: New York

Cremerius, J. (1993), Das ist großes Unrecht, in: Spiegel Nr. 35, S. 204

– (1994), «Die psychoanalytische Ausbildung – ein Unterwerfungsritual», in: Psychoanalytiker: Alles gehorsame Normopathen, Psychologie Heute, 21:45–47

Dahmer, H. (1983), Die eingeschüchterte Psychoanalyse. Aufgaben eines psychoanalytischen Forschungsinstituts heute, in: Das Unbehagen in der Psychoanalyse, Qumran: Frankfurt am Main

Deleuze, G. (1993), «Unterhandlungen 1972–1990», Suhrkamp: Frankfurt am Main

Derrida, J. (1972), Die Schrift und die Differenz, Suhrkamp: Frankfurt am Main

Devereux, G. (1967), Angst und Methode in den Verhaltenswissenschaften, Hanser: München

Eagle, M. N. (1988), Neuere Entwicklungen in der Psychoanalyse, Verlag Internationale Psychoanalyse: München und Wien

Erdheim, M. (1983), Über das Lügen und die Unaufrichtigkeit des Psychoanalytikers, in: Das Unbehagen in der Psychoanalyse, Qumran: Frankfurt am Main

Erikson, E. H. (1965), Kindheit und Gesellschaft, Klett: Stuttgart

Fink, E. (1962), Zum Problem des Unbewußten, in: E. Husserl, Die Krisis der europäischen Wissenschaften und die transzendentale Phänomenologie (Husserliana – Werkausg. Bd. VI), Den Haag

Foucault, M. (1971), Die Ordnung der Dinge, Suhrkamp: Frankfurt am Main

– (1974), Von der Subversion des Wissens, Hanser: München

– (1976), Überwachen und Strafen, Suhrkamp: Frankfurt am Main

– (1977), Sexualität und Wahrheit. Bd. 1, Der Wille zum Wissen, Suhrkamp: Frankfurt am Main

– (1978), Wahnsinn und Gesellschaft. Eine Geschichte des Wahns im Zeitalter der Vernunft, Suhrkamp: Frankfurt am Main

Franklin, G. (1990), The multiple meanings of neutrality, Journal of the American Psychoanalytic Association, 38: 195–220

Freud, A. (1972), Das Ich und die Abwehrmechanismen, Huber: Bern/Stuttgart

Freud, S. (1986), Briefe an Wilhelm Fließ (1887–1940), hg. von J. M. Masson, Fischer: Frankfurt am Main

Freud, S., Gesammelte Werke Bde. I-XVII, London 1940–1952: Gesamtedition 18 Bde. Fischer: Frankfurt am Main; 1960, Bd. XVIII, Fischer: Frankfurt am Main

– GW I, S. 108
– GW I, Studien über Hysterie. Frau Emmy v. N..., S. 99–162
– GW I, Zur Psychotherapie der Hysterie, S. 252–312
– GW I, Über Deckerinnerungen, S. 529–554
– GW II/III, Die Traumdeutung
– GW V, Drei Abhandlungen zur Sexualtheorie, S. 27–145
– GW V, Bruchstück einer Hysterie-Analyse, S. 161–285
– GW V, Psychische Behandlung (Seelenbehandlung), S. 287–315
– GW VII, Bemerkungen über einen Fall von Zwangsneurose, S. 381–463
– GW VII, Analyse der Phobie eines fünfjährigen Knaben, S. 241–377
– GW VIII, Über Psychoanalyse. 3. Vorlesung, S. 31–40
– GW VIII, über Psychoanalyse. 5. Vorlesung, S. 52–60
– GW VIII, Die zukünftigen Chancen der psychoanalytischen Therapie, S. 104 bis 115
– GW VIII, Ratschläge für den Arzt bei der psychoanalytischen Behandlung, S. 376–387
– GW VIII, Zur Dynamik der Übertragung, S. 363–374
– GW VIII, Beiträge zur Psychologie des Liebeslebens. II. Über die allgemeinste Erniedrigung des Liebeslebens, S. 78–91
– GW X, Zur Geschichte der psychoanalytischen Bewegung, S. 43–113
– GW X, Über Triebumsetzungen, insbesondere der Analerotik, S. 401–410
– GW X, Bemerkungen über die Übertragungsliebe, S. 305–321
– GW X, Das Unbewußte, S. 263–303
– GW XI, Vorlesungen zur Einführung in die Psychoanalyse. XXVII. Die Übertragung, S. 447–465
– GW XI, Vorlesungen zur Einführung in die Psychoanalyse. XXVIII. Die analytische Therapie, S. 466–482
– GW XII, Eine Schwierigkeit der Psychoanalyse, S. 1–12
– GW XII, Aus der Geschichte einer infantilen Neurose, S. 27–157
– GW XIII, Jenseits des Lustprinzips, S. 1–69
– GW XIII, Massenpsychologie und Ich-Analyse, S. 70–161
– GW XIV, «Selbstdarstellung», S. 31–96
– GW XIV, Die Frage der Laienanalyse, S. 207–286
– GW XV, Neue Folge der Vorlesungen zur Einführung in die Psychoanalyse. XXXIV. Vorlesung, S. 146–169

- GW XVI, Die endliche und die unendliche Analyse, S. 57–99
- GW XVI, Konstruktionen in der Analyse, S. 41–56
- GW XVII, Abriß der Psychoanalyse, S. 63–138

Freud, S. / C. G. Jung (1974), Briefwechsel, Fischer: Frankfurt am Main

Fürstenau, P. (1979), Zur Theorie psychoanalytischer Praxis, Klett-Cotta: Stuttgart
- (1992), Entwicklungsförderung durch Therapie, Pfeiffer: München

Gedo, J. E. (1980), Reflections on some current controversis in psychoanalysis, J. of the American Psychoanalytic Association, 28:363–383

Gill, M. M. und M. Brenman (1959), Hypnotism and related states, New York

Gitelson, M. (1952), The emotional position of the analyst in the psychoanalytic situation, Int. J. Psycho-Anal., 33:1

Goethe, J. W. von (1965), Werke, Bd. 1–6, Insel: Frankfurt am Main

Graf, M. (1942), Reminiscences of Professor Sigmund Freud, Psa. Quart., 11:465–476

Grassi, E. (1979 a), Die Macht der Phantasie, Athenäum: Königstein
- (1979 b), Die Macht des Bildes, Ohnmacht der rationalen Sprache, Fink: München

Greenson, R. R. (1986), Technik und Praxis der Psychoanalyse, Klett-Cotta: Stuttgart

Grünbaum, A. (1987), Psychoanalyse in wissenschaftstheoretischer Sicht, Universitätsverlag: Konstanz
- (1988), Die Grundlagen der Psychoanalyse. Eine philosophische Kritik, Reclam: Stuttgart

Grunberger, B. (1988), Narziß und Anubis. Die Psychoanalyse jenseits der Triebtheorie, Bd. 1 und 2, Verlag Int. Psychoanalyse: Wien und München

Habermas, J. (1973), Erkenntnis und Interesse, Suhrkamp: Frankfurt am Main
- (1985), Der philosophische Diskurs der Moderne. 12 Vorlesungen, Suhrkamp: Frankfurt am Main

Harlow, H. F. (1958), The nature of love, American Psychologist, 13:673 f.

Heidegger, M. (1957), Sein und Zeit, Niemeyer: Tübingen

Heimann, P. (1950), On countertransference, Int. J. Psycho-Anal. 31:81–84
- (1957), Die Dynamik der Übertragungsinterpretationen, Psyche, 11:401–415
- (1964–65), Bemerkungen zur Gegenübertragung, Psyche, 18:483–493
- (1969), Gedanken zum Erkenntnisprozeß des Psychoanalytikers, Psyche, 23:2–24

Heinz, R. (1981), Psychoanalyse und Kantianismus, Königshausen und Neumann: Würzburg

Heinz, R. und H. Dahmer (1978), Psychoanalyse und Kantianismus, in: Elrod, N., Heinz, R. und Dahmer, H., Der Wolf im Schafspelz, Campus: Frankfurt am Main

Hofstätter, P. R. (1964), Sozialpsychologie, Kröner: Stuttgart

Jones, E. (1960), Das Leben und Werk von Sigmund Freud, Bd. I, Huber: Bern/Stuttgart

– (1962), Das Leben und Werk von Sigmund Freud, Bd. II, III, Huber: Bern/Stuttgart

Kächele, H. (1992), Psychoanalytische Therapieforschung 1930–1990, Psyche, 46:259–285

– (1993), Der lange Weg von der Novelle zur Einzelfallanalyse, in: U. Stuhr und F.-W. Deneke (Hg.), Die Fallgeschichte, Asanger: Heidelberg

Kerényi, K. (1984), Die Mythologie der Griechen, Bd. I und II, dtv: München

Kernberg, O. (1965), Notes on countertransference, J. Am. Psa. Ass. 13:38–56

– (1976), Object-Relations theory and clinical psychoanalysis, Aronson: New York

Kierkegaard, S. (1976), Gesammelte Werke, Bd. III

Kohut, H. (1973), Narzißmus, Suhrkamp: Frankfurt am Main

– (1979), Die Heilung des Selbst, Suhrkamp: Frankfurt am Main

Körner, J. (1989), Kritik der «therapeutischen Ich-Spaltung», Psyche, 43:385 bis 396

Kuhn, T. S. (1973), Die Struktur wissenschaftlicher Revolutionen, Suhrkamp: Frankfurt am Main

Laplanche, J. und J.-B. Pontalis (1972), Das Vokabular der Psychoanalyse, Suhrkamp: Frankfurt am Main

Lévi-Strauss, C. (1978), Traurige Tropen, Suhrkamp: Frankfurt am Main

Little, M. (1951), Countertransference and the patient's response to it, Int. J. Psycho-Anal., 32:32

Loch, W. (1965 a), Voraussetzung, Mechanismen und Grenzen des psychoanalytischen Prozesses, Huber: Bern/Stuttgart

– (1965 b), Übertragung – Gegenübertragung. Anmerkung zur Theorie und Praxis, Psyche, 19:1–23

– (1972), Zur Theorie, Technik und Therapie der Psychoanalyse, Fischer: Frankfurt am Main

– (1974), Der Analytiker als Gesetzgeber und Lehrer, in: Psyche, 28:431–460

– (1986), Perspektiven der Psychoanalyse, Hirzel: Stuttgart

– (1993), Deutungs-Kunst. Dekonstruktion und Neuanfang im psychoanalytischen Prozeß, edition diskord: Tübingen

– (1994), «Wir sind offen für Kritik». In: Psychoanalytiker: Alles gehorsame Normopathen, Psychologie Heute, 21:49–50

Lorenz, K. (1935), Der Kumpan in der Umwelt des Vogels: der Artgenosse als auslösendes Moment sozialer Verhaltensweisen, J. Ornithol., 83:137–213

Lorenzer, A. (1970), Sprachzerstörung und Rekonstruktion, Suhrkamp: Frankfurt am Main

– (1972), Zur Begründung einer materialistischen Sozialisationstheorie, Suhrkamp: Frankfurt am Main

- (1973), Über den Gegenstand der Psychoanalyse oder Sprache und Interaktion, Suhrkamp: Frankfurt am Main
- (1984), Intimität und soziales Leid. Archäologie der Psychoanalyse, Fischer: Frankfurt am Main

Luborsky, L. (1988), Einführung in die analytische Psychotherapie. Springer: Berlin / Heidelberg

Macalpine, I. (1950), The development of the transference, Psychoanal. Q., 19:501–539

Malinowski, B. (1985), Ein Tagebuch im strikten Sinn des Wortes – Neuguinea 1914–1918, (Hg.) F. Kramer, Syndikat: Frankfurt am Main

Marmor, J. (1962), Psychoanalytic therapy as an educational process, in: J. Masserman (ed.), Psychoanalytic education, Grune und Stratton (1977): New York

Mattenklott, G. (1992), Botschaften aus Retrograd. Aspekte der intellektuellen Situation, in: M. Meyer (Hg.), Intellektuellendämmerung? Hanser: München

McGinnies, E. (1949), Emotionality and perceptual defense, Psychol. Rev., 56:244–251

Metzke, E. (1949), Handlexikon der Philosophie, Kerle: Heidelberg

Möller, M. L. (1977), Zur Theorie der Gegenübertragung, Psyche, 31:142–166

Montinari, M. (1991), Friedrich Nietzsche, de Gruyter: Berlin, New York

Morgenthaler, F. (1978), Technik. Zur Dialektik der psychoanalytischen Praxis, Syndikat: Frankfurt am Main

Nunberg, H. (1928), Probleme der Therapie, Int. Z. f. Psychoanalyse, 14:441–457

Parin, P. (1994), «Die Menschen werden verändert und transformiert». In: Psychoanalytiker: Alles gehorsame Normopathen, Psychologie Heute, 21:48

Parin, P. und G. Parin-Matthey (1983), Das obligat unglückliche Verhältnis der Psychoanalytiker zur Macht, in: H.-M. Lohmann (Hg.), Das Unbehagen in der Psychoanalyse, Qumran: Frankfurt am Main

Perrez, M. (1972), Ist die Psychoanalyse eine Wissenschaft? Huber: Bern / Stuttgart

Pohlen, M. (1972), Gruppenanalyse. Eine methodenkritische Studie und empirische Untersuchung im klinischen Feld, Verlag für Medizinische Psychologie im Verlag Vandenhoeck & Ruprecht: Göttingen

Pohlen, M. (1987), Zu den Wurzeln von Gewalt. Ein psychoanalytischer Beitrag zur Genealogie der Gewalt der Familie und zur Genealogie des Faszinosums des Faschismus, in: P. Passett und E. Modena (Hg.) (1987), Krieg und Frieden aus psychoanalytischer Sicht, Serie Piper 565: München und Zürich

Pohlen, M. und L. Wittmann (1980), Die Unterwelt bewegen. Versuch über Wahrnehmung und Phantasie in der Psychoanalyse, Syndikat: Frankfurt am Main

Pohlen, M. und M. Bautz-Holzherr (1970), Eine empirische Untersuchung über

Befindungsänderungen während klinischer Gruppenpsychotherapie, in: Gruppenpsychotherapie und Gruppendynamik, 4:144–161

Pohlen, M. und M. Bautz-Holzherr (1972), Eine empirische Untersuchung über die therapeutische Funktion des Schwesternpersonals in einem neuen klinischen Organisationsmodell, in: Zs. für Psychotherapie und medizinische Psychologie, 22:162–176

– (1973), Das Münchener Kooperationsmodell. Gruppentherapie in einem neuen klinischen Organisationsmodell, in: Nervenarzt, 44:476–483

– (1974), Gruppenanalyse als Kurzpsychotherapie. Eine empirische Vergleichsuntersuchung bei spezifisch inhomogenen Gruppen von Psychotikern und Neurotikern, in: Nervenarzt, 514–533

– (1978), Die Rolle des Therapeuten im Münchener Kooperationsmodell, in: Gruppenpsychotherapie und Gruppendynamik, 13:1–24

– (1989), Die Vernichtung des Individuellen in einer befriedeten Gesellschaft, Wege zum Menschen, 41. Jg., 5:290–305

– (1991), Eine andere Aufklärung. Das Freudsche Subjekt in der Analyse, Suhrkamp: Frankfurt am Main

Popper, K. R. (1982), Das Ich und sein Gehirn, Teil I, in: K. R. Popper und J. C. Eccles, Das Ich und sein Gehirn, Piper: München

Prognos-Studie der DGPPT (1988), Psychoanalytische Tätigkeit in der Bundesrepublik Deutschland, hg. von der DGPPT

Racker, H. (1968), Übertragung und Gegenübertragung. Studien zur psychoanalytischen Technik, Reinhardt: München

– (1968), Transference and countertransference, Int. Univ. Press: New York

Ranke-Graves, R. von (1968), Griechische Mythologie, Bd. I/II, Rowohlt: Reinbek bei Hamburg

Reimann, B. W. (1973), Psychoanalyse und Gesellschaftstheorie, Luchterhand: Darmstadt und Neuwiedt

Richardson-Klavehn, A. und Bjork, R. A. (1988), Measures of Memory, in: Annual Review of Psychology, 39:475–543

Ritter, J. (Hg.) (1980), Historisches Wörterbuch der Philosophie, Bd. 5, Schwabel & Co: Basel/Stuttgart

Roazen, P. (1973), Brudertier, Sigmund Freud und Viktor Tausk: Die Geschichte eine tragischen Konflikts, Hoffmann und Campe: Hamburg

– (1976), Sigmund Freud und sein Kreis, Gustav Lübbe: Bergisch-Gladbach

Robert, M. (1967), Die Revolution der Psychoanalyse, Fischer: Frankfurt am Main

Rosenfeld, H. (1990), Sackgassen und Deutungen, Verlag Internationale Psychoanalyse: München und Wien

Rosenthal, R. (1963), On the social psychology of the psychological experiment, Am. Scientist, 51:268–283

Rutter, M. (1976), Separation, loss and family relationships, in: Rutter, M. und L. Hersov (eds.), Psychoanalysis observed, Constable: London

Sachs, H. (1950), Freud, Meister und Freund, Imago: London

Sandkühler, H. J. (1990), Europäische Enzyklopädie zu Philosophie und Wissenschaft, Bd. 2, Felix Meiner: Hamburg

Sandler, J. (1976), Countertransference and role-responsiveness, Int. Rev. Psycho-Anal. 3: 43–47

Sandler, J. und W. G. Joffe (1967), Die Persistenz in der psychischen Funktion und Entwicklung, Psyche XXI, 1–3:138–151

– (1969), Auf dem Weg zu einem Grundmodell der Psychoanalyse, Psyche XXIII, 6: 461–480

Sandler, J., C. Dare und A. Holder (1973), Die Grundbegriffe der psychoanalytischen Therapie, Klett: Stuttgart

Schacter, D. L. (1987), Implicit Memory: History and current status, in: Journal of Experimental Psychology: Learning, Memory and Cognition, 13:501–518

Searles, H. F. (1979), Concerning transference and countertransference, Int. J. Psychother., 7:165–168

Starobinski, J. (1988), Rousseau – eine Welt von Widerständen, Hanser: München

Steiner, G. (1990), Von realer Gegenwart, Hanser: München

Sterba, R. F. (1934), Das Schicksal des Ichs im therapeutischen Verfahren, Int. Z. f. Psychoanal., 20:60–73

– (1985), Erinnerungen eines Wiener Psychoanalytikers, Fischer: Frankfurt am Main

Thomä, H. (1984), Der Beitrag des Psychoanalytikers zur Übertragung, Psyche, 38:29–62

Thomä, H. und H. Kächele (1986), Lehrbuch der psychoanalytischen Therapie, Bd. 1: Grundlagen, Springer: Berlin/Heidelberg

Tinbergen, N. (1956), Instinktlehre, Vergleichende Erforschung des angeborenen Verhaltens, Parey: Berlin und Hamburg

Vico, G. (1965), Die neue Wissenschaft über die gemeinschaftliche Natur der Völker, de Gruyter: Berlin

– (1981), Die neue Wissenschaft von der gemeinschaftlichen Natur der Nationen, Klostermann: Frankfurt am Main

Vincent, J.-D. (1990), Biologie des Begehrens, Rowohlt: Reinbek bei Hamburg

Voswinckel, P. (1988), Der Fall Matilde S.: eine akute Porphyrie, Arzt und Krankenhaus, Heft 5

– (1990), A constant source of surprises: acute porphyria. Two cases reported by Hippocrates and Sigmund Freud, History of psychiatry, I:159–168

Wallerstein, R. S. (1986), Forty-two lives in treatment: A study of psychoanalysis and psychotherapy, Guilford Press: New York

– (1989), The Psychotherapy Research Project (PRP) of the Menninger-Foundation: An overview. Journal of Consulting and Clinical Psychology, 57:195–205

Watzlawick, P. (1992), Wirklichkeitsanpassung oder angepaßte «Wirklichkeit»?

Konstruktivismus und Psychotherapie, in: Einführung in den Konstruktivismus, Piper: München

Weber, M. (1920), Die protestantische Ethik I. (Hg.) J. Winckelmann, 1973, 3. Auflage, Siebenstern Taschenbuch: Hamburg

Weiss, J., Sampson, H. und The Mount Zion Psychotherapy Research Group (1986), The psychoanalytic process: Theory, clinical observation, and empirical research. Guilford Press: New York

Welsch, W. (1988), Unsere postmoderne Moderne, VCH Verlagsgesellschaft: Weinheim

Winnicott, D. W. (1960), Countertransference, Brit. J. Med. Psychol., 33:17–21

Zetzel, E. R. (1956), Current concepts of transference, Int. J. Psa., 37:369–376

– (1970), The capacity for emotional growth, Hogarth: London

Personenregister

Stichwortregister